# STRATÉGIE

collection tempus

Basil H. Liddell Hart

# STRATÉGIE

Introduction et traduction de l'anglais
par Lucien Poirier

PERRIN
www.editions-perrin.fr

Ouvrage publié avec la collaboration du Centre d'étude des conflits (Fondation pour les études de défense).


ISBN : 978-2-262-02614-1

tempus est une collection des éditions Perrin.

# Lire Liddell Hart...

Liddell Hart : un nom parmi les plus illustres dans la généalogie de la stratégie. Une œuvre parmi les plus fécondes et l'une des plus influentes sur le travail du chantier stratégique durant la longue et chaotique période allant de la fin du premier conflit mondial à la guerre froide. Une autorité intellectuelle précocement affirmée, rapidement reconnue, et contestée, par le disparate et incommode public des politiques et militaires. Une pensée fondée sur la rare conjugaison des cultures historique et technique, mais assurément britannique, souvent tranchante dans ses thèses assez passionnément soutenues pour appeler l'objection. Pensée capable d'inventer – ce qui est peu fréquent – dans ses deux registres corrélés : la pensée sur l'action, celle du stratégiste qui tente de représenter et d'expliquer, dans son langage, les faits de guerre que donne à voir le jeu millénaire des armes dans l'histoire universelle ; la pensée de l'agir, celle du stratège préparant et conduisant les opérations de guerre dans les situations conflictuelles de son temps. Pensée de si vaste amplitude qu'elle ose traiter, avec le même intérêt et la même rigueur, à la fois l'ensemble et le détail de son objet ; allant, avec la même aisance, de l'interface politique-stratégie à la tactico-technique.

Liddell Hart a puissamment contribué à informer et former la vaste confrérie des stratégistes de notre époque par un discours théorique, classique par l'écriture mais renouvelant l'éclairage sur les réalités de la guerre et sur sa fonction dans les morphogenèses socio-politiques. Il réussit à forcer l'attention et à convertir à ses idées des praticiens de plus en plus nombreux qui trouvèrent, dans ses propositions, des réponses pertinentes et novatrices à leurs questions du moment. Même quand ses hérésies scandalisaient, ses argumentaires étaient si fortement étayés qu'ils contraignaient au débat et provoquaient les plus réticents à s'interroger sur la validité des problématiques usuelles. Que des experts comme Guderian et Rommel en Allemagne, MacArthur aux États-Unis, Radek et Toukhatchevski en URSS, aient explicitement reconnu ce qu'ils devaient à Liddell Hart, c'est là un précieux indicateur de la valeur intellectuelle, de l'universalité et de l'efficace de son œuvre.

Le présent ouvrage, *Stratégie*, illustre exemplairement les deux postures mentales et les deux visées du théoricien. Il récapitule, accroît et affine la connaissance de son objet, la guerre. Mais, ne se satisfaisant pas de le *dire* autrement que ses prédécesseurs, il entend que ce savoir serve le *faire* du praticien. Il défend hardiment ses thèses, les fonde sur des observations et des inférences qui ont pu passer, aux yeux des critiques postérieurs, pour un parti d'excessive simplification d'une réalité complexe. Ce faisant, Liddell Hart obéit à la loi du genre : dans la littérature stratégique, les plus illustres théoriciens-inventeurs ont amarré leur pensée à quelques axiomes préférentiels, souvent implicites. Mais leur génie créateur et leur influence durable tiennent à la manière dont ils ont su développer les éléments primitifs de leur problématique originale dans un discours assez cohérent et robuste pour stimuler les interrogations de leurs successeurs. Ils ne les laissent pas indifférents...

*

D'où vient, chez quelques-uns, le besoin de penser, autrement que leurs contemporains, la guerre en cours ou qui vient de s'achever ? Comment, par quels cheminements et à partir de quel germe aléatoire – la question première déclenchant l'enquête –, naissent et se développent en chaîne les mises en cause des pratiques politico-stratégiques usuelles ; les doutes sur le réalisme des doctrines consacrées ou sur la pertinence des solutions empiriques ? Par quelle patiente investigation, jusqu'aux fondements de la pensée appliquée à l'objet-guerre, l'analyse critique dégage-t-elle les éléments de ce qui deviendra une théorie ? Notre curiosité, pour l'éveil d'une pensée stratégique originale, s'échauffe devant une vocation exceptionnellement précoce. Comme Guibert, Basil Henry Liddell Hart s'aventure très tôt à écrire sur la guerre. Mais à la suite de circonstances malheureuses : l'interruption brutale, pour blessure grave, d'une carrière militaire ouverte, en 1914, avec la guerre qui l'a révélé à lui-même.

Né le 31 octobre 1895, à Paris, d'un père pasteur de l'Église méthodiste, il poursuit ses études en Angleterre, avec un goût prononcé pour l'histoire et la géographie. Passionné d'aviation à la belle époque des pionniers, il s'intéresse à la littérature de guerre. Entré au Corpus Christi College de Cambridge pour préparer une licence d'histoire, l'invasion de la Belgique, en 1914, le pousse à s'engager et, par la filière universitaire, il est nommé officier dans l'infanterie. En 1915, il combat dans la région d'Ypres. Blessé, évacué une première fois, puis revenu sur le front de la Somme, en 1916, grièvement atteint par les gaz, il est de nouveau transféré en Angleterre, définitivement cette fois. Après une longue période d'inaction – hôpital, convalescence – on l'affecte, après plusieurs postes de bureau, à une unité territoriale de la Volunteer Force. L'année 1917 voit ses débuts d'écrivain militaire : s'il s'applique avec cœur à l'instruction de sa troupe, il rédige en même temps des *Instructions de combat*, aussitôt remarquées, qu'il publie avec succès en 1918, peu avant l'armistice. Ainsi s'ébauchent les traits du futur théoricien : à vingt-trois ans et malgré sa mauvaise santé, il se hâte de publier dans les revues militaires plusieurs articles sur le combat d'infanterie, non seulement pour préciser ses idées mais aussi pour convaincre la hiérarchie. Il ne manque pas d'assurance et comprend vite l'importance des relations avec les personnalités en place. Aussi lui demande-t-on, en 1920, de rédiger les principaux chapitres du *Manuel d'infanterie* dans lequel il aborde l'emploi des chars – occasion de se lier avec le colonel J.F.C. Fuller, son aîné de dix-sept ans et « inspirateur du Corps blindé pendant la guerre ».

Ces premiers essais, qui montrent le vif intérêt de Liddell Hart pour la chose militaire, sa puissance de travail, ses dons pédagogiques, sa volonté de contribuer à l'efficacité des armées britanniques – et son entregent –, témoignent déjà d'une grande maturité d'esprit et d'un sens inné des problèmes, tant psychologiques que matériels, soulevés par la conception et la préparation de l'instrument de guerre. Sans doute, tire-t-il parti de sa brève et douloureuse expérience de combattant. Mais la précocité et le sérieux de sa vocation de stratégiste se manifestent, d'une manière plus intime, dans l'ample réflexion qu'il amorce, entre 1917 et 1920, sur le fait-guerre et l'art militaire. Ses *Mémoires*, publiés en 1965, révèlent le champ, ambitieux, de ses recherches d'apprenti et sa méthode de travail : « Je fus donc amené à repenser, plus complètement que je l'avais fait, les raisons qui avaient inspiré les préceptes et la pratique tactiques de 1914 et des années suivantes. Plus je me consacrai à cette tâche, plus j'en vins à douter de la valeur de ces préceptes, à bien des égards, et à ressentir la nécessité d'une exploration systématique de la théorie militaire, dans son ensemble, en relation avec l'histoire militaire. Je partis donc de la base, du domaine de la tactique mineure qui m'était familier, pour remonter vers la théorie de la "grande guerre" telle qu'on la trouvait dans des ouvrages d'avant-guerre comme ceux de Foch ou de Colin. Puis je redescendis au niveau de la tactique mineure, essayant tout le temps d'atteindre une vue plus claire des relations entre les différents niveaux et de la façon dont les idées maîtresses, appelées les “principes de la guerre”, s’appliquaient à tous les niveaux. Cette démarche de pensée m’amena à la conclusion que, à tous les niveaux, le succès dépendait de la combinaison de trois facteurs : paralysie, manœuvre, exploitation. La paralysie, c’est-à-dire celle de la liberté de mouvement de l’unité adverse, qu’il s’agisse d’une armée ou d’une section. La manœuvre doit être entreprise de façon à menacer l’ennemi dans plusieurs directions à la fois, et d’une manière aussi imprévisible que possible, afin de disloquer son dispositif. L’exploitation doit être rapide et soutenue si on veut recueillir les fruits de la victoire. Plus je réfléchissais au problème de l’offensive dans la guerre moderne, plus j’étais convaincu que l’exploitation de toute pénétration était l’étape la plus vitale. Ma première conclusion était que la solution du problème résidait dans l’application pratique de la chenille, utilisée pour les chars, à tous les véhicules de transport dans la zone de combat ou à ses abords, afin d’éviter d’être tenu à des lignes de mouvement rigides, tributaires des routes. Mais j’arrivai aussi à la conclusion qu’une nouvelle tactique d’exploitation pouvait, dans une large mesure, résoudre le même problème, et j’insistai sur la nécessité de mettre au point une telle tactique, sans attendre que des transports mécanisés tout terrain soient disponibles. »

Résumant des idées prémonitoires, ce texte peu ordinaire n’embellit pas, en 1965, les lointains souvenirs de son auteur : l’*United Service Magazine* avait publié, en avril 1920, un article de Liddell Hart exposant les mêmes thèses. Ainsi, à vingt-cinq ans et avec une assurance peu banale, notre apprenti stratégiste annonce rien de moins que le programme d’études et de recherches dont il suivra les lignes directrices jusqu’à sa mort, en 1970. Admirable plan de vie intellectuelle et méthode de pensée l’obligeant à saisir, représenter et expliquer l’objet-guerre – plus précisément, l’action de guerre – dans la totalité de ses dimensions, du « niveau » tactico-technique à celui de la stratégie générale militaire. Entreprise impliquant l’étude exhaustive de l'histoire des guerres – histoire militaire universelle – afin de décrire et d'interpréter leur évolution temporelle, de déterminer les facteurs et le sens des transformations de l'art militaire, ainsi que leurs implications. Notons que le programme originel du jeune Liddell Hart n'évoque pas les relations entre la politique et la guerre, l'interface politique-stratégie. Il abordera ce « niveau » amont quelques années plus tard, conduit par une autre direction de son programme : l'analyse critique de la Grande Guerre, de sa conduite et de son issue. Il lui faut bien, en effet, partir du dernier état observable de l'objet-guerre, utiliser l'information qu'il délivre et porter un jugement sur les faits et événements pour fonder des projections d'avenir ; pour concevoir la nature et l'emploi d'un nouveau système militaire capable de ne pas répéter les erreurs commises, dans le passé récent, par les politiques et les militaires britanniques et alliés.

L'œuvre entier de Liddell Hart est donc en germe et se développe ensuite dans trois plans constamment et simultanément maintenus sous le regard : la généalogie de la stratégie ; la critique du premier conflit mondial ; l'invention d'un instrument militaire rompant avec celui hérité de la dernière guerre. Dans son chantier stratégique, ces trois champs d'études, de recherches et de publications ne cessent de se recouper. Les problématiques se croisent et se stimulent, et les réponses acquises dans un domaine nourrissent les autres. La pensée rebondit d'un terrain d'enquête à un autre, durant les cinquante années d'une vie intellectuelle peu ordinaire. Le produit livré à notre lecture est un corps de théories *locales*, distribuées entre les trois ateliers du chantier. Mais ces fragments sont si étroitement et logiquement reliés par un parti d'architecture *globale* que la multitude d'articles, de conférences et d'ouvrages, proposés dans leur apparent désordre, manifestent la puissance et l'unité d'un esprit rigoureusement gouverné ; la consistance et la robustesse, également, d'un discours théorique capable, mieux que d'autres, de guider les praticiens de son temps.

Cela dit, on voit bien que cette littérature profuse et redondante, les intersections de diverses problématiques et les interférences de thèses éclatées, leur récurrence dans la longue et cahotique marche de Liddell Hart vers sa vérité de stratégiste, constituent autant d'obstacles opposés à quiconque prétend l'approcher. Traquer sa pensée-en-acte et en débrouiller la complexité, restituer les linéaments de son discours théorique et le sens de son œuvre dans la généalogie de la stratégie, imposent donc un expédient rhétorique. Il faut repérer, dans le long processus engendrant cette œuvre, les moments où émergent les interrogations fondatrices et se formulent les thèmes essentiels. Mais, comme les uns et les autres se répètent dans les trois plans de la recherche, il faut reconstituer le puzzle en bousculant la chronologie ; relever les transits de la pensée, de l'un à l'autre, lorsqu'ils révèlent le travail de l'entendement sur les concepts et celui de l'imagination créatrice inventant de nouvelles formes de stratégie. En bref, il s'agit de recomposer et d'ordonner, à partir de ses divers segments, la genèse d'une œuvre étirée dans la durée ; de répondre, si cette opération est possible, à la question qu'appelle tout créateur : pourquoi et comment a-t-il fait ce qu'il a fait ? Dans le cas singulier de Liddell Hart, la première réponse au pourquoi, évidemment partielle, réside dans sa posture mentale en 1918, quand cessent les hostilités.

*

La victoire des Alliés, au terme d'un conflit prolongé et longtemps indécis, fut acquise à un prix si exorbitant que, chez tous les belligérants exténués, on ne peut éluder les questions sur les causes de l'extension géographique, et dans la durée, d'une épreuve de force ayant perdu de vue ses enjeux initiaux dans la montée à l'extrême de la violence. Avec la paix, l'heure est venue des bilans et des interrogations sur ce changement de dimensions, de nature, intervenu dans le conflit armé. Les responsables de la conduite de la guerre et des opérations doivent s'expliquer devant l'opinion.

Cherchant les raisons de leurs erreurs et de leurs succès, chefs et exécutants reconstituent *a posteriori* les processus de leurs décisions et les modalités d'exécution que les frictions inhérentes aux coalitions ont souvent embarrassés. Accusatrice ou hagiographique, la littérature n'a jamais produit autant d'ouvrages sur « la dernière guerre » que les peuples veulent croire la « der des der ». Littérature intéressée : les experts tirent la leçon de l'expérience récente en songeant *nolens volens* à la prochaine...

Le jeune Liddell Hart s'immerge dans ce milieu de chercheurs et d'auteurs qui ignore les frontières. Dans les temps modernes, les guerres nationales ont toujours été suivies d'effervescence intellectuelle, mais, cette fois, tous les milieux sont engagés dans la réflexion sur le sens de la violence armée quand elle provoque d'aussi profondes transformations des sociétés et du système international. Mémorialistes, historiens-analystes et experts-critiques fournissent une abondante information, souvent de première main, et, après le temps des bilans, vient celui des théoriciens : il s'agit de situer ce conflit sur la courbe d'évolution du fait-guerre dans l'histoire ; de discriminer, dans ses caractères spécifiques, ceux qui ont reflété peu ou prou les conflits armés antérieurs et ceux qui, au contraire, résultent d'innovations dans ses fins et/ou ses voies-et-moyens. La dernière guerre a-t-elle conservé des modes de pensée et d'agir hérités du passé ? Lesquels et pourquoi ? Surtout, en quoi et comment a-t-elle rompu avec cet héritage plus ou moins pesant ? Et que peut indiquer cette césure sur ce que pourraient être les guerres futures ?

Or, en 1919, chacun perçoit immédiatement que, pour la première fois, la société industrielle a inventé un type de conflit armé – la guerre totale – à la mesure des moyens considérables, humains et matériels, qu'elle pouvait déployer. En outre, elle s'avéra capable de le nourrir de sa substance plus longtemps qu'on l'imaginait auparavant. Quant à l'état de paix, il doit s'accommoder d'une situation neuve en Europe : le vieux système d'équilibres délicats entre États nationaux est disloqué. Des empires se sont effondrés et le douloureux remembrement du continent, opéré sous la pression d'intérêts immédiats et d'idées courtes, porte en soi les germes de nouvelles querelles. Guerre et paix s'avèrent donc étroitement corrélées : parce qu'elle fut conçue et conduite dans l'esprit d'un duel à mort, la guerre totale ne pouvait avoir d'autre issue qu'une paix boiteuse nourrissant d'irréductibles antagonismes. La critique des nouveaux théoriciens devrait donc porter sur la manière dont les belligérants ont pensé la relation entre politique et guerre et su adapter, ou non, les voies-et-moyens de celle-ci aux fins de celle-là. Et cela, dans la phase terminale de l'âge industriel : la guerre totale annonce déjà l'entrée dans l'âge scientifico-technique. Sur ces problèmes politico-stratégiques fondamentaux, Liddell Hart est très tôt alerté et se montre d'emblée l'un des plus clairvoyants parmi les analystes de l'après-guerre.

En 1914, la guerre totale était-elle imprévisible ? Si non, pourquoi les deux camps s'abandonnèrent-ils à sa pente, à la course vers l'extrême de la violence, sans discerner que leur obstination dans la déraison les conduisait vers un nouvel état de paix plus désavantageux, *pour tous*, que celui antérieur au conflit ? Certes, les guerres de 1870 et russo-japonaise, celles des Balkans et du Transvaal s'étaient maintenues dans la ligne classique. La guerre de Sécession américaine avait bien esquissé quelques traits de la guerre totale, mais leur ethnocentrisme et le magistère exercé par leur culture stratégique avaient aveuglé les Européens sur la radicalisation d'un conflit trop excentrique pour qu'ils en tirent la leçon.

Pourtant des esprits imaginatifs (von der Goltz, Bernhardi, Grouard, Emile Meyer, Jan Bloch) avaient pressenti, au début du siècle, le sens général de l'évolution amorcée par les guerres nationales de la période 1792-1815. En 1914, les principaux ingrédients de la guerre totale préexistaient : délires nationalistes exacerbant les sentiments d'hostilité ; concept de la nation armée impliquant la mobilisation et l'engagement d'armées de masse ; guerre de coalitions et extension géographique des théâtres d'opérations ; exploitation militaire d'un progrès scientifico-technique déjà accéléré. Faute d'une décision rapide, la dérive du conflit vers la guerre à but absolu appela la réquisition de toutes les ressources démographiques, économiques, financières des belligérants, l'action et la guerre psychologiques, l'étroit contrôle des opinions et la concentration des pouvoirs. La mobilisation civile induisit la guerre aux civils (blocus, bombardements), l'attaque toujours plus profonde de la substance vive adverse et l'occultation, consécutive, des règles universelles du droit des gens et de la neutralité. Un fascicule sur *Les Lois de la guerre continentale*, publié en 1902 par le Grand État-Major allemand, reflétait l'esprit de la guerre totale annoncée : « Une guerre énergiquement conduite ne peut pas être uniquement dirigée contre l'ennemi combattant et ses dispositifs de défense, mais elle tendra et devra tendre également à la destruction de ses ressources matérielles et morales. Les considérations humanitaires telles que les aménagements relatifs aux personnes et aux biens ne peuvent faire question que si la nature et le but de la guerre s'en accommodent. »

Cependant, si, avant 1914, la route vers la guerre totale était ouverte à la fois par l'esprit belliciste et par la littérature de trop hâtifs interprétateurs de Clausewitz, des observateurs plus lucides discernaient l'impasse dans laquelle une conception aussi extensive et radicale de la guerre engageait peuples, politiques et militaires. Ils dénonçaient la course aux armements, soutenue par la tension psychologique devenue le souci majeur des États et le principe d'une politique se voulant prévoyante. Mais politique incapable de voir au-delà d'un horizon bouché par l'approche d'une guerre jugée inévitable ; guerre dont le but, résumé dans la victoire décisive, justifiait la surenchère dans la définition de ses voies-et-moyens, et occultait toute réflexion sur ce que le vainqueur ferait de cette victoire. En 1906, dans *Le Rôle de la guerre*, Jean Lagorgette rappelait vainement à la raison : « Au lieu d'être proportionnées à la valeur vitale du dessein politique final, l'intensité et l'étendue du moyen n'ont plus qu'une mesure : être plus grandes que ce qui cherche à être plus grand qu'elles. C'est-à-dire qu'elles n'ont plus du tout de mesure extrinsèque. *Le moyen se détache pour ainsi dire du but, pour acquérir une vie propre, vie exubérante, et d'un développement indéterminé*, comme s'il était, non plus un moyen dont l'importance est subordonnée à celle du but, mais *un but en soi*, cultivé pour soi-même. »

*

Dans les années 20, quand il se voue à l'étude systématique des guerres, Liddell Hart est informé sur ces deux courants de pensée. Il prend acte du caractère « hyperbolique » (Giulo Ferrero) du conflit dont il a été le témoin ; de la prescience des esprits prospectifs qui avaient annoncé la guerre totale et su en prédire les caractères singuliers, ceux par quoi elle rompait avec les précédentes. Il relève également que d'autres, prenant leurs distances avec les praticiens obnubilés par la guerre à but absolu, s'étaient inquiétés des trop probables implications de la violence déréglée dans tous les domaines de l'activité humaine. Par sa démesure même, le conflit armé ne pouvait qu'échapper au contrôle des politiques et des militaires. Son bilan, immanquablement désastreux, *devait* contredire les fins politiques, raisonnables, du recours aux armes.

Liddell Hart vérifie donc le bien-fondé des hypothèses pessimistes avancées, avant 1914, sur les formes de la guerre future et leurs conséquences. En outre, sa sensibilité de combattant a été trop profondément affectée par les hécatombes du front occidental pour qu'il n'en cherche pas les causes et ne réfléchisse, en praticien, sur les moyens de les éviter dans l'avenir. Sa vocation de stratégiste et sa constante volonté d'influencer les stratèges en place prennent source dans sa mémoire de grand blessé et de témoin que hantera toujours le souvenir des quatre années terribles. Entre 1919 et 1925, ses articles de revues, ses conférences, son travail de correspondant militaire du *Morning Post*, de *l'Observer*, du *Daily Telegraph*, puis du *Times*, de chroniqueur dans l'*Encyclopædia Britannica*, procèdent de l'analyse critique du premier conflit mondial qu'il entreprend dans un esprit de militant qui, souvent à contre-courant, dénonce les erreurs politiques et celles du commandement militaire. Il attendra 1930 pour publier *The Real War, 1914-1918* – réédité, en 1970, sous le titre *History of the First World War* – où l'histoire officielle est mise à mal. Sa critique *ad hominem* des grands chefs militaires des deux camps fera la matière d'un ouvrage – *Reputations* (1931) – dans lequel, à la manière de Plutarque, il les « portraicturera » sans complaisance, redistribuant lauriers et blâmes selon ses propres critères.

S'il s'avère souvent illusoire de prétendre remonter aux origines d'une vocation de stratégiste, en revanche, la source d'une théorie se trouve fréquemment dans le refus d'une récente pratique guerrière. L'amorçage de la pensée et la définition de son champ originel répondent au *cœur* blessé par une guerre perdue, ou au malaise de la *raison* devant les inepties de ceux qui l'ont préparée et conduite. Guibert ne peut supporter les défaites de la guerre de Sept Ans ; Clausewitz, l'effondrement de la Prusse après Iéna. Britannique, Liddell Hart n'a pas partagé, dans sa jeunesse, le brûlant désir de revanche des vaincus de Sedan. Quand cessent les hostilités, en 1918, la victoire des Alliés devrait l'autoriser à plus de sérénité, devant le coût de la guerre, que les Allemands défaits. Sa volonté d'objectivité est préservée du dépit, manifesté outre-Rhin, d'avoir manqué l'occasion de l'emporter dans la compétition mondiale. Il n'a pas à s'engager dans la restauration, sous des contraintes drastiques, d'un appareil militaire analogue à la Reichswehr que von Seeckt mettra sur un tel pied que le passage à la future Wehrmacht sera assuré.

Toutefois, la victoire ne l'exonère pas du devoir d'examen sur la manière de l'obtenir et d'inventaire sur sa portée réelle ; sur la direction politique et les opérations militaires qui n'ont pu l'arracher qu'au prix fort. Le capitaine Liddell Hart appartient à une armée qu'il ne quittera qu'en 1925, réformé pour raison de santé. Un soldat de métier ne saurait s'endormir dans le confort mental de la paix retrouvée. Ni chasser toute pensée, scandaleuse pour les peuples soulagés, sur l'avenir incertain. Humiliants diktats pour les vaincus, les traités accumulent les motifs de trop probables griefs. Quoique homme pondéré et nullement militariste, Liddell Hart n'élimine pas le risque de conflit, à plus ou moins lointaine échéance. La raison politique et la simple prudence militaire commandent que la lassitude générale, les mesures de désarmement assorties de vaines garanties, les espérances placées dans la jeune Société des Nations, n'effacent pas les éternelles exigences de la sécurité. L'histoire n'est pas achevée. Quelques-uns doivent donc assumer le devoir de mémoire : celle de la violence armée, invariant des transformations socio-politiques dans la longue durée de l'histoire, ne doit pas être abolie par celle, crucifiante, de son dernier avatar dans l'histoire proche...

Parce qu'ils ne s'installent pas dans la même temporalité que la plupart de leurs concitoyens, l'homme d'État aux vastes vues et le militaire évoquant « la prochaine guerre » leur sont incommodes. Voués à se projeter au-delà du proche horizon, « par-delà la colline » disait Wellington, ils doivent tenir la phase actuelle du système de systèmes socio-politiques – celle qui détermine les brèves existences individuelles – pour la matrice d'un avenir collectif ; celui de la société future dans laquelle d'autres individus devront trouver, à leur tour, leurs raisons de vivre. Si les générations de demain intéressent médiocrement l'actuelle, elles seront pourtant en droit de lui demander des comptes, rétrospectivement, sur les capacités de tout constructeur d'avenir à anticiper et préparer leur venue au monde. Dans la mesure où elle ne se borne pas au commentaire expéditif des conflits du moment ou à la glose, érudite ou caustique, de la littérature des confrères, la pensée stratégique, qui tente de dire les formes des guerres futures et invite à s'y préparer, est toujours une pensée à hauts risques. D'abord, celui, purement intellectuel, qu'elle partage avec toutes les constructions d'objets futurs : l'imagination s'égare souvent dans des audaces prospectives mal étayées par des évaluations erronées ou reposant sur des hypothèses et des jugements aventurés. Les authentiques précurseurs sont rares, qui ne se sont pas contentés de proposer, dans l'enthousiasme d'esprits libérés des contraintes de la pensée rigoureuse et bien informée, d'inconsistantes figures d'avenir. L'autre danger, plus grave, réside au contraire dans la facilité avec laquelle les décideurs adoptent, sans critique informée, une pseudo-théorie stratégique associant de superficielles analyses de situation et de séduisantes projections d'avenir qui ne résisteront pas à l'épreuve du réel. Confiance et risque imputables, souvent, au prestige du théoricien consacré par sa clairvoyance passée ; ou aux vertus d'un discours persuasif par sa seule nouveauté ; ou encore à l'influence de groupes de pression servis par cette théorie...

Contre les illusions des survivants peu réceptifs à l'évocation d'éventuelles résurgences de conflits armés, Liddell Hart prend, d'emblée, le risque – personnel, celui-là – d'explorer le futur de la guerre. Il se lance dans la recherche, toujours aventurée, sur ses formes probables, sur l'organisation et les conditions d'emploi efficace des systèmes militaires concevables dans le monde de demain. L'officier pense naturellement en praticien : il entend contribuer à maintenir son pays en éveil et capable de réagir, intellectuellement et matériellement, à l'événement imprévisible, déclencheur d'un nouveau conflit. S'il n'est pas seul, dans les armées britanniques, à s'engager dans cette voie, il accepte de se retrouver isolé dans son cheminement, et contesté dans sa critique et ses propositions. Lot fréquent de qui ose mêler sa propre voix à la cacophonie des prétendants à la « vérité » – mot revenant avec insistance dans *Stratégie*. Son allusion, dans la préface, aux « prophètes » dont le destin est d'être « lapidés », rappelle, quarante ans après ses débuts d'apprenti, les obstacles que Liddell Hart dut surmonter pour se faire entendre. Mais qu'est-ce que la vérité dans l'ordre de l'action ?

*

Qui se projette en esprit dans l'avenir de la pratique guerrière, avec le ferme propos de conduire son travail d'évaluations prévisionnelles vers des propositions crédibles, doit être capable d'imagination. Capable, d'abord, de s'affranchir des idées reçues chez les experts et des pesanteurs socio-culturelles du temps. Capable de s'émanciper de la tutelle des héritiers de toute espèce ; des théories et doctrines installées, et des Écoles, dépositaires des vérités actuelles sur lesquelles elles fondent abusivement, par simple extrapolation, leurs assertions sur l'avenir. Mais l'imagination créatrice ne peut opérer que si la critique a préalablement reconnu et mesuré l'écart – et ses causes – entre les discours et la réalité des phénomènes conflictuels observables dans l'immédiat et le proche passé. Discours qui inclinent à décrire, interpréter et expliquer la dernière guerre comme si, comparée aux précédentes, ses caractères innovateurs devaient figer, pour longtemps, l'objet-guerre dans cette dernière phase de ses transformations. Rien n'est plus embarrassant, pour le théoricien, que le soupçon d'une rupture dans un processus d'évolution...

Toutefois, l'imagination créatrice d'avenir ne doit pas s'égarer dans l'utopie, dans les dérèglements d'une pensée heuristique provocante et se complaisant dans la trop humaine satisfaction de dénoncer l'inertie des « anciens » encombrant la hiérarchie ou le cercle d'experts patentés. Qui aspire au rôle gratifiant de précurseur se résigne aisément à tuer le père... Mais l'histoire militaire est un cimetière de faux prophètes et, quand elles sont bonnes, les idées neuves peuvent attendre longtemps que l'évolution des sociétés et des cultures politico-militaires leur offre l'occasion de s'imposer. Aucun précurseur ne se connaît comme tel : conscient de dire ce qui n'a pas été dit, il ignore si ce qu'il dit se vérifiera un jour. Ainsi, quand un apprenti-théoricien « mécontent de toutes les choses qui existent », comme le souhaite Nietzsche, sort de la foule des bien-pensants pour penser autrement le futur de la guerre, il doit savoir qu'il devra dépasser les interprétations et explications spontanées de son dernier avatar ; n'accepter que sous réserve d'inventaire objectif et rigoureux les théories et doctrines régnantes, les systèmes politico-militaires qu'elles justifient et leurs états futurs qu'elles annoncent. Si le problème de la critique de l'état de choses actuel, ou du passé proche, se pose comme un passage obligé vers la construction du futur imaginaire, cette critique se résume dans un jugement de valeur porté, d'abord, sur la guerre la plus récente ; c'est-à-dire sur la manière dont cette action collective a été conçue, préparée, conduite et conclue. Mais ce jugement suppose qu'on a établi, préalablement, les critères permettant de discerner en quoi et pourquoi cette action a été, ou non, conforme à quelque idée de référence, archétype ou modèle de guerre qu'on se donne, ou fourni par une instance qualifiée. Mais laquelle ? Ensuite, selon quels critères juger la littérature théorique et doctrinale engendrée par la dernière guerre et qui prétend en tirer une leçon autorisant à dire l'avenir ?

C'est bien là le problème de la critique stratégique, avec ses deux volets, que se pose Liddell Hart, comme tous ses prédécesseurs. Les praticiens qui ont conçu et exécuté l'action collective sans précédent que fut le premier conflit mondial ont-ils respecté le principe de réalité qui leur commandait, sinon de prévoir, au moins de reconnaître sans trop tarder sa nature singulière ? Ont-ils su le situer dans le processus d'évolution historique du fait-guerre ; comprendre en quoi et pourquoi il conservait certains attributs des conflits antérieurs et, surtout, en quoi et pourquoi il innovait ? Après la guerre, les théoriciens ont-ils respecté, dans leurs analyses et la restitution de leur objet de discours, le principe d'objectivité qui aurait dû les conduire aux seules interprétations et explications du conflit qui fussent pertinentes et fécondes en vues d'avenir ? Comment, dans les années 20, déterminantes pour la suite orientée de ses travaux, Liddell Hart énonce-t-il ce double problème ? Énoncé *pour lui*, officier de l'armée de terre britannique et ancien combattant.

Quand il pense et écrit « guerre », il n'entend pas ce mot dans son sens extensif. Il n'évoque pas le vaste ensemble des faits et événements, de toute nature, qui manifestent l'introduction et les effets de la violence armée collective dans les divers domaines de l'activité humaine ; qui constituent ce que la polémologie nomme le phénomène-guerre. Il ne lui donne pas le sens, très général, de « lutte armée entre groupements organisés » – définition de Gaston Bouthoul. Des multiples dimensions de ce phénomène sociopolitique, il ne retient que celles de l'action de guerre proprement dite, laquelle s'objective dans l'ensemble compliqué des opérations mentales et physiques conçues et conduites par les systèmes politico-militaires. Et, réduction supplémentaire, c'est à la seule dimension militaire qu'il s'intéresse, quitte, ensuite, mais ensuite seulement, à inscrire l'action des appareils militaires dans la dimension politique du phénomène-guerre.

Esprit pragmatique, Liddell Hart ne se veut ni philosophe politique ou de la guerre, ni sociologue. Officier se considérant engagé dans le devenir des armes, il aborde en expert militaire l'étude du premier conflit mondial. S'il ne peut prétendre à quelque expertise que dans la branche terrestre des opérations, il sait cependant que l'action de guerre des grandes puissances combine les opérations terrestres et navales, et aériennes depuis peu, et implique des interactions entre les théâtres continentaux et maritimes ; que leurs facteurs de puissance et de vulnérabilité militaires résultent à la fois de leurs capacités d'action et de réaction sur terre et sur mer. Anglais, il sait, mieux que la plupart des analystes continentaux, que la puissance maritime des Alliés a pesé lourd sur l'issue du conflit. Témoin des premières opérations sous-marines de l'histoire, il tient le sous-marin pour l'une des innovations techniques qui, avec le char et l'avion, ont déjà changé les formes de la guerre, quoique sans exprimer toutes leurs virtualités. Il peut évaluer les effets matériels et moraux du blocus, ceux d'un *pat* stratégique sur mer – la bataille du Jutland –, et le rôle de la *Fleet in being* et des corsaires allemands dans la guerre navale. L'échec des opérations amphibies de Gallipoli l'incite à réfléchir sur les nouvelles modalités de l'approche et de la stratégie indirectes. Enfin, on imagine mal qu'il n'ait pas fréquenté les maîtres de la littérature navale : Mahan, Colomb, Corbett...

Toutefois, aussi informé qu'il soit sur la dimension maritime de la stratégie, il prend des risques quand il s'aventure dans le domaine des marins. Dans *Pâris, or the Future of War* (1925), il évoque les vulnérabilités des flottes de surface exposées au sous-marin et à l'avion dans « les mers étroites » comme la Méditerranée. Il récidive, dix ans plus tard, lorsque le danger allemand se précise. La course aux armements navals est alors engagée par le III^e^ Reich, qui lance son programme de cuirassés de poche (type *Deutschland*) suivis par les deux bâtiments du type *Scharnhorst*, puis par le *Bismarck* et le *Tirpitz*. Ce programme vise surtout la France, qui répond avec le *Dunkerque* et le *Strasbourg*, puis le *Richelieu* et le *Jean-Bart*, mais compromet la supériorité maritime des Britanniques auxquels se pose alors, en termes nouveaux, un vieux problème, capital pour un État insulaire : la défense de ses communications maritimes. Réagir avec un programme de cuirassés, comme il le fait tardivement avec le type *King George V*, d'ailleurs inférieur au *Bismarck*, est-ce une solution adaptée aux nouvelles données ? se demande Liddell Hart. Dans deux articles du *Times* (14 mars 1935, 23 mai 1936), il rappelle « la menace sous-marine, multipliée par celle des avions basés à terre et d'engins très légers », qui pèse sur « les escadres et transports de troupes », moins sur les « routes maritimes » en haute mer que sur les « ports d'arrivée et les approches des mers étroites où convergent ces routes ». Il conclut : « N'aurions-nous pas à regretter que l'argent dépensé pour les cuirassés n'ait pas été investi dans des porte-avions et des bâtiments légers ? » Les malheurs des bâtiments de ligne anglais, en Malaisie et dans la Manche, permettent d'apprécier la pertinence des questions soulevées par Liddell Hart avant le second conflit mondial...

En cette occasion, il demeure conscient des limites de ses compétences. Il se borne à exprimer ses doutes sur la clairvoyance des experts navals qui semblent négliger les changements, de grande probabilité, que la conjugaison du sous-marin et de l'avion provoquera dans la prochaine guerre sur mer. Il s'inquiète publiquement, mais avec retenue – avec des points d'interrogation –, de la validité d'une stratégie des moyens décidée dans un esprit trop conservateur. À la décharge des décideurs, il invoque les mesures de désarmement naval (traité de Washington) et les difficultés budgétaires des années 20-30. Mais ces contraintes sont aggravées, pense-t-il, par des hésitations plus lourdes de conséquences : elles portent, en effet, sur la définition d'une stratégie générale militaire qui soit cohérente avec la politique nationale. Comme tous ceux qui se sont dotés d'une solide culture sur le phénomène-guerre, il est très tôt conduit, par l'étude des situations conflictuelles, contingentes, à rapporter la stratégie militaire à la politique qui la détermine dans ses buts et ses voies-et-moyens. Il se placera donc systématiquement, par règle de méthode, à l'interface politique-stratégie, aussi bien pour comprendre les faits et fonder sa critique des guerres passées, que pour définir les éléments d'une pratique stratégique concevable dans l'avenir. C'est bien cette posture intellectuelle qu'il adopte pour porter un jugement sur les programmes d'armement naval. Plus précisément, ce jugement procède de l'idée qu'il se fait, précocement, de ce que devrait être la stratégie générale militaire de l'entité politico-stratégique la plus singulière : les îles Britanniques et leur empire.

*

Lorsque les Anglais font leurs comptes à l'issue d'un conflit qui leur a coûté 870 000 morts, et que, en regard de leurs pertes et dommages, ils évaluent les bénéfices qu'ils ont tirés de la guerre, doivent-ils conclure que le nouvel ordre international, instauré par les traités de paix, est aussi avantageux, pour eux, que leur opinion publique l'imagine dans l'exaltation de la victoire ? Certes, leurs positions ont été consolidées, voire étendues dans le monde. Mais si le danger allemand est écarté, le nouveau statut de la France, qu'elle doit à son prestige de leader militaire de la coalition, ne laisse pas de les inquiéter. Sa volonté d'imposer sa loi à l'Allemagne défaite et son rayonnement, dans les jeunes États nés des traités, doivent être tenus en bride : la séculaire notion d'équilibre des puissances, sur le continent, reprend ses droits. En outre, contre la demande pressante des Anglais, la France a refusé l'abolition du sous-marin lors de la conférence de Washington (1925). Quoique les États-Unis, démentant Wilson, retournent à leur isolationnisme atavique, leur rapide montée en puissance durant la guerre, leur potentiel économique et leur éveil à une vocation maritime les placent en position de possibles rivaux des Britanniques.

En bon Anglais, Liddell Hart partage ces conclusions, peu optimistes, d'une évaluation politico-stratégique formulée en termes de coût-avantage. L'historien-critique est naturellement induit à remonter aux causes, aux facteurs d'un bilan peu satisfaisant. Il soulève la question dérangeante : l'engagement politique de la Grande-Bretagne, décidé en

1914 dans l'esprit de l'Entente cordiale mais après la violation de la Belgique, puis les modalités de sa participation à la conduite interalliée de la guerre sur le continent, ont-ils été calculés en conformité avec ses réels intérêts nationaux ? La forte pression des intérêts du moment, que déterminait la situation internationale entre 1914 et 1918, n'a-t-elle pas aveuglé les décideurs au point de leur faire oublier les intérêts permanents de la Grande-Bretagne, puissance insulaire, impériale et maritime ?

À ce stade de sa réflexion, le concept d'intérêt – d'usage courant aujourd'hui – demeure implicite dans son discours. Liddell Hart se maintient sur les plans de la critique du sens commun. Au vu des résultats tangibles du conflit – coût excessif, paix désavantageuse à long terme ou ne réglant pas au fond les différends antérieurs à 1914 –, il juge très sévèrement la décision et les conditions de l'entrée en guerre de son pays, ainsi que sa conduite au sein de la coalition. À ses yeux, les résultats contestables de la partie jouée par les Anglais ont une cause, surdéterminante : la Grande-Bretagne a tout simplement oublié, en 1914, la règle d'or qui, jusqu'alors, gouvernait sa politique et sa stratégie. Règle que lui dictaient sa nature insulaire et sa situation géographique dans le système européen. Si, selon l'aphorisme de Napoléon, « la politique des États est dans leur géographie », celle-ci ne permet pas toujours d'en inférer immédiatement des projets politiques clairs et des postures stratégiques univoques. La France est, certes, une puissance continentale, mais ses façades maritimes et ses intérêts outre-mer lui ont constamment rappelé que sa stratégie militaire devait logiquement *composer* actions et réactions sur terre et sur mer. Pour elle, composition délicate des axes d'effort ; plus simple, pour la Grande-Bretagne et son Empire ultra-marin. Liddell Hart s'étonne donc qu'elle ait pu aussi inconsidérément transgresser, au début du XXe siècle, l'axiome sur lequel elle avait constamment fondé ses entreprises politico-stratégiques avec un succès jamais démenti sur la longue durée.

Du point de vue théorique, observons que, ici et parmi les catégories usuelles de la pensée politico-stratégique, notre analyste favorise *l'espace*. En l'occurrence, parce qu'il a besoin d'un axiome fondant sa critique, parce qu'il doit se placer sur le plan amont de la politique étatique et sur celui de son expression pratique – ce qu'il nomme « la haute ou grande stratégie » –, penser en termes d'espace la politique et la stratégie britanniques c'est d'abord reconnaître qu'elles sont déterminées par les *positions relatives*, dans l'espace géographique et le milieu naturel (terrestre ou maritime), de l'acteur Grande-Bretagne et des autres acteurs, continentaux ou non. Leur système interactif est fondamentalement et naturellement structuré par sa configuration géographique. Fait d'évidence, cet invariant topologique des entreprises politico-stratégiques britanniques ; fait qui n'a nul besoin d'être sollicité de l'expérience historique, mais que celle-ci confirme amplement.

Cela dit, le privilège accordé au facteur espace-milieu n'entraîne pas Liddell Hart sur le terrain, déjà balisé, de la géopolitique et de la géostratégie. Il a pu ignorer le lointain Friedrich Ratzel (1844-1904), mais Rudolf Kjellen a introduit le néologisme *Geopolitik* en 1916. On ne voit pas que notre stratégiste a tiré parti de Harold Mackinder qui a publié, en 1903, *The geographical Pivot of History* ; de Karl Haushofer (1869-1946), pourtant contemporain ; plus tard, de Spykman. Il semble méconnaître la dimension géopolitique des œuvres de Mahan, puis de Castex. Peut-être juge-t-il que ces jeunes disciplines procèdent de postulats cachés et contradictoires ; que, teintées d'idéologies inavouées, leurs vastes reconstructions théoriques de la carte du monde prétendent abusivement aux vertus de la scientificité ; qu'elles n'apportent rien de bien nouveau à la pensée politico-stratégique et d'utile aux calculs des praticiens. Il constate, et cela suffit à ses analyses, que l'espace est l'une des catégories usuelles de l'entendement appliqué au projet politique et à l'action stratégique ; que les traductions concrètes du concept général d'espace sont fournies par les données immédiates de la géographie physique, humaine, économique, etc.

Les lecteurs de Liddell Hart ont parfois déploré son manque de souffle ; qu'il ait négligé les apports de nouvelles disciplines académiques, comme la géopolitique, la géostratégie, la sociologie, à la connaissance du phénomène-guerre. Il est vrai que l'œuvre d'un théoricien est trop souvent évaluée en dénonçant les omissions et les impasses de son discours plutôt qu'en le glorifiant pour la nouveauté de ses concepts et la solidité de ses assertions. Même lorsqu'elle se justifie par le constat objectif des limites, aisément repérables, de toutes les théories, la critique dépréciative d'une œuvre stratégique vient trop souvent de la méconnaissance de sa poétique, de sa genèse singulière dans son domaine d'élection... Ce serait juger les théoriciens selon des critères inappropriés que d'imputer toujours les visibles carences de leur propos à leur myopie intellectuelle : ils ont choisi leur objet de pensée. Comme tous les théoriciens, même les plus exhaustifs, Liddell Hart découpe et isole, dans la totalité d'un objet-guerre dont il n'ignore ni la complication, ni le caractère évolutif, un *canton* qui devient son champ d'investigation : la stratégie militaire opérationnelle. Des multiples dimensions de l'action de guerre, de ses diverses manifestations objectives, il retient celle qui l'intéresse, qui exige qu'on renouvelle sa problématique et un travail de théorisation rajeunissant concepts et propositions. Non qu'il méconnaisse les autres et leur influence, plus ou moins déterminante, sur son domaine de prédilection. Il les aborde quand cela lui semble nécessaire pour éclairer ses recherches, et sait traiter les relations de la stratégie militaire avec « la grande stratégie » et la politique. Mais, par tempérament de praticien autant que par inclination, le point central de son étude du phénomène-guerre, celui autour duquel s'organise et se développe son œuvre de critique et de théoricien, demeure la stratégie militaire opérationnelle.

On imputera donc à son esprit pragmatique son apparente ignorance de la littérature géopolitique et géostratégique. L'outillage intellectuel et l'information concrète, fournis par les diverses branches de la géographie ordinaire, lui suffisent. Au demeurant, Liddell Hart a constamment manifesté peu de goût pour le langage abstrait. Il s'en explique dans la dernière partie de *The British Way in Warfare* consacrée à « L'essence de la guerre », thème des plus favorables, pourtant, à l'abstraction. Ce chapitre, écrit-il, « condense une longue étude de la guerre moderne tout en voulant simplifier à l'extrême, en cristallisant quelques vérités qui, à l'observation, semblent être assez générales et, à l'analyse, assez fondamentales pour être dénommées axiomes. Ce sont des règles pratiques et non des principes abstraits. Napoléon avait compris que, seule, la pratique peut être d'utilité, quand il nous donna ses maximes. La tendance moderne a été d'établir des principes susceptibles de s'énoncer en un seul mot, et il faut des milliers d'autres mots pour les expliquer. Même alors, ils sont tellement abstraits qu'ils changent de sens avec les hommes et que leur valeur dépend de la propre compréhension de la guerre de ceux qui les emploient. Plus on s'adonne à cette recherche d'abstractions omnipotentes, et plus vain apparaît leur mirage. Elle me semble inutile, sauf, peut-être, en tant que gymnastique de l'esprit ».

*

L'analyse critique des récentes opérations britanniques sur le continent conduit Liddell Hart à imputer leur faible rapport efficacité-coût à une erreur capitale : les gouvernements et leurs conseils militaires ont pensé et agi, bien avant 1914, contre l'esprit de la guerre « à l'anglaise ». Il dénonce la conscription, adoptée pour la première fois en Grande-Bretagne et qui portait en germe la guerre totale ; les « engagements » pris envers la France par Sir Henry Wilson, alors directeur des opérations au War Office ; « les appels aux armes » du ministre de la Guerre, Lord Kitchener ; « la hâte de l'état-major général à arriver en France », réponse trop servile à « la hâte du général Joffre à arriver en Allemagne ». Critique *ad hominem* virulente, évidemment mal reçue, bien qu'assortie de propositions de réforme pour l'armée de terre... Une première conférence, le 28 janvier 1931, à la Royal United Services Institution, annonce sa thèse centrale, reprise dans le *Times* et développée dans une série d'ouvrages : *The British Way in Warfare* (1932) ; *The Ghost of Napoleon* (1933) ; *When Britain goes to the War* (1935) ; *Europe in Arms* (1937) – et la biographie de *Foch* (1931) auquel il attribue une influence néfaste, avant la guerre, sur l'état-major britannique.

Liddell Hart rappelle que, au cours des siècles, la Grande-Bretagne a élaboré un style de guerre qui lui est spécifique ; que sa culture stratégique s'est formée par la riche expérience de ses conflits avec les États continentaux qui prétendaient, comme la France de Louis XIV et de Napoléon, puis l'Allemagne wilhelmienne, dominer l'Europe. Ambition qui menaçait les intérêts de Londres et impliquait, logiquement, que sa diplomatie veillât constamment à préserver un équilibre européen toujours précaire, et à le rétablir par la force le cas échéant. D'où un type britannique de politique étrangère répugnant aux engagements fixes et s'en tenant aux engagements limités (limited liability) avec les États continentaux (continental commitment). D'où, ensuite, « la manière britannique de faire la guerre », qui s'impose à une puissance insulaire, donc maritime : « Le corps maritime a deux bras : l'un est financier et inclut les subsides et les approvisionnements militaires fournis aux alliés ; l'autre est militaire et comprend les expéditions par mer contre les ailes vulnérables de l'ennemi. Par notre manière de faire, nous sommes protégés là où nous sommes les plus faibles, et nous exerçons notre force là où l'ennemi est le plus faible. »

Idée centrale dans l'œuvre de Liddell Hart, celle d'une dissymétrie structurelle entre la puissance de la terre et la puissance de la mer – plus exactement, entre puissances à dominante terrestre ou maritime ; entre leurs facteurs respectifs de puissance et de vulnérabilité, et entre ce qui en découle : leurs postures politico-stratégiques et leurs stratégies militaires. Polarité reconnue de tout temps : l'invariant géographique détermine, par les contraintes inégales et de natures différentes qu'il impose aux acteurs continentaux et maritimes, la dynamique de leur système interactif. Il assume une fonction structurante dans la mesure et l'exploitation des degrés de liberté dont les uns et les autres bénéficient dans le jeu de leurs actions et réactions.

Comment, en effet, opèrent la dialectique de leurs volontés politiques et celle de leurs degrés de liberté stratégique ? La maîtrise de la mer, dont bénéficie l'acteur maritime, interdit à son adversaire continental de l'atteindre et de le soumettre sur son territoire. La supériorité des forces terrestres est inopérante sauf, pour la puissance continentale, à reconquérir la maîtrise de la mer comme Rome dut le faire pour vaincre Carthage sur son propre sol (Zama). Autre solution : l'État continental s'alliera à un autre État maritime, comptant que l'appoint de ses forces navales suffira aux siennes pour disputer la maîtrise de la mer à son ennemi et permettra de débarquer sur ses côtes. Napoléon le tentera, en 1805, en réunissant l'escadre espagnole et celle de Villeneuve pour acquérir la liberté d'action dans la Manche, fût-ce temporairement, afin de projeter la Grande Armée du camp de Boulogne en Angleterre. Enfin, troisième solution, récente : annuler les avantages de la maîtrise de la mer en misant sur la supériorité aérienne pour frapper les œuvres vives de la puissance maritime et abattre sa volonté de résistance. Hitler le tenta vainement, en 1940, en lançant la Luftwaffe sur les villes anglaises.

Réciproquement, si la maîtrise de la mer protège la puissance maritime des assauts de l'adversaire continental, elle ne suffit pas pour abattre celui-ci, comme le soulignait Julian Corbett. Le blocus peut l'affaiblir, mais ses effets, toujours différés, ne se font sentir qu'au prix d'un effort persistant et coûteux. Aussi la puissance maritime doit-elle trouver des alliés sur le continent même, en les soudoyant – « la cavalerie de saint Georges », disait-on au temps de Pitt. Mais elle devra les soutenir militairement en pratiquant une stratégie indirecte qui implique opérations amphibies et corps expéditionnaires. Au cours de la guerre de Succession d'Espagne (1701-1714) l'Angleterre adopta avec succès, contre Louis XIV, cette stratégie « des deux bras » préconisée par Liddell Hart : maîtresse de la mer depuis la Hougue (1692), alliée aux Provinces-Unies, à l'Autriche et aux Cercles allemands, elle projeta sur le continent l'armée de Marlborough opérant en étroite liaison avec les forces d'un autre stratège de génie, Eugène de Savoie. Scénario répété contre Napoléon : cerveau des coalitions successives formées avec ses alliés continentaux, maîtresse de la mer grâce à Nelson (Aboukir, Trafalgar), l'Angleterre lança Wellington, bénéficiant du soutien local, sur le ventre mou de l'Empire, la péninsule Ibérique où les Français étaient enlisés. Dans les deux cas, la supériorité des forces terrestres de l'État continental dominant s'avéra incapable de faire plier la puissance maritime, mais celle-ci n'aurait jamais pu rétablir l'équilibre européen sans le concours d'alliés terrestres. Et, dans le second conflit mondial, les Alliés auraient-ils pu débarquer en Europe et vaincre le III^e Reich sans un précieux allié continental, l'URSS ?

Toutefois, le style de stratégie à l'anglaise s'est altéré, consécutivement à l'évolution des armements ; en particulier, avec les progrès de l'arme aérienne. Dans le Pacifique, deux puissances maritimes, les États-Unis et le Japon – celui-ci bénéficiant d'un empire terrestre constitué dans la première phase du conflit – se sont affrontées dans une stratégie directe à but absolu. Les Américains durent préalablement reconquérir la maîtrise de la mer par des batailles aéronavales pour pouvoir rejeter les Japonais des terres qu'ils occupaient et progresser, par sauts de puce, vers « l'île » nipponne et en finir avec l'arme nucléaire. Leur suprématie navale n'aurait pas suffi aux États-Unis pour l'emporter si elle n'avait été associée à leur maîtrise des opérations amphibies et à leur ascendant progressif dans le combat terrestre.

Après le second conflit mondial, Liddell Hart sera donc conduit à corriger son modèle initial en rééquilibrant les composantes terrestre et navale de la stratégie militaire de la puissance maritime. Dans *Deterrence or Defence* (1950), il note, à propos de la guerre dans le Pacifique, « la superbe démonstration de la valeur stratégique des moyens amphibies, grâce à leur souplesse d'emploi ». Homogène, le milieu marin est en effet vide des obstacles naturels qui, sur terre, limitent le choix des axes d'efforts assignés aux forces. Il permet plus aisément de varianter les directions d'approche des atterrages, et les diversions ; donc, de maintenir plus longtemps l'ennemi dans l'incertitude sur les zones de débarquement probables. Celles-ci seront choisies pour les facilités qu'elles offrent, non seulement aux toujours délicates opérations tactico-techniques qu'exige le changement de milieu mer-terre, mais aussi à la formation des têtes de pont favorables à l'exploitation ultérieure dans la profondeur de l'espace terrestre : « Une diversion offensive est plus efficace quand elle comporte une menace stratégique étendue là où une attaque peut se développer », observe Liddell Hart. Précieuse incertitude, comme celle qui pénalisa la défense allemande, en 1944, hésitant trop longtemps à se déterminer sur le littoral choisi par les Alliés pour débarquer. On retrouve là un des axiomes favoris de Liddell Hart, selon lequel la manœuvre stratégique doit toujours viser à placer l'adversaire « sur les cornes d'un dilemme »...

La pensée tardive de Liddell Hart demeure donc fidèle à son propos originel qui, dans les années 30, exaltait déjà les vertus de la manœuvre stratégique fondée sur les dispositions génératrices d'incertitudes – effet psychologique – dans les procédures décisionnelles de l'adversaire. Cependant, si la Grande-Bretagne, « par la force des circonstances, est la plus amphibie de toutes les nations », pourquoi et comment, se demande Liddell Hart, la puissance maritime américaine a-t-elle réussi dans le Pacifique, d'emblée et sans expérience historique, là où les Anglais échouèrent souvent puisque, selon lui, ils n'ont mené à bien que sept de leurs opérations amphibies sur les dix-sept tentées dans les cent dernières années ? Ces échecs sont imputables, selon lui, à des carences dans la manœuvre combinée des forces navales et terrestres, et aux insuffisantes capacités opérationnelles de ces dernières. Non seulement les Royal Marines ne possédaient pas celles du Marine Corps américain, appuyé par l'aviation dans la phase critique du débarquement, mais, surtout, celle-ci ne s'inscrivait pas dans une conception stratégique prévoyant son exploitation sur terre. Quelles que soient les vertus de la maîtrise de la mer et des alliances continentales, la puissance maritime ne saurait faire l'économie de forces terrestres capables d'aider assez efficacement ses alliés pour qu'elle puisse prétendre parler dans le règlement pacifique du conflit.

Ainsi, par le biais de sa référence obstinée aux invariants du style de guerre britannique – érigé en paradigme, comme l'a bien vu Mahan – Liddell Hart nous renvoie à la controverse, récurrente dans la littérature géopolitique et géostratégique, sur la polarité terre-mer. À travers ses assertions sur ce que fut et doit être la pratique politico-stratégique, logiquement ambivalente, d'un État insulaire, il récuse l'esprit de système qui engendra des thèses radicales, opposées et également réductrices : celles qui attribuent, à l'une ou à l'autre des puissances continentale ou maritime, une supériorité foncière, de principe, qui serait surdéterminante et décisive pour l'issue de leurs duels. Ainsi, Liddell Hart nous induit à dire que, s'il existe une dissymétrie structurelle entre les deux classes d'acteurs politico-stratégiques, elle s'objective dans leurs degrés de liberté d'action respectifs. Ceux-ci sont inégaux, mais jamais nuls, dans le milieu marin ou terrestre dont ils ne possèdent pas la maîtrise ; cela dans la mesure où leur impuissance opérationnelle locale, sur terre ou sur mer, peut être politiquement et stratégiquement compensée par des alliances avec un ou des acteurs de statut opposé. En outre, la précarité de toute coalition, le souci de ne pas aliéner son autonomie de décision politique, ainsi que l'obligation réciproque de soutenir ses alliés, induisent la puissance continentale ou maritime à intervenir secondairement et agir indirectement dans l'espace qui n'est pas naturellement le sien ; donc, à se doter des moyens complémentaires de ceux qui assurent sa supériorité spécifique. Ainsi peut-on dire que, dans les temps modernes, les États-nations aspirant à tenir leur rang dans le système international furent des *puissances amphibies*. Mais ils modulèrent le ratio de leurs forces terrestres et maritimes en fonction, non seulement de leur position relative dans la configuration géographique du système interétatique et du projet politique qu'elle conditionnait, mais aussi des possibilités d'alliances que leur offraient cette position et ce projet.

Rien, en ces quelques énoncés, qui ne soit évident à qui est accoutumé à penser stratégiquement ; c'est-à-dire, qui utilise les catégories spécifiques de l'entendement appliqué à l'action collective finalisée, conçue et développée en milieu conflictuel. Ces catégories – les acteurs coexistants et interactifs, la finalité et les voies-et-moyens de leur action, l'espace-milieu et le temps – s'imposent toutes, *conjointement*, pour représenter et expliquer les pratiques du passé, que recense la généalogie de la stratégie, et pour concevoir et conduire une stratégie actuelle ou future. C'est ce schème mental qui permet, au stratégiste et au stratège, de reconnaître et d'évaluer, avec leur importance relative, les données de situation politico-stratégique qui, en chaque phase de l'évolution historique, déterminent l'action conjoncturelle. Déterminations à la fois nécessaires, par la nature même de l'action stratégique – par sa logique interne –, et contingentes par son insertion dans un moment de l'histoire.

C'est dire que, aussi objectif devant la réalité qu'il se veuille, le jugement personnel du stratégiste intervient dans l'évaluation, selon les catégories de l'entendement stratégique, des données de situation historiques ayant déterminé les stratégies passées qu'il tente de restituer. Il en va de même pour le stratège qui invente une pratique dans le moment actuel ou la projette dans le futur. S'ils doivent croiser toutes les catégories, ils pondèrent chacune d'entre elles et mesurent leurs influences réciproques en fonction de leurs axiomes et critères préférentiels. Liddell Hart valorise l'espace-milieu, dans l'esprit de la tradition britannique. À la même époque, J.F.C. Fuller met l'accent sur les moyens de l'action, en justifiant le rôle surdéterminant du progrès technique dans *Armament and History*. Ils ont le droit de choisir un *parti d'architecture*, parmi tous les concevables, dans l'étude de leur objet, mais à condition de ne pas omettre l'influence des autres catégories sur celle qu'ils privilégient. Règle de méthode qu'ils observent tous les deux : Liddell Hart se montre toujours attentif à l'évolution des moyens que l'homme invente et monte en systèmes de forces producteurs des effets physiques requis pour influencer les décideurs adverses. Cependant, comme il se doit, il n'isole jamais les questions d'armement de ses modalités d'emploi. Il pense naturellement en termes, indissociables, de voies-et-moyens.

*

Pour Liddell Hart, les moyens de l'épreuve de volonté par l'épreuve de force ne sont pas réductibles aux techniques d'armement. Le « matériel humain » ne saurait être négligé en spéculant sur le substitut que certains analystes croient lui trouver dans l'efficacité croissante des panoplies. Entre les deux guerres mondiales, comme Fuller et De Gaulle, il milite pour des armées professionnelles ; au moins, pour les unités d'élite, mécaniques, dont ils attendent la décision. Les matériels modernes exigent en effet des servantstechniciens dont le recrutement est difficile et la formation coûteuse. En outre, dans la prochaine guerre, telle qu'ils l'imaginent, les masses humaines des armées nationales ne seront plus nécessaires à des opérations terrestres misant plus sur la mobilité que sur le nombre.

Pour Liddell Hart, cette mutation, dans la constitution et l'organisation des appareils militaires, n'est que la conséquence de la révolution scientifique et technique dont il a suivi les développements depuis ses débuts. Avant l'entrée dans l'âge nucléaire, un système d'armes – le sous-marin, l'avion et le char – a transformé la stratégie opérationnelle dans chacun des espaces-milieux maritime, aérien et terrestre. Observation que d'autres ont faite, mais qu'il interprète à sa manière. On a vu que, dans les années 30, il mettait en garde contre les vulnérabilités de la puissance maritime menacée par le sous-marin et l'aéronef, et qu'il discernait le rôle futur du porte-avions dévalorisant le cuirassé. Quant à celui de l'aviation, il ne cède pas à l'engouement des théoriciens qui revendiquent son autonomie en vertu du rôle décisif qu'ils lui attribuent dans la stratégie militaire. Giulio Douhet publie *Il dominio dell'aria* en 1921 ; Billy Mitchell, *Winged Defence : the Development and Possibilities of Modern Air Power*, en 1925. Les notions conjuguées de puissance aérienne et de maîtrise de l'air émergent dans le débat stratégique, suggérées, avec un évident parti de symétrie, par celles de puissance maritime et de maîtrise de la mer. Mais rien n'indique que Liddell Hart souscrive à l'assertion de Mitchell selon laquelle « la puissance aérienne a pris sa place comme l'instrument principal dans la guerre internationale ». S'il admet, avec l'Américain, que l'arme aérienne « peut atteindre les centres vitaux des États ennemis, les détruire et paralyser la capacité de résistance des États », il doute que cette paralysie soit mortelle et autorise à faire l'économie, comme le croit Douhet, des actions maritimes et terrestres. Dans les années 1941-1945, ses critiques du bombardement dit stratégique, dont les Alliés attendaient l'effondrement du moral allemand, s'avéreront justifiées au vu de ses résultats décevants. De fait, il n'a cessé de préconiser la liaison des trois armes, des forces aériennes avec les forces terrestres et maritimes dans une stratégie opérationnelle combinée.

Ainsi, avant l'entrée en scène de l'arme nucléaire, lorsque Liddell Hart pose l'éternelle et obsédante question : comment gagner la guerre (*How to win War ?*), sa réponse écarte d'emblée les solutions radicales. Outre son refus d'accorder une supériorité foncière à l'une ou l'autre des puissances continentale et maritime, il relativise les avantages procurés à la stratégie opérationnelle classique par les innovations techniques majeures. Aucune ne peut revendiquer le privilège exorbitant de pouvoir produire, à elle seule, les effets physiques nécessaires et suffisants pour abattre la volonté adverse.

Sur ce point, Liddell Hart pense juste contre une idée alors répandue dans la littérature. Certaines armes ont été dites *décisives* par les théoriciens portant l'accent, à l'instar de Fuller, sur la stratégie des armements. Abus de langage, car aucune ne suffit à décider l'issue de la guerre. Elles ne furent qu'un facteur majeur de ses transformations en permettant de surmonter certains obstacles persistants, en levant les blocages des pratiques opérationnelles usuelles. Elles ont permis le libre jeu, la pleine efficacité de l'une ou l'autre des *fonctions* jusqu'alors pénalisée, voire paralysée, des systèmes militaires : agression et protection, mobilité, renseignement, liaisons et communications, soutien-vie (logistique) et direction (commandement). C'est dire que le caractère décisif d'une innovation technique se manifeste plus par sa *valeur ajoutée*, grâce à laquelle elle accroît considérablement les capacités d'effets physiques des systèmes d'armes existants, que par ses seules capacités intrinsèques. Son introduction, dans la panoplie en place, facilite l'approche de la décision, accroît la probabilité de la bataille décisive ou de la sortie définitive de la guerre ; cela, dans la mesure où elle modifie le système militaire assez profondément pour qu'il puisse exprimer toutes ses capacités latentes. Jamais, en effet, un matériel innovant n'a autorisé la suppression immédiate de ceux qui lui préexistaient. Si son apparition a procuré de considérables succès initiaux, ceux-ci sont dus à l'effet de surprise, toujours temporaire. En effet, le mimétisme, aux effets plus ou moins différés, est l'une des lois de développement de la stratégie des moyens. Mais mimétisme sous contrainte : l'avance du précurseur ne sera comblée que par les compétiteurs disposant non seulement des scientifiques et des techniciens compétents, mais aussi des moyens matériels (laboratoires, infrastructure industrielle, centres d'essais, etc.) et des ressources financières requis par cet effort.

Historien, Liddell Hart n'ignore pas ce processus des morphogenèses de la guerre. Son jugement informé condamne le radicalisme des prophètes qui décrètent l'omnipotence de telle ou telle composante des panoplies rajeunies par le progrès technique, et le caractère décisoire de son intervention sur les théâtres d'opérations. Aussi nous surprend-il lorsqu'il qualifie de décisives certaines formes de guerre. Il intitule *The Decisive Wars of History* sa première mouture de *Strategy*. Il attribue le caractère décisif de certaines batailles et campagnes à un type de manœuvre stratégique : l'approche indirecte. Quand, entre les deux conflits mondiaux, il expose ses vues sur la prochaine guerre, c'est dans l'exploitation originale d'une innovation technique, le char – plus exactement, le binôme char-avion – qu'il trouve la solution au problème de la victoire. Et, à le lire, on comprend qu'il la veut décisive et rapide, contre l'expérience coûteuse de la guerre prolongée et trop longtemps indécise du premier conflit mondial.

À quoi imputer cette contradiction dans la pensée d'un théoricien qui n'a cessé de dénoncer les illusions des faux-prophètes prétendant avoir découvert la recette de la victoire ? À son atavisme de fantassin privilégiant les opérations terrestres ? À la pente de l'esprit théorique, qui incline à réduire le compliqué-obscur à la fausse clarté du simple ? À la tentation de figurer dans le collège restreint des stratégistes inventeurs du futur et se prévalant d'avoir influencé les stratèges praticiens ? Incapable de fracturer le for intérieur d'un chercheur, l'analyste de Liddell Hart ne peut démêler, dans ses motivations, les intimes et celles qui procèdent de l'air du temps. Prenons donc acte de la contradiction entre, d'une part, l'intelligence politico-stratégique d'un théoricien qui pense juste dans le volet critique de son œuvre et, d'autre part, son imagination créatrice animée par une *pensée unique* qui produit des propositions pertinentes, certes, mais aussi radicales que d'autres, sur les voies-et-moyens de la victoire.

Toutefois, cette contradiction s'éclaire si l'on tient compte de la fonction rectrice qu'exerce le mot « décisif » dans le champ mental et le langage de Liddell Hart. C'est sur cette notion, en effet, que se fonde sa critique des stratégies prétendument décisives proposées par ses contemporains. C'est également sur elle qu'il assoit ses spéculations sur les figures d'avenir de la guerre. En cela, rien d'original : il utilise les concepts des théoriciens continentaux qui, depuis Napoléon et Moltke érigés en modèles, posèrent les fondements de la culture stratégique ayant formé la génération du premier conflit mondial. Pour eux, comme pour le sens commun, décisifs sont la solution qui résout sans appel un problème, l'argument qui lève les incertitudes d'une controverse et tranche le débat ; l'action assez déterminante pour mettre fin à une entreprise développée dans le temps et qui s'achève par un résultat clair et, surtout, définitif. La littérature stratégique a constamment utilisé les concepts de combat décisif, de bataille, de campagne et de guerre décisives – et de victoire décisive...

Observons que cet usage courant masque une ambiguïté que les stratégistes, et Liddell Hart après eux, n'ont pas relevée. En effet, en dépit de leurs inégales échelles et dimensions (nature et volume des modules de forces, étendue et durée du duel), on appliqua indifféremment l'attribut « décisif », d'une part, aux diverses séquences d'opérations élémentaires, plus ou moins brèves et locales, constitutives de l'action d'ensemble, globale, qu'est toute guerre ; d'autre part, à celle-ci qui couvre l'espace d'un ou plusieurs théâtres, et s'étend sur toute la durée des hostilités. Certes, un combat peut être décisif en soi, à son échelle, pour l'une des parties. Mais ce résultat, bénéfique localement, n'implique pas que celui-ci l'emportera dans la bataille qui suivra. Et si celle-ci est décisive en soi, elle n'autorise pas à poser que cette décision entraînera nécessairement celle de la campagne qui, sur le même théâtre d'opérations, pourra comporter plusieurs batailles. Enfin, si la campagne s'avère à son tour décisive en soi, sur son théâtre, déterminera-t-elle l'issue de la guerre si celle-ci est conduite sur plusieurs théâtres terrestres et maritimes ?

C'est dire que l'analyste se montrera circonspect avant d'attribuer le caractère décisoire à telle ou telle phase opérationnelle, toujours locale, qu'il découpe dans le développement global (au sens de l'ensemble des parties) d'un conflit armé. Ce qui importe aux belligérants, c'est l'issue de leur duel, la *sortie de guerre* qui répond d'une manière décisive, ou non, à leur but de guerre et accomplit sans appel, ou non, leurs fins politiques. On peut dire qu'Aegos Potamos s'avéra une bataille décisive, non seulement en soi, localement, puisque la flotte athénienne fut anéantie, mais aussi, globalement, puisqu'elle assura la victoire définitive de Sparte et de ses alliés dans la guerre du Péloponnèse. Mais les batailles napoléoniennes, décisives en soi et pour les campagnes terrestres jusqu'en 1812, ne le furent jamais assez pour mettre fin à la guerre de coalition réanimée par l'Angleterre. En revanche, Waterloo fut une bataille décisive en soi et pour le duel à but absolu engagé, en 1792, entre la France et l'Europe. Faut-il attribuer la décision de la guerre 1914-18 à la bataille de France, conduite par Foch, que les Allemands refusèrent longtemps de reconnaître comme une défaite, ou, comme on l'a avancé, à la campagne de Franchet d'Esperey dans les Balkans, ventre mou des Empires centraux ?

Dans cette dispute sur le bon usage de l'adjectif « décisif », ne voyons pas une querelle byzantine de langage. Dans la généalogie de la stratégie, une notion, banalisée au point qu'on ne s'inquiète guère de sa pertinence, reflète la tendance, chez les théoriciens, à décomposer le développement global d'un conflit en séquences d'actions ou opérations élémentaires et à voir, dans certaines d'entre elles et dans leurs résultats, la cause efficiente majeure, voire la seule, du succès final. On leur confère donc le rôle de facteur surdéterminant l'issue du conflit. Par extension logique, on attribue à leurs voies-et-moyens un rôle et une valeur opératoires tels que les autres facteurs du résultat global et final – le seul qui importe au politique – sont dépréciés, voire évacués des évaluations, tant dans la préparation de la guerre future (planification et programmation) que dans sa conduite. Ainsi oublie-t-on que l'authentique pensée stratégique est *amphibie*, au sens le plus général du terme. Elle doit, évidemment, moduler les contributions respectives des forces terrestres, maritimes et aériennes en fonction des buts stratégiques, dans des situations toujours contingentes ; celles des alliés sur les divers théâtres d'opérations et celles des puissances continentales et maritimes ; celles de la stratégie des moyens et de la stratégie opérationnelle en fonction des buts de la stratégie générale militaire, etc. Mais elle ne doit éliminer *a priori* aucun de ces composants d'une totalité.

Cela va de soi, dira-t-on. Certes, mais pourquoi observe-t-on, dans la littérature, tant de doctrines exclusives, voire sectaires, qui se résument en programmes d'armement privilégiant abusivement tels ou tels systèmes d'armes en fondant ces choix sur les paradigmes d'un héritage culturel ou sur les modes du moment ? Pourquoi, se demande Liddell Hart, voir, dans la bataille décisive sur terre ou sur mer ou dans les airs – donc, dans sa recherche systématique par les voies les plus directes – la cause première du résultat du duel, la seule recette de victoire ? Pourquoi escamoter ce qui précède et suit ce moment culminant de l'épreuve de force ? Liddell Hart répond en posant en principe la prééminence des « effets moraux » dans la dialectique conflictuelle, et la recherche systématique de l'effet de surprise qui assure, au moindre coût, la décision. De là l'idée qu'il se forme de la manœuvre stratégique la plus rationnelle, à la fois dans son but et ses voies-et-moyens ; idée qui traverse toute son œuvre et qu'on retrouve dans *Stratégie* : « Supposons un stratège chargé de rechercher une décision militaire. Sa responsabilité consiste à tâcher de l'obtenir dans les conditions les plus avantageuses afin d'amener les résultats les plus bénéfiques. Donc, son véritable but ne sera pas tant de rechercher la bataille que de chercher à créer une situation stratégique si avantageuse que, si elle n'amène pas d'elle-même la décision, sa continuation par une bataille sera assurée d'obtenir cette décision. En d'autres termes, la dislocation est le but de la stratégie. Ses suites peuvent être la décomposition de l'ennemi ou sa rupture (disruption) plus facile dans la bataille. La décomposition peut impliquer, dans une certaine mesure, des combats, mais ces combats n'ont pas le caractère d'une bataille. »

*

Si le discours de Liddell Hart s'organise très tôt autour de la notion d'action décisive, celle-ci n'est pas immédiatement fixée dans sa pensée. Il parle indifféremment de batailles et de campagnes décisives, bien que l'intitulé de *The Decisive Wars of History* donne à croire que l'attribut s'applique à l'acte de guerre considéré dans la totalité de son développement, entre l'ouverture et la cessation des hostilités. Il faudra que sa pensée se décante pour que les textes publiés indiquent, sans ambiguïté, que les modalités de la sortie de guerre et l'état de paix avantageux sont ses seuls critères de jugement sur les raisons de recourir à la violence armée et sur la conduite politico-stratégique du conflit. Autrement dit, cherchant naturellement une issue décisive à leur duel, les belligérants ne doivent pas céder à la tentation de l'obtenir pour elle-même, en adoptant les voies-et-moyens d'une stratégie militaire conçue à cette seule fin – la victoire – sans se soucier des conséquences de ces choix pour l'état de paix qui suivra. Il n'est pas raisonnable de vouloir la capitulation du vaincu plutôt qu'une paix négociée, voire de compromis, quand on souhaite, politiquement, que la guerre instaure une situation d'équilibre des puissances après le conflit. Contre le paradigme de la guerre à but absolu, dont il impute les excès à l'héritage clausewitzien, notre théoricien veut restaurer la guerre limitée à but restreint.

Mais, plus tard, s'inquiétant de la guerre annoncée par le bellicisme nazi, Liddell Hart semble moins assuré des vertus de la guerre limitée dans ce cas particulier : l'Allemagne de Hitler n'est pas celle de Guillaume II. Le plus urgent est d'interdire les dangereux développements de la volonté de puissance allemande. Il songe moins à l'après-conflit probable qu'aux voies-et-moyens de gagner cette guerre. Il doit bien constater que la manière de guerre britannique, qu'il a défendue jusqu'alors, n'est plus compatible avec la nature du danger nazi. Le temps des engagements limités sur le continent et de la guerre à but restreint n'est-il pas révolu ? Et s'il s'agit de se préparer à une lutte à mort, quelle stratégie de guerre décisive concevoir ? Nouvelle problématique à laquelle Liddell Hart répondra en utilisant certains résultats de ses travaux antérieurs, consécutifs à sa critique du premier conflit mondial.

*

Nous avons vu que ses conceptions stratégiques d'avant 1930 intéressaient toutes les branches de la stratégie générale militaire d'une puissance maritime et mettaient l'accent sur sa stratégie économique. Reconnaissant, comme tous les théoriciens, que la décision ne peut être attendue de la seule composante navale de la stratégie opérationnelle, il va désormais porter son attention sur sa composante terrestre puisque l'engagement britannique sur le continent ne peut plus être limité devant la Wehrmacht. Dans cette phase de fébrile préparation à la guerre menaçante et, peu après, à l'occasion des campagnes de Pologne et de France, Liddell Hart peut se féliciter, non seulement d'avoir inscrit l'invention d'un nouveau style de stratégie terrestre dans son programme de recherches des années 20 mais aussi d'avoir correctement évalué et exploité l'une des grandes révélations de la guerre 1914-18 : la mécanisation des forces terrestres. Quel sens donner à cette révolution technique et à la rupture qu'elle provoque dans la généalogie de la stratégie ? s'était-il alors demandé. En utilisant l'information fournie par cette partie de son œuvre, qui l'a consacré précurseur de l'arme blindée, essayons de restituer, dans le langage stratégique d'aujourd'hui, le travail de la pensée théorique sur une phase de rupture dans l'évolution de la stratégie.

Considérons l'appareil militaire d'un acteur politique quelconque comme un système d'actants ouvert, interactif avec d'autres systèmes, homologues ou non, coopérants ou antagonistes. Son action est globalement finalisée par sa contribution, sous la forme d'opérations productrices d'effets physiques, à la poursuite d'un but stratégique fixé par le politique. Les éléments-actants du système sont des modules de forces, unités composites des divers armes et services. Leurs caractéristiques respectives (nature, volume) sont définies et leurs opérations élémentaires combinées (dissociées, intégrées) de telle sorte que leurs effets physiques particuliers soient distribués entre les fonctions spécifiques de tout système militaire : agression et protection, mobilité, etc., mentionnées plus haut. Fonctions toutes nécessaires pour que, associées dans les opérations du système qu'elles structurent, le *travail* de cet effecteur produise l'ensemble des effets physiques requis par le but stratégique.

Or, d'un autre point de vue, plus général, nous savons que le travail de tout système fonctionnel, finalisé, implique que ses éléments soient *organisés* pour produire, consommer, stocker, transformer et échanger de l'*énergie*, sous ses diverses formes ; pour produire, recevoir, stocker et communiquer de l'*information*, entre eux et avec l'extérieur. Énergétique, information et organisation – *la triade systémique* – constituent donc les trois modes corrélés sous lesquels se manifeste le travail global du système militaire, distribué entre ses fonctions. C'est dire que chacune de celles-ci – et, consécutivement, les opérations militaires qui les associent – sera affectée par l'évolution des voies-et-moyens de l'énergétique, de l'information et de l'organisation. Par exemple, les modalités de la fonction agression changent lorsque, à l'énergie cinétique de l'arme de jet produite par le muscle du tireur (arc et flèche), succède celle d'un explosif (obus). La transmission du message de renseignement ou de commandement change entre l'époque de l'estafette et celle de l'informatique, etc.

Lorsque nous évoquons les transformations de la guerre ou de la stratégie, nous songeons immédiatement à celles affectant les modes et formes des opérations ; la nature et le volume des armements mis en œuvre ; la manière dont les actions et réactions de ces moyens d'effets physiques s'inscrivent dans l'espace et le temps ; leurs résultats, eu égard aux buts stratégiques et fins politiques. Mais, dans la réalité, c'est par la médiation des fonctions invariantes et par celles des modules de forces qui les assument que s'opère l'évolution des pratiques stratégiques. Et, là, intervient la triade systémique : que, dans une aire culturelle ou une époque de civilisation, survienne une découverte ou une invention scientifico-technique enrichissant les sources d'énergie existantes ou leurs procédés d'utilisation civile et militaire, qu'elle transforme les vecteurs ou les signaux de l'information ou qu'elle suscite une autre organisation des forces, cette innovation affecte d'abord l'une ou l'autre des fonctions du système militaire, laquelle se révèle particulièrement sensible au gain d'efficacité, de rendement, qu'elle procure.

Cependant, comme les fonctions sont toutes nécessaires et remplies conjointement, comme elles *composent* leurs effets physiques particuliers, elles sont toutes, à des degrés divers et plus ou moins tardivement, contaminées et fertilisées par les changements valorisant l'une d'entre elles : l'arme à feu, innovante par l'introduction d'une nouvelle énergie, celle de la poudre, affecte d'abord la fonction agression dont elle accroît l'efficacité ; ce qui implique logiquement la fonction protection, contrainte d'inventer un nouveau type de fortification permanente. À son tour, le réseau des places fortes assurant la sûreté des dépôts et magasins détermine le mode d'approvisionnement des armées (fonctions soutien-vie) ; ce qui retentit sur la manœuvre stratégique, liée à cette infrastructure qui la fige dans l'espace et le temps (fonction mobilité). Pour restituer aux armées leur mobilité, donc leur capacité manœuvrière, la solution fut trouvée au XVIIIe siècle, non dans le domaine énergétique, mais dans une nouvelle organisation : le système divisionnaire.

On multiplierait aisément les exemples illustrant cette leçon théorique de la généalogie de la stratégie. À savoir : les facteurs primordiaux du processus d'évolution et, *a fortiori*, des mutations des forces armées dans leur constitution, leur mise en œuvre tactico-technique et leur emploi opérationnel, doivent être cherchés dans les corrélations entre les fonctions invariantes des systèmes militaires – entre *l'économie* de leurs relations – et la triade systémique. Dans les temps modernes, l'énergétique s'avéra surdéterminante. Fuller a découpé l'histoire des armées en une succession d'« âges » : ceux de la poudre à canon, de la vapeur, du pétrole et de l'énergie atomique. Antérieurement, au temps des armes de jet et de choc exploitant l'énergie humaine et animale, ce fut surtout dans l'organisation des armées que l'on chercha une meilleure économie des fonctions militaires (phalange, légion romaine, carré suisse). Aujourd'hui, l'âge du savoir et du logiciel succédant à l'âge industriel, les analystes, à l'instar d'Alvin et Heidi

Toffler (*Guerre et contre-guerre*, 1993), attribuent à l'information la récente mutation des appareils militaires. Après la guerre du Golfe, la Révolution dans les affaires militaires (RMA) lancée par les États-Unis se propose d'intégrer les systèmes de reconnaissance, d'alerte et de suivi des moyens adverses, les systèmes de communication et ceux du guidage des armes de riposte dont la grande précision autorise à réduire l'énergie à l'impact sur des cibles exactement localisées. Cette mutation implique la maîtrise de l'espace (satellites), mais on voit qu'elle procède essentiellement des progrès accélérés de l'information. Celle-ci s'avère désormais surdéterminante, non seulement pour l'organisation de l'appareil militaire américain, mais aussi pour celle d'éventuelles coalitions. Leur retard, donc leur sujétion en matière d'information, contraignent les alliés à s'intégrer *nolens volens* dans l'organisation américaine et à subir la loi de sa stratégie opérationnelle – avec les conséquences politiques qu'induit cette tutelle stratégique.

Cette digression théorique éclaire le cheminement mental de Liddell Hart. Après sa critique aiguë du premier conflit mondial, s'appliquant à imaginer une autre manière de guerre, plus rationnelle, il est conscient que l'esprit de l'âge industriel s'est exprimé en déployant tous les moyens de la violence armée que proposait l'état de la science et des techniques. Cela, en les portant apparemment à leur point de perfection grâce à l'expérience grandeur nature d'une guerre conduite sans retenue. Une guerre dont la durée permettait d'adapter les innovations techniques aux circonstances, de corriger les erreurs, de chercher un meilleur rendement des matériels dans une épreuve de force engageant les masses humaines. Toutefois, observe Liddell Hart, l'évolution des systèmes militaires, bien qu'accélérée, n'a pas marqué une franche rupture avec leur état antérieur : la plupart des innovations, dans les panoplies utilisées, ont exploité des techniques émergentes avant 1914. Mais, au cours de la guerre, a-t-on tiré tout le parti possible de ces avancées scientifico-techniques, et certaines d'entre elles s'avérèrent-elles déterminantes pour l'issue du conflit ? Plus exactement, lesquelles auraient pu être décisives plus tôt et sous quelles conditions ?

L'âge industriel étant essentiellement celui de l'énergétique, toutes les formes de l'énergie – humaine et animale, mécanique, thermique, chimique, électrique – ont été utilisées conjointement dans les divers matériels pressentis avant la guerre, puis introduits sur les théâtres d'opérations. Utilisations efficaces puisqu'elles ont fait évoluer les voies-et-moyens des fonctions militaires. Mais sous quelle forme dominante s'est manifesté « ce progrès » dans l'énergétique ? Liddell Hart n'a pas reçu de formation scientifique. Il ne s'intéresse qu'aux transferts des techniques dans la stratégie opérationnelle terrestre. Son attention se fixe donc sur une invention qui, transformant les énergies thermique et chimique (pétrole) en énergie mécanique, a produit le moteur à combustion interne. Invention déjà ancienne : elle date de 1860 ; le Diesel de 1893 ; auxquels il faut ajouter le moteur électrique, en 1869. Elle ouvre la voie simultanément au véhicule automobile, à l'aéronef plus lourd que l'air et au navire submersible.

Entre 1914 et 1918, le mouvement des forces terrestres (fonction mobilité) transportées par automobiles s'imposa par sa souplesse, supérieure à celle du chemin de fer mieux adapté aux déplacements sur grandes distances. Ensuite, associant la chenille, le blindage, un armement et le moteur, le char apparut. Là, intervient le critique Liddell Hart : tel qu'il sort de la guerre, l'engin blindé a-t-il atteint sa maturité technique ? Son rôle effectif, dans les opérations, ne fut-il qu'accessoire, voire marginal ? Ou doit-on lui accorder, rétrospectivement, le statut d'arme décisive dans certaines phases des opérations, et pour quelles raisons ? Si oui, ses succès locaux ont-ils fortement pesé sur l'issue globale des hostilités ? Si non, pourquoi ? Et, question finale du théoricien se projetant dans le futur, comment formuler une nouvelle problématique stratégique tenant compte de la pérennité d'un armement innovant qui n'a sans doute pas encore exprimé toutes ses capacités latentes d'effets physiques ? En d'autres termes, l'introduction du moteur à explosion dans la stratégie des moyens peut-elle induire la transformation de la guerre, conçue et conduite jusqu'alors avec la *main-d'œuvre* des masses humaines, en *guerre mécanique* sous ses deux aspects, motorisation et mécanisation ?

*

Liddell Hart appartient à une génération privilégiée qui a pu observer, sur une longue période, la genèse et le développement d'une culture mécaniste, et son transfert dans la pratique politico-stratégique. Avant-guerre, des esprits imaginatifs discernèrent l'utilité militaire du moteur. H.G. Wells annonça, en 1903, l'apparition de « croiseurs terrestres », mais toutes les armées d'alors firent preuve de myopie. En France, la Section technique de l'artillerie, chargée d'évaluer les projets d'armements, repoussa, en 1902, celui de véhicules blindés tout-terrain du capitaine Levasseur. En 1912, les techniciens allemands écartèrent celui du capitaine Burstyn ; le War Office, celui de l'ingénieur De Moles. Mais durant la guerre, les échecs répétés et coûteux des attaques classiques, sur le front franco-anglais stabilisé, stimulèrent l'imagination créatrice. Il fallait, en effet, résoudre un problème auquel les belligérants ne trouvaient pas de solution avec les moyens existants. Si les assauts de l'infanterie, préparés et appuyés par de puissantes artilleries, parvenaient à percer le dispositif adverse sur un étroit front d'attaque, la brèche était promptement colmatée par l'arrivée des renforts adverses. On était incapable d'exploiter la rupture par des forces progressant plus vite que celles de l'ennemi qui, fût-il surpris par le choix du centre de gravité de l'offensive, pouvait rapidement rétablir son dispositif défensif.

Liddell Hart a souvent commenté, dans son œuvre, cette situation bloquée qui engendra la seule solution pertinente : un instrument de combat facilitant, d'abord, la rupture et l'obtenant en réduisant les pertes amies ; qui, ensuite, permît l'exploitation de la brèche en gagnant de vitesse le ralliement des forces de défense adverses. L'engin motorisé, blindé, chenillé et porteur d'un armement adapté pouvait transformer, à lui seul et simultanément, les modalités des trois fonctions : agression, protection, mobilité – ce qui impliquait une nouvelle organisation des forces. Il décrit d'abord la genèse technique du char : « Cette solution fut conçue et mise en chantier en Angleterre, grâce aux réflexions et aux efforts convergents de plusieurs esprits avides de progrès, en particulier le colonel Ernest Swinton et le commodore Murray Sueter. Elle dut beaucoup, dans cette période d'enfantement, à l'appui imaginatif de M. Winston Churchill, alors à la tête de l'Amirauté, qui fit démarrer les expériences quand l'Armée hésitait encore à les entreprendre. Swinton se concentra sur le problème immédiat de la percée des défenses adverses... Il proposa de prendre comme base le tracteur Holt, une machine agricole américaine... Le dessin réel de ce nouveau "destructeur blindé de mitrailleuses" fut l'œuvre de M. William Tritton et du lieutenant Walter C. Wilson. Le prototype sortit vers la fin de 1915... Ses successeurs, aux performances améliorées, ne purent dépasser 4 miles à l'heure. Cela suffisait néanmoins pour la mission d'accompagnement d'infanterie à laquelle il était destiné. Pour conserver le secret, Swinton le baptisa "tank" (citerne, container). »

Ce texte met l'accent sur plusieurs aspects de la stratégie des moyens. D'abord, l'application, à la fonction mobilité, d'une technique duale : la chenille, empruntée à une activité civile. Ensuite, l'apport déterminant de quelques fortes individualités à une révolution tactico-technique à laquelle la principale intéressée, l'armée de terre, ne prêta aucune attention. Enfin le rôle déterminant d'un politique imaginatif, Churchill, dont l'appui et l'aide matérielle s'avérèrent précieux. Notons que Liddell Hart tient à rappeler que la mission initialement assignée au tank se bornait à la percée. C'est sur ces vues trop courtes que portera sa critique et elles déclencheront ses recherches sur un emploi de l'arme blindée sortant du cadre étroit où l'enfermaient ses promoteurs.

« Pendant ce temps, poursuit Liddell Hart, les Français avaient, de leur côté, mis au point une machine semblable destinée à l'assaut des tranchées qu'ils baptisèrent char d'assaut. Sa mise au point fut plus lente que celle de notre tank à cause des difficultés que son initiateur, le colonel Estienne, rencontra à convaincre les chefs militaires français. » En effet, Estienne intéressa difficilement Joffre à son « artillerie d'assaut ». Puis on l'écarta, pour réaliser un « cuirassé terrestre », le lourd et peu mobile Saint-Chamond. Quand Estienne reprit sa place, en 1916, le char devint l'objet d'un conflit entre le GQG et le ministère de l'Armement, qui lui était hostile. Le commandement militaire l'imposa en 1917, mais les tracasseries persistèrent, le ministère supprimant les commandes. En 1918, Clemenceau intervint et trancha en lui retirant toute compétence en matière de chars.

L'appui décisif du politique fut donc plus tardif en France qu'en Angleterre. Aussi, entre les deux guerres mondiales, les théoriciens audacieux tirèrent-ils une leçon pratique du pénible enfantement du char. Pour surmonter les résistances du corps militaire à l'innovation technique dont, comme ce dernier, ils n'ignoraient ni les risques ni le coût, ils devaient contourner l'obstacle et dériver leur manœuvre de persuasion vers l'amont, vers les politiques. Action psychologique supposant une œuvre théorique suffisamment éloquente et le choix de politiques capables d'en comprendre l'intérêt, et de s'en faire l'écho. Dans les années 30, Liddell Hart ne manqua pas de nouer des relations suivies avec les milieux politiques, notamment avec Churchill. Il devint, en 1937, conseiller privé du ministre de la Guerre Hore Belisha. On sait comment le colonel de Gaulle trouva l'oreille de Paul Reynaud et comment, dans les années 50, le colonel Gallois put entretenir le futur président de Gaulle des vertus de l'arme nucléaire.

Dans les années 1916-18, Liddell Hart se tint informé sur l'immixtion progressive de la nouvelle arme dans les opérations britanniques. Ses débuts, en juillet 1916, dans l'offensive de la Somme, furent décevants parce que engagée en trop faible nombre et avant que les unités fussent bien préparées. Néanmoins, en novembre 1916, le capitaine Giffard et Le Martel prophétisaient qu'aucune armée ne pourrait résister à une force blindée de 2 000 chars lourds et moyens. On constitua le Royal Tank Corps (colonel Fuller, chef d'état-major) et, le 20 novembre 1917, ses 380 chars percèrent la ligne Hindenburg, près de Cambrai, sur une profondeur inhabituelle de 10 km, en bénéficiant de l'effet de surprise ; mais ils durent s'arrêter, faute d'essence. Le 16 avril 1917, un premier essai français avec 120 chars, trop lourds, appuyant l'infanterie, avait échoué près de Berry-au-Bac (50 % de pertes). En mai 1918, Fuller présenta, pour l'année suivante, un plan d'offensive massive de 5 000 chars britanniques et français, capables d'exploiter la rupture en coopération avec l'aviation. Les Français adoptèrent le char léger Renault qui joua un grand rôle dans la contre-offensive de la Marne, le 18 juillet 1918 (640 chars engagés) tandis que 460 tanks britanniques réussissaient une attaque surprise près d'Amiens. Ludendorff, qui avait négligé la nouvelle arme, accusa le coup.

Lorsque cessèrent les hostilités, comment certains experts n'auraient-ils pas été tentés de tenir le char pour l'arme de la décision sur terre ? Le débat théorique ouvert dès 1919 se prolongera jusqu'au moment où, devant le danger allemand, les états-majors britanniques et les théoriciens pourront disputer plus ouvertement sur la validité des diverses doctrines d'emploi de l'arme blindée. Toutefois, ces controverses tardives intéressent moins notre propos – la pensée stratégique de Liddell Hart – que la période de l'immédiat après-guerre de 1914-18. Celle de la gestation de cette pensée fécondée par les faits et événements rappelés ci-dessus afin de mieux comprendre comment l'apprenti stratégiste recueillit et traita cette information. En toutes choses, particulièrement dans la progressive formation d'une pensée théorique, les commencements sont les plus révélateurs du champ et des voies-et-moyens de son futur exercice.

Or, le trop jeune Liddell Hart n'a en rien participé à l'expérience des précurseurs : Fuller, Martel, etc. Venant après eux, comment s'imposer ? L'autorité de Fuller, praticien ayant fait ses preuves avec le Royal Tank Corps et théoricien audacieux, fait de l'ombre à qui s'aventure sur son terrain. Il se bat pour ses idées dans ses conférences, ses articles dans le *Times* et le *Daily Mail*, ses ouvrages – *On future War* (1928) ; *Memoirs of an Unconventional Soldier* (1936) ; *Machine Warface* (1941) ; *Armament and History* (1946) ; *The Decisive Battles of the Western World and their influence upon History* (1954-56) ; *A Military History of the Western World* (1967) ; *La Conduite de la guerre* (1966). Il associe une bonne culture historique et un intérêt marqué pour la stratégie des moyens. Il voit la prochaine guerre comme un duel d'armées de chars engagés en masse et capables d'exploiter la rupture. Contre les idées reçues et l'état de la technique, il condamne l'infanterie à n'être plus que l'auxiliaire des blindés, voire une arme inutile dans le vaste espace de manœuvre de ces derniers. Spéculations hérétiques qui lui valent de passer, dans l'armée britannique, pour un *unpractical visionary*. C'est donc avec ce rival et néanmoins ami que Liddell Hart doit lutter pour influencer l'opinion et les décideurs. S'il finit par s'imposer, ce fut d'abord, par sa conception plus vaste – stratégique – de l'exploitation en profondeur de la percée des blindés ; ensuite, par la forme, plus modérée, de ses propositions. En outre, Fuller, « soldat non conventionnel », finit par s'acoquiner avec Oswald Mosley dont le parti fascisant était effectivement peu conventionnel en Grande-Bretagne quand Mussolini s'attaquait au Négus, soutenait Franco et servait de modèle à Hitler...

Liddell Hart ne s'égare pas sur ce terrain miné. Stratégiste bornant son champ d'intérêt à la guerre, il se sait l'héritier, parmi d'autres, de ceux qui l'ont faite et péniblement gagnée. Comment n'en subirait-il pas l'influence intellectuelle ? La méthode de la table rase ne convient pas ici : le critique ne peut travailler que sur l'information donnée par les rapports officiels des chefs militaires et par la littérature des exécutants. Comment passerait-il à côté de ce que certains disent sur ces machines de guerre, les engins blindés, dont, au vu d'expériences localement concluantes, les Fuller et autres promoteurs du Tank Corps exaltent la vocation d'arme décisive ? Aucun théoricien ne peut prétendre être le fils de personne. Mais, s'il reconnaît sa filiation, souvent lointaine, il choisit lucidement ses maîtres : ceux qui sont utiles à sa recherche, facilitent sa problématique et suggèrent, serait-ce par analogie, des réponses à ses interrogations. Liddell Hart cherche, dans le legs des pionniers de l'arme blindée, les premiers éléments de sa réponse personnelle à la question qui l'obsède : comment penser et faire la guerre de telle sorte que ne se répètent pas les erreurs, voire les fautes, commises entre 1914 et 1918 ?

Il s'engage donc dans l'évaluation de l'arme blindée sous ses divers aspects techniques et opérationnels ; dans celle de la nouvelle forme de guerre – la guerre mécanisée – qu'elle suggère. Or, toute évaluation supposant une batterie de critères encadrant et guidant le jugement, lesquels sont proposés à notre jeune critique ? Ceux des prédécesseurs qui, comme Fuller, se fondent sur leur propre expérience ? Ou bien, s'émancipant des maîtres ayant pignon sur rue, l'apprenti établit-il ses propres critères et règles de méthode pour juger leur expérience et inventer l'avenir ?

Nous touchons là au mystère des processus mentaux propres au stratégiste-théoricien. Plus précisément, au moment où, dans l'intimité de la conscience alertée par de lancinantes interrogations sur un nouvel objet de la réalité érigé en objet de pensée, se forme et s'impose la certitude qu'il faudra tirer de soi seul les seules réponses convenables. L'entendement et le jugement bronchent devant le vide – ou le trop-plein – des théories et doctrines établies. Elles ne proposent pas d'éléments suffisants pour décrire la nouvelle réalité – la guerre mécanique – dans toutes ses dimensions ; pour l'expliquer, par ses origines et les implications de son immixtion parmi les objets connus. Il faut donc constituer une problématique originale, élaborer de nouveaux concepts et s'assurer de leur pertinence, former des propositions cohérentes, descriptives et interprétatives sur le nouvel objet. Encore faut-il être équipé intellectuellement et armé culturellement pour que le succès de cette entreprise ne soit pas improbable. Gagné par l'effervescence du milieu d'experts établissant le bilan des opérations avec chars, Liddell Hart cherche sa voie personnelle. Il la trouve, dans les années 25-30, avec ses propres critères et procédures d'évaluation de l'arme blindée et, par extension, des buts et des voies-et-moyens d'une stratégie militaire novatrice.

*

L'originalité de notre théoricien procède précisément de cette extension de la problématique et de la méthode adoptée pour en établir les termes. En effet, il ne retranche pas la question alors d'actualité – quel avenir pour l'arme blindée ? – de celle, englobante, centrale dans sa pensée et induite de sa critique des récentes opérations militaires. Question ambitieuse : comment gagner la guerre ? Tout se passe, chez Liddell Hart, comme s'il ne doutait pas qu'une réponse existe. Il tient cette assurance des conclusions de ses études d'historien entreprises, dès la fin du premier conflit mondial, sur la généalogie de la stratégie. Études guidées par une intuition : si, dans l'histoire universelle, certaines guerres furent non seulement victorieuses, mais décisives, ce résultat ne fut pas obtenu n'importe comment. La décision peut être attribuée, le plus fréquemment à un type de manœuvre stratégique : l'approche indirecte.

Comme il publia *Les Guerres décisives de l'histoire* en 1929, on voit que, dans ses années d'apprentissage, la pensée de Liddell Hart se développe simultanément sur deux registres, et est nécessairement conduite à rapprocher deux sources et deux types d'information. D'une part, celle, expérimentale et actuelle, offerte par le legs des pionniers du char et par la leçon, qu'il s'approprie, que les précurseurs tirent de leur propre expérience opérationnelle. D'autre part, l'information personnelle, toute théorique et intemporelle, que lui fournit l'histoire militaire.

Dans les avancées de la connaissance ou dans l'évolution des pratiques, le génie de l'invention réside souvent dans le coup de force mental opérant le rapprochement et l'intégration jusqu'alors inhabituels, voire improbables, de disciplines, de champs d'investigations ou de modalités pratiques tenus généralement pour autonomes. Le processus créateur croise des axes de recherches jusqu'alors distinctes, lesquelles se fécondent et se nourrissent mutuellement de leurs problématiques spécifiques, et de leurs réponses, pour produire du neuf. Au XVIIIe siècle, Guibert observe l'émergence du système divisionnaire et discerne, dans l'ouverture des dispositifs qu'il autorise enfin, les nouvelles possibilités de la stratégie opérationnelle. Cependant, un autre objet l'obsède, de nature socio-politique : celui des guerres nationales mobilisant des citoyens-soldats, qui devraient succéder aux conflits dynastiques. Du croisement des deux problématiques, jaillit l'idée centrale de l'*Essai général de tactique* : le concept de guerre « de grand style », de la bataille militairement et politiquement décisive ; concept supposant l'engagement des peuples et des armées nombreuses que le système divisionnaire, amodié, permettra de manœuvrer. Le trait de génie de Liddell Hart se manifeste à travers des processus mentaux qui opèrent, eux aussi, en reliant ses deux domaines de recherches, en assurant leur convergence et la synthèse de leurs résultats pour former sa propre théorie de la guerre mécanique.

En effet, avec les concepts associés de guerre décisive et

d'approche indirecte, il dispose d'un outil d'évaluation de l'arme blindée. Il admet volontiers que la motorisation et la mécanisation ont marqué un tournant dans la stratégie terrestre. Mais la double innovation, technique et opérationnelle, n'a pas délivré tout son sens en 1918. Certes, songe Liddell Hart, l'arme blindée s'est montrée décisive dans les phases de rupture d'un front solidement défendu. Mais décision locale et temporaire, l'exploitation de la brèche s'avérant trop vite essoufflée faute de moyens adaptés à la manœuvre de pénétration profonde qui, en atteignant la tête et le cœur de la défense, devait produire les « effets moraux » décisifs pour l'issue de la guerre. L'avenir étant à la mécanisation, que faire, se demande Liddell Hart, afin que *les capacités d'effets physiques* de l'arme blindée soient accrues ou modifiées, et assorties de modes d'emploi appropriés de telle sorte qu'elles soient décisives, non plus dans la seule phase de rupture, comme hier, mais dans toutes celles constitutives d'une manœuvre stratégique de grande amplitude et déterminant, *par ses effets moraux*, l'issue de la guerre sur terre ? Que faire pour que le moteur vivifie l'esprit de l'approche indirecte puisque celle-ci accroît la probabilité de la décision finale ? En bref, s'il pressent que le char peut servir cette manœuvre et conférer une tout autre dimension à l'exploitation, l'approche indirecte valorise, en retour, l'arme blindée et doit déterminer son évolution. Ce qu'il résume dans une formule : « A la guerre avec chars doit succéder la guerre des chars. »

La fonction rectrice de la théorie de l'approche indirecte, dans les recherches de Liddell Hart, ne sera jamais trop soulignée. Cependant sa renommée universelle et son influence sur les praticiens de son temps émanèrent avant tout du statut de précurseur qui tint à sa défense et illustration de la mécanisation. Il revendiqua hautement le bénéfice de la clairvoyance, oubliant trop cavalièrement de dire ce que ses idées avancées devaient aux pionniers. Querelles d'antériorité habituelle entre savants, entre découvreurs ou inventeurs de quoi que ce soit... Il est vrai que, tôt après la guerre, sa culture historique et militaire, le vaste champ et l'acuité de ses analyses d'un objet-guerre dont il a su reconstituer et expliquer les transformations – en bref, sa *sensibilité stratégique* – lui ont donné quelque avance intellectuelle sur les concurrents qui se bornent à exploiter leur savoir empirique. Son bagage d'histoire militaire lui permettra non seulement d'illustrer, par comparaisons et analogies, ses vues d'avenir sur l'arme blindée, mais aussi de soutenir sa thèse. L'historien ne peut penser l'avenir de l'arme blindée sans évoquer l'ancienne cavalerie. Lourde ou légère, celle-ci s'avéra souvent déterminante, voire décisive, pour enfoncer les lignes adverses, élargir la brèche et poursuivre l'ennemi désorganisé. Mais, en 1915, quand on parvenait à percer, la cavalerie, ou un substitut, manquait pour gagner l'ennemi de vitesse sur ses grands arrières. Même si le char se révélait bien adapté aux fonctions agression et protection dans la phase de rupture, il s'avérait encore malhabile, trop pesant, dans l'exploitation exigeant rapidité d'exécution. C'est donc en conférant *la primauté à la fonction mobilité*, jusqu'alors subordonnée aux deux autres, que Liddell Hart innove. Pourquoi et comment le concept de mobilité devient-il central dans sa théorie ?

Manifestant une grande intelligence de la stratégie, il renverse la problématique courante. Contrairement à la plupart des experts, il n'amorce pas la sienne en partant de l'existence de l'arme blindée et de ses propriétés reconnues durant la guerre, et n'imagine pas son avenir en extrapolant les résultats de son engagement. Il ne se demande pas : que peut-on faire désormais, et comment, avec ce nouveau moyen de la stratégie opérationnelle ? Au contraire, il se porte mentalement, d'emblée, en aval de toute manœuvre stratégique, à son résultat qu'il place à l'origine des problèmes qu'elle pose : sa finalité, le but stratégique (but dans la guerre, selon Clausewitz). Quelles que soient ses modalités, la stratégie opérationnelle se donne toujours pour but de produire chez l'adversaire, par la médiation de ses effets physiques, des effets psychologiques tels que l'issue du duel soit celle qu'on souhaite. Si l'on cherche la décision, effets psychologiques tels que l'ennemi se reconnaisse incapable de poursuivre l'épreuve de force ; ce que résume la formule usuelle : soumettre sa volonté. C'est donc en partant de la finalité de l'action stratégique que Liddell Hart évalue la contribution aux opérations que peut apporter l'arme blindée, substitut de la cavalerie. Or, ses études historiques ayant débouché sur le concept de l'approche indirecte, qui implique « la dislocation de l'équilibre psychologique et physique de l'ennemi... indispensable prélude à toute tentative pour l'anéantir », il conclut que « son dessein (de la stratégie) est de diminuer les possibilités de résistance, et elle cherche à l'accomplir en exploitant les deux éléments, mouvement et surprise » *(Stratégie)*. Grâce à sa mobilité, l'arme blindée lui semble le moyen le plus efficace et le moins coûteux de la surprise parce que capable de submerger le système de défense adverse comme « un torrent en crue » *(expending torrent)*, afin de le disloquer à la fois physiquement et psychologiquement.

Dans une étude – *La Guerre blindée et son avenir* – rédigée après la guerre de Corée, Liddell Hart restitue la genèse de sa théorie. Après avoir évoqué « les types de chars rapides conçus après la Première Guerre mondiale », capables de « transformer une brèche en percée décisive », il poursuit : « Cette nouvelle conception devait être élargie, ces forces blindées rapides, indépendantes du reste de l'armée, devaient mener des opérations stratégiques, entreprendre des manœuvres à longue portée pour couper les communications de l'adversaire sur ses arrières et atteindre ses principales voies de ravitaillement, paralyser ainsi l'armée entière et détruire ses possibilités de résistance. Ayant personnellement contribué à lancer cette idée d'emploi des chars en tant que cavalerie moderne, et envisagé leur développement stratégique, je peux en raconter la genèse. Elle me vint à l'esprit après une étude des opérations de très vaste envergure entreprises par Gengis Khan et ses forces remarquablement mobiles... Une conception d'opérations moderne "style mongol" présida à l'entraînement de la première force blindée expérimentée en Grande-Bretagne (dans les années 30). Elle ravit également l'imagination du général MacArthur, qui la souligna dans le rapport rédigé, en 1935, comme chef d'état-major de l'armée américaine. Les études que je fis des campagnes menées par les Américains, au cours de leur guerre civile, en écrivant mon livre sur Sherman, en 1929, me menèrent à voir plus clair dans leur application à une guerre moderne contre les armées de masse qui dépendent du ravitaillement par voie ferrée. Les leçons de la marche de Sherman à travers la Géorgie et la Caroline pour couper le ravitaillement de Lee, combinées à celles des raids de Forest, me fournirent les bases d'une technique de pénétration stratégique profonde pour les forces blindées. L'histoire du char... est le récit d'une lutte prolongée entre sa concéption originale, en appui d'assaut d'infanterie, et cette conception d'une arme mobile indépendante. On peut les baptiser, en raccourci, la conception du "bélier" et celle de la cavalerie moderne. »

Ajoutons que Liddell Hart noua d'étroites relations avec le colonel Lawrence – comme en témoigne leur correspondance. Il y fit référence, dès 1921, dans un article sur la guérilla, et publia *T.E. Lawrence, in Arabia and After* (1929). Il lui dédia *The Gost of Napoléon* (1935). Les opérations du néophyte passé maître dans l'art de la guérilla illustraient, par leur mode indirect et leur efficacité, ce que le théoricien des blindés attendait de la manœuvre sur les communications (chemin de fer Maan-Médine) et de ses effets sur le moral de l'ennemi. Car, répétons-le, c'est bien là l'objectif majeur que Liddell Hart fixe aux opérations. Un de ses articles, « Le but de la guerre », publié en 1957 par la revue *Forces aériennes françaises*, rappelle que, dans *Pâris, or the Future of War* (1925), il critiquait « les doctrines inspirées de Clausewitz fixant l'objectif de la guerre... la manière dont on avait poursuivi, durant la Première Guerre mondiale, l'objectif orthodoxe, la destruction de l'ennemi sur le champ de bataille et... en soulignait les résultats indécis et épuisants. Il discutait ensuite les avantages des objectifs moraux, montrant : 1° comment les forces blindées pouvaient porter un coup décisif contre le talon d'Achille de l'armée ennemie ou, si j'ose dire, les transmissions et les centres de commandement formant son système nerveux ; 2° comment les aviations, en dehors de leur collaboration dans l'action stratégique, pouvaient aussi porter des coups directs sur le système nerveux du pays ».

On sait que, durant la Seconde Guerre mondiale, il se reprit et critiqua « les attaques aériennes contre les objectifs civils... car l'ennemi d'aujourd'hui peut être le client de demain... J'en vins à réaliser qu'une attaque aérienne sur les centres industriels n'auraient probablement pas un effet décisif immédiat et provoquerait une guerre d'usure sous une forme nouvelle, capable de se prolonger, peut-être moins meurtrière, mais plus dévastatrice que celle de 1914-18 ». Le repentir de Liddell Hart ne toucha pas la Royal Air Force et, si son pronostic sur les effets moraux non décisifs du bombardement stratégique se vérifia, il ne négligea pas pour autant la troisième dimension de la stratégie opérationnelle. Bien au contraire, la guerre mécanique qu'il préconisait associait le char et l'avion d'appui au sol, et il discerna très tôt le rôle des troupes aéroportées.

*

Commenter aussi longuement l'apport de Liddell Hart à la théorie de la guerre mécanisée donnerait à croire que son œuvre est réductible à ce noyau d'idées prophétiques. Idées qui reflétaient si bien l'attente de l'époque qu'elles furent partagées par la pléiade des Fuller, Martel, Hobart, Estienne, Eimannsberger, de Gaulle, Guderian, etc. Qu'est-ce que le *Blitzkrieg*, sinon un *expending torrent* ? Toutefois, si le prestige du stratégiste s'avéra si puissant sur les stratèges actifs et sur les théoriciens postérieurs, il faut en chercher la cause dans le champ de ses études théoriques, plus ambitieuses que celles des experts ordinaires. Le général Beaufre – dont Liddell Hart préfaça l'*Introduction à la stratégie* (1963) – l'a lu attentivement. Dans les années 1950-60, le colonel M. Suire (pseudonymes Migis, Éric Muraise) était sans doute le mieux informé, en France, sur une œuvre qu'il comparait à celle de Folard ; le plus sensible aussi à l'audace avec laquelle elle osait se détacher de la pensée dominante, celle des épigones de Clausewitz, pour rajeunir la problématique de la guerre limitée et de la stratégie indirecte.

Chez Liddell Hart, la guerre des blindés n'est donc qu'un point d'application, parmi d'autres, d'une curiosité boulimique et d'une volonté d'agir sur les esprits – indirectement – à défaut d'être un acteur de l'histoire. Si, aujourd'hui, cette partie de son œuvre nous intéresse encore, c'est moins par ce qu'elle dit, assimilé depuis longtemps, que par sa genèse. La littérature stratégique offre trop peu de confessions aussi explicites que celles de cet Anglais loquace sur son matériel d'information, sur ses méthodes d'analyse et d'évaluation, sur l'émergence et le développement de concepts neufs ; en bref, sur les opérations de l'entendement et de l'imagination créatrice appliqués à un problème stratégique bien circonscrit. Mais son discours sur la guerre mécanique, imposé par la circonstance, n'est qu'un fragment, livré au public et à la polémique, du patient travail, jamais achevé, de sa pensée intime dans tous les ateliers du chantier stratégique. Travail discret, entamé dans les années 20 et poursuivi jusqu'à la Seconde Guerre mondiale. Peu à peu, au fil de ses notes au jour le jour, il constitue sa boîte à outils intellectuels, forme son langage, affine ses interrogations et ses réponses. En 1944, il rassemble, sous le titre *Thoughts on War*, ces moments successifs d'une pensée en acte, d'un *work in progress* qui revient sur ses pas, reprend son avancée et finit par construire, avec ce texte éclaté, le discours de la guerre le plus exhaustif, qu'il ordonne en trois parties : *Elements of War, Conduct of War, Conduct of Military Operations*.

Quand cesse le second conflit mondial, qui a confirmé la validité de ses thèses, la renommée de Liddell Hart l'autorise à interroger des généraux allemands avec lesquels, dit-il, il noue des « relations suivies ». De ces entretiens sans précédent, il tire la matière de *The other Side of the Hill* (1948), publié en français sous le titre : *Les généraux allemands parlent*. Ouvrage le plus révélateur sur l'entreprise politico-stratégique de Hitler et de la Wehrmacht...

L'entrée dans l'âge nucléaire ne le trouve pas intellectuellement désarmé devant la rupture, avec les temps classiques de la guerre, provoquée par l'apparition d'une arme de destructions massives dont les effets physiques, intolérables, mettent en question la fonction séculaire de la violence armée dans la dynamique des systèmes sociopolitiques. Depuis les années 20, il s'est élevé contre le radicalisme et le simplisme des théories et doctrines établies par les lecteurs expéditifs de Clausewitz. Il a constamment rappelé que la fin de la guerre n'était pas l'anéantissement de l'ennemi et sa capitulation sans appel par la bataille décisive ou la stratégie d'attrition, mais un état de paix « meilleur » que celui antérieur aux hostilités. Comment pourrait-il considérer la guerre nucléaire comme un moyen rationnel de la politique ? « *The true national object in war, as in peace, is a more perfect peace. The experience of history enables us to deduce that gaining military victory is not in inself equivalent to gaining the object of war* » (*Thoughts on War*, octobre 1925). Corrélativement, si l'on pose que les effets physiques, résultant des opérations militaires, doivent être évalués et produits en fonction des effets moraux requis pour influencer l'adversaire dans le sens que l'on souhaite et pour peser sur sa volonté, ne peut-on spéculer sur les effets psychologiques de la seule menace nucléaire pour interdire le passage à l'acte de guerre ?

Ses recherches théoriques, poursuivies durant trois décennies, ont préparé Liddell Hart à accepter, mieux que beaucoup d'experts, la notion de dissuasion. Sans doute, dans les années 50, n'est-il pas seul à reconnaître le sens du fait nucléaire ; à en extraire les principes et règles d'une nouvelle forme de la stratégie de dissuasion fondée désormais, dans les calculs des décideurs antagonistes, sur la valeur prohibitive d'un risque assuré et non plus, comme aux temps classiques, sur celle, aléatoire, de l'espérance de gain. Si l'École américaine, la première, formule la nouvelle stratégie, l'apparition de l'arme nucléaire tactique en modifie les données originelles. Liddell Hart est de ceux qui, avec l'amiral Buzzard en Angleterre, Kaufmann et Kissinger outre-Atlantique, en tirent les conséquences. De leur correspondance et des articles publiés en 1955-56, émerge un nouveau concept : la dissuasion graduée *(graduated deterrence)*. Ainsi, s'ouvre un débat politico-stratégique, alimenté par une profuse littérature, qui se prolongera, de part et d'autre de l'Atlantique, jusqu'à la fin de la guerre froide. Liddell Hart y participera jusqu'à sa mort, en 1970, intéressé surtout par la guerre limitée. Interdisant la guerre directe entre l'Est et l'Ouest, le blocage nucléaire a restauré et valorisé, sous de nouvelles formes, ce mode de guerre dont notre théoricien de l'approche indirecte et, plus généralement, de la stratégie indirecte servant des buts de guerre restreints – sur l'ancien modèle britannique – n'a cessé d'exalter les vertus.

Ici, Liddell Hart se garde, comme toujours, des problématiques réductrices. Il constate que la stratégie de dissuasion nucléaire n'interdit que certaines formes de conflits armés : ceux opposant directement, et sous une forme paroxystique, l'OTAN et le pacte de Varsovie. Mais les autres conflits, maintenus au-dessous du seuil de nucléarisation, perdurent ici et là. C'est dire que la nouvelle stratégie générale militaire, celle de l'âge nucléaire, doit être pensée et conduite en combinant dissuasion nucléaire et guerre limitée, et en contrôlant leurs interactions. Cette idée, centrale dans sa littérature postérieure à la Seconde Guerre mondiale, commande ses analyses critiques de la stratégie otanienne, ses mises en garde contre une confiance excessive dans la dissuasion nucléaire, et son insistance à rappeler que la défense de l'Europe pourrait comporter des phases de guerre conventionnelle – à laquelle les Alliés doivent donc se préparer. Thèses qu'il défend dans de nombreux articles et des ouvrages – *Defence of the West* (1951) ; *Deterrent or Defence* (1962) – et qu'il évoque, en 1954, dans sa préface à *Stratégie* : « La bombe H est plus un handicap qu'une aide pour la politique visant à contenir *(containment)* l'adversaire. Dans la mesure où elle freine les tendances à la guerre extrême *(all out war)*, elle accroît les possibilités de la guerre limitée déclenchée par une agression indirecte et locale qui s'étendrait... Pour contenir la menace, nous sommes donc devenus plus tributaires des armes conventionnelles. Toutefois, cette conclusion ne signifie pas qu'il faille retomber dans les méthodes conventionnelles. Elle devrait, au contraire, inciter à développer les plus modernes. »

*

La biographie de Liddell Hart ne se proposait que d'introduire à la lecture de *Stratégie*. Livre-pilier, qui soutient l'architecture d'une œuvre baroque se déployant dans toutes les dimensions de l'objet-stratégie. Ouvrage souvent réédité du vivant de l'auteur, soulignant ainsi sa fonction rectrice dans la genèse et le développement de sa pensée.

La première mouture paraît en 1929, sous un titre imposé par l'éditeur : *The Decisive Wars of History*. Réédité en 1941 et 1946, il retrouve son titre originel, *The Strategy of Indirect Approach*, qui dissipe un malentendu. Il ne s'agit pas, en effet, d'une histoire des guerres, mais d'une thèse, à la fois fondée sur et illustrée par l'histoire, sur un type de manœuvre stratégique : l'approche indirecte. La même erreur éditoriale dicte le titre, *Histoire mondiale de la stratégie*, à ma traduction, en 1962, de la nouvelle version (1954) intitulée *Strategy*. Tout en reprenant la matière des éditions précédentes, le livre, plus ambitieux, change alors d'esprit. Liddell Hart ajoute une quatrième partie – *Fondamentals of Strategy and Grand Strategy* – dans laquelle il résume les résultats de ses longues années de travail sur le chantier stratégique. Il récapitule, définit et organise les concepts et assertions épars dans son œuvre, établit des principes, justifie sa méthode et affine son langage. En bref, il rassemble en un système cohérent les éléments de sa théorie de la stratégie. Un chapitre sur la guérilla complétera deux autres éditions, en 1967 et 1971.

La lecture de *Stratégie* ne soulève guère de difficultés. Écriture sans artifices, discours linéaire, refus de philosopher : les quatre parties demeurent dans le ton de la littérature stratégique classique. Liddell Hart écrit pour les praticiens, politiques et militaires de son temps, et ses *Mémoires* manquent souvent d'indulgence sur leurs capacités intellectuelles ou leur caractère... Il veut convaincre. *Stratégie* se présente donc à la fois comme une œuvre théorique, dans laquelle la critique tient sa place, et comme un exercice pédagogique exigeant un langage collant aux réalités de l'action stratégique. Quelques observations suffiront pour indiquer le sens de ce livre dans la généalogie de la stratégie.

Remarquons d'emblée que le thème initial – l'approche indirecte – est moins une invention que la re-découverte d'un style de stratégie opérationnelle, *la manœuvre sur les derrières*, théorisé par Hubert Camon, avant 1914, dans ses magistrales études sur *La Guerre napoléonienne*. Aspirant ici, comme pour la guerre mécanique, au statut de précurseur, le Britannique veut se démarquer du Français qui, selon lui, « s'est attaché plus spécialement aux mouvements logistiques, aux facteurs temps, espace et communications ». Mais il oublie que Camon met l'accent, lui aussi, sur les données psychologiques : « Cette démoralisation préalable de l'adversaire, conséquence forcée de la manœuvre, a été maintes fois oubliée », écrit-il. La différence entre les deux conceptions ne réside pas dans l'esprit de la manœuvre, mais dans sa portée générale, dans l'extension que lui confère Liddell Hart. Survolant « tous les âges historiques », il constate que « les résultats décisifs avaient été rarement atteints dans les guerres, sinon lorsqu'un des deux partis avait approché l'autre selon une voie indirecte, c'est-à-dire calculée de telle sorte que cette approche indirecte l'assurât de le mener sur un adversaire surpris et non préparé à lui faire face ». Toutefois, on a reproché à Liddell Hart d'entretenir l'équivoque sur l'approche indirecte et de la confondre parfois avec la stratégie (ou la guerre) indirecte.

On connaît la place de l'histoire militaire et navale dans la littérature stratégique de l'époque ; ce qu'en attendaient théoriciens et praticiens : matériel d'information et instrument du travail théorique, de confirmation et d'illustration de ses résultats. Comme ses prédécesseurs, Liddell Hart se donne pour méthode de rechercher, dans ce qu'il nomme l'« expérience indirecte » que constituent les pratiques évolutives des hommes de guerre du passé, les « données permanentes » l'autorisant à induire, de cette information interprétée, d'utiles indications sur la nature de la guerre et les principes d'action. Mais quand Foch, par exemple, établit et commente ses *Principes de la guerre* et sa *Conduite de la guerre* en n'exploitant que l'héritage de Napoléon et de Moltke, quand Schlieffen conçoit son type de bataille d'anéantissement en se référant à un seul modèle, Hannibal, Liddell Hart se montre plus prudent dans l'utilisation de l'histoire militaire. À ses yeux, la méthode analytique, procédant des effets aux causes, n'a quelque efficacité heuristique que si l'enquête porte sur « l'expérience universelle » ; si « le champ exploré » couvre, comme dans *Stratégie*, tous les conflits armés de l'histoire, dans tous les continents. Sur ce point, il s'oppose à Clausewitz qui préconise l'étude approfondie et comparative de quelques campagnes judicieusement choisies.

En outre, Liddell Hart applique cette méthode d'une manière très personnelle. L'histoire militaire est instrumentalisée : ses premières études des conflits armés du passé lui suggèrent une explication privilégiée des transformations de l'acte de guerre. Expérience intellectuelle similaire à celle que rapporte Jomini : pour le Britannique comme pour le Suisse, l'histoire révèle des rapports logiques, des relations nécessaires entre certains éléments de l'action. « Une impression se forma et se fortifia peu à peu », dit-il, au cours de cette « analyse extensive » : la corrélation répétée et fréquente entre l'approche indirecte et l'issue décisive de la guerre. Aussi, quand il restitue l'« expérience universelle » en proposant sa version de l'histoire militaire, Liddell Hart ne prétend pas faire œuvre d'historien : il retient seulement ce qui, dans cette information filtrée, démontre la validité de sa thèse et l'illustre concrètement pour mieux persuader le lecteur. *Stratégie* se présente comme un registre de protocoles d'expériences dont il induit ce qui, dans son esprit, s'identifie à un invariant de la pratique guerrière : « La prééminence des facteurs moraux, dans toutes les décisions militaires », sur les facteurs physiques. Sur cet axiome, il fonde son modèle d'approche indirecte.

Les critiques érudits n'ont pas manqué, qui attaquèrent Liddell Hart sur sa lecture orientée de l'histoire militaire. Ils dénoncèrent ses omissions, ses partis pris, voire son réductionnisme. Mais cet historien de formation ne se veut pas historien de stricte obédience : il tire l'histoire à lui pour convaincre. L'information historique n'est qu'un matériau brut qu'il *réduit*, dans son laboratoire mental, aux éléments utiles à son propos : *l'esprit-en-acte* du chef de guerre. Comment celui-ci pense-t-il son objet : la conception et l'exécution des opérations militaires, leur finalité et leurs voies-et-moyens ? Dans le chapitre V, *Recréons notre stratégie*, de *The British Way in Warfare* (1932), notre stratégiste s'explique sur sa manière de décanter le matériau-histoire : « Une analyse abstraite et prolongée de la psychologie stratégique fatiguerait sans nécessité, car il n'est possible de sonder l'esprit du chef que dans le passé. Mais cette étude de l'histoire militaire devrait être dirigée vers la découverte des pensées, des impressions du chef et de ses ordres. Entrer dans les détails du combat est inutile, sans valeur, dangereux même pour l'esprit qu'il égare. Il importe peu de connaître la situation à tel moment ou sur tel point particulier. L'important est de connaître ce que le chef en pensait. Les armes et les conditions du combat se modifient si vite que tout ce qui n'est pas l'étude très large et générale des batailles ne peut qu'encombrer la mémoire de l'étudiant d'un fatras historique sans faire travailler son intelligence. La nature humaine, elle, change peu si elle change devant le danger, elle est toujours la même. Pour avoir une valeur pratique, l'histoire militaire doit être une étude des réactions psychologiques des chefs d'armées. Les événements ne servent que de repoussoirs à leurs pensées, à leurs impressions, à leurs décisions, en les mettant en relief. »

Si Liddell Hart exalte les vertus pédagogiques de l'histoire militaire, il ne s'aveugle pas sur les obstacles à son bon usage, qu'il commente dans *Why Don't We Learn from History ?* (1944). Son attitude pragmatique commande ses biographies : *T. E. Lawrence, in Arabia and after* ; *Sherman* ; *Foch* ; *Scipio Africanus* ; *Great Captains Unveiled* (1927) et *Reputations* (1931). Il choisit ces « hommes illustres » parce que leur conduite de la guerre éclaire, positivement ou *a contrario*, sa thèse sur l'approche indirecte. Il trouve des arguments chez Maurice de Saxe : « Il faut épuiser tous les moyens de vaincre avant que d'en venir à une action. Les habiles généraux cherchent moins à livrer des combats où les deux partis risquent également, qu'à ruiner l'adversaire par d'autres voies. » L'un des premiers, il met Sun Tzu à la mode et cite ses aphorismes : « Tout l'art de la guerre est basé sur la déception... Il n'est pas d'exemple qu'un pays ait tiré profit d'une guerre prolongée... La suprême excellence consiste à briser la résistance de l'ennemi sans combattre... Dans tout conflit, on peut recourir à la méthode directe pour marcher à la bataille, mais les méthodes indirectes sont nécessaires pour s'assurer la victoire. »

Équipés d'une boîte à outils considérablement enrichie par les théoriciens de l'âge nucléaire, nous discernons, sans doute mieux que ses contemporains, les raisons pour lesquelles Liddell Hart en prend à son aise avec l'histoire des authentiques historiens militaires. Telle qu'il la décrit plus haut, sa démarche annonce celle des théoriciens postérieurs qui, au lieu de penser l'objet-stratégie en analysant ses manifestations historiques, les campagnes, les batailles, etc. – les *opérations physiques* des systèmes militaires – s'attachent aux *opérations mentales* des stratèges, à leur manière d'énoncer et de résoudre intellectuellement les problèmes posés par les situations conflictuelles. Les régularités, sur lesquelles il fonde sa théorie, il les cherche et les détecte moins dans les actions, dans les faits de stratégie – dans la stratégie objectivée – que dans « les pensées » des chefs militaires ; dans ce qu'il nomme leurs « impressions », leurs « réactions psychologiques » et leurs « ordres », qui les résument ; en bref, dans le travail d'évaluation et de computation que nous identifions aux procédures décisionnelles.

Si l'histoire militaire dit ce qu'ont *fait* les stratèges, Liddell Hart la lit comme la transposition dans la réalité, comme l'objectivation de leurs processus mentaux, lesquels sont gouvernés par la grammaire et la logique du *faire* stratégique. Pour lui, la polarité Même-Autre et le duel stratégique s'instaurent, se développent et se décident, en fin d'analyse, au niveau des processus mentaux des décideurs. L'issue décisive de la guerre sera donc recherchée dans leur dialectique. On tentera de perturber, de « déranger » les calculs de l'adversaire ; de « le disloquer psychologiquement » par l'effet de surprise résultant d'une manœuvre de « distraction visant à priver l'ennemi de sa liberté d'action » et à le « disloquer matériellement ».

La relation logique entre finalités et voies-et-moyens s'établit donc ainsi : « Mystifier et induire en erreur constituent la distraction, tandis que la surprise est la cause essentielle de la dislocation. C'est la distraction de l'esprit du chef qui amène la distraction de ses moyens. La perte de sa liberté d'action est la conséquence de la perte de sa liberté de conception. » C'est bien, d'abord, aux opérations intellectuelles des chefs et aux incertitudes amplifiées par la surprise et pénalisant leurs procédures décisionnelles, puis à leurs conséquences – les opérations physiques des forces armées –, que pense Liddell Hart lorsqu'il introduit deux concepts associés et complémentaires : ceux de « *line of natural expectation* » et de « *line of least resistance* » – que l'on peut traduire, respectivement, par ligne ou direction d'attente naturelle ou normale ou de plus forte probabilité de notre approche ou attaque (dans l'esprit adverse), et par ligne ou direction de moindre résistance. Il les complète par celui « d'objectifs alternatifs » (*alternative objectives*), moyen accroissant l'incertitude des décideurs adverses.

Parti d'une idée de jeunesse sur un objet stratégique limité – une forme d'opération des armées de terre –, Liddell Hart devait aboutir, par les états successifs de son livre, à sa quatrième partie : une théorie générale de la stratégie. Théorie construite par définitions, concepts et assertions, toujours argumentés, et qui s'amarre, comme il se doit, à une réflexion sur les rapports de la stratégie et de la politique. Discours dont la consistance tient au point de vue adopté : la pensée stratégique (*strategic thought*), la psychologie du stratège opérant et conscient que « le succès » stratégique repose essentiellement « sur de bonnes évaluations et adéquations de la fin et des moyens (*a sound calculation and coordination of the end and the means*) ». Mais théorie qui ne tient pas uniquement par elle-même : elle s'adosse à la critique, virulente, de quelques illustres prédécesseurs – Clausewitz et Foch – auxquels elle s'oppose sur un point capital : le but (*aim*) de la stratégie militaire et la fin (*object*) de la guerre, qui correspondent aux deux notions de *Ziel* et de *Zweck* (buts dans et de la guerre) de Clausewitz.

Comme tous les théoriciens, Liddell Hart propose une définition de la stratégie, « art de distribuer (*distribuing*) et d'appliquer (*applying*) les moyens militaires pour accomplir les fins de la politique (*fulfill the ends of policy*). Car la stratégie ne concerne pas seulement le mouvement des forces – ainsi que l'on définit souvent son rôle – mais aussi son effet (*effect*). Quand l'emploi (*application*) de l'instrument militaire aboutit au combat effectif, les dispositions préalables à une telle action et sa direction (*control*) sont dénommées tactiques ». Cette définition de la stratégie militaire témoignerait d'une méritoire volonté d'abstraction si elle rompait franchement – comme le fera Beaufre – avec les définitions antérieures ; avec celles des théoriciens qui, de la fin du XVIIIe siècle à la Seconde Guerre mondiale, n'ont pu définir la stratégie et la tactique qu'en les rapportant l'une à l'autre. Pour Heinrich von Bülow (1805), « la stratégie est la science des mouvements guerriers hors du champ de vision de l'ennemi, la tactique à l'intérieur de celui-ci ». Pour Clausewitz (*Vom Kriege*, I, II, 1), « la tactique est la théorie (*Lehre*) de l'emploi (*Gebrauch*) des forces armées dans le combat (*Gefecht*) ; la stratégie, la théorie de l'emploi des combats au service de la fin de la guerre (*zum Zweck des Krieges*) ». Dans le même esprit, Castex (*Théories stratégiques*, 1931) identifie la stratégie à « la conduite générale des opérations... Stratégie en deçà et au-delà du combat ; tactique, pendant le combat, dès que les armes agissent et jusqu'à ce qu'elles cessent d'agir ». Mais l'amiral corrige aussitôt ce radicalisme : « Les frontières de la stratégie n'ont, bien entendu, rien d'aussi nettement tranché » et « la stratégie est comme le spectre solaire. Elle a un infrarouge qui est le royaume de la politique, et elle a un ultraviolet qui est celui de la tactique... La politique, la stratégie et la tactique forment ainsi un ensemble, un tout complet bien uni, et nullement un triptyque aux éléments nettement séparés ».

Bien entendu, Liddell Hart observe également qu'on ne peut « isoler » stratégie et tactique dans « des compartiments séparés », mais il nuance son propos en introduisant sa conception personnelle de l'action de guerre dans ses définitions : « Si la frontière entre les deux domaines est souvent floue (*shadow*) dans l'exécution… les deux sont cependant distincts dans la conception. La tactique concerne et remplit le domaine du combat (*province of fighting*). Non seulement la stratégie s'arrête à la frontière, mais son dessein (*its purpose*) est de réduire les combats à la plus faible (*slenderest*) proportion. » Ces définitions sont cohérentes avec celle du but (*aim*) que Liddell Hart assigne au stratège chargé de « rechercher une décision militaire. Sa responsabilité consiste à la chercher dans les circonstances les plus avantageuses afin d'obtenir le résultat le plus profitable. Donc, son véritable but n'est pas tant de rechercher la bataille que de rechercher une situation stratégique si avantageuse que, si elle ne produit pas elle-même la décision, sa continuation par une bataille est assurée de l'obtenir ». Rien de moins abstrait que ce découpage classique de l'acte de guerre en stratégie et tactique : l'analyse théorique de Liddell Hart débouche immédiatement sur une doctrine.

Comme ses prédécesseurs, il ne peut retrancher la stratégie militaire (*Pure, or military Strategy*) de la politique « plus fondamentale » qui détermine la fin (*object*) de la guerre. C'est pourquoi, il introduit, à l'interface entre ces deux domaines, une nouvelle notion : « la haute ou grande stratégie (*Higher, or Grand Strategy*) pratiquement synonyme de la politique qui guide la conduite de la guerre… et qui sert à exprimer l'idée de politique en cours d'exécution (*policy in execution*) » – que je traduirais aujourd'hui par politique objectivée ou politique-en-acte. « Le rôle de la grande stratégie, dit Liddell Hart, consiste en effet à coordonner et diriger toutes les ressources d'une nation, ou d'une alliance de nations pour atteindre la fin (*object*) politique de la guerre – le but défini par la politique fondamentale. » Que l'on dise grande stratégie, ou stratégie nationale, ou totale, ou intégrale – le vocabulaire importe peu –, il s'agit toujours de reconnaître et de consacrer l'existence d'une pensée et d'une pratique stratégiques plus complexes que la « pure stratégie militaire », et incorporant celle-ci. Elles lui associent, dans la conduite de la guerre, les moyens exogènes – « toutes les ressources » matérielles et morales – qui la soutiennent ou qui opèrent indépendamment d'elle pour accomplir les fins de la politique. Liddell Hart n'invente pas cette réalité : la pratique de la guerre a toujours combiné les moyens militaires et les autres, à des degrés divers selon les époques. Posée par Ludendorff en 1932, la notion de guerre totale l'induit à conceptualiser ce qui était implicite dans la pensée des décideurs, politiques et militaires : la nécessaire composition des moyens de toute nature – économiques, culturels et militaires – en vue d'accomplir les fins de la politique nationale (*national object*). Ainsi, Liddell Hart construit, plus rationnellement que les théoriciens antérieurs, la *structure politico-stratégique* organisant, avec leurs *passages* de l'un à l'autre, les divers niveaux de computation, de décision et d'exécution qui, de l'amont politique à l'aval tactico-technique du système politico-militaire, interviennent dans les opérations intellectuelles et physiques constitutives de l'action stratégique.

Liddell Hart ne précise pas si ses définitions s'appliquent au temps de paix comme au temps de guerre. Castex a noté l'apparition, avec Mahan, de la notion d'une stratégie navale de temps de paix, « faite de toutes les mesures qu'il est possible de prendre à ce moment pour augmenter les forces d'une marine... et qui concerne toute la préparation à la guerre ». Mais il préfère rattacher cette action « à la politique navale... dans l'infra-rouge de la stratégie ». Liddell Hart ignore ce débat : il n'évoque que la guerre à propos de la grande stratégie et lorsqu'il définit le but (*aim*) de la stratégie militaire ; lorsqu'il déclare, contre l'idée reçue prônant la destruction des forces ennemies par la bataille, que « la perfection stratégique serait de parvenir à une décision sans livrer de combats sérieux ».

De même, il s'agit toujours de guerre ouverte lorsqu'il décrit l'« action stratégique » visant à provoquer la dislocation psychologique de l'ennemi, lorsqu'il établit « les bases (*basis*) de la stratégie », préconise le choix d'objectifs alternatifs et la « coupure (*cutting*) des communications » adverses ; lorsqu'il pose que « la méthode de progression (*advance*) » des armées doit combiner « les marches en ordre dispersé » et les « concentrations » pour agir du fort au faible – reprenant là des notions inventées par les théoriciens français du XVIII^e siècle.

Lorsque, dans les années 50, il intervient dans le débat sur la défense de l'Europe et la stratégie de l'OTAN, il admet, certes, l'idée de la dissuasion nucléaire et contribue à la modéliser ; mais il appelle l'attention sur l'échec, non improbable, de la manœuvre dissuasive, et sur la guerre qui en procéderait. C'est cette situation de guerre qui l'intéresse. Rien donc, dans *Stratégie*, qui annonce l'extension du concept de stratégie, lequel demeure classiquement englobé dans celui de guerre alors que, logiquement, l'introduction de la grande stratégie appelait l'inversion de cette relation, la guerre n'étant plus qu'une modalité parmi d'autres de la stratégie entendue dans le sens que nous lui donnons aujourd'hui et qui efface la frontière entre états de guerre et de paix.

Intitulé « L'essence (*concentrated essence*) de la stratégie et de la tactique », le chapitre XX, le plus original de l'ouvrage, rompt avec les usages de l'exercice imposé aux théoriciens classiques : la définition des principes de la guerre. Certes, on l'a vu, Liddell Hart sacrifie à la croyance commune : on peut fonder une théorie de la stratégie sur l'existence et l'interprétation rationnelle d'invariants relevés dans les transformations géohistoriques de l'action de guerre. Ces régularités praxéologiques, relations de cause à effet entre certains éléments ou moments constitutifs de l'action, ne sauraient être représentées sous la forme de lois : celles-ci supposeraient des corrélations répétées et répétables entre ces éléments ; un déterminisme régissant leurs rapports nécessaires, constants, alors que les données d'information, complexes et contingentes, sur les réalités de l'expérience guerrière, sont entachées d'incertitudes. Dégagées de l'analyse historique, les régularités ne peuvent donc être interprétées que sous la forme de fréquences, de jugements de probabilités ou de principes qui établissent, mais d'une manière conditionnelle, des relations de causalité entre certains éléments de la stratégie. En d'autres termes, les principes établissent et formulent les conditions imposées aux voies-et-moyens de l'action pour que la probabilité d'atteindre son but (sa finalité) ne soit pas nulle, mais sans être pour autant égale à un.

Liddell Hart admet l'existence de tels principes. Indépendants du lieu, du moment et des voies-et-moyens de l'action, ils s'imposent à son esprit comme un ensemble de « vérités expérimentales qui paraissent si universelles et fondamentales qu'on peut les baptiser axiomes ». Ceux-ci s'érigent donc en « conseils pratiques », pour la conduite stratégique, et c'est dans ce passage de la théorie descriptive aux assertions prescriptives, voire normatives, que le discours de Liddell Hart sur les principes tranche, par le fond et la forme, avec la littérature classique. Pragmatique, il dénonce le flou sémantique et l'inutilité, pour les praticiens, des définitions abstraites d'usage courant – liberté d'action, sûreté, économie des forces, etc. – dont la liste, en outre, n'est pas fixée. Il adopte le langage clair et impératif des « maximes » pour formuler « six principes positifs » et « deux négatifs » présentés comme d'incontestables règles de conduite praxéologique. La prétention à « la vérité », serait-elle « d'expérience », surprend chez Liddell Hart, qui n'a cessé de combattre le dogmatisme. Mais Castex écrit, lui aussi, que « les principes de la stratégie forment une réunion de vérités, d'ailleurs assez évidentes, issues de l'expérience du passé... ». Qu'est-ce que la vérité en matière, non de connaissance, mais d'action ? Peut-on soutenir qu'elle s'identifie aux principes de la guerre (ou de la stratégie) dès lors que, comparé à l'impératif de la loi, le principe ne s'impose pas inconditionnellement et laisse plus de liberté, dans les procédures décisionnelles, au jugement sur l'opportunité et les modalités de son application dans les situations de guerre réelles, toujours singulières et ne délivrant qu'une information imparfaite ?

La querelle sur les principes de la guerre est fort ancienne, les sceptiques et les dogmatiques campant sur leurs positions. Au demeurant, les questions soulevées par la théorie de la théorie ont rarement préoccupé les stratégistes jusqu'au second conflit mondial. Certes, Jomini, dans son *Précis de l'art de la guerre*, et Clausewitz, dans le livre II de *Vom Kriege*, ont posé le problème de la théorie avec l'outillage culturel de leur temps. Mais leurs successeurs ne se sont guère interrogés que sur la validité de la méthode d'analyse historique consacrée par l'usage mais fragilisée par l'accélération du progrès scientifico-technique depuis le début du siècle. Dans ces conditions de relative sérénité intellectuelle, comment la pensée théorique de Liddell Hart n'aurait-elle pas finalement tourné, comme les autres, en doctrine dont la formulation en « maximes » accentue l'absolutisme ?

Pourtant, c'est au nom de l'anti-dogmatisme que Liddell Hart s'attaque violemment à Clausewitz et à ses disciples dans de nombreux passages de son œuvre ; particulièrement, dans *The Gost of Napoléon* et, ici, dans le chapitre XXI : « Objet national et but militaire ». À dire vrai, il est souvent difficile de distinguer si sa critique porte sur l'œuvre même du Prussien ou sur ses diverses interprétations par les nombreux lecteurs antérieurs à 1914. Dans *Penser la guerre, Clausewitz* (1976), Raymond Aron a recensé ces lectures réductrices et souvent erronées – dont celle de Liddell Hart désigné, néanmoins, comme « le plus grand écrivain militaire de notre temps ». Or, le Britannique impute à l'influence posthume de Clausewitz et de son œuvre le dogme de la guerre à outrance et de la décision par la destruction des armées ennemies sur le champ de bataille, qui a conduit à « l'extravagante absurdité de la guerre totale moderne ». Si, selon Clausewitz, « la guerre est la continuation de la politique par l'introduction d'autres moyens » et si, selon Liddell Hart, « l'objet de la guerre est une meilleure situation de paix », les deux axiomes procèdent du même esprit. Mais pour le second, l'État qui vise à désarmer l'ennemi, comme le préconise Clausewitz, peut être conduit à « dilapider ses forces jusqu'à l'épuisement et mène à la banqueroute sa propre politique » – ce qui contredit l'axiome...

C'est donc sur cette idée – sortie de la guerre, état de paix, prééminence du politique – qui traverse son œuvre et dont il tire toutes les conséquences politiques et militaires, que Liddell Hart fonde sa critique des sectateurs de Clausewitz. Certes, il sait distinguer, lui aussi, la guerre selon son pur concept et les guerres réelles. Il n'ignore pas que le Prussien a mis l'accent sur les facteurs psychologiques et défini deux sortes de guerres : celle qui se donne pour fin de dicter la paix au vaincu et celle qui s'achève sur une paix négociée. Cependant les pages ne manquent pas dans *Vom Kriege* (livres III et IV, par exemple) qui exaltent le renversement de l'État ennemi, la bataille décisive, etc. Oubliant l'état d'inachèvement de l'ouvrage, les stratèges français et allemands ont pu en extraire, avant 1914, des arguments à l'appui de leurs thèses unilatérales sur la guerre à but absolu et la stratégie d'anéantissement ; thèses fondées sur leurs lectures des campagnes de Napoléon et Moltke. « Comme il arrive fréquemment, les disciples de Clausewitz tirèrent de son enseignement les conclusions extrêmes que leur maître n'avait nullement envisagées. Être mal compris est le lot commun de la plupart des prophètes et des penseurs, et ceci dans tous les domaines », soupire Liddell Hart...

*

Stratégiste de très haute stature, si étroitement lié aux acteurs politiques et militaires de son temps par l'immédiate efficace de sa pensée, Liddell Hart a si visiblement orienté certaines de leurs décisions qu'il se pose, lui aussi, en stratège impliqué dans l'histoire qui se fait. Ainsi s'est-il installé, de son vivant, parmi les plus éminents constructeurs d'une généalogie de la stratégie toujours en chantier. À la fois critique et prospective, déployée sur de multiples registres, son œuvre se constitue dans une des phases les plus tumultueuses des transformations de la guerre, quand la longue époque des conflits classiques culmine dans la déraison de la guerre totale et quand s'ouvre l'âge nucléaire rappelant, enfin, à la raison politique qu'il invoque comme le remède, trop souvent ignoré, aux excès des armes. Œuvre buissonnante qui attaque un objet-stratégie reconnu complexe et admettant plusieurs niveaux de lecture, de représentation et d'explication ; pensée de rupture, trop sensible à l'érosion, sous le travail du temps, des théories et doctrines établies, pour ne pas miser sur soi seule afin de concevoir et dire autrement son objet. De là, ses recherches éclatées, conduites avec le ferme propos de savoir pour pouvoir ; un discours combatif et didactique ne concédant à l'abstraction que ce qu'il faut pour échapper au soupçon de particularisme.

Soupçon souvent justifié : Liddell Hart est typiquement britannique par sa mentalité insulaire et son nationalisme mal dissimulé, par ses récusations outrancières des théoriciens et praticiens continentaux, par son pragmatisme affiché et le choix des axiomes fondateurs de sa théorie de la guerre à l'anglaise. Très personnelles également, sa démarche intellectuelle menant de front l'enquête sur la nature et les morphogenèses de la stratégie, et des investigations sur la guerre future ; sa méthode analytique sélectionnant, dans l'histoire militaire, les faits et phénomènes soutenant une intuition initiale pertinente qui se développe en énoncés universels et montés en système cohérent. Agaçant, enfin, le ton souvent péremptoire, l'égotisme du stratégiste-stratège attentif à sa figure de précurseur. Comment cette volonté de singularité n'aurait-elle pas suscité la défiance des militaires secouant l'influence intellectuelle d'un civil trop proche du pouvoir, et appelé la critique posthume des esprits académiques à l'affût des petites défaillances d'une pensée aussi ambitieuse ?

Pourtant, par un paradoxe apparent – mais privilège des authentiques créateurs – c'est par ses singularités mêmes que la pensée de Liddell Hart atteint à l'universel. Son exceptionnelle intelligence de la stratégie, jamais coupée de la politique, sa culture militaire peu banale et fécondant à la fois l'interprétation du passé et l'imagination du futur, lui ont permis, d'abord, d'inventer un type de guerre mécanique, matrice de la stratégie opérationnelle moderne, de réhabiliter la guerre limitée et la stratégie indirecte ; ensuite, d'édifier une théorie complète et consistante qui, se démarquant d'un héritage ossifié, a renouvelé notre approche de la stratégie de guerre. Et, ce faisant, la formation progressive de ses idées et de son langage indiquait aux apprentis des chemins peu fréquentés de l'invention théorique et pratique.

À la fin d'un siècle qui nous abandonne, désorientés, devant le sens à donner à la violence armée, Liddell Hart, comme tous nos maîtres, s'éloigne. Mais malgré la distance, son œuvre demeure un puissant excitant pour l'esprit-en-acte, pour celui du stratège quelconque...

Lucien Poirier.
Décembre 1997.

*à Ivor Maxse*

# Préface

La bombe à hydrogène n'apporte pas la réponse qu'ils attendaient aux Occidentaux rêvant que leur sécurité soit garantie totalement et définitivement. Elle n'est pas une panacée devant les dangers qui les guettent. Si elle a accru leur force de frappe, elle a également accentué leur angoisse et exacerbé leur sentiment d'insécurité.

En 1945, la bombe atomique apparut, aux hommes d'État responsables de l'Occident, comme le moyen commode et simple d'obtenir une prompte et complète victoire, et, par suite, d'établir la paix universelle. Ils pensaient, dit sir Winston Churchill, que « mettre fin à la guerre, donner la paix au monde, étendre une main salutaire sur les peuples à l'esprit torturé par une manifestation de puissance sans égale – et ceci au prix de quelques explosions – devait être un soulagement miraculeux après toutes nos douleurs et nos périls. »

Mais l'anxiété actuelle des peuples du monde libre prouve que les esprits dirigeants n'ont pas réussi à penser le problème que posait une paix obtenue par cette sorte de victoire. Ils n'ont pas regardé au-delà de ce but stratégique immédiat : « Gagner la guerre » ; et ils se contentèrent de penser que la victoire militaire garantirait la paix, opinion contraire à ce que laisse entendre l'expérience générale de l'histoire. Aussi le résultat a-t-il infligé la plus récente des nombreuses leçons dont a besoin cette pure stratégie militaire pour être gouvernée par les vues plus larges et plus lointaines que fournit la « grande stratégie » à son niveau le plus élevé.

Dans les circonstances de la Seconde Guerre mondiale, vouloir un triomphe c'était glisser inéluctablement vers la tragédie, *et* c'était vanité. L'anéantissement des forces de résistance allemandes ouvrait inévitablement la voie à la domination de la Russie soviétique sur le continent eurasiatique, et à une immense extension du règne communiste dans toutes les directions. Il était normal, également, que l'éclatante démonstration des armes atomiques ayant mis un terme à la guerre fût suivie par le développement d'armes similaires en Russie.

Aucune paix n'apporta jamais si peu de sécurité et, après huit années qui ont mis nos nerfs à rude épreuve, la production des armes thermonucléaires a accentué la sensation d'insécurité chez les peuples « victorieux ». Mais ce n'est pas là le seul résultat.

Par ses seules explosions expérimentales, la bombe H a fait plus que toute autre chose pour suggérer que la « guerre totale », en tant que méthode, et que la « victoire », en tant que but de guerre, étaient désormais des concepts périmés.

Et ceci a été reconnu par les principaux tenants du bombardement stratégique. Le Maréchal de la R.A.F., sir John Slessor, déclarait récemment que « la guerre totale, telle que nous l'avons connue au cours des dernières quarante années, est une chose du passé... une guerre mondiale, actuellement et à notre époque, serait un suicide général et la fin de la civilisation telle que nous la connaissons ». Le Maréchal de la R.A.F. lord Tedder développait le même thème quelque temps auparavant, disant que cette opinion n'était que « le constat lucide des éventualités du moment », et que « un conflit mettant en œuvre l'arme atomique ne serait pas un duel, mais plutôt un suicide mutuel ».

Avec moins de logique, il ajoutait : « C'est une éventualité peu faite pour encourager l'agression. » Moins logiquement en effet, car un agresseur de sang-froid pourrait spéculer sur la répugnance bien naturelle que montrerait son adversaire pour le suicide considéré comme la seule réponse à un danger peut-être aléatoire.

Parvenu à ce stade, un gouvernement responsable déciderait-il de recourir à la bombe H pour riposter à une agression indirecte, ou à toute agression locale et limitée ? Un gouvernement responsable prendrait-il l'initiative de ce que les chefs de l'aviation nous décrivent comme devant être un « suicide » ? On peut donc présumer que le recours à la bombe H ne serait pas décidé d'une manière aussi certaine et immédiate que pourrait s'affirmer la menace elle-même.

La confiance placée par les hommes d'État dans le rôle de dissuasion d'une telle arme ne serait donc qu'illusoire. Menacer de l'employer pourrait être pris moins au sérieux par le Kremlin que par les pays situés en deçà du Rideau de Fer, et par les peuples dangereusement proches de la Russie et de ses bombardiers stratégiques. Exploitée pour protéger ces peuples, la menace de riposte avec l'arme atomique ne ferait finalement qu'entamer leur volonté de résistance. Et ses retombées ont été déjà très préjudiciables...

La bombe H est plus un handicap qu'une aide pour la politique visant à « contenir » l'adversaire. Dans la mesure où elle freine les tendances à la guerre extrême, elle *accroît* les chances de « guerre limitée » déclenchée par une agression indirecte et locale qui s'étendrait. L'agresseur peut tirer parti d'un choix de techniques de différents types, mais toutes capables d'aboutir au résultat recherché, la victime de l'agression hésitant à riposter en recourant aux bombes A ou H.

Pour contenir la menace, nous sommes donc devenus plus tributaires des « armes conventionnelles ». Toutefois, cette conclusion ne signifie pas qu'il faille retomber dans les méthodes conventionnelles ; elle devrait, au contraire, stimuler le progrès des plus modernes.

Nous sommes entrés dans une nouvelle ère de la stratégie, bien différente de ce que présumaient les partisans de la puissance aérienne atomique, les « révolutionnaires » de l'ère précédente. La stratégie pratiquée désormais par nos adversaires s'inspire d'une double idée : éviter d'affronter une puissance aérienne supérieure et la contraindre à se diviser. Non sans ironie, plus nous avons développé les effets « de masse » de l'arme du bombardement, plus nous avons favorisé les progrès de cette nouvelle stratégie du type guérilla.

Notre propre stratégie devrait être basée sur une prise de conscience courageuse de ce concept, et notre politique militaire exige une nouvelle orientation. Des possibilités existent, et nous devons les développer effectivement, pour une contre-stratégie adaptée au type de la stratégie adverse. Et on notera ici, entre parenthèses, qu'anéantir des villes ennemies avec des bombes H impliquerait la destruction de notre « Cinquième Colonne » potentielle.

L'opinion courante selon laquelle la puissance atomique a scellé le destin de la stratégie n'est pas fondée, et elle conduit à des erreurs. En poussant la capacité de destruction à son degré extrême – le « suicide » – la puissance atomique stimule et accélère la reconversion de la stratégie aux méthodes indirectes qui en sont l'essence, puisqu'elles dotent l'art de la guerre de propriétés intelligentes qui l'élèvent au-dessus de l'application brute de la force. Des signes témoignant de cette reconversion à « l'approche indirecte » se sont déjà manifestés durant la Seconde Guerre mondiale, au cours de laquelle la stratégie joua un plus grand rôle que dans la première, bien que la grande stratégie fît défaut. Aujourd'hui, l'arme de dissuasion atomique gouvernant une action qui emprunte des voies familières contraint les agresseurs à faire preuve d'une plus grande habileté stratégique. Il est donc de la plus haute importance que leur progrès puisse être compensé chez nous par une intelligence équivalente de la puissance stratégique. L'histoire de la stratégie est, essentiellement, un tableau de cas concrets de l'approche indirecte et de son évolution.

Ma première étude de « la stratégie de l'approche indirecte » fut publiée en 1929 sous le titre *les Guerres décisives de l'Histoire*. Le présent ouvrage rassemble les résultats de vingt-cinq années de recherches et de réflexion, et ceux d'une analyse des enseignements proposés par la Seconde Guerre mondiale, tant en stratégie qu'en grande stratégie.

Lorsque, étudiant une longue succession de campagnes militaires, j'en vins à percevoir la supériorité de l'approche indirecte sur l'approche directe, je ne cherchais qu'à faire la lumière sur la stratégie. Pourtant, une réflexion approfondie m'amena à comprendre que le champ d'application de l'approche indirecte était beaucoup plus vaste, et qu'elle constituait une loi de la vie dans tous les domaines : elle était une vérité philosophique. Je vis que son accomplissement était la clé du succès pratique dans tous les domaines où le facteur humain prédominait, et qu'un conflit de volontés tendait à surgir d'un problème d'intérêts sous-jacent. Dans de telles situations, l'assaut direct de nouvelles idées provoque une résistance opiniâtre, ce qui accroît la difficulté si l'on veut obtenir une modification d'attitude chez autrui. On convertit plus aisément et plus rapidement par les insinuations discrètes d'une idée différente ou par une argumentation qui tourne le flanc d'une opposition instinctive. L'approche indirecte est aussi fondamentale dans le domaine de la politique que dans celui de la sexualité. Dans le commerce, suggérer que l'on peut conclure un marchandage est plus efficace que tout appel direct à l'achat. Et dans n'importe quel domaine, il est bien connu que la voie la plus sûre pour obtenir l'adhésion d'un supérieur à une idée neuve est de le persuader qu'elle est la sienne ! De même, dans la guerre, le but est d'affaiblir la résistance avant de tenter de la vaincre ; et le résultat est atteint dans les meilleures conditions quand on entraîne le parti adverse hors de ses défenses.

L'idée de l'approche indirecte est liée étroitement à tous les problèmes que pose l'influence de l'esprit sur l'esprit, facteur ayant le plus profondément marqué le cours de l'histoire humaine. Pourtant, elle est difficile à concilier avec un autre enseignement, selon lequel les vraies conclusions ne peuvent être atteintes ou approchées qu'en cherchant la vérité sans penser où cette aventure peut conduire et à ce que seront ses conséquences pour les intérêts de toutes sortes.

L'histoire met l'accent sur le rôle capital tenu par les « prophètes » dans le progrès humain ; ce qui prouve que l'expression sans réserves de la vérité, telle qu'on la voit, possède finalement une valeur pratique. Mais il est évident, également, que l'acceptation des visions prophétiques et leur rayonnement ont toujours dépendu d'une autre catégorie d'hommes, les « chefs », qui doivent être des stratèges philosophes sachant trouver un compromis entre la vérité et la réceptivité des hommes à cette vérité. Leur influence a souvent dépendu autant de leurs propres limitations en ce qui concerne leur connaissance du vrai, que de la sagesse pratique avec laquelle ils l'ont proclamé.

Les prophètes doivent être lapidés : c'est leur destin, et ils témoignent ainsi de leur propre accomplissement. Mais qu'un chef soit lapidé, cela peut prouver simplement qu'il a échoué dans sa mission soit par présomption, soit parce qu'il a confondu son rôle avec celui d'un prophète. Seul le temps dira si le retentissement d'un tel sacrifice rachète l'échec apparent du chef ou s'il honore l'homme. Au moins évite-t-il ainsi la faute la plus commune chez les chefs : celle qui consiste à sacrifier la vérité aux expédients, sans que la cause en tire profit pour autant. Car quiconque prend l'habitude d'escamoter la vérité dans l'intérêt de l'action immédiate voit s'altérer la rigueur de sa pensée.

Existe-t-il pratiquement une façon d'associer le progrès dans la quête de la vérité avec le progrès dans son acceptation par autrui ? La réflexion sur les principes stratégiques suggère qu'une solution à ce problème est possible. Ces principes montrent qu'il est important de tenir fermement à son objet, et de chercher à l'obtenir par des voies adaptées aux circonstances. L'opposition à la vérité est inévitable, et spécialement lorsque la vérité adopte la forme d'une idée neuve ; mais on peut réduire la résistance si l'on veut bien réfléchir, non seulement sur le but, mais également sur la méthode d'approche. Évitez de lancer une attaque frontale contre une position établie depuis longtemps ; cherchez au contraire à la tourner par un mouvement de flanc, de telle manière qu'un côté plus vulnérable soit exposé au choc de la vérité. Mais, dans toute approche indirecte de cette sorte, prenez soin de ne pas diverger de la vérité, car rien n'est plus fatal à son progrès effectif que les faux pas vers la non-vérité.

Le sens de ces réflexions apparaîtra plus clairement à chacun, à la lumière de sa propre expérience. Considérant les étapes par lesquelles sont passées les idées neuves avant que d'être acceptées, on verra que le processus d'adhésion fut facilité lorsqu'on ne les présenta pas comme quelque chose de radicalement nouveau, mais plutôt comme la résurrection, dans le langage moderne, d'un principe séculaire ou d'une pratique qu'on avait oublié. Ceci n'implique pas que l'on veuille tromper autrui, mais que l'on prête attention aux enchaînements, puisqu'« il n'y a rien de nouveau sous le soleil ». De tout ceci, un exemple remarquable fut fourni par la manière dont on vint à bout de l'opposition à la mécanisation en montrant que les véhicules blindés mobiles – les chars rapides – étaient essentiellement les héritiers du cavalier portant armure, et qu'ils constituaient ainsi le moyen normal permettant à la cavalerie de jouer encore le même rôle décisif que dans le passé.

B. H. LIDDELL HART.

*« Tout l'art de la guerre est basé sur la ruse. Donc, si nous sommes en mesure d'attaquer, nous devons en paraître incapables ; si nous employons nos armées, nous devons paraître inactifs ; si nous sommes proches de l'ennemi, nous devons lui faire croire que nous sommes loin ; et lorsque nous en sommes éloignés, nous devons lui faire croire que nous sommes près. Utilisez des appâts pour attirer l'ennemi. Feignez le désordre, et écrasez-le. »*

*« Il n'est pas d'exemple qu'un pays ait tiré profit d'une guerre prolongée. »*

*« Seul, celui qui est tout à fait familiarisé avec les maux de la guerre peut parfaitement comprendre comment il serait profitable de la poursuivre. »*

*« La suprême excellence consiste à briser la résistance de l'ennemi sans combattre.*

*« Ainsi, la forme la plus élevée de l'art du général consiste à déjouer les plans de l'ennemi ; ensuite, la meilleure chose est*

*de prévenir la réunion des armées ennemies ; enfin, vient dans l'ordre, l'attaque de l'armée ennemie en rase campagne ; et la plus mauvaise de toutes les politiques est d'assiéger des villes fortifiées. »*

*« Dans tout conflit, on peut recourir à la méthode directe pour marcher à la bataille ; mais les méthodes indirectes sont nécessaires pour remporter la victoire. »*

*« Apparaissez en des points que l'ennemi doit se hâter de défendre, et marchez rapidement sur les points où vous n'êtes pas attendu. »*

*« Vous pouvez avancer, et vous serez absolument irrésistible, si vous marchez sur les points faibles de l'ennemi ; vous pouvez vous replier et échapper à la poursuite si vos mouvements sont plus rapides que ceux de l'ennemi. »*

*« Tout le monde peut voir cette tactique grâce à laquelle je suis victorieux, mais nul ne peut voir quelle est la stratégie d'où procède la victoire. »*

*« La tactique militaire est semblable à l'eau ; car l'eau, obéissant à son cours naturel, descend des lieux élevés et se précipite vers le bas. De même, dans la guerre, le procédé permettant d'éviter ce qui est fort est d'attaquer ce qui est faible.*
*« L'eau modèle son cours d'après le terrain sur lequel elle coule ; le soldat construit sa victoire en fonction de l'ennemi qui se trouve devant lui. »*

*« Ainsi, emprunter un itinéraire long et sinueux après avoir attiré l'ennemi hors de sa route, et, bien qu'étant parti après lui, atteindre le but avant lui, cela montre que l'on possède la science de cet artifice qu'est la déviation. »*

*« Il sera victorieux, celui qui a appris l'artifice de la déviation, car tel est l'art de manœuvrer. »*

*« Se retenir d'intercepter un ennemi dont les bannières sont en ordre parfait ; se retenir d'attaquer une armée déployée avec ordre et avec confiance sur une position, tel est l'art d'étudier les circonstances. »*

*« Quand vous cernez une armée, laissez-lui une issue libre. Ne serrez pas de trop près un ennemi désespéré. »*

*« La rapidité est l'essence de la guerre. Tirez profit de l'impréparation de l'ennemi, empruntez des voies inattendues, et attaquez les endroits non gardés. »*

SUN TSU, *l'Art de la Guerre*
(500 av. J-C.).

*« La victoire la plus complète et la plus heureuse est celle-ci : contraindre son ennemi à abandonner ses projets sans souffrir soi-même le moindre mal. »*

BÉLISAIRE.

*« Nous atteignons le direct par l'indirect. »*

SHAKESPEARE, *Hamlet* (acte II, scène I).

*« Tout l'art de la guerre consiste en une défensive bien raisonnée et extrêmement*

*circonspecte, suivie d'une attaque rapide et audacieuse. »*

NAPOLÉON.

*« Toute l'action militaire est pénétrée par des forces intelligentes et par leurs effets. »*

CLAUSEWITZ.

*« Un chef militaire habile obtiendra le succès, dans de nombreux cas, s'il choisit des positions défensives, mais douées, du point de vue stratégique, d'une nature offensive telle que l'ennemi sera obligé de les attaquer. »*

MOLTKE.

*« De braves garçons, ces soldats ! Ils cherchent toujours le point le plus fort de la défense ! »*

AMIRAL DE ROBECK
observant le débarquement de Gallipoli,
le 25 avril 1915.

PREMIÈRE PARTIE

# LA STRATÉGIE DU V^e SIÈCLE AVANT JÉSUS-CHRIST AU XII^e SIÈCLE APRÈS JÉSUS-CHRIST

## 1

## L'histoire comme expérience pratique

« Les sots disent qu'ils n'apprennent que de leur propre expérience. Je préfère, pour ma part, tirer profit de l'expérience d'autrui. » Cet adage, emprunté à Bismarck qui n'en est d'ailleurs pas l'inventeur, s'applique singulièrement aux questions d'ordre militaire. Contrairement à ceux qui exercent d'autres professions, le soldat dit de métier n'a pas la possibilité d'exercer régulièrement ce métier. Et même, si l'on donne son sens littéral au mot « profession », on pourrait dire que celle des armes est rien moins qu'une profession : il s'agit plutôt d'un « emploi occasionnel » ; mieux encore, cet emploi cessa paradoxalement d'être une profession lorsque les troupes mercenaires, payées et employées pour la guerre, furent remplacées par les armées permanentes qui continuèrent à être soldées en temps de paix.

Si l'affirmation, selon laquelle il n'existerait pas de métier des armes au sens strict du terme, ne tient pas tout à fait lorsqu'on juge les armées actuelles d'après la nature de leurs travaux, elle est toutefois renforcée dans la pratique : si nous comparons notre époque aux temps anciens, les conflits sont devenus en effet plus rares, bien que plus vastes. Pour sa plus grande part, l'entraînement des armées en temps de paix relève donc bien plus de l'expérience « théorique » que de l'expérience « pratique ». Mais l'aphorisme de Bismarck projette une lumière toute différente et moins décevante sur ce problème. Il nous aide à comprendre qu'il existe deux types d'expérience pratique – la directe et l'indirecte – et que, des deux, l'indirecte peut être la plus précieuse parce qu'infiniment plus vaste que l'autre. Même pour la carrière la plus active, et tout spécialement pour celle du soldat, le champ et les possibilités d'expérience pratique directe sont extrêmement limités. Contrastant avec le métier militaire, la profession médicale offre l'occasion d'une pratique constante ; et pourtant, les progrès capitaux en médecine et en chirurgie sont dus plus aux savants et aux chercheurs de laboratoires qu'aux praticiens.

Par nature, l'expérience directe est trop limitée pour fournir une base solide tant à la théorie qu'aux applications concrètes. Tout au plus engendre-t-elle un climat, une ambiance qui ne manquent pas de valeur pour la sûreté et la fermeté de la démarche intellectuelle. Le plus grand intérêt de l'expérience indirecte réside dans son champ plus étendu et dans sa plus grande diversité. « L'histoire est l'expérience universelle », c'est-à-dire non pas l'expérience d'un seul, mais celle d'une infinité d'individus soumis aux conditions les plus variées.

Voilà la justification rationnelle de l'histoire militaire comme principe de la formation militaire ; la justification de sa valeur pratique prééminente pour le développement intellectuel et technique du soldat. Mais le bénéfice qu'on peut tirer de cette expérience, comme de toute autre, dépend du champ exploré, de la façon selon laquelle il approche la définition donnée plus haut – expérience universelle – et de la méthode utilisée pour l'étude de cette histoire militaire.

Les militaires reconnaissent tous la validité, *grosso modo*, de la maxime de Napoléon souvent citée, et selon laquelle, dans la guerre, *le moral est au physique dans le rapport de trois à un*. Dans la réalité, ce rapport arithmétique peut être moins élevé, le moral pouvant baisser si les armements sont inadéquats ; et la volonté la plus tenace est d'un faible secours à un corps inerte. Mais bien que les facteurs « moral » et « physique » soient inséparables, l'axiome garde toujours sa valeur, car il formule la notion de la prééminence des facteurs moraux dans toutes les décisions militaires ; c'est de ces facteurs que dépendent constamment l'issue de la bataille et celle de la guerre. Dans l'histoire des guerres, ils constituent les données permanentes dont la valeur seule est sujette à certaines variations, tandis que les facteurs physiques sont essentiellement différents dans presque tous les conflits et pour chaque situation militaire.

Cette notion marque tous les problèmes posés par l'histoire militaire, dès lors qu'on l'étudie en vue d'une utilisation pratique. Les dernières générations se sont données pour méthode de sélectionner une ou deux campagnes, et de les analyser d'une manière exhaustive afin d'en extraire les éléments d'une formation professionnelle et les fondements de théories militaires. Mais si l'on se satisfait de bases aussi exiguës alors que des changements continuels surviennent d'une guerre à l'autre dans les moyens militaires, on court le danger de vues trop étroites et de leçons erronées. Dans la sphère des données physiques, le seul facteur constant est, précisément, que les moyens et les conditions varient constamment.

Par contre, les réactions de la nature humaine ne varient que médiocrement devant le danger. Par hérédité, par leur milieu originel ou par éducation, certains hommes peuvent se révéler moins sensibles que d'autres ; mais la différence n'est que de degré, et non de nature. Plus la situation sera localisée et plus notre étude s'efforcera à la précision, plus déconcertante et incalculable apparaîtra cette différence de degré. Ceci peut empêcher l'évaluation exacte de la résistance dont témoigneront tels hommes en telle situation ; mais cela ne peut pas interdire de penser qu'ils en offriront moins s'ils sont attaqués par surprise que s'ils avaient été préalablement alertés ; moins encore s'ils sont épuisés ou affamés, que s'ils sont reposés et bien nourris. Plus l'enquête psychologique est étendue, mieux elle permet d'asseoir nos calculs et d'en tirer des conclusions.

La prédominance du psychologique sur le physique et sa plus grande stabilité incitent à conclure que toute théorie de la guerre doit être fondée sur le résultat d'enquêtes aussi vastes que possible. À moins qu'elle ne s'appuie sur une connaissance vraiment extensive de l'histoire des guerres, l'étude exhaustive d'une seule campagne peut nous réserver bien des embûches. Mais si un effet bien précis paraît toujours lié à une cause bien déterminée, et ceci en de multiples cas concrets, à diverses époques et dans des conditions variées, nous serons alors justifiés de considérer cette cause comme un élément spécifique de toute théorie de la guerre.

La thèse exposée dans cet ouvrage est le résultat d'une telle analyse « extensive ». En vérité, on pourrait la définir comme la résultante d'un certain nombre de causes, celles-ci étant en étroite relation avec mes fonctions de rédacteur militaire à l'*Encyclopédie britannique*. Car bien que je me sois plongé dans l'étude de différentes périodes de l'histoire militaire en tenant compte de mes seuls goûts, ma tâche impliquait également une étude généralisée portant sur toutes les périodes. Un observateur – ou un touriste, si vous préférez – peut embrasser une vaste perspective et obtenir une vue d'ensemble d'un pays, alors que le mineur ne connaît que sa galerie.

Au cours de cet examen, une impression se forma et se fortifia peu à peu : il m'apparut que, au cours de tous les âges historiques, des résultats décisifs avaient été rarement atteints dans les guerres, sinon lorsqu'un des deux partis avait approché l'autre selon une voie indirecte, c'est-à-dire calculée de telle façon que cette approche indirecte l'assurât de le mener sur un adversaire surpris et non préparé à lui faire face. Le procédé indirect était ordinairement de nature physique, mais également et toujours psychologique. En stratégie, le chemin apparemment le plus long, parce que le plus détourné, se révèle souvent comme étant le plus court pour atteindre le but.

La leçon se précisa de plus en plus clairement : l'approche directe d'un objet intellectuel ou d'un objectif matériel, c'est-à-dire celle qui épouse la « ligne d'attente normale » pour l'adversaire ne tend à produire que des résultats négatifs[1]. La cause en a été formulée d'une manière cursive par le dicton de Napoléon selon lequel « le moral est au physique dans le rapport de trois à un ». Mais elle peut être scientifiquement formulée : alors que la puissance d'un pays ennemi ou de ses forces armées repose apparemment sur ses ressources ou ses effectifs, ceux-ci dépendent essentiellement de la direction et du commandement, du moral de la troupe et des approvisionnements.

Se mouvoir en suivant la ligne d'attente normale pour l'adversaire, ou, en d'autres termes, adopter l'attitude à laquelle il s'attend, c'est consolider son équilibre et, de cette façon, accroître ses forces de résistance. Dans la guerre comme dans la lutte, s'efforcer de renverser l'adversaire sans perdre soi-même l'équilibre et sans quitter son propre point d'appui, conduit inévitablement à l'épuisement, celui-ci croissant en raison directe des efforts que l'on déploie pour se maintenir. Avec une telle méthode le succès n'est possible que si l'on dispose d'une énorme marge de supériorité dans l'un quelconque des domaines d'où procèdent les forces ; et, même ainsi, la victoire tend à perdre tout caractère décisif. Dans la plupart des campagnes, la dislocation de l'équilibre psychologique et physique de l'ennemi fut l'indispensable prélude à toute tentative pour l'anéantir.

---

1. J'ai traduit « line of natural expectation » par « ligne d'attente normale » pour conserver la brièveté et la force de la formule. Celle-ci peut sembler amphibologique. Il faut entendre par « ligne d'attente normale », la voie d'approche que cet adversaire nous attribue parce que, selon lui, il est probable, sinon évident, que nous devons l'emprunter. *(N.d.T.)*

Cette rupture a pu résulter d'une approche stratégique indirecte soit préméditée, soit fortuite. Elle peut adopter des formes variées, ainsi que le révèle l'analyse. Car, si elle inclut, la *manœuvre sur les derrières*, révélée par les recherches du général Camon comme ayant été le but constant de Napoléon et la clé de la méthode qu'il utilisa dans la conduite des opérations, la stratégie de l'approche indirecte est de dimensions plus vastes. Camon s'est attaché plus spécialement aux mouvements logistiques, aux facteurs temps, espace et communications. Mais l'analyse des données psychologiques met suffisamment en lumière la parenté profonde existant entre bien des opérations stratégiques qui, si elles n'ont apparemment rien qui ressemble à une manœuvre sur les arrières de l'ennemi, n'en sont pas moins des cas typiques de « la stratégie d'approche indirecte ».

Pour remonter à l'origine de cette parenté et pour déterminer le caractère de ces opérations, il n'est pas nécessaire de comparer les forces numériques et d'exposer le détail des problèmes de transport et de ravitaillement. Notre propos consiste plus simplement à mettre en évidence des résultats, des effets historiques ; ceci grâce à l'étude d'une série de cas suffisamment explicites et, d'autre part, grâce à celle des opérations logistiques et psychologiques qui les ont engendrés.

Si des effets similaires résultent, dans leur principe, de manœuvres similaires, tout en apparaissant au sein de conditions différentes quant à leur nature, leur échelle et leur moment, c'est que, de toute évidence, il y a entre elles une parenté et nous pouvons logiquement en inférer qu'une cause commune commande tous ces effets. Et plus ces conditions varieront, plus nous serons assurés de la validité de cette conclusion.

La valeur objective d'une étude exhaustive des guerres n'est pas subordonnée à la recherche d'une doctrine nouvelle et vraie. Si un vaste examen est nécessaire pour fonder une théorie de la guerre, il semble également indispensable à tout étudiant militaire soucieux de développer son jugement et d'étendre ses vues personnelles. Sinon, son savoir dans le domaine de la guerre sera comme une pyramide renversée, posée en équilibre instable sur son sommet.

# 2

## Les guerres helléniques
## Epaminondas, Philippe et Alexandre

Le point de départ le plus naturel pour une étude des conflits est fourni par la première « grande guerre » de l'histoire européenne : la Grande Guerre Médique. N'espérons pas tirer beaucoup d'enseignements d'une période au cours de laquelle la stratégie était encore dans l'enfance ; mais le nom de Marathon est si profondément imprimé dans l'esprit et l'imagination de tous les curieux d'histoire qu'on ne peut le négliger. D'ailleurs, il a marqué encore plus profondément l'imagination des Grecs, si bien qu'ils en exagérèrent l'importance ; et, à travers les Grecs, les Européens des siècles suivants commirent la même erreur. Et pourtant, si l'on ramène l'importance de Marathon à de plus justes proportions, sa signification stratégique s'en trouve encore accrue. L'invasion perse de 490 avant Jésus-Christ fut une expédition d'envergure relativement faible ; elle fut entreprise pour infliger une leçon à Érétrie et à Athènes – médiocres États aux yeux de Darius – afin de leur apprendre à s'occuper de leurs propres affaires plutôt que d'exciter à la révolte contre la Perse ses sujets grecs d'Asie Mineure. Érétrie fut détruite, et ses habitants déportés dans la région du golfe Persique. Puis vint le tour d'Athènes, où le parti démocratique ne cachait pas qu'il attendait de l'intervention perse qu'elle appuyât son action contre le parti aristocratique. Au lieu de marcher directement sur Athènes, les Perses débarquèrent à 24 milles au nord-est, à Marathon. En manœuvrant ainsi, ils peuvent avoir espéré attirer sur eux l'armée athénienne, et permettre ainsi à leurs partisans athéniens de prendre le pouvoir dans la ville dégarnie de troupes ; tandis que, s'ils avaient lancé une attaque directe sur la ville, cette menace aurait pu gêner le soulèvement et même, peut-être, réaliser contre Darius l'union sacrée de toutes les forces athéniennes ; en tout cas, les Perses se seraient engagés dans les difficultés d'un siège.

Si les Perses calculèrent effectivement ainsi, leur feinte réussit parfaitement. L'armée athénienne marcha à leur rencontre en direction de Marathon, et ils se préparèrent alors à exécuter la seconde phase de leur plan stratégique. Sous la protection d'un détachement de couverture, ils rembarquèrent le gros de leurs forces avec l'intention de faire mouvement vers Phalère, d'y débarquer et, à partir de là, de bondir sur Athènes privée de défenseurs.

Grâce à l'énergie de Miltiade, les Athéniens s'accrochèrent à l'unique chance qu'ils conservaient encore : ils attaquèrent sans tarder le détachement de couverture perse. Au cours de cette bataille de Marathon, la supériorité des armures et les piques plus longues des Grecs – qui furent toujours leur suprême atout contre les Perses – leur donnèrent la victoire, encore que le combat ait été plus dur que l'a suggéré la légende patriotique, et qu'une fraction importante du détachement de couverture ait pu s'enfuir et regagner la flotte perse. Avec une énergie en laquelle il est plus facile de croire, les Athéniens effectuèrent alors une rapide contre-marche vers leur capitale ; et cette vitesse, secondée par les tergiversations du parti déçu, les sauva. En effet, lorsque l'armée athénienne eut regagné Athènes et lorsque les Perses constatèrent qu'ils devraient se résoudre à entreprendre le siège de la ville s'ils voulaient l'enlever, les envahisseurs mirent à la voile pour retourner en Asie ; l'expédition punitive qui avait constitué l'objectif primitif de Darius ne lui paraissait pas mériter d'être payée un prix trop élevé.

Dix années s'écoulèrent avant que les Perses entreprissent un nouvel et plus sérieux effort. De leur côté, les Grecs avaient été bien lents à tirer la leçon du précédent avertissement, et il fallut attendre 487 avant Jésus-Christ pour qu'Athènes se décidât à renforcer sa flotte ; celle-ci devait se révéler bientôt le facteur décisif en compensant efficacement sur mer la supériorité des forces terrestres des Perses. Ajoutons, pour respecter la vérité, que la Grèce et l'Europe furent sauvées par une révolte qui retint en Égypte l'attention des Perses, de 486 à 484, et surtout par la mort de Darius, le souverain perse le mieux doué de son époque.

Lorsque la menace se précisa, en 481, et cette fois sur une grande échelle, les dimensions mêmes de l'entreprise qui se préparait décidèrent non seulement les diverses factions et cités grecques à s'unir contre Xerxès, mais elles incitèrent ce dernier à tenter l'approche directe de son objectif : comme son armée était trop importante pour être transportée par voie maritime, elle dut emprunter un itinéraire terrestre. Et comme elle était également trop nombreuse pour vivre uniquement sur le pays et par ses propres moyens, la flotte perse dut être utilisée pour cette mission de ravitaillement. Ainsi, l'armée fut liée à la côte, et la flotte liée à l'armée – chacune étant ainsi esclave de l'autre.

Les Grecs connurent donc avec certitude la direction d'approche que devait emprunter l'ennemi, et celui-ci était dans l'incapacité de s'en écarter.

La nature du pays offrait aux Grecs une série de positions sur lesquelles ils pouvaient tenir solidement, bloquant ainsi toute avance sur cette direction d'approche ; et, comme Grundy l'a noté, « il est probable que les envahisseurs ne seraient jamais parvenus au sud des Thermopyles » si les Grecs avaient su mettre un terme à leurs divergences d'intérêts et à leurs dissensions. Pourtant, cette situation valut à l'histoire un immortel épisode, et la flotte grecque eut ainsi l'occasion de disloquer définitivement les forces d'invasion en battant la flotte perse à Salamine, tandis que Xerxès et son armée assistaient du rivage, impuissants, à la destruction de ce qui n'était pas seulement leur flotte de guerre mais, plus essentiellement, leur moyen de ravitaillement.

Remarquons que l'occasion de cette bataille navale décisive fut fournie par une ruse que l'on peut considérer comme une forme de l'approche indirecte : Thémistocle adressa un message à Xerxès pour lui annoncer que la flotte grecque était prête à passer à l'ennemi. Ce stratagème, qui permit d'attirer la flotte perse dans les passes étroites où sa supériorité numérique perdait toute sa valeur, put tromper Xerxès, l'expérience du passé l'autorisant en effet à accorder quelque crédit aux termes du message. En réalité, celui-ci avait été inspiré à Thémistocle par sa crainte de voir les chefs alliés du Péloponnèse se retirer de Salamine – ainsi qu'ils l'avaient proposé lors du conseil de guerre précédant la bataille – laissant ainsi les seuls Athéniens face à face avec les Perses qui, dès lors, auraient eu toutes chances de l'emporter en pleine mer, grâce à leur supériorité numérique.

Dans l'autre camp, chez les Perses, une seule et unique voix s'était élevée contre le violent désir de livrer bataille qui possédait Xerxès : ce fut celle de la reine d'Halicarnasse, Artémise, dont on rapporte qu'elle insista pour que fût adopté un plan opposé : au lieu de se lancer dans un assaut direct, elle proposa que la flotte manœuvrât en coopération avec les forces terrestres perses dans un mouvement dirigé sur le Péloponnèse. Devant une telle menace, le contingent naval des cités du Péloponnèse n'aurait pas manqué, selon elle, de réagir rapidement en faisant voile vers le sud, ce qui aurait amené la dispersion de la flotte des Grecs coalisés.

Cette conception apparaît aussi justifiée que les craintes de Thémistocle ; il semble bien, en effet, qu'un mouvement de retraite des vaisseaux du Péloponnèse aurait eu lieu le lendemain matin, si les galères des Perses n'avaient bloqué la sortie des passes et ne s'étaient montrées prêtes à passer à l'attaque.

Mais, dès le départ, cette attaque prit une tournure fatalement mauvaise pour les assaillants par suite du repli d'une fraction des Grecs qui attira la lourde flotte perse comme un appât, de telle sorte que cette dernière ne pût intervenir que dans une position de déséquilibre. En effet, lorsque les assaillants s'engagèrent dans les passes étroites, les galères grecques se retirèrent ; celles des Perses accélérèrent alors leur rythme de nage, si bien qu'elles s'entassèrent en une masse compacte, s'exposant ainsi inéluctablement à la contre-attaque que les Grecs lancèrent aussitôt sur leur flanc.

Pendant les soixante-dix années qui suivirent cette victoire, l'un des principaux facteurs qui dissuadèrent les Perses d'intervenir à nouveau en Grèce semble avoir été les possibilités d'approche indirecte offertes aux Athéniens qui pouvaient menacer les communications de leurs adversaires. Cette hypothèse est confirmée par l'apparition d'une situation analogue après la destruction de la flotte athénienne devant Syracuse. Historiquement parlant, il est intéressant de noter que l'emploi de la mobilité stratégique pour une approche indirecte fut conçu et exploité dans la guerre sur mer plus tôt que dans les opérations terrestres. Ceci s'explique aisément : c'est seulement à une époque assez tardive que les armées de terre devinrent dépendantes de « lignes de communications » pour leur ravitaillement et les soutiens logistiques de toute sorte. Par contre, les flottes étaient accoutumées à opérer sur les lignes de communications maritimes ou voies de ravitaillement des pays ennemis.

Le danger perse évanoui, on constate que la victoire de Salamine avait donné à Athènes la suprématie dans les affaires helléniques. Cette prépondérance prit fin avec la guerre du Péloponnèse (431-404 av. J.-C.). La durée vraiment extravagante de ce conflit de vingt-sept années, aux conséquences désastreuses non seulement pour les principaux adversaires mais également pour leurs malheureux alliés et pour les neutres, peut être imputée aux fluctuations d'une stratégie aux objectifs trop souvent incertains et dans laquelle les deux partis s'enlisèrent.

Dans une première phase, Sparte et ses alliés tentèrent directement l'invasion de l'Attique ; manœuvre déjouée par la politique de guerre de Périclès qui refusa la bataille sur terre pour mieux utiliser la supériorité navale athénienne et abattre la volonté offensive de ses adversaires par une série de raids dévastateurs. Quoique l'expression « stratégie de Périclès » soit d'un usage presque aussi familier que celle, postérieure, de « stratégie de Fabius », elle ne donne qu'une idée approximative de la forme adoptée par cette guerre. Une terminologie précise et sans ambiguïté est nécessaire pour rendre compte de l'exact cheminement de la pensée, et le terme « stratégie » convient mieux, pris dans son acception littérale « d'art du général » (c'est-à-dire l'actuel commandement en chef des forces armées, ou la mise en œuvre des moyens spécifiquement militaires), par opposition à la politique de guerre fixant son orientation et calculant les combinaisons de ces moyens avec les autres : économiques, politiques, psychologiques. Cette politique de guerre, pour laquelle fut forgée l'expression « grande stratégie », n'est, dans le concret, qu'une stratégie au plus haut échelon. Au lieu d'être une stratégie d'approche indirecte cherchant à rompre l'équilibre de l'adversaire afin d'obtenir une décision, le plan de Périclès ressortissait à la grande stratégie : son but consistait à obtenir que l'ennemi fût finalement persuadé, par suite de l'usure progressive de ses forces, qu'il ne pourrait jamais obtenir une décision favorable.

Malheureusement pour Athènes, une épidémie de peste se déclara dans la ville et perturba considérablement ce plan de campagne fondé sur l'usure morale et économique de l'adversaire. Aussi, en 426 avant Jésus-Christ, la stratégie de Périclès dut-elle céder le pas à la stratégie d'offensive directe de Cléon et de Démosthène ; méthode plus onéreuse, et qui ne réussit pas mieux que l'autre malgré quelques brillants succès tactiques. Puis, au début de l'hiver 424 avant Jésus-Christ, Brasidas, le meilleur soldat de Sparte, annula d'un seul coup tous les avantages qu'Athènes s'était jusqu'alors si péniblement assurés ; et ceci en prononçant un mouvement stratégique sur les « racines » mêmes de la puissance athénienne, et non sur son « tronc ».

Débordant la cité ennemie qu'il négligea, Brasidas marcha rapidement vers le nord, traversa la Grèce dans toute sa longueur et se jeta sur un dominion d'Athènes – la Chalcidique – appelé fort justement « le talon d'Achille de l'empire athénien ». Combinant les pressions militaires avec les promesses de liberté et de protection pour toutes les cités qui rejetteraient la tutelle d'Athènes, Brasidas ébranla la puissance de celle-ci en Chalcidique au point qu'elle y perdit la majeure partie de ses forces : à Amphipolis, les Athéniens subirent une défaite désastreuse. Et bien que Brasidas succombât à l'instant même de son triomphe, ils furent trop heureux de pouvoir conclure une paix blanche avec Sparte.

Au cours des années qui suivirent, années de fausse paix, Athènes lança vainement plusieurs expéditions pour reprendre le terrain perdu en Chalcidique. Puis, comme une dernière chance concédée à l'offensive, Athènes monta une opération contre Syracuse, clé de la Sicile, d'où provenaient généralement les produits alimentaires d'outre-mer destinés à Sparte et au Péloponnèse. Comme grande stratégie de l'approche indirecte, cette opération présentait le grave défaut de s'attaquer, non à de véritables partenaires de guerre de l'adversaire, mais plutôt à des associés commerciaux ; si bien que, au lieu de contraindre l'ennemi à disperser ses moyens, cette offensive attira dans le camp de Sparte les forces intactes de nouveaux alliés.

Néanmoins, les succès économiques et moraux qui en résultèrent auraient pu modifier l'équilibre général du conflit, n'eût été une série de fautes d'exécution, singulièrement lourdes et même sans précédent, commises par les Athéniens. Alcibiade, auteur de ce plan, fut relevé de son commandement combiné, à la suite d'intrigues de ses ennemis politiques. Plutôt que de rentrer à Athènes afin de comparaître devant un tribunal sous l'inculpation de sacrilège et de s'entendre très certainement condamner à mort, il s'enfuit à Sparte où il s'empressa de conseiller à ses ex-ennemis les mesures nécessaires pour faire échouer son propre plan. Et l'Athénien le plus opposé au plan d'Alcibiade, Nicias, fut chargé, comme nouveau commandant en chef, de le mettre à exécution : son stupide entêtement le fit échouer.

Ayant perdu son armée devant Syracuse, Athènes put toutefois éviter la défaite sur son propre territoire grâce à l'emploi judicieux de sa flotte. Et pendant les neuf années de guerre navale qui suivirent, elle fut bien proche, non seulement de conclure une paix avantageuse, mais de restaurer son ancien empire. Toutefois, l'amiral spartiate, Lysandre, anéantit dramatiquement les neuves espérances d'Athènes en 405 avant Jésus-Christ.

Selon les termes de l'*Histoire ancienne de Cambridge*, « son plan de campagne... consista à éviter le combat, à se dérober devant les Athéniens, puis à les exaspérer et à les pousser à bout en les frappant aux points les plus vulnérables de leur empire... ».

La première proposition est peu exacte, car le plan de Lysandre impliquait moins le refus de la bataille que l'approche indirecte de ce but – la bataille – de telle sorte que, ayant décelé le moment opportun et les circonstances favorables, l'amiral spartiate put s'engager à fond avec toutes les chances de succès. Par d'habiles changements de direction mystifiant l'adversaire, Lysandre parvint à l'entrée des Dardanelles où il s'embusqua, et attendit le passage des bateaux qui transportaient vers Athènes les céréales du Pont. « Le ravitaillement en grain étant pour les Athéniens une question de vie ou de mort », les chefs de leur flotte

« s'empressèrent d'aller protéger le convoi avec leurs 180 bateaux. Pendant quatre jours consécutifs, ils tentèrent vainement de contraindre Lysandre au combat, tandis que, pour sa part, le Spartiate s'appliqua à les persuader qu'il était traqué. De telle sorte que, au lieu de se mettre à l'abri dans le port de Sestos afin de se ravitailler, les Athéniens stationnèrent face à l'ennemi, dans le détroit très ouvert d'Ægos-Potamos. Le cinquième jour, dès que la plus grande partie des équipages fut descendue à terre pour collecter des vivres, Lysandre mit brusquement à la voile, captura sans coup férir la quasi-totalité de la flotte athénienne, et une heure lui suffit pour mettre un terme à la plus longue des guerres ».

Ainsi, au cours de ce conflit de vingt-sept années, toutes les tentatives d'approche directe avaient échoué, généralement au plus grand dam de ceux qui s'y essayèrent ; et le sort d'Athènes avait été définitivement scellé par la manœuvre de Brasidas contre la « racine » de sa puissance, la Chalcidique. Les espoirs les mieux fondés d'un renversement de situation apparurent avec l'approche indirecte qu'Alcibiade – au niveau de la grande stratégie – tenta contre les « racines » économiques de Sparte, en Sicile. Et le coup de grâce fut donné sur mer, après dix autres années de guerre, par une approche indirecte tactique qui était elle-même l'aboutissement d'une belle approche indirecte de grande stratégie. Car il faut noter que l'occasion fut suscitée en menaçant la ligne de communication « nationale » des Athéniens. En optant pour un objectif économique, Lysandre pouvait au moins espérer user leur potentiel ; puis, en exploitant l'exaspération et les craintes suscitées dans Athènes par cette opération, il fut en mesure de créer les conditions favorables à la surprise, et d'obtenir ainsi une décision militaire rapide.

Avec la chute de l'empire athénien, s'ouvre une nouvelle phase dans l'histoire de la Grèce, phase marquée par l'ascension de Sparte vers la suprématie sur les autres cités grecques. D'où une nouvelle question : quels furent les facteurs qui influèrent d'une manière décisive sur le destin de Sparte et mirent un terme à cette prééminence ? La réponse est simple : un homme, et son apport à la science et à l'art de la guerre. Dans les années qui précédèrent immédiatement la révélation d'Épaminondas, Thèbes s'était affranchie de la tutelle de Sparte en recourant à la méthode dénommée plus tard « méthode fabienne », c'est-à-dire en refusant la bataille – grande stratégie d'approche indirecte, mais simple stratégie d'évitement –, tandis que les armées spartiates parcouraient la Béotie sans jamais rencontrer d'adversaire. Cette méthode donna à Thèbes le temps nécessaire à la mise sur pied d'une armée de métier d'élite, devenue célèbre sous le nom de Bataillon Sacré, et qui allait bientôt constituer le fer de lance de ses forces. Elle permit également que se précisât et s'étendît le sentiment de désaffection que les pupilles de Sparte commençaient à éprouver pour leurs maîtres, tandis qu'Athènes, ainsi soulagée de la pression exercée sur ses forces terrestres, put appliquer toute son énergie et ses ressources démographiques à la reconstitution de sa flotte. Si bien que, en 374 avant Jésus-Christ, la Confédération athénienne qui englobait Thèbes trouva Sparte toute disposée à consentir une paix avantageuse à ses adversaires.

Bien que cette paix ait été bientôt rompue à la suite d'une aventure navale athénienne, un nouveau Congrès de la Paix s'ouvrit trois années plus tard, les Athéniens étant finalement assez las de se battre. Sparte regagna à la table de ce Congrès ce qu'elle avait perdu sur les champs de bataille, réussit même à détacher Thèbes de ses alliés et à l'isoler, puis se prépara fébrilement à l'attaquer. Jugée qualitativement supérieure par l'opinion en vertu de la tradition et même, à ce moment, effectivement supérieure en nombre (10 000 hommes contre 6 000), l'armée spartiate pénétra en Béotie (371 av. J.-C.) mais fut battue à Leuctres, d'une manière décisive, par une armée thébaine d'un type nouveau aux ordres d'Épaminondas. Non seulement ce dernier rompit radicalement avec les procédés tactiques consacrés par une expérience séculaire, mais il posa les fondations d'une tactique, d'une stratégie et d'une grande stratégie sur lesquelles les maîtres qui vinrent après lui purent bâtir un art de la guerre rénové. Les structures, ou ordres de batailles, qu'il inventa lui ont même survécu, ou furent ressuscitées, par la suite : c'est ainsi que, en tactique, « l'ordre oblique » qui fit la gloire de Frédéric II ne fut qu'une étroite adaptation de la méthode d'Épaminondas. À Leuctres, contre la coutume, Épaminondas plaça à son aile gauche non seulement l'élite de ses troupes, mais aussi la plus grande partie d'entre elles ; si bien que, refusant son centre dégarni et sa droite, il put concentrer une écrasante supériorité de forces sur une seule aile de l'ennemi, celle où se tenaient les chefs lacédémoniens et qui, par conséquent, constituait le pivot de leur système.

L'année suivante, placé à la tête des forces de la Ligue arcadienne nouvellement constituée, Épaminondas marche sur Sparte demeurée inviolée jusqu'alors. Cette marche au cœur du Péloponnèse demeuré, depuis si longtemps, le domaine incontesté de Sparte, est caractérisée par la variété des combinaisons que le chef thébain sut appliquer à l'approche indirecte. Exécutée en plein hiver et par trois colonnes distinctes mais convergentes, elle permit de tromper l'adversaire sur les directions et l'importance des menaces ; façon de procéder presque unique dans les guerres de l'antiquité et même dans toute la période prénapoléonienne.

Mais, témoignant d'un sens stratégique encore plus aigu et après avoir réuni ses forces à Cargues (20 milles à peine de Sparte), Épaminondas contourna la capitale et marcha sur elle en la prenant à revers, par ses arrières. Un tel mouvement procurait de multiples avantages, parfaitement prémédités, et qui s'additionnaient : entre autres, il permettait aux envahisseurs de rallier à leur cause des masses considérables d'hilotes et autres populations aussi désavantagées. Les Lacédémoniens réussirent pourtant à arrêter cette dangereuse opération de dissociation interne en promettant l'émancipation à ceux qui manifestaient des velléités de révolte. Et l'arrivée, fort à propos, de renforts envoyés par ses alliés du Péloponnèse permit à Sparte d'éviter une capitulation qui, désormais, ne pouvait être envisagée qu'après un siège en règle.

Épaminondas comprit rapidement que les Spartiates ne se laisseraient pas attirer en rase campagne, et que l'investissement prolongé de la place aboutirait certainement à affaiblir ses propres forces, d'ailleurs disparates. Il renonça donc à une arme stratégique qui s'était émoussée au profit d'une arme plus subtile : une grande stratégie d'approche indirecte. Au mont Ithome, citadelle naturelle de la Messénie, il fonda une ville promue capitale d'un nouvel État messénien. Il y établit tous les éléments insurgés contre Sparte et qui l'avaient rallié ; et il employa le butin raflé au cours de l'invasion à doter le jeune État qui devait, selon lui, contrebalancer la puissance lacédémonienne en Grèce méridionale. La solidité de la nouvelle fondation fit perdre à Sparte la moitié de son territoire et plus de la moitié de ses sujets. Puis, avec la fondation de Mégalopolis en Arcadie, Épaminondas porta un nouveau coup à Sparte, ainsi investie politiquement et militairement par un réseau de places fortes ; si bien que les sources économiques de sa suprématie militaire furent taries. Lorsque Épaminondas quitta le Péloponnèse après cette campagne de quelques mois seulement, il n'avait remporté aucune victoire en rase campagne, mais sa grande stratégie avait définitivement brisé les bases de la puissance de Sparte.

À Thèbes, cependant, les politiciens qui auraient souhaité une écrasante victoire militaire étaient déçus. Et avec le remplacement temporaire d'Épaminondas, une politique à courtes vues et une diplomatie maladroite, la démocratie thébaine perdit les avantages qu'elle avait acquis. Si bien que ses alliés arcadiens, cultivant l'ingratitude avec leurs ambitions, en vinrent à discuter la suprématie des Thébains. En 362 avant Jésus-Christ, ceux-ci durent opter entre le rétablissement de leur autorité par la force et la perte de leur prestige. Leur opération contre l'Arcadie divisa de nouveau les Grecs en deux coalitions opposées. Heureusement pour Thèbes, non seulement Épaminondas était toujours à son service, mais elle recueillait encore les fruits de sa grande stratégie : les villes fondées en Messénie et Mégalopolis ne contribuaient pas peu à maintenir Sparte en respect, et, en outre, elles renforçaient le parti thébain.

Pénétrant en Péloponnèse, Épaminondas réunit ses forces à celles de ses alliés, à Tégée ; et il prit position entre Sparte et les forces des autres États anti-thébains concentrées à Mantinée. Par des voies détournées, les Lacédémoniens firent mouvement afin de joindre leurs alliés. Pendant la nuit, Épaminondas bondit alors avec une colonne mobile en direction de Sparte elle-même ; mais ce coup de main échoua, un déserteur ayant pu avertir à temps les Spartiates qui rebroussèrent chemin en toute hâte. Le chef thébain se résolut alors à rechercher la décision dans une bataille rangée, et s'avança de Tégée sur Mantinée, distante de 12 milles environ, par une vallée très étroite. L'ennemi s'installa sur la position forte qu'offrait un étranglement de cette vallée dont la largeur était d'environ un mille à cet endroit.

Opération ressortissant autant à la stratégie qu'à la tactique, ce mouvement constitue un cas assez révélateur de ce que peut avoir d'arbitraire toute classification théorique, ne serait-ce que parce que la victoire de Mantinée est due avant tout à l'approche indirecte. Épaminondas marcha d'abord directement sur le camp des Lacédémoniens, les contraignant ainsi à prendre leur formation de combat face à la direction dangereuse qu'ils supposèrent, normalement, être celle empruntée alors par les Thébains. Puis, parvenu à quelques milles de ces derniers, Épaminondas obliqua brusquement vers la gauche, masquant son mouvement tournant derrière l'éperon rocheux qui s'avançait dans la vallée. Cette manœuvre-surprise menaçait l'aile droite ennemie d'être prise d'enfilade et, pour perturber encore plus le dispositif lacédémonien, le Thébain ordonna à ses troupes de faire halte et de poser leurs armes à terre comme si elles se disposaient à bivouaquer ; le stratagème réussit pleinement, l'ennemi se croyant ainsi autorisé à abandonner ses dispositions de combat, à rompre les rangs et à débrider les chevaux.

Pendant ce temps, et sous la protection d'un rideau de troupes légères, Épaminondas achevait de mettre en place son dispositif, analogue à celui de Leuctres mais amélioré. Puis, sur un signal, l'armée thébaine ramassa ses armes et s'élança sur l'adversaire, courant à une victoire déjà assurée par la rupture préalable de l'équilibre ennemi. Épaminondas tomba mortellement frappé alors que son triomphe s'affirmait ; mais par sa mort même, il donnait une de ses plus précieuses leçons aux futures générations en démontrant, d'une manière singulièrement probante et dramatique, qu'une armée et un État succombent plus rapidement à la paralysie du cerveau qu'à toute autre crise.

Par la suite, une campagne que l'on peut dire décisive fut celle qui, plus de vingt ans après, en 338 avant Jésus-Christ, conféra à la Macédoine la suprématie sur le reste de la Grèce. Déjà fort significative si on la juge à ses seuls résultats instantanés, cette campagne propose un exemple éclatant de l'aide mutuelle que se peuvent donner politique et stratégie, et de la manière selon laquelle la stratégie peut même tourner à son avantage des obstacles ou difficultés géographiques qui paraîtraient, au contraire, devoir sérieusement la gêner.

Quoique grec, l'agresseur était un *outsider*. D'un commun accord, Thèbes et Athènes s'efforcèrent alors de constituer la Ligue panhellénique pour freiner la puissance expansionniste de la Macédoine. Ils trouvèrent même un appui extérieur en la personne d'un souverain perse, alliance qui prête à maint commentaire sur la nature de l'histoire et sur la nature humaine.

Une fois encore, c'est l'agresseur qui semble avoir

compris toute la valeur de l'approche indirecte. Même le prétexte était indirect, qui fut invoqué par Philippe de Macédoine pour s'assurer la suprématie : il fut simplement invité par le Conseil des Amphictyons à prêter son concours pour châtier la cité d'Amphissa, à l'ouest de la Béotie, sous motif d'une offense sacrilège. Il est d'ailleurs fort probable que Philippe ait lui-même suscité ou suggéré cette invitation qui, si elle souleva contre lui Thèbes et Athènes, lui assura par contre la neutralité bienveillante des autres États.

Après s'être dirigé vers le sud, Philippe changea brusquement de direction, abandonna à Cytinium la route d'Amphissa – direction d'approche naturellement escomptée par ses adversaires – et alla occuper Élatée qu'il fortifia. Opéré ainsi dès le début de la campagne, un tel changement de direction impliquait des buts politiques bien plus ambitieux et, simultanément, des mobiles stratégiques que les événements confirmèrent par la suite. Les Thébains et les Béotiens barraient les passes au débouché de la Béotie, c'est-à-dire la route Ouest de Cytinium à Amphissa et la route Est de Parapotamioi conduisant d'Élatée à Chéronée. La première peut être assimilée au jambage vertical d'un L, la seconde à l'horizontal dont le crochet terminal correspondrait à son prolongement par la passe de Chéronée.

Avant de prendre l'initiative d'un nouveau mouvement, Philippe décida de nouvelles mesures pour affaiblir ses adversaires : politiquement, en favorisant la restauration des cités phocidiennes auparavant dissoutes par les Thébains ; moralement, en se faisant proclamer le champion du dieu de Delphes.

Puis, au printemps de 338 avant Jésus-Christ, il repartit après avoir dégagé son chemin par un stratagème. Ayant, par l'occupation d'Élatée, détourné l'attention stratégique adverse de la route Est – qui était devenue entre-temps la ligne d'attente normale des coalisés – il détourna l'attention tactique des forces ennemies barrant la route Ouest, en s'arrangeant pour que tombe entre leurs mains une lettre faisant allusion à son repli vers la Thrace.

Puis, quittant rapidement Cytinium, il franchit la passe au cours de la nuit et déboucha sur Amphissa, à l'ouest du Parnasse. Poussant alors jusqu'à Naupacte, il s'assura une ligne de communication avec la mer. Tout ceci l'avait conduit sur les arrières des défenseurs de la passe Est, encore qu'à une certaine distance ; les coalisés évacuèrent alors Parapotamioi, non seulement parce qu'ils risquaient, en y demeurant, de voir couper leur ligne de retraite, mais également parce que l'occupation de cette position ne présentait plus aucun intérêt pour eux. Toutefois, Philippe abandonnant une fois encore la « ligne d'attente normale », exécuta une nouvelle approche indirecte.

Au lieu de se diriger d'Amphissa vers l'est, à travers un terrain tourmenté favorable à la défense adverse, il fit glisser rapidement son armée vers Cytinium et Élatée ; puis, obliquant vers le sud, par la passe de Parapotamioi qui n'était plus gardée, il tomba sur l'armée ennemie à Chéronée. Cette manœuvre prépara la victoire dans la bataille qui suivit ; manœuvre stratégique dont les effets furent amplifiés par la subite tactique de Philippe qui leurra les Athéniens en les attirant hors de leurs positions : abandonnant le terrain devant eux, il les incita ainsi à s'y engager et, lorsqu'ils se furent empressés d'y descendre, il lança une contre-attaque qui rompit leurs lignes. Et l'hégémonie de la Macédoine en Grèce fut le résultat de Chéronée.

Le destin de Philippe s'acheva avant qu'il ait pu étendre ses conquêtes à l'Asie, et il appartint à son fils d'exécuter la campagne qu'il avait préparé. Alexandre héritait non seulement d'un plan et d'un instrument d'exécution exemplaires – l'armée que Philippe avait perfectionnée et augmentée[1] – mais également d'une conception de la grande

1. Philippe avait passé trois années de son enfance à Thèbes, comme otage. Épaminondas était alors au faîte de la gloire, et les influences subies par Philippe à cette époque peuvent être aisément décelées dans la tactique adoptée ultérieurement par l'armée macédonienne.

stratégie. En outre, les débouchés des Dardanelles, dont Philippe s'était emparé en 336 avant Jésus-Christ, constituaient un autre héritage, matériel celui-là, mais d'une valeur indiscutable.

Si nous examinons la carte des campagnes d'Alexandre et sa progression en Asie, nous constatons que le tracé de celle-ci présente une série de zigzags très accentués ; et l'analyse historique révèle que les causes de cette marche indirecte furent plus politiques que stratégiques, politique étant pris ici dans son acception de grande stratégie. Au cours de ses premières campagnes, sa stratégie logistique fut directe et dépourvue de finesse ; ce peut être attribué au fait que le jeune Alexandre, destiné à la royauté et véritablement formé pour la victoire, posséda des caractères du héros homérique plus qu'aucun autre illustre capitaine de l'histoire [1]. En outre, et ceci est plus important, il avait une telle confiance – d'ailleurs justifiée – dans la supériorité de son instrument de guerre et dans la qualité de son propre commandement qu'il ne pensait pas nécessaire de rompre préalablement l'équilibre stratégique de l'adversaire. Les leçons qu'il a laissées à la postérité intéressent donc des deux pôles de l'art de la guerre : grande stratégie et tactique.

Au printemps de 334 avant Jésus-Christ, partant de la côte est des Dardanelles, il fit d'abord mouvement en direc-

---

1. Au début de son invasion en Asie, Alexandre incarna d'une manière très romantique la légende homérique de l'expédition contre Troie. Tandis que son armée attendait pour traverser les Dardanelles, Alexandre, conduisant en personne un détachement, débarqua près d'Ilion, à l'endroit même où l'on supposait que les Grecs avaient embossé leurs bateaux au cours de la guerre de Troie. Puis, s'avançant vers la ville, il offrit un sacrifice dans le temple d'Athéna, commanda un simulacre de bataille et prononça un discours sur le lieu où l'on pensait qu'avait été dressé le bûcher funéraire d'Achille, son ancêtre légendaire. Après ces diverses manifestations symboliques, Alexandre rejoignit le gros de son armée pour diriger, cette fois, des opérations non fictives.

tion du sud et battit le détachement de couverture perse sur les bords du Granique. Au cours de cette bataille, les Perses furent emportés par le poids et l'impétuosité de la cavalerie macédonienne armée de javelots ; mais ils avaient très justement estimé que, s'ils avaient pu concentrer leurs troupes sur le trop audacieux Alexandre en personne et le tuer, ils auraient ainsi étouffé dans l'œuf le projet d'invasion. Peu s'en fallut que ce projet ne réussît.

Puis, Alexandre marcha vers le sud, en direction de Sardes, centre politique et économique de la Lydie ; et, de là, vers l'ouest, vers Éphèse. Dans chacune de ces cités grecques, il restaura les anciens droits, l'ancienne forme de gouvernement démocratique, estimant ce moyen le plus économique pour assurer la sûreté de ses propres arrières. Longeant alors la côte de la mer Égée, il continua vers le sud, puis vers l'est, à travers la Carie, la Lycie et le Pamphylie. Par cette approche, il se proposait d'arracher aux Perses la maîtrise de la mer en privant leur flotte de toute liberté de manœuvre sur la côte. En s'emparant simultanément de ces ports, il privait la flotte ennemie de la majeure partie des sources de recrutement pour ses équipages.

Par contre, à l'est de la Pamphylie, la côte d'Asie Mineure manquait pratiquement de véritable port. Aussi Alexandre se dirigea-t-il vers le nord, contre la Phrygie, puis vers l'est jusqu'à Ancyre (actuelle Ankara), consolidant ainsi ses conquêtes antérieures et renforçant la sûreté de ses arrières dans le centre de l'Asie Mineure. Puis, en 333 avant Jésus-Christ, il reprit sa marche, vers la Syrie où Darius III concentrait ses forces. Croyant, par suite de la carence de son service de renseignements, que les Perses l'attendaient en plaine, Alexandre assista à la faillite de ses conceptions stratégiques. Tandis qu'il exécutait une approche directe, Darius, lui, manœuvra indirectement et, se portant vers les hauts plateaux du cours supérieurs de l'Euphrate, parvint sur les arrières du Macédonien après avoir franchi les Portes Amaniques. Et Alexandre, qui s'était tant appliqué à renforcer la sûreté de la ligne de ses bases, s'en trouva alors indiscutablement coupé. Mais, faisant demi-tour, il se tira de ce mauvais pas, grâce à la bataille d'Issus au cours de laquelle intervinrent d'une manière décisive la supériorité de sa tactique et celle de son outil de combat ; aucun grand capitaine ne rechercha plus que lui le bénéfice procuré, en tactique, par le caractère inattendu de l'approche indirecte.

Il reprit ensuite une route indirecte, descendant le long de la côte syrienne au lieu de se hâter vers Babylone, cœur de la puissance perse ; itinéraire manifestement dicté par des facteurs de grande stratégie, car s'il avait effectivement enlevé la maîtrise de la mer aux Perses, il n'avait pas pour autant détruit tous leurs moyens navals ; et aussi longtemps que ces derniers existaient, ils menaçaient ses propres arrières, menace d'autant plus redoutable que la Grèce, et tout spécialement Athènes, demeurait dangereusement sur la réserve. L'avance d'Alexandre en Phénicie lui permit de s'emparer de la flotte perse, car ce qui en subsistait était en majeure partie phénicien. La plupart de ces bateaux se rendirent, et ceux de Tyr subirent le sort de la ville lorsqu'elle tomba à son tour. Même après ces succès, le Macédonien se remit en marche vers le sud et pénétra en Égypte ; mouvement difficilement imputable à des motifs d'ordre maritime, à moins qu'Alexandre n'ait voulu ne négliger aucune précaution, fût-elle apparemment superflue. Toutefois, les raisons d'un tel mouvement s'éclairent si l'on tient compte de données politiques, et en particulier du plan d'Alexandre visant à la conquête intégrale de l'empire perse auquel il voulait substituer son propre pouvoir. Dans une telle perspective, l'Égypte représentait un atout économique de la plus haute importance.

Enfin, en 331 avant Jésus-Christ, le Macédonien marcha vers le nord, en direction d'Alep ; puis il fit une conversion vers l'est, franchit l'Euphrate, et poussa rapidement vers le bassin supérieur du Tigre. Là, près de Ninive (l'actuel Mossoul), Darius avait rassemblé une nouvelle et importante armée. Alexandre avait hâte de livrer bataille, mais son approche fut pourtant indirecte. Franchissant le Tigre en amont, il redescendit la rive est du fleuve, contraignant ainsi Darius à modifier son dispositif. Une nouvelle fois, par une bataille livrée à Gaugamèle (bataille plus généralement connue sous le nom d'Arbelles, localité la plus proche, à six milles du lieu précis de la rencontre), Alexandre et ses soldats témoignèrent de leur absolue supériorité sur un adversaire dont l'armée constituait le dernier obstacle sérieux sur le chemin conduisant le Macédonien au but fixé à sa grande stratégie : l'occupation de Babylone fut la conséquence de cette victoire.

Puis, les campagnes se succédèrent jusqu'à ce qu'il atteignît les marches de l'Inde ; elles ne furent qu'opérations de liquidation nettoyant l'empire perse et servant également à la consolidation de l'empire macédonien. Alexandre força le défilé des Uxiens et les Portes Persiques par une approche indirecte et quand il rencontra Porus, sur l'Hydaspe, il exécuta un chef-d'œuvre d'approche indirecte qui témoigne, d'une éclatante manière, de la maîtrise croissante de son génie stratégique. En constituant des stocks de céréales et en étirant son armée en cordon, très largement le long de la rive ouest du fleuve, Alexandre trompa son adversaire sur ses intentions réelles. Devant les marches et contre-marches bruyantes de la cavalerie macédonienne, Porus fut tenu d'abord dans une inquiétude énervante ; puis, la répétition incessante de ces mouvements finit par l'engourdir et, comme hypnotisé, par le priver de tout pouvoir de réaction. Ayant ainsi fixé Porus dans une position statique et bien localisée, Alexandre laissa devant lui le gros de ses forces tandis que, avec un détachement qu'il commandait en personne, il franchit l'Hydaspe de nuit, à 18 milles en amont. Grâce à l'effet de surprise procuré par cette marche indirecte, il rompit l'équilibre intellectuel et moral de Porus comme l'équilibre moral et matériel de son armée. Et c'est ainsi que, au cours de la bataille qui suivit, Alexandre fut capable de battre la quasi-totalité de l'armée ennemie avec une fraction seulement de ses propres forces. Si cette rupture préalable n'avait pas eu lieu effectivement, on ne pourrait donner aucune justification, théorique ou pratique, à la manœuvre d'Alexandre qui exposa une fraction isolée de ses forces aux risques d'une défaite, loin du corps principal de l'armée dont elle était dangereusement séparée.

Les longues guerres qu'entreprirent les « héritiers » d'Alexandre après la mort de celui-ci, et qui marquèrent la fin de son empire, appuient de nombreux exemples la valeur de l'approche indirecte. Les généraux d'Alexandre possédaient une toute autre envergure que les maréchaux de Napoléon, et leur vaste expérience leur avait enseigné la signification profonde de l'économie des forces. Bien qu'une grande partie de leurs opérations mérite une étude attentive qui ne manquerait pas d'enseignements précieux, le présent ouvrage se borne à l'analyse des campagnes décisives de l'histoire ancienne ; et, parmi les guerres des « héritiers », la dernière seulement, celle de 301 avant Jésus-Christ, mérite d'être citée comme telle. Cette qualification peut malaisément lui être contestée, si l'on en juge d'après les termes de *l'Histoire ancienne de Cambridge* déclarant que son résultat fut « de mettre un terme au conflit opposant le pouvoir central aux dynastes », et que, dès lors, « le démembrement du monde gréco-macédonien était inévitable ».

En 302 avant Jésus-Christ, Antigone, qui prétendait succéder à Alexandre, fut très près d'atteindre ce but. Sortant de son domaine initial, la satrapie de Phrygie, il avait réussi à contrôler l'Asie, de la mer Égée à l'Euphrate. Son adversaire, Séleucos, s'était difficilement maintenu à Babylone. Ptolémée était relégué en Égypte. Lysimaque tenait plus solidement la Thrace ; mais Cassandre, le rival le plus redoutable et l'âme de la résistance à Antigone – qui avait déjà presque réalisé son rêve – avait été chassé de Grèce par le fils d'Antigone, Démétrios, qui, par maints traits de caractère, semblait annoncer un second Alexandre. Invité à une capitulation inconditionnelle, Cassandre répliqua par un coup de génie stratégique. Son plan fut mis au point au cours d'une conférence qu'il tint avec Lysimaque ; et il fit appel à l'aide de Ptolémée qui devait intervenir frontalement, tandis que Cassandre prenait contact avec Séleucos au moyen de messagers méharistes qui traversèrent le désert d'Arabie.

Cassandre ne conserva que quelque 31 000 hommes pour contenir les 57 000 hommes de Démétrios envahissant la Thessalie et il mit le reste de ses forces à la disposition de Lysimaque. Ce dernier franchit les Dardanelles vers l'est, tandis que Séleucos faisait mouvement vers l'ouest et l'Asie Mineure, avec une armée comprenant 500 éléphants de guerre reçus des Indes. Ptolémée, remontant vers le nord, pénétra en Syrie ; mais sur un faux rapport lui annonçant la défaite de Lysimaque, il se replia sur l'Égypte. Cependant, ces marches convergentes qui menaçaient de deux côtés le cœur de son empire, contraignirent Antigone à rappeler d'urgence Démétrios qui se trouvait en Thessalie (où Cassandre avait réussi à le contenir) jusqu'à ce qu'un mouvement indirect contre ses arrières stratégiques d'Asie Mineure l'eût obligé à repasser les détroits. Plus tard, par un mouvement similaire, Scipion contraignit Hannibal à regagner l'Afrique.

La stratégie de Cassandre fut couronnée par la victoire tactique décisive de ses partenaires à la bataille d'Ipsus, en Phrygie ; victoire qui s'acheva sur la mort d'Antigone et la fuite de Démétrios. Notons que, au cours de cette bataille, les éléphants de guerre intervinrent comme l'arme décisive, et que la tactique des vainqueurs fut essentiellement indirecte ; après que la cavalerie eut disparu du champ de bataille en poursuivant Démétrios, leurs éléphants interdirent son retour. Et même alors, au lieu d'attaquer de front, par un assaut, l'infanterie d'Antigone, Lysimaque la démoralisa en lui faisant seulement craindre une attaque par des volées de flèches, jusqu'à ce qu'elle commençât à fléchir. Alors, Séleucos s'élança, concentrant ses forces sur le point où se tenait personnellement Antigone.

À l'ouverture de la campagne, les plateaux de la balance

des forces étaient lourdement chargés et penchèrent d'abord du côté d'Antigone. Mais rarement on vit le choix du destin peser si rapidement du côté adverse et changer aussi dramatiquement. Il est clair qu'Antigone fut déséquilibré par l'approche indirecte que sut concevoir Cassandre : son plan rompit l'équilibre intellectuel d'Antigone, l'équilibre moral de ses troupes et de ses sujets, et l'équilibre physique de son dispositif.

## 3

# Les guerres de Rome
# Hannibal, Scipion et César

La lutte inexpiable entre Rome et Carthage – dont les campagnes d'Hannibal, c'est-à-dire la seconde guerre punique, constituent la phase déterminante – est le premier conflit qui, après les guerres macédoniennes, ait joué un rôle vraiment décisif dans l'histoire de l'Europe, tant par ses résultats immédiats que par ses conséquences lointaines. L'analyse y décèle une série de phases ou de campagnes, chacune d'entre elles étant assez décisive pour marquer un tournant dans l'évolution de la guerre.

La première phase s'ouvrit sur l'invasion de l'Italie par Hannibal qui, en 218 avant Jésus-Christ, et après avoir traversé l'Espagne et franchi les Alpes, mit un point final victorieux à cette campagne avec la bataille d'anéantissement du lac Trasimène. Sa défaite laissa Rome sans autre moyen de protection que ses remparts et sa garnison ; et la ville était offerte presque sans résistance au coup direct d'Hannibal, si ce dernier s'y était résolu.

Pour justifier le choix que fit Hannibal d'une voie d'invasion terrestre détournée, et passant par des régions difficiles, de préférence à la voie maritime directe, on invoque généralement la maîtrise de la mer qu'aurait alors possédée Rome. Mais il est absurde d'utiliser une telle expression – maîtrise de la mer – pour une époque où les bateaux étaient si primitifs que leurs chances d'intercepter une flotte ennemie étaient bien réduites. En outre, et compte tenu de ces restrictions, la supériorité maritime romaine au temps d'Hannibal est mise en doute par un texte significatif de Polybe (III, 97) : évoquant les événements de Trasimène, il décrit l'anxiété du Sénat romain redoutant que les Carthaginois « ne s'assurent une domination encore plus nette sur mer ». Et, même au cours de la phase ultime du conflit, après les nombreuses victoires navales remportées par les Romains qui enlevèrent aux Carthaginois toutes leurs bases espagnoles et prirent pied à leur tour en Afrique, la flotte romaine demeura pourtant incapable d'empêcher Magon de débarquer un corps expéditionnaire sur la Riviera génoise, et d'interdire à Hannibal le retour à Carthage.

Il semble donc plus probable qu'Hannibal opta pour la voie d'invasion terrestre et indirecte parce qu'il voulait soulever contre Rome les Celtes de l'Italie septentrionale.

Notons en outre le caractère indirect présenté en soi par ce mouvement terrestre, et les avantages qu'il offrit à Hannibal. Les Romains avaient envoyé à Marseille le consul Publius Scipion (père de Scipion l'Africain), avec mission d'interdire à Hannibal la traversée du Rhône. Non seulement le Carthaginois franchit le fleuve par surprise, beaucoup plus en amont, mais il s'engagea encore plus en direction du nord afin d'emprunter la vallée de l'Isère, itinéraire détourné et difficile, au lieu de passer par la Riviera, voie plus aisée sans doute mais que les Romains auraient pu facilement interdire. Polybe raconte que, lorsque Scipion l'Ancien arriva à l'endroit où Hannibal avait franchi le Rhône trois jours auparavant, il fut « surpris de constater que l'ennemi avait disparu, car il était persuadé que ce dernier ne se hasarderait jamais à emprunter cette route (du nord) pour pénétrer en Italie ».

Prenant promptement sa décision, Scipion laissa derrière lui une partie de son armée et se replia rapidement sur l'Italie, par voie maritime ; il put ainsi rejoindre en temps utile Hannibal qui débouchait dans les plaines de Lombardie. Mais, là, le Carthaginois possédait l'avantage du terrain, plus favorable à l'action de sa cavalerie, meilleure que celle des Romains. Ses victoires du Tessin et de la Trébie en résultèrent, et leur effet moral valut à Hannibal un afflux de recrues locales et des approvisionnements « en grande abondance ».

Maître de l'Italie septentrionale, Hannibal y prit ses quartiers d'hiver. Au printemps suivant, les nouveaux consuls romains, pensant qu'il reprendrait sa marche en avant, disposèrent ainsi leurs armées : l'une à Ariminum (Rimini) sur l'Adriatique, et l'autre à Arretium (Arezzo) en Étrurie ; ils commandaient ainsi les deux voies Est et Ouest par lesquelles Hannibal pouvait marcher sur Rome. Il opta pour celle d'Étrurie ; mais, au lieu de s'engager sur des routes normales et couramment utilisées, il fit faire des reconnaissances et des enquêtes grâce auxquelles « il acquit la conviction que la plupart des routes conduisant en Étrurie étaient longues et parfaitement connues de l'ennemi ; mais que celle qui traversait les marais était plus courte et lui permettrait de tomber par surprise sur Flaminius. Ceci s'accordait parfaitement avec son génie singulier : aussi décida-t-il d'emprunter cette voie. Mais quand la rumeur se répandit parmi ses soldats que leur général allait les engager dans les marais, ils s'alarmèrent... » (Polybe).

De tout temps, en effet, le soldat a préféré affronter le connu plutôt que l'inconnu. Mais Hannibal était un chef de guerre hors du commun et, comme la plupart des grands capitaines, il préférait le risque des *conditions* les plus aléatoires à la certitude de rencontrer son adversaire sur un terrain choisi par ce dernier.

Pendant quatre jours et trois nuits, l'armée carthaginoise progressa « sur un chemin qui était immergé ». Terriblement éprouvée par la fatigue et le manque de sommeil, elle perdit beaucoup d'hommes et encore plus de chevaux. Mais, lorsqu'elle sortit enfin de ce mauvais pas, l'armée romaine demeurée passive était toujours campée à Arretium. Hannibal ne tenta pas d'attaque directe ; par contre, ainsi que le relate Polybe, « il calcula que, s'il débordait la position occupée par le camp et opérait une descente plus loin, dans la province que les Romains croyaient couvrir, Flaminius serait stimulé en partie par la crainte d'encourir les reproches de la population et en partie par sa propre irritation : le Romain ne pourrait dès lors supporter, sans intervenir, que la région fût dévastée ; et il se lancerait comme un fou à la poursuite d'Hannibal... offrant alors à ce dernier l'occasion favorable d'une attaque ».

Un tel calcul constitue une application mentale de la manœuvre sur les arrières ennemis, manœuvre conçue en fonction des renseignements connus ou recherchés sur le tempérament de l'adversaire ; manœuvre qui, dans le cas présent, fut effectivement suivie d'exécution. Se hâtant sur la route de Rome, Hannibal monta et réussit la plus importante embuscade de l'histoire : au matin suivant, dans la brume de l'aube, l'armée romaine, qui poursuivait Hannibal à allure forcée le long des collines boisées qui bordent le lac Trasimène, tomba dans le piège, fut attaquée simultanément de front et à revers, et anéantie.

Les amateurs d'histoire qui se rappellent l'événement et ses circonstances, peuvent se faire une idée du travail mental qui rendit possible cette victoire. Mais Polybe en tire la moralité et la leçon essentielle : « De même qu'un navire privé de son timonier ne tarde pas à tomber dans les mains de l'ennemi avec tout son équipage, de même une armée en opérations, si vous dupez son général ou si vous déjouez ses manœuvres, tombera tout entière entre vos mains. »

Pourquoi, après Trasimène, Hannibal ne marcha-t-il pas aussitôt sur Rome ? C'est un des mystères de l'histoire, et toutes les hypothèses avancées à ce propos ne sont que purs jeux de l'esprit. Faute de posséder une explication logique satisfaisante, on peut se contenter d'imaginer les mobiles possibles, encore que ces derniers ne puissent prétendre à la vérité. Tout ce dont nous sommes sûrs est qu'Hannibal perdit les années suivantes en marchandages politiques : il tenta de détruire l'influence de Rome sur ses alliés italiens et de les convaincre d'entrer dans la coalition formée contre elle. Les victoires carthaginoises n'étaient plus qu'un moyen de pression morale utilisé à cette fin, et les succès tactiques seraient toujours assurés, devait-il songer, s'il pouvait obtenir que toute rencontre avec les Romains se déroulât dans des conditions telles que la supériorité de sa cavalerie pût jouer.

Du côté romain, cette seconde phase s'ouvrit sur une forme de l'approche indirecte mieux accordée avec le caractère grec qu'avec le tempérament romain ; forme connue par la suite, dans l'histoire, sous l'appellation générique de « stratégie fabienne », et qui recouvre même les imitations, le plus souvent mauvaises, qu'elle inspira. La stratégie de Fabius ne consista pas simplement à refuser la bataille afin de gagner du temps, mais elle supputait surtout ses effets destructeurs sur le moral de l'ennemi ; mieux encore, elle calculait ces effets sur de possibles ou éventuels alliés. Ainsi jouait-elle en premier lieu au niveau de la politique de guerre, de la grande stratégie.

Fabius connaissait trop la supériorité d'Hannibal comme homme de guerre pour courir les risques d'une décision militaire. Tout en cherchant à éviter cette bataille décisive, il tenta de réduire à la longue le dynamisme de l'envahisseur en lui portant des coups d'épingle ; simultanément, il chercha à lui interdire le recrutement de troupes fraîches parmi les cités italiennes, ainsi que l'arrivée de renforts en provenance des bases carthaginoises. Une condition fondamentale s'imposait à cette stratégie si Fabius voulait qu'elle assurât le succès de la grande stratégie : il fallait que l'armée romaine manœuvrât en terrain accidenté afin d'annuler la supériorité de la cavalerie carthaginoise, qui aurait pu être décisive. Cette phase se traduisit donc par un duel entre deux formes d'approches indirectes : celle d'Hannibal et celle de Fabius.

Rôdant au voisinage, mais non au contact direct de l'ennemi, s'attaquant à ses fourrageurs et à ses détachements isolés, lui interdisant toute conquête et toute installation de bases permanentes, Fabius se contenta de jouer les fantômes insaisissables, s'évanouissant à l'horizon, obscurcissant ainsi l'aura de gloire qui avait entouré jusque-là la progression d'Hannibal. Ainsi immunisé contre la défaite, Fabius contrecarra les effets des victoires passées d'Hannibal, en particulier chez les alliés italiens de Rome ainsi dissuadés de passer aux côtés des Carthaginois. Cette campagne du type de la guérilla releva le moral des soldats romains tandis que baissait celui des Carthaginois qui, aventurés loin de leur pays, n'en étaient que plus conscients de la nécessité d'une prompte décision.

Mais la guerre d'usure est une arme à double tranchant ; même manipulée avec virtuosité, elle finit par fatiguer ceux qui l'emploient. Elle est plus particulièrement pénible aux masses populaires toujours pressées d'en finir au plus tôt, chaque parti n'imaginant jamais d'autre terme au conflit que sa propre victoire. Plus le peuple romain guérissait du traumatisme causé par les victoires d'Hannibal, plus il était tenté de mettre en doute la valeur du traitement appliqué par la sagesse de Fabius ; traitement qui, pourtant, lui offrait une chance de guérison définitive. Les doutes et les murmures populaires étaient nourris par les ambitieux exaltés qui, au sein de l'armée, critiquaient ouvertement Fabius pour « sa couardise et son manque d'esprit d'entreprise ». Cette situation aboutit à la promotion sans précédent, comme co-dictateur, de Minucius, principal subordonné de Fabius mais aussi son critique le plus violent. Sur quoi, Hannibal saisit l'occasion d'attirer Minucius dans un piège, et le co-dictateur ne fut sauvé *in extremis* que par une rapide intervention de Fabius.

Cette malencontreuse aventure calma pour un temps les critiques de Fabius. Mais lorsque expira le terme des six mois pour lesquels lui avaient été remis tous pouvoirs, ni la personne de Fabius ni sa politique n'étaient assez populaires pour que son mandat fût renouvelé. Lors des élections consulaires, un des deux consuls élus fut l'incapable et impétueux Varron, celui-là même qui avait machiné la nomination de Minucius. En outre, le Sénat vota une résolution selon laquelle les consuls devaient sans tarder livrer bataille à Hannibal. Le motif invoqué pour justifier cette décision était la dévastation qui ruinait l'Italie ; et elle se concrétisa par une mesure pratique : pour la campagne de 216 avant Jésus-Christ, fut constituée l'armée la plus importante – huit légions – que Rome eût jamais mise en campagne. Mais les Romains allaient payer cher le choix d'un chef dont l'esprit résolument offensif n'était pas équilibré par un jugement sain.

L'autre consul, Paul-Émile, souhaitait manœuvrer pour attendre l'occasion favorable ; mais cela ne s'accordait guère avec les idées de Varron : « On a trop parlé de soldats entrant en campagne pour jouer aux sentinelles plutôt que pour jouer de l'épée. » Le plan de Varron, publiquement proclamé, était d'attaquer l'ennemi partout et toutes les fois qu'il se présenterait. Le résultat fut qu'il saisit avec empressement la première occasion venue d'offrir la bataille à Hannibal, c'est-à-dire dans la plaine de Cannes. Et lorsque Paul-Émile suggéra que l'on tentât d'attirer Hannibal dans une région plus propice au combat d'infanterie, Varron mit à profit le jour où il avait le commandement – les consuls l'exerçaient alternativement un jour sur deux – pour se porter au contact d'Hannibal. Lorsque, le lendemain, Paul-Émile maintint les troupes dans leur camp retranché parce qu'il escomptait que les soucis de ravitaillement contraindraient bientôt Hannibal à s'éloigner, Varron « s'enflamma plus que jamais du désir de combattre », si l'on en croit Polybe. Ce sentiment était d'ailleurs partagé par la majeure partie de l'armée qui protesta contre ce nouveau report de la bataille : « Car rien n'est plus intolérable à l'espèce humaine que l'attente anxieuse ; quand une chose a été décidée, les hommes peuvent supporter n'importe lequel d'entre les maux imaginables plutôt que d'en remettre l'exécution. »

Le lendemain matin, Varron fit sortir l'armée du camp

et offrit la bataille ; et celle-là précisément que souhaitait Hannibal. Selon la coutume des deux partis, l'infanterie fut placée au centre et la cavalerie aux ailes, mais le dispositif d'Hannibal, considéré dans ses détails, n'était pas habituel ; en effet, il fit avancer les Gaulois et les Espagnols qui formaient le centre de la ligne d'infanterie, tandis qu'il maintenait en arrière son élite africaine placée à chaque extrémité de la ligne. Ainsi, Gaulois et Espagnols constituaient une sorte d'aimant naturel attirant l'infanterie romaine, et ils furent enfoncés comme prévu, si bien que la ligne carthaginoise primitivement convexe devint concave. Enhardis par ce premier succès tout apparent, les légionnaires romains s'entassèrent dans la brèche ; l'encombrement devint de plus en plus dense, de telle sorte que les Romains purent à peine manier leurs armes. Et, alors qu'ils s'imaginaient déjà avoir rompu le front carthaginois, en réalité ils s'enfonçaient d'eux-mêmes dans la nasse carthaginoise. À ce moment, en effet, les vétérans africains d'Hannibal convergèrent vers le centre à partir des deux ailes, mouvement qui acheva automatiquement l'enveloppement des Romains empilés les uns sur les autres.

Cette manœuvre créa donc une situation et un piège similaires à ce qu'on vit, sur mer, lors de la bataille de Salamine ; mais, à Cannes, la manœuvre fut plus concertée et calculée. On pourrait la dénommer forme tactique de jiu-jitsu collectif, le jiu-jitsu étant basé essentiellement sur l'approche indirecte.

Cependant, à l'aile gauche, la cavalerie lourde d'Hannibal avait taillé en pièces la cavalerie adverse ; puis, balayant tout sur les arrières des Romains, elle dispersa la cavalerie de leur autre aile qui avait été contenue par la cavalerie légère numide particulièrement propre aux escarmouches. La poursuite étant confiée aux Numides, la cavalerie lourde porta le coup final en faisant irruption sur les arrières de l'infanterie romaine qui, déjà enveloppée de trois côtés et trop resserrée, n'offrit pas la moindre résistance. Dès lors, la bataille dégénéra en massacre : selon

Polybe, sur les 76 000 hommes que comprenait l'armée romaine, 70 000 restèrent sur le terrain ; et, parmi eux, Paul-Émile, tandis que Varron parvenait à échapper sain et sauf au désastre dont il portait la responsabilité.

Le désastre de Cannes amena la dissolution, pour un temps, de la confédération italienne, et faillit emporter Rome elle-même. Mais Fabius contribua beaucoup à relever le courage de la population et à l'inciter à la résistance. Le salut de la cité tint surtout à sa résolution et à la persévérance avec laquelle on appliqua la stratégie temporisatrice ; mais y contribua également le manque de matériel de siège adéquat et de renforts en personnels faute desquels Hannibal ne put exploiter sa victoire, gêné qu'il était, en outre, par sa condition délicate d'envahisseur dans un pays dont les structures économiques demeuraient primitives. Quand, plus tard, Scipion envahira l'Afrique, il se trouvera dans un pays jouissant de tout le raffinement de la civilisation carthaginoise et cette situation l'avantagera d'une manière décisive.

La seconde phase de la guerre s'acheva en 207 avant Jésus-Christ sur un nouveau type d'approche indirecte : le consul Néron s'éclipsa furtivement des positions qu'il tenait devant Hannibal, et, par des marches forcées, porta la totalité de ses moyens contre le frère d'Hannibal qui venait d'arriver dans l'Italie septentrionale avec des troupes fraîches. Après avoir détruit cette armée de secours sur le Métaure et les espoirs de renforts sans lesquels Hannibal ne pouvait prétendre à la victoire définitive, Néron regagna son camp devant Hannibal avant même que ce dernier se fût aperçu qu'il n'avait plus personne devant lui.

Au cours de la troisième phase, les opérations marquèrent un temps d'arrêt. Pendant cinq années, Hannibal se tint dans le sud de l'Italie, et toute une série de généraux romains qui osèrent s'approcher un peu trop de la tanière du lion durent se retirer fort précipitamment, et non sans blessures.

Entre-temps, en 210 avant Jésus-Christ, Publius Scipion

– Scipion le Jeune – avait été envoyé en Espagne. On escomptait que cette manœuvre désespérée réparerait les désastres accumulés par son père et son oncle, qu'elle vengerait leur mort et que, dans la mesure du possible, elle affermirait le fragile point d'appui que Rome possédait dans l'angle nord-est de l'Espagne, point d'appui menacé par les forces carthaginoises bien supérieures en nombre et basées en Espagne. Grâce à la rapidité de ses déplacements, à sa tactique supérieure et à une très habile diplomatie, Scipion transforma ce plan défensif en une offensive qui menaça indirectement Carthage et Hannibal.

L'Espagne était en effet la véritable base stratégique du Carthaginois. Il y procédait à l'instruction et au recrutement de ses troupes, et il y puisait les renforts nécessaires à la poursuite de ses campagnes. Par une magistrale combinaison de la surprise et du choix du moment opportun, Scipion s'empara d'abord de Carthagène, privant ainsi ses adversaires de leur principale base espagnole ; opération qui fut le prélude à la défection de leurs alliés et à la défaite de leurs armées.

Élu consul à son retour en Italie, en 205 avant Jésus-Christ, Scipion fut alors en mesure d'exécuter la seconde et décisive approche indirecte, conçue depuis longtemps déjà, sur les arrières d'Hannibal. Maintenant vieilli et d'esprit moins vif, Fabius se serait rallié, dit-on, aux conceptions orthodoxes et aurait affirmé que le devoir de Scipion était d'attaquer Hannibal en Italie : « Pourquoi, disait-il, n'appliquez-vous pas dans cette guerre les méthodes consacrées par l'expérience, et ne menez-vous pas vos opérations là où se trouve Hannibal, au lieu d'emprunter des voies détournées comme si vous espériez qu'Hannibal vous suivra en Afrique si vous-même y allez ? »

Scipion obtint pourtant du Sénat l'autorisation de passer en Afrique, mais une nouvelle levée de troupes lui fut refusée. En conséquence, en 204 avant Jésus-Christ, il s'embarqua avec quelque 7 000 volontaires seulement, et deux légions disgraciées qui avaient été reléguées à un service de garnison en Sicile en punition de leur participation au désastre de Cannes. Débarquant sur la côte africaine, Scipion rencontra le seul détachement de cavalerie dont Carthage pût immédiatement disposer. Par une manœuvre en retraite habilement calculée, il attira cette cavalerie dans un piège et la détruisit ; il gagnait ainsi le temps nécessaire pour consolider sa situation. En outre, ce succès fit une vive impression sur le moral des Romains qui se montrèrent plus généreux et lui accordèrent désormais des moyens suffisants ; enfin, il ébranla l'influence de Carthage sur ses alliés africains, à l'exception toutefois de Syphax, le plus puissant d'entre eux.

Scipion tenta ensuite de s'emparer du port d'Utique qu'il voulait utiliser comme base ; mais il ne réussit pas, comme il l'avait espéré, à l'enlever par surprise comme Carthagène. Il dut même lever le siège de la ville six semaines après, lorsque Syphax, conduisant une armée de 60 000 hommes, vint renforcer les forces carthaginoises récemment levées par Hasdrubal Gisco. À l'approche des armées alliées, bien supérieures à la sienne en nombre sinon en qualité, Scipion se replia vers une petite presqu'île où il se retrancha d'une manière que l'on peut considérer comme le prototype des lignes de Wellington à Torres Vedras. Là, il s'ingénia à multiplier les feintes qui pouvaient inspirer un sentiment d'insécurité à ses adversaires : il détourna leur attention en préparant ostensiblement un coup de main par mer contre Utique et, finalement, il lança une attaque de nuit sur les deux camps ennemis.

La démoralisation et la désorganisation dues à l'effet de surprise furent encore amplifiées par un subtil calcul de Scipion : il s'attaqua d'abord au camp le moins ordonné, celui de Syphax, dont les innombrables huttes, bâties en roseaux et en matériaux inflammables, débordaient l'enceinte fortifiée. L'incendie de ces huttes provoqua une grande confusion à la faveur de laquelle les Romains pénétrèrent dans le camp tandis que, à la vue de l'incendie, les soldats d'Hasdrubal ouvrant les portes de leur camp s'élancèrent au secours de Syphax, croyant que l'incendie n'était qu'accidentel : au crépuscule, en effet, tout avait paru parfaitement calme et normal dans le camp romain installé à 7 milles de là. Lorsque les portes du camp carthaginois se furent ainsi ouvertes, Scipion y lança son second assaut qui lui permit ainsi de pénétrer au cœur même de la place sans avoir eu la peine d'y faire une brèche. Les deux armées alliées furent mises en déroute, ayant perdu la moitié de leurs forces globales.

Si, en retraçant ces opérations, nous avons franchi la frontière séparant stratégie et tactique, il s'agit pourtant en réalité d'un cas où la stratégie, non seulement fraya la voie à la victoire par la bataille, mais en fut la cause directe. La victoire fut simplement le dernier acte de l'approche stratégique, car le massacre sans résistance du vaincu ne saurait mériter le nom de bataille.

Pourquoi, après son triomphe remporté sans effusion de sang, Scipion ne marcha-t-il pas immédiatement sur Carthage ? Si l'histoire ne fournit pas de réponse décisive à cette question, elle propose néanmoins des motifs plus plausibles que pour le cas où Hannibal négligea Rome après Trasimène et Cannes. À moins que s'offre une occasion d'effectuer un assaut par surprise, un siège est toujours l'opération militaire la moins économique. Lorsque l'ennemi a conservé une armée de campagne capable d'intervenir, un siège est également l'entreprise la plus aléatoire : jusqu'à ce qu'il réussisse, l'assaillant s'affaiblit progressivement, et toujours beaucoup plus et beaucoup plus vite que le défenseur.

Non seulement Scipion devait compter avec les remparts de Carthage, mais également avec le retour d'Hannibal ; éventualité qui constituait, en réalité, le but qu'il visait. S'il avait pu forcer la ville à capituler avant le retour d'Hannibal, cela lui aurait procuré des avantages considérables. Mais il lui aurait fallu parvenir à ce résultat en minant la résistance morale des habitants de Carthage, obtenir cette dislocation morale au meilleur prix et non en gaspillant ses forces matérielles ; ce gaspillage l'aurait en effet fixé devant les murailles intactes de la ville, tandis qu'Hannibal aurait pu tomber sur ses arrières.

Au lieu de marcher sur Carthage, Scipion se borna donc à isoler systématiquement la ville de ses alliés et des régions où elle puisait son ravitaillement. Mais avant tout, il fallait poursuivre implacablement Syphax pour le détruire, et l'affectation d'un détachement à cette mission se justifiait amplement ; car, en rétablissant sur le trône de Numidie Masinissa qui était son allié, Scipion s'assurait le concours de la cavalerie numide qui lui permettrait de lutter avantageusement contre la meilleure arme d'Hannibal.

Afin de donner plus de poids à ces formes de suasion morale, il s'avança vers Tunis ; mouvement que l'on pouvait observer de Carthage et qui était « l'un des moyens les plus efficaces pour frapper les Carthaginois de terreur ». S'ajoutant aux autres formes de pression indirecte, cette entreprise suffit à abattre la volonté de résistance des Carthaginois qui implorèrent la paix. Mais tandis que l'on attendait de Rome la ratification du traité, l'armistice fut dénoncé quand Carthage apprit le retour d'Hannibal et son débarquement à Leptis (202 av. J.-C.). Dès lors, Scipion se trouvait dans une situation délicate, et même dangereuse. Bien qu'il ne se fût pas affaibli en tentant l'assaut de Carthage, il avait laissé Masinissa regagner la Numidie pour y asseoir son autorité sur son nouveau royaume lorsque l'ennemi commun avait paru accepter les stipulations de la paix.

En pareille occurrence, un général de tempérament orthodoxe aurait pris l'offensive afin d'interdire à Hannibal de regagner Carthage ; ou bien, autre possibilité, il se serait installé sur la défensive en attendant des renforts. Au lieu de cela, Scipion se mit en marche suivant un itinéraire qui, reporté sur la carte, paraît fort étrange. Si, en effet, l'on représente l'itinéraire direct d'Hannibal, de Leptis à Carthage, par la branche droite d'un V renversé (Λ), Scipion, laissant un détachement à la garde de son camp près de

Carthage, descendit vers le sud par la branche gauche du Λ. On ne saurait imaginer approche plus indirecte ! Mais cet itinéraire, par la vallée du Bagradas (Medjerda), le conduisait vers l'intérieur, au cœur même de la région où Carthage puisait ses approvisionnements ; en outre, il le rapprochait toujours plus, à chaque étape, des renforts numides que Masinissa lui envoyait en réponse à sa demande urgente de secours.

Ce mouvement atteignit son objectif stratégique. Le Sénat de Carthage, affolé à la nouvelle qu'une zone vitale pour la ville était dévastée, dépêcha des courriers vers Hannibal pour le presser d'intervenir au plus tôt et de contraindre Scipion à accepter la bataille. Bien qu'il eût répondu que « ces choses le concernaient seul », Hannibal fut conduit, sous la pression des circonstances – créées par Scipion – à faire mouvement à marches forcées vers l'ouest, à la rencontre de Scipion, et non vers le nord, vers Carthage. Ainsi, le Romain l'avait attiré sur le terrain qu'il avait choisi, là où Hannibal manquait de tout renfort matériel, de pivot solide pour sa manœuvre, et d'un asile en cas de défaite, toutes choses qui ne lui auraient pas fait défaut si la bataille avait été livrée à proximité de Carthage.

Scipion avait donc incité son adversaire à rechercher la bataille, et il allait désormais exploiter à fond cet avantage psychologique. Quand Masinissa arriva en renfort, presque au moment de l'entrée en scène d'Hannibal, Scipion se replia au lieu de se porter en avant. Il attira ainsi Hannibal sur un terrain de bivouac où les Carthaginois allaient manquer d'eau, sur un champ de bataille en plaine où la supériorité de la cavalerie romaine, supériorité récemment acquise, pouvait jouer à plein. Scipion avait déjà gagné les deux premières manches ; sur le champ de bataille de Zama (exactement, Naraggara), il put gagner la belle par une tactique qui annula l'atout maître d'Hannibal, la supériorité de sa cavalerie. Et lorsque, pour la première fois, la défaite tactique surprit Hannibal, il dut subir les conséquences de la défaite stratégique qui lui avait été infligée auparavant : il ne disposait d'aucune enceinte fortifiée sur laquelle se replier et que son armée battue aurait pu rallier avant d'être anéantie au cours de la poursuite. La reddition de Carthage suivit ces événements, et sans effusion de sang.

La campagne de Zama assurait d'abord l'hégémonie de Rome dans le monde méditerranéen ; puis, la future extension de cette suprématie qui allait peu à peu se transmuer en suzeraineté, et ceci sans obstacles trop sérieux encore qu'avec de fréquents retours de fortune. Ainsi, l'année 202 avant Jésus-Christ conclut tout naturellement l'étude des événements marquants et décisifs du monde antique, et celle de leurs causes militaires. Mais, par la suite, l'expansion romaine allait s'essouffler ; puis l'empire qui avait été universel déclina avant que de tomber en morceaux en partie sous la pression des Barbares, mais plus encore par suite de la décadence interne.

Nous pouvons tirer de multiples enseignements d'une étude de l'histoire militaire et des méthodes de commandement utilisées au cours de cette période de « Déclin et de Mort », tandis que l'Europe opérait une véritable mue qui la faisait passer de ses antiques structures homogènes à des structures composites, à des États hétérogènes où se mêlaient les sangs les plus divers. Souvent, même, cette étude se révélera particulièrement féconde : Bélisaire et les derniers généraux de l'Empire byzantin méritent attention. Mais, dans l'ensemble, trop de points demeurent obscurs dans cette période, si bien que les caractères originaux et singuliers des événements décisifs sont trop difficiles à cerner et à définir avec précision ; les documents historiques et les relations des témoins sont trop incertains pour fournir une base sûre à des déductions scientifiques.

Avant que la puissance de Rome eût atteint son zénith, il y eut toutefois une guerre civile qui appelle l'examen : elle servit en effet de banc d'essai à un autre grand capitaine et, en outre, elle affecta profondément le cours de l'histoire. Car, dès que la seconde guerre punique eut livré l'Empire du monde à Rome, la guerre civile de 50-45 avant Jésus-Christ livra le monde romain à César et au césarisme. Quand César franchit le Rubicon, en décembre 50, sa puissance ne reposait que sur les Gaules et l'Illyrie ; Pompée contrôlait l'Italie et le reste des possessions romaines. César disposait de neuf légions, mais une seule était avec lui à Ravenne, les huit autres stationnant en Gaule. Pompée disposait de dix légions en Italie, sept en Espagne et de nombreuses forces détachées dans différents secteurs de l'Empire, mais celles qu'il commandait en Italie n'avaient que leurs cadres et leurs aigles ; et une légion bien en main valait plus que deux sur pied de paix.

Par la suite, César fut critiqué pour sa hâte à marcher vers le sud avec une aussi légère fraction de ses moyens. Mais le temps et la surprise sont toujours les éléments fondamentaux de la guerre ; et, en plus de l'importance que César leur accordait, sa stratégie était commandée surtout par ce qu'il savait du tempérament de Pompée.

Deux itinéraires conduisaient de Ravenne à Rome. César emprunta le plus long et le moins direct, le long de la côte adriatique ; mais il effectua son mouvement très rapidement. En traversant cette zone très peuplée, il rallia à sa cause de nombreux détachements de recrues levées pour Pompée, fait qui se reproduisit pour Napoléon en 1815. Moralement touché par ce mouvement, le parti de Pompée quitta Rome et se replia sur Capoue tandis que, s'interposant entre le détachement ennemi avancé à Corfinium et les forces principales massées autour de Luceria sous le commandement de Pompée, César s'assurait un avantage considérable sans verser une goutte de sang. Il poursuivit vers le sud en direction de Luceria, les ralliements à sa cause faisant boule de neige. Mais son avance, maintenant directe, provoqua la retraite précipitée de Pompée vers le port fortifié de Brindisium (Brindisi) dans le talon de la botte italienne ; la poursuite, menée rondement par César, bouscula son adversaire au point que celui-ci se décida à franchir l'Adriatique et à gagner la Grèce. Ainsi un abus de la progression directe, et un manque d'habileté lors de la seconde phase, privèrent César de ses chances d'en finir avec Pompée au cours d'une seule campagne ; et ils le condamnèrent, pendant plus de quatre années, à conduire une guerre pénible et acharnée tout autour du Bassin méditerranéen.

La seconde campagne s'ouvrit alors. Au lieu de suivre Pompée en Grèce, César se retourna contre les troupes pompéiennes d'Espagne ; et cette manière de procéder en concentrant ses moyens contre le « jeune associé » de son ennemi a soulevé de nombreuses critiques ; mais la passivité de Pompée, qu'il avait exactement prévue, démontra effectivement la justesse de ses calculs. Cette fois, César ouvrit la campagne trop précipitamment, et une menace directe sur les forces principales de l'adversaire rassemblées à Ilerda (l'actuelle Lérida), juste au débouché des Pyrénées, permit à cet adversaire de refuser la bataille. Un assaut échoua, et César n'évita le désastre que par son intervention personnelle dans le combat. Le moral de ses hommes ne cessa dès lors de fléchir jusqu'à ce qu'il modifiât sa méthode d'approche : il était grand temps.

Au lieu de risquer une nouvelle tentative pour activer le siège et enlever la ville, il consacra tous ses moyens à la création d'un gué artificiel qui devait lui permettre de commander les deux rives du Sicoris, rivière qui traversait Ilerda. Cette menace sur leurs sources de ravitaillement contraignit les lieutenants de Pompée à battre en retraite tandis qu'il en était temps encore. César les laissa s'esquiver sans les serrer de près mais il confia à sa cavalerie gauloise la mission de se porter sur leurs arrières, de les harceler et de retarder leur marche. Puis, plutôt que d'enlever le pont tenu par l'arrière-garde adverse, il prit le risque de faire passer ses légions par un gué très profond considéré généralement comme praticable à la seule cavalerie. Décrivant ensuite un vaste mouvement tournant, au cours de la nuit, il se posta sur la ligne de retraite ennemie. Même alors, il ne chercha pas la bataille, mais se contenta de barrer la route à l'adversaire à chaque tentative qu'il fit pour s'ouvrir une nouvelle ligne de retraite ; sa cavalerie continua de harceler et de retarder l'ennemi, tandis que ses légions progressaient en évitant le contact. Refrénant énergiquement l'impatience de ses hommes qui voulaient à tout prix se battre, César encouragea en même temps la fraternisation avec ceux du parti adverse dont la faim, la fatigue et le découragement ne faisaient que croître. Enfin, lorsqu'il les eut contraints, comme un berger guidant son troupeau, à reprendre la direction d'Ilerda et à s'installer sur une position privée d'eau, les pompéiens capitulèrent. Ce fut une victoire stratégique aussi peu sanglante pour le vaincu que pour le vainqueur ; et moins le vaincu perdit d'hommes, plus César put rallier à sa cause de nouveaux partisans et des recrues. Et bien qu'il eût substitué la manœuvre à l'attaque directe, il n'avait consacré que six semaines à cette campagne.

Mais, lors de la suivante, en 48 avant Jésus-Christ, il modifia sa stratégie, si bien qu'il lui fallut huit mois pour arracher la victoire, et encore celle-ci ne fut-elle pas totale. Au lieu de pénétrer en Grèce par l'itinéraire indirect et terrestre d'Illyrie, César adopta en effet la voie maritime directe. Si, au début, il gagna ainsi du temps, il en perdit beaucoup par la suite.

Pompée disposait initialement d'une flotte importante ; César n'en avait pas ; et, bien qu'il eût ordonné la construction sur une grande échelle de divers types de bateaux, la plupart d'entre eux n'étaient pas encore prêts. Plutôt que de prendre patience, César fit voile à partir de Brindisi avec la moitié à peine de ses moyens rassemblés. Débarquant à Palaeste, il suivit la côte, se dirigeant vers l'important port de Dyrrachium (Durazzo). Pompée venait juste de l'y précéder, mais, heureusement pour César, il fut aussi lent qu'à l'accoutumée et ne sut pas exploiter la supériorité de ses forces contre Antoine – commandant l'autre moitié de l'armée de César – qui put ainsi éviter la flotte pompéienne et chercher à faire sa jonction avec César. Même lorsque Antoine eut débarqué de l'autre côté de Dyrrachium, Pompée, bien que placé en position centrale, ne put interdire à César et à Antoine de se rejoindre à Tirana. Pompée battit alors en retraite, suivi de ses adversaires qui lui offrirent vainement la bataille. Après quoi, les deux armées se firent face sur la rive sud du Genusus qui coulait au sud de Dyrrachium.

Une approche indirecte dénoua la situation. Par un long et difficile détour de quelque 45 milles, dans une région accidentée, César parvint à se placer lui-même entre Dyrrachium et Pompée avant que ce dernier, qui n'avait cependant que 25 milles à parcourir, eût senti le danger et se décidât à un repli précipité vers sa base d'opération. Mais César ne poussa pas ses avantages ; et Pompée, qui demeurait libre de se ravitailler par mer, ne vit aucune raison d'attaquer son adversaire, apathie conforme à son tempérament. César entama alors une opération qui ne manquait pas d'originalité, encore qu'elle s'avérât stérile : il entreprit de réaliser une immense et coûteuse ligne de circonvallation pour investir l'armée adverse, qui non seulement était plus forte que la sienne, mais pouvait encore se ravitailler aisément ou se déplacer par mer à sa convenance.

Pourtant, malgré son inertie, Pompée ne pouvait négliger l'occasion de porter des coups de boutoir aux points faibles d'une ligne aussi ténue ; et ses succès amenèrent César à répliquer par une contre-attaque en force qui échoua de façon désastreuse. Seule, la passivité de Pompée épargna une totale désintégration aux troupes démoralisées de son adversaire.

Celles-ci réclamèrent d'être engagées à nouveau ; mais César avait parfaitement compris la leçon ; et, après s'être assuré une ligne de retraite, il revint à une stratégie d'approche indirecte : excellente occasion pour Pompée d'appliquer la même stratégie en repassant l'Adriatique, et en reprenant le contrôle de l'Italie où son retour eût été singulièrement facilité par la mauvaise impression que l'échec avait faite sur les Romains. Cependant, César montra qu'il avait saisi exactement quel danger recélaient les possibilités offertes à Pompée par ce mouvement *vers l'ouest*. Aussi s'élança-t-il *vers l'est*, contre le lieutenant de son adversaire, Scipion. Nasica, posté en Macédoine. Ainsi surclassé intellectuellement, Pompée fut conduit à modeler son action sur celle de César ; et, par un autre itinéraire, il se porta rapidement au secours de Scipion. Arrivé le premier, César laissa Pompée le rejoindre plutôt que de lancer ses légions contre les retranchements de Scipion ; et qu'il ait négligé ainsi une occasion favorable pourrait être imputé au fait qu'il aurait compris, après Dyrrachium, que seuls des motifs vraiment pressants pouvaient pousser Pompée à livrer bataille en rase campagne. S'il en fut réellement ainsi, le calcul de César fut effectivement correct : Pompée avait pourtant des troupes deux fois plus nombreuses, mais il n'accepta les risques d'une bataille que sur l'insistance de ses lieutenants. Alors que César ébauchait une série de manœuvres destinées à susciter l'occasion propice, Pompée marcha à sa rencontre et lui offrit le combat à Pharsale. À ne tenir compte que de l'intérêt de César, la bataille était certainement prématurée, ainsi que le prouve le résultat acquis d'extrême justesse. Cette approche indirecte de César avait été conçue pour rétablir l'équilibre stratégique, et une autre était nécessaire pour détruire définitivement l'équilibre personnel de Pompée.

Après la victoire de Pharsale, César le poursuivit donc par les Dardanelles, traversa l'Asie Mineure et le refoula, le long des côtes méditerranéennes, jusqu'à Alexandrie où Ptolémée l'assassina, épargnant ainsi à César beaucoup de soucis. Mais le vainqueur dilapida ces bénéfices considérables en intervenant dans la querelle survenue entre Ptolémée et sa sœur Cléopâtre au sujet de la succession au trône d'Égypte ; il perdit ainsi huit mois en dispersant inutilement ses efforts. Il semble même que l'erreur constante et en quelque sorte congénitale de César, ait été l'entêtement avec lequel il poursuivait les objectifs qui se présentaient inopinément à lui et fixaient soudain son attention, ceci au point de le détourner de ses plus vastes desseins. En stratégie, il était alternativement le Dr Jekyll et M. Hyde.

Cet entracte permit aux forces pompéiennes de se ressaisir et de gagner un nouveau répit pour leur regroupement en Afrique et en Espagne. En Afrique, les difficultés de César s'aggravaient par suite de l'action directe constamment utilisée par son lieutenant Curion. Après un premier succès remporté après son débarquement, Curion se laissa prendre au piège et exterminer par le roi Juba, allié du parti de Pompée. César ouvrit alors sa propre campagne d'Afrique (46 av. J.-C.) en utilisant, comme naguère en Grèce, une action directe aux effets encore aggravés par la brutalité de son intervention et l'insuffisance de ses forces. Pris dans le filet une fois de plus, il se dégagea grâce à son habituelle combinaison d'audace tactique et de chance. Après quoi, il s'installa dans un camp retranché près de Ruspina, attendit l'arrivée de ses autres légions et ne céda pas à la tentation de livrer bataille.

Voulant épargner la moindre effusion de sang à ses troupes, il consentit enfin à revenir à la manœuvre ; pendant plusieurs mois, et même après avoir reçu ses renforts, il appliqua une stratégie d'approche indirecte du meilleur style, mais sur une petite échelle. Il manœuvra sans cesse pour infliger à ses adversaires une série de coups d'épingle dont la répétition affecta le moral adverse, ainsi qu'en témoigna le flot considérable des déserteurs pompéiens. Enfin, par une approche indirecte de plus grande envergure qui menaça l'importante base ennemie de Thapsus, il créa des conditions favorables pour la bataille et ses troupes, prenant le mors aux dents, se lancèrent à l'assaut, gagnant ainsi la bataille sans même que leur chef intervint.

Au cours de la campagne d'Espagne qui suivit – 45 avant Jésus-Christ – et qui mit le point final à la guerre, César s'efforça d'éviter les pertes en vies humaines et manœuvra constamment, mais dans des limites assez étroites, afin d'acculer ses adversaires sur un terrain où il pût livrer bataille avec tous les atouts en main. Il y parvint à Munda et enleva la victoire ; mais l'âpreté du combat longtemps indécis et les lourdes pertes de l'un et de l'autre partis soulignent la distinction qu'il faut toujours faire entre l'économie des forces et une appréciation vraiment trop avare des forces nécessaires.

La méthode d'approche indirecte utilisée par César paraît sans grande envergure et négligeant trop souvent la recherche de la surprise. Si, dans chacune de ses campagnes, il provoqua une grande tension morale chez l'ennemi, il ne parvint pas à l'anéantir. On peut en déceler la cause dans le fait qu'il s'intéressait particulièrement au tempérament, à l'esprit des troupes ennemies, et que ses plans les visaient plus que le tempérament et l'esprit de leur commandement. Si l'histoire de ses campagnes éclaire la différence entre les deux sortes d'approche indirecte – approche matérielle des forces ennemies et approche psychologique du commandement adverse – elle met également encore plus en évidence la différence entre les approches directe et indirecte : César échoua toutes les fois qu'il se fia à l'approche directe, mais chaque fois il répara ses échecs en ayant recours à l'indirecte.

# 4

# Les guerres byzantines
## Bélisaire et Narsès

Après sa victoire de Munda en 45 avant Jésus-Christ, César fut proclamé « dictateur perpétuel » de Rome et du monde romain. Cette désignation, lourde de conséquences, recélait une contradiction dans les termes mêmes ; elle marquait la ruine de la Constitution en facilitant le passage de la République à l'Empire, formule qui contenait en germe toutes les données devant, plus tard, conduire ce même Empire à la mort. Toutefois, le processus fut graduel et même, considéré à l'échelle de l'histoire, progressif : cinq siècles séparent le triomphe de César de la chute finale de Rome. Et même alors, l'« Empire romain » continua d'exister, mais sous une autre forme, pendant quelque mille ans.

Cette longévité est due, en premier lieu, à Constantin le Grand qui, en 330, transféra la capitale de Rome à Byzance (Constantinople) ; en second lieu, à la partition définitive, en 364, du monde romain en un empire d'Orient et un empire d'Occident. Le premier vécut mieux que le second que sapèrent les assauts et les infiltrations barbares jusqu'à ce que, vers la fin du v^e^ siècle avant Jésus-Christ, la création d'un royaume indépendant d'Italie – à l'instar de royaumes similaires en Gaule, en Espagne et en Afrique – entraînât la déchéance et la destitution de l'empereur d'Occident qui ne régnait plus que nominalement.

Néanmoins, au milieu du VI^e^ siècle, on trouve une

période au cours de laquelle la domination romaine fut « réactivée » en Occident, et à la suite d'actions partant de l'Orient. Pendant le règne de Justinien à Constantinople, ses généraux conquirent l'Afrique, l'Italie et l'Espagne méridionale. Ces succès, attachés principalement au nom de Bélisaire, sont remarquables surtout pour deux caractères : d'abord, pour l'extraordinaire faiblesse des moyens avec lesquels Bélisaire conduisit à bien ces lointaines campagnes ; ensuite, pour l'emploi constant et quasi systématique qu'il fit de la défensive tactique. L'histoire n'offre aucun autre exemple d'une telle série de conquêtes faites en s'abstenant d'attaquer. Elles furent d'autant plus remarquables qu'exécutées par une armée visant surtout à la mobilité et composée principalement de cavalerie. Bélisaire ne manquait certes pas d'audace, mais sa tactique consista à offrir le rôle d'attaquant au parti adverse. Si cette attitude concertée lui fut imposée en partie par la faiblesse de ses effectifs, elle résultait également d'un calcul subtil à partir des données tactiques et psychologiques.

Son armée possédait peu de traits communs avec le modèle classique que proposait l'armée des légions ; elle annonçait déjà des formes médiévales, quoique avec un degré d'organisation plus élevé. Un soldat de César n'y aurait pas reconnu une armée romaine, bien qu'un soldat ayant servi en Afrique avec Scipion aurait manifesté moins d'étonnement et compris les origines et les causes de cette évolution. Entre l'époque de Scipion et celle de César, et tandis que Rome passait du stade de la cité-État à celui de l'Empire, l'armée s'était transformée : à une armée de citoyens servant à court terme, avait succédé une force professionnelle servant à long terme.

Mais l'organisation militaire qui en découla n'avait pas confirmé la primauté de la cavalerie établie, semblait-il, à Zama. L'infanterie était devenue en effet la pierre d'angle de l'armée impériale romaine, et la cavalerie n'avait plus tenu qu'un rôle accessoire, comme aux premiers temps de la lutte contre Hannibal ; et ceci malgré l'accroissement des possibilités du cheval. Lorsque le besoin d'une plus grande mobilité se fit sentir pour la défense des frontières, la proportion de cavalerie s'accrut progressivement ; mais ce ne fut guère qu'après la bataille d'Andrinople, en 378, au cours de laquelle les légions furent dominées par la cavalerie des Goths, que les armées romaines furent réorganisées en tenant compte des enseignements de la rencontre.

Avec les générations qui suivirent, l'évolution aboutit à l'exagération inverse. Sous Théodose, l'amélioration du soldat portant armure et mobile fut hâtée par le recrutement de nombreux cavaliers barbares ; plus tard, ce recrutement fut ramené à de plus sages proportions, et le nouveau type d'organisation systématisé. Au temps de Justinien et de Bélisaire, l'arme principale fut la cavalerie lourde portant l'armure et armée aussi bien de l'arc que de la lance. L'idée directrice était évidemment d'associer, en un seul combattant discipliné, la puissance des armes de jet mobiles et la puissance des armes de choc, valeurs démontrées séparément par les archers à cheval huns et perses et par les lanciers goths. Cette cavalerie lourde fut associée à des archers à cheval plus légèrement équipés ; et la combinaison des deux types de cavaliers préfigure, tant sur le plan des structures que sur celui des tactiques, celle des chars légers et lourds (ou moyens) du XX^e^ siècle. D'autre part, l'infanterie fut organisée selon un type léger et un type lourd ; mais, armée de lourdes lances et articulée en formations compactes, l'infanterie lourde était plutôt le pivot autour duquel la cavalerie pouvait manœuvrer au cours de la bataille.

Au début du VI^e^ siècle, la situation de l'Empire romain d'Orient devient précaire. Ses armées connurent bon nombre de défaites humiliantes sur les frontières perses, et, plus généralement, ses positions en Asie Mineure furent sérieusement menacées. La pression ennemie diminua pour un temps lorsque les Huns envahirent le nord de la Perse ; mais la guerre reprit avec cette dernière vers 525 ; et elle débuta plutôt favorablement pour les « Romains ». Bélisaire commença à s'y distinguer en conduisant plusieurs raids de cavalerie en Arménie perse et, plus tard, lors d'une contre-offensive vraiment inspirée lancée contre les Perses qui s'étaient emparés d'une forteresse frontalière. Le contraste de ces succès avec les médiocres résultats obtenus par ses autres chefs de guerre amena Justinien à nommer Bélisaire, bien qu'âgé de moins de trente ans, commandant en chef des armées d'Orient.

En 530, une armée perse de 40 000 hommes environ marcha sur la forteresse de Daras. Bélisaire disposait, en gros, d'une vingtaine de mille hommes seulement ; et encore s'agissait-il en majeure partie de recrues non instruites qui lui avaient été tout récemment envoyées. Plutôt que de soutenir un siège, il se décida à livrer combat, mais sur une position qu'il avait minutieusement préparée afin d'y mettre en pratique sa tactique défensive-offensive ; il escomptait également que le mépris des Perses pour les Byzantins et leur supériorité numérique les inciteraient à prendre l'initiative de l'attaque. Un fossé large et profond avait été creusé devant Daras, mais assez près des murailles pour que les défenseurs de ce fossé fussent soutenus par le tir des défenseurs postés sur les remparts. Bélisaire y plaça son infanterie, de médiocre qualité. À chaque extrémité du fossé frontal fut creusée une tranchée en bretelle qui formait donc des angles avec le front ; en outre, de chaque extrémité de ces bretelles, de nouveaux éléments droits de tranchée partirent en direction des hauteurs qui dominaient la vallée de chaque côté. Le long de ces travaux de flanquement, dans lesquels, à intervalles, étaient réservés de larges passages, des unités de cavalerie lourde furent disposées, prêtes aux contre-attaques. La cavalerie légère des Huns fut postée dans chacun des deux angles ou redans de telle sorte que, si la cavalerie lourde des ailes se voyait contrainte au repli, elle pouvait être soulagée par des harcèlements sur les arrières de l'attaquant.

Débouchant sur ce terrain, les Perses furent surpris par les retranchements et consacrèrent la première journée à les reconnaître minutieusement. Le lendemain matin, Bélisaire adressa une lettre au général perse, lui suggérant de régler les litiges par une discussion pacifique plutôt que par le combat. Selon Procope, il écrivit : « La première bénédiction est la paix, ainsi que le croient tous les hommes qui possèdent ne serait-ce qu'une étincelle de raison... C'est pourquoi le meilleur général demeure celui qui est capable de substituer la paix à la guerre. » Mots remarquables si l'on songe que leur auteur était un soldat très jeune, et ceci à la veille de sa première grande victoire. Mais le général perse répliqua qu'on ne pouvait avoir confiance dans les promesses des Romains. En réalité, il pensait que la seule crainte inspirait le message de Bélisaire et son attitude défensive. Aussi l'attaque fut-elle décidée. Les Perses eurent soin de ne point tomber dans le piège et de ne pas attaquer au centre ; mais cette précaution faisait précisément le jeu de Bélisaire ; il ne souhaitait pas que l'effort perse fût rompu frontalement, mais plutôt que le combat tournât seulement au combat de cavalerie sur les ailes ; c'est-à-dire un combat mené avec l'arme pour laquelle son infériorité numérique était moindre et sur laquelle il pouvait compter. D'ailleurs, son infanterie pouvait participer à ce combat par le tir de ses archers. L'arc byzantin surclassait son homologue perse, et l'armure perse était plus vulnérable aux flèches byzantines que celle des Byzantins aux flèches perses.

La cavalerie perse s'avança d'abord sur l'aile gauche de Bélisaire ; mais un petit détachement de cavalerie qu'il avait défilé jusqu'alors sur le flanc, derrière une colline, la chargea brusquement dans le dos. Ce coup inattendu, combiné avec l'apparition de la cavalerie légère des Huns sur leur autre flanc, contraignit les Perses à se replier. Sur l'autre aile cependant, la cavalerie perse s'enfonçait, et toujours plus profondément, dans le dispositif byzantin, atteignant même les remparts de la ville, mais ne parvenant ainsi qu'à ouvrir une brèche entre leur aile marchante et leur centre immobilisé ; dans cette brèche, Bélisaire lança alors toute sa cavalerie disponible. Cette contre-attaque, menée à l'articulation très affaiblie de leur dispositif, rejeta la cavalerie de l'aile gauche des Perses hors du champ de bataille, et ceci par une ligne de fuite divergente. Enfin, Bélisaire se retourna contre le flanc de l'infanterie ennemie immobilisée au centre. Cette bataille de Daras s'acheva sur la défaite décisive des Perses, leur première défaite devant les Byzantins depuis plusieurs générations.

Après d'autres revers, les rois perses consentirent à discuter les termes de la paix avec les envoyés de Justinien. Les négociations progressaient, lorsque le roi des Saracens, allié des Perses, leur suggéra un nouveau plan de campagne basé sur une action indirecte contre la puissance byzantine. Il proposa d'attaquer la frontière, non pas là où elle était solidement fortifiée et tenue, mais là où les Byzantins ne s'y attendaient pas ; solution qui, selon lui, devait être infiniment plus avantageuse. Une armée composée de la majeure partie des troupes mobiles disponibles ferait donc mouvement vers l'ouest en partant de l'Euphrate et, traversant le désert considéré depuis longtemps comme une barrière infranchissable, elle déboucherait par surprise sur Antioche, la ville la plus riche de l'empire d'Orient. Ce plan fut adopté et exécuté assez avant pour prouver que la traversée d'un désert était chose possible à une armée d'un type adapté au milieu.

Toutefois, Bélisaire avait rendu ses troupes si mobiles, et il avait si bien accru l'efficacité du système de défense frontalier, qu'il fut en mesure de descendre rapidement du nord et de devancer l'ennemi. Puis, ayant ainsi déjoué la menace, il se contenta de reconduire les envahisseurs sur leurs bases de départ. Mais un but de guerre si limité ne satisfaisait pas ses troupes, et, tenant compte de leur mécontentement, Bélisaire tenta de leur faire comprendre que la véritable victoire résidait dans le fait d'avoir contraint l'ennemi à abandonner ses projets, et ceci aux moindres frais pour Byzance. Dès lors qu'on y avait réussi, se battre ne procurerait aucun autre bénéfice effectif, « car, pourquoi s'entêter à poursuivre un ennemi en fuite ? » On court inutilement les plus grands risques de défaite en livrant bataille, et cette défaite peut ouvrir les routes menant au cœur de l'empire à une invasion nouvelle et encore plus dangereuse. Or refuser toute voie ou tout moyen de salut à une armée battant en retraite est le meilleur moyen de lui insuffler le courage du désespoir.

De tels arguments étaient trop raisonnables pour répondre aux sentiments élémentaires et aux instincts sanguinaires des soldats. Aussi, pour les conserver en mains, il donna satisfaction à leur désir de combattre et subit ainsi sa seule défaite, tout en prouvant ainsi la valeur de ses arguments. Mais la victoire des Perses sur leurs poursuivants fut acquise à un prix si élevé qu'ils durent continuer à battre en retraite.

Peu après son efficace défense des frontières orientales, Bélisaire fut chargé d'exécuter une mission offensive en Occident. Au siècle précédent, les Vandales, peuple germanique, avaient achevé leur migration vers le sud en occupant l'Afrique romaine et en établissant leur capitale à Carthage. De cette base de départ, ils pratiquaient la piraterie sur une grande échelle et lançaient des raids sur les cités des rivages méditerranéens qu'ils pillaient. En 455, ils mirent Rome à sac et, par la suite, infligèrent une cuisante défaite à une expédition punitive que Constantinople avait lancée contre eux. Quelques générations après, les habitudes de luxe et le soleil africain avaient quelque peu poli leurs manières, mais commencé également à corrompre leur vigueur. Puis, en 531, le roi vandale Hildéric, qui avait été l'ami de Justinien dans sa jeunesse, fut déposé et emprisonné par Gélimer, un de ses neveux particulièrement belliqueux. Justinien écrivit alors à Gélimer pour lui demander de relâcher son oncle et, sa requête ayant été repoussée, il décida, en 533, de confier à Bélisaire le commandement d'un corps expéditionnaire destiné à l'Afrique. Ce corps comportait seulement 5 000 cavaliers et 10 000 fantassins, et quoiqu'il s'agît de troupes d'élite, les moyens étaient singulièrement faibles puisque l'on présumait que les Vandales disposaient de 100 000 hommes environ.

Lorsque l'expédition atteignit la Sicile, Bélisaire reçut d'encourageantes nouvelles : la majorité des forces vandales avait été envoyée en Sardaigne, alors possession vandale, pour mater une révolte ; et Gélimer en personne était loin de Carthage. Bélisaire ne perdit pas de temps et fit voile vers l'Afrique où il débarqua sans combat en un point situé à environ neuf journées de marche de Carthage. Il évita ainsi d'être coupé par la flotte vandale supérieure à la sienne. Apprenant cela, Gélimer ordonna rapidement à ses divers détachements de converger vers un défilé près d'Ad Decimum, la 10e borne miliaire sur la grand-route de Carthage, où il espérait encercler les envahisseurs.

Mais, synchronisée avec une menace de sa flotte sur Carthage, l'avance de Bélisaire déjoua ce plan et surprit les Vandales en pleine concentration. Une série de combats confus amena alors tant de désordres dans les forces vandales qu'elles manquèrent l'occasion de submerger Bélisaire ; mieux encore, elles furent rejetées et dispersées dans toutes les directions, tout en laissant aux Byzantins une voie d'accès dans Carthage. Pendant ce temps, ayant regroupé ses moyens et rappelé son corps expéditionnaire de Sardaigne, Gélimer était prêt à reprendre l'offensive, et Bélisaire relevait les défenses de Carthage laissées à l'abandon par les Vandales.

Après plusieurs mois au cours desquels il attendit que ses adversaires tentent de l'expulser, Bélisaire conclut de leur inertie que leur moral était assez bas. Assuré désormais de posséder une solide place de refuge en cas de défaite, il se décida à risquer l'offensive. Poussant sa cavalerie en tête, il atteignit le camp vandale de Tricaméron, situé derrière un torrent, et engagea la bataille sans attendre l'arrivée de son infanterie. Il semble que, par suite de son infériorité numérique, son intention ait été d'inciter les Vandales à l'attaquer, puis de lancer sur eux une contre-attaque au moment où ils franchiraient le torrent ; mais une « attaque de provocation » et un repli simulé ne réussirent pas à les attirer dans la poursuite au-delà de la coupure. Sur quoi, Bélisaire profita de la méfiance de ses adversaires pour pousser des forces plus importantes au-delà du torrent, et, après avoir lancé sur leur centre une attaque qui fixa leur attention, il élargit cette attaque sur tout le front.

La résistance des Vandales s'effondra brusquement, et ils se réfugièrent dans leur camp. Gélimer s'enfuit au cours de la nuit et, après sa disparition, son armée se dispersa. Cette victoire, complétée par une poursuite au cours de laquelle Gélimer fut pris, mit fin à la guerre. Ainsi, alors que le projet de reconquérir l'Afrique romaine avait pu, à l'origine, passer pour une aventure très risquée, il était apparu finalement assez simple dans l'exécution.

Ce facile triomphe encouragea Justinien à tenter, en 535, la reconquête de l'Italie et de la Sicile sur les Ostrogoths, et ceci au moindre prix. Il dépêcha une petite armée sur la côte dalmate et, sur la promesse de subsides, obtint des Francs qu'ils attaquent les Goths par le nord. Couvert par ces opérations de diversion, il envoya Bélisaire en Sicile à la tête d'un corps expéditionnaire de 12 000 hommes, lui ordonnant, une fois dans l'île, de répandre le bruit que son armée se dirigeait vers Carthage. Il devait alors occuper l'île, mais seulement s'il pensait que cette opération serait aisée ; sinon, il devait rembarquer sans rien tenter. De fait, Bélisaire ne rencontra aucune difficulté ; bien que les cités siciliennes aient été bien traitées par leurs conquérants, elles l'accueillirent en sauveur et protecteur. Les petites garnisons de Goths n'offrirent aucune résistance sérieuse, sauf Palerme qu'il lui fallut enlever par un stratagème. Par contre, l'invasion tentée en Dalmatie par les Byzantins tourna au désastre. Mais aussitôt que ce mouvement de diversion fut renforcé par une nouvelle armée byzantine, Bélisaire franchit le détroit de Messine et commença l'invasion de l'Italie.

Des dissensions internes chez les Goths et la négligence

de leur roi ouvrirent à Bélisaire la route de l'Italie méridionale jusqu'à Naples, solidement fortifiée et tenue par une garnison aussi forte que sa propre armée. Mis en échec au début, Bélisaire trouva par hasard le moyen de pénétrer dans la ville par un aqueduc abandonné. Infiltrant un détachement d'élite par l'étroit tunnel, il combina ainsi une attaque sur les arrières avec une escalade frontale exécutée de nuit, combinaison qui lui livra la ville.

La nouvelle de ce désastre provoqua un tel scandale chez les Goths qu'ils se soulevèrent contre leur roi qu'ils remplacèrent sur le trône par un général de caractère, Vitigès. Mais Vitigès adopta les conceptions militaires classiques et voulut en finir d'abord avec les Francs avant que de concentrer ses moyens contre le nouvel envahisseur byzantin. Aussi, après avoir laissé Rome à la garde d'une garnison qu'il considérait comme suffisante, il marcha vers le nord pour en finir avec les Francs. Mais le peuple romain ne l'entendait pas ainsi, et comme la garnison sentit qu'elle ne pouvait défendre la ville sans l'aide des habitants, elle se retira à l'approche de Bélisaire qui s'empara alors sans difficulté de la ville. Vitigès regretta sa décision, mais il était trop tard. Et après avoir acheté les Francs avec de l'or et des territoires, il réunit une armée de 150 000 hommes afin de reprendre Rome, alors que, pour la défendre, Bélisaire n'en avait que 10 000 ; mais au cours du répit de trois mois qui lui fut accordé avant le début du siège, il avait relevé les défenses de la ville et rassemblé d'importants stocks de nourriture. Sa méthode de défense fut active, et il exécuta de nombreuses et judicieuses sorties au cours desquelles il exploita les avantages offerts par sa cavalerie récemment armée d'arcs, si bien qu'elle put harceler sans trêve les masses de la cavalerie ennemie tout en se tenant elle-même hors de prise. Bien que le régime auquel étaient soumis les défenseurs fût extrêmement rigoureux, les forces des assiégeants s'amenuisaient plus rapidement que les leurs, surtout par suite de maladies. Afin d'accélérer ce processus, Bélisaire prit hardiment le risque d'envoyer deux détachements s'emparer par surprise de Tivoli et de Terracine, villes qui commandaient les routes par lesquelles les assiégeants recevaient leur ravitaillement. Et lorsqu'il eut reçu des renforts, il étendit le rayon d'action de ses raids jusqu'à la côte adriatique, vers la principale base des Goths : Ravenne. Finalement, après une année de siège, les Goths abandonnèrent leur projet et se replièrent vers le nord, repli qui fut d'ailleurs accéléré par la nouvelle qu'une force byzantine s'était emparée de Rimini, ville située sur leur ligne de communication, déjà menacée, avec Ravenne. Et lorsque leur arrière-garde, environ la moitié de leur armée, traversa le pont Milvius, elle subit, avec beaucoup de pertes, une dernière attaque de Bélisaire.

Tandis que Vitigès battait en retraite vers le nord-est, en direction de Ravenne, Bélisaire détacha sur la côte ouest une partie de ses forces avec la flotte, afin d'enlever Pavie et Milan. Lui-même, avec 30 000 hommes, se dirigea vers la côte orientale où le rejoignirent des renforts récemment débarqués : 7 000 hommes aux ordres de Narsès, un eunuque qui était chambellan de la cour. Puis il se porta en toute hâte au secours de son détachement de Rimini assez aventuré devant Vitigès.

Masquant la forteresse d'Osimo où les Goths avaient laissé un détachement de 25 000 hommes, Bélisaire se glissa derrière elle et marcha en deux colonnes sur Rimini, tandis qu'une autre fraction de ses forces faisait mouvement par mer. Cette avance en trois corps avait pour but de donner aux Goths une impression fort exagérée de sa puissance ; et, afin de renforcer cette impression, une ligne très longue de feux de camp fut allumée pendant la nuit. La ruse réussit, favorisée d'ailleurs par la crainte que répandait maintenant le nom de Bélisaire ; et la majeure partie de l'armée des Goths fut prise de panique à son approche.

Puis, gardant un œil sur Vitigès dans Ravenne, Bélisaire voulut assurer ses communications avec Rome en enlevant les diverses forteresses qu'il avait négligées au cours de sa rapide progression ; mais ce n'était pas besogne facile avec des effectifs aussi faibles que les siens. Aussi sa méthode consista-t-elle à isoler une forteresse, puis à concentrer ses moyens contre elle, tandis que des détachements très mobiles tendaient un rideau de sûreté à une distance suffisante pour fixer les forces adverses qui pouvaient, éventuellement, se porter au secours des assiégés. Même ainsi, la tâche exigea des délais considérables ; et elle fut encore compliquée par quelques généraux qui, ayant assez d'influence à la cour pour couvrir leur indiscipline, inclinaient à rechercher des tâches plus faciles et des objectifs plus spectaculaires. Aussi, pendant ce temps, Vitigès s'empressa-t-il de déléguer des ambassades auprès des Francs et des Perses, afin de leur suggérer qu'il était grand temps et que l'occasion était propice pour mettre un terme à l'expansionnisme byzantin. Il suffisait d'exécuter contre l'Empire une attaque concentrique partant des deux côtés, alors que les forces byzantines étaient si largement dispersées. Le roi des Francs répondit en franchissant les Alpes avec une importante armée.

Mais les premiers à souffrir de cette décision furent ses alliés ; car, après que le passage du Pô leur eut été ouvert près de Pavie par les Goths qui, à cet endroit, faisaient face à un détachement byzantin, les Francs attaquèrent impartialement les uns et les autres et les mirent en fuite ; puis ils procédèrent au pillage systématique de la contrée. Mais comme leur armée était presque entièrement composée d'infanterie, le rayon d'action de leurs fourrageurs demeurait faible et, peu après, ils périrent par milliers par suite de la famine qu'ils causèrent eux-mêmes. Démoralisés par les conséquences de leur folle imprévoyance, ils n'osèrent pas faire front devant un adversaire mobile, et, sans trop de difficultés, ils furent persuadés par Bélisaire de repasser les Alpes. Dès lors, Bélisaire fut en mesure de renforcer son emprise sur Ravenne et de contraindre Vitigès à la reddition.

À ce moment, en 540, il fut rappelé par Justinien, sous le prétexte officiel de repousser la nouvelle menace perse qui, en soi, était bien réelle. Mais, en réalité, il apparut vite que la jalousie était la cause profonde de ce rappel : on avait dit à Justinien que les Goths avaient fait des propositions de paix à Bélisaire, lui offrant de le reconnaître comme empereur d'Occident. Tandis que Bélisaire était sur le chemin du retour, un nouveau souverain perse, Chosroès, réédita la traversée du désert qui n'avait pas abouti la fois précédente, et il réussit à s'emparer d'Antioche. Ayant pillé la ville ainsi que d'autres cités syriennes, il accepta l'offre que lui fit Justinien d'un tribut annuel en échange d'un nouveau traité de paix. Justinien sauva sa propre bourse en dénonçant le traité dès que Chosroès eut regagné la Perse et Bélisaire, Constantinople. Ses sujets furent donc les seules dupes de ce marché, résultat d'ailleurs courant si l'on s'en tient à l'enseignement des guerres.

Au cours de la campagne suivante, Chosroès envahit la Colchide, sur la côte de la mer Noire, et s'empara de la forteresse byzantine de Petra tandis que, au même moment, Bélisaire atteignait la frontière orientale. Apprenant que le Perse s'était aventuré dans une lointaine expédition, et bien qu'il ne sût pas exactement où il s'était dirigé, Bélisaire saisit immédiatement l'occasion d'opérer par surprise une incursion en territoire ennemi ; et, pour en multiplier les effets, il envoya ses alliés arabes exécuter un raid le long du Tigre, jusqu'en Assyrie. Exécutées à un moment bien choisi, ces deux manœuvres peuvent servir à prouver la valeur de l'approche indirecte, car elles menaçaient les bases des armées perses qui avaient envahi la Colchide. Aussi Chosroès se replia-t-il en hâte pour protéger ses lignes de communications.

Peu après, Bélisaire fut rappelé à Constantinople, cette fois à cause de troubles internes ; et, pendant son absence du front oriental, le roi perse envahit la Palestine avec, pour objectif, Jérusalem qui était la plus riche cité de l'Orient depuis la destruction d'Antioche. Lorsque la nouvelle lui parvint, Justinien envoya Bélisaire rétablir la situation. Mais, cette fois, Chosroès disposait d'une très importante armée de 200 000 hommes, effectifs qui ne lui permettaient pas d'emprunter l'itinéraire du désert : il devait remonter l'Euphrate et pénétrer en Syrie avant que de s'engager vers le sud, en direction de la Palestine. Connaissant avec certitude la route empruntée nécessairement par son adversaire, Bélisaire concentra ses forces disponibles, peu nombreuses mais mobiles, à Carchemish, sur le cours supérieur de l'Euphrate, d'où elles pouvaient menacer sur le flanc et près de son point le plus vulnérable, la route d'invasion des Perses. Quand Chosroès apprit la présence des Byzantins, il envoya un émissaire à Bélisaire sous le fallacieux prétexte de discuter avec lui les termes d'un éventuel traité de paix ; en réalité pour se renseigner sur la valeur et l'état de l'armée byzantine. Celle-ci ne représentait guère, alors, que le dixième à peine et peut-être même le vingtième des forces d'invasion perses.

Devinant l'objet réel de cette mission, Bélisaire monta une « comédie » militaire. Il préleva les meilleurs de ses hommes, y compris des contingents de Goths, de Vandales, et de Maures qui s'étaient mis à son service après leur capture ; et il les mit en place sur l'itinéraire que devait emprunter l'envoyé de Chosroès, si bien que cet espion put croire que les éléments qu'il rencontrait ainsi constituaient seulement les avant-postes d'une grande armée. En outre, les soldats reçurent l'ordre de se répandre dans la plaine et de se déplacer constamment, de telle sorte que leur nombre apparent en fût comme multiplié. Cette impression de force fut renforcée par l'attitude pleine d'assurance et de confiance qu'afficha Bélisaire et par celle, toute d'insouciance, de ses troupes qui semblaient ne rien redouter d'une éventuelle attaque.

Le rapport de son ambassadeur persuada Chosroès qu'il était vraiment trop hasardeux de poursuivre sa progression alors qu'une force ennemie aussi formidable était établie sur le flanc de sa ligne de communications. Puis, grâce à une série de manœuvres de cavalerie le long de l'Euphrate – manœuvres qui confirmèrent les Perses dans leur erreur –

ces derniers furent bluffés par Bélisaire qui exécuta une prompte retraite en franchissant le fleuve, et qui regagna sa base de départ. Jamais une invasion, qui semblait initialement irrésistible, n'avait été repoussée aussi économiquement. Et ce résultat miraculeux avait été obtenu grâce à une approche indirecte qui, tout en reposant matériellement sur l'occupation d'une position menaçant le flanc de l'adversaire, fut en soi purement psychologique.

Bélisaire fut de nouveau rappelé à Constantinople, toujours par suite des soupçons jaloux de Justinien, soupçons qu'excitait la gloire toujours croissante de son général. Mais, peu après, les affaires byzantines s'étant gâtées de plus en plus en Italie au point de ruiner l'autorité de Justinien dans ce pays, le *basileus* fut contraint d'y envoyer Bélisaire pour rétablir la situation. Pourtant, l'avarice combinée avec la jalousie conduisit Justinien à n'accorder à son général que les plus maigres moyens, moyens d'autant plus justes que la tâche qu'il lui avait confiée initialement s'était accrue jusqu'à prendre de vastes dimensions lorsque Bélisaire atteignit Ravenne. En effet, les Goths, avec un nouveau roi, Totila, avaient progressivement reconstitué leur puissance, reconquis toute l'Italie du Nord-Ouest et, maintenant, ils s'élançaient vers le sud : Naples était tombée entre leurs mains, et Rome était menacée. Bélisaire fit une audacieuse mais vaine tentative pour sauver Rome en faisant voile le long de la côte avec un détachement qui força ensuite le passage du Tibre. Alors, Totila démantela les remparts de la ville, y laissa un détachement d'environ 15 000 hommes pour fixer les 7 000 de Bélisaire sur la côte, et marcha rapidement vers le nord pour enlever Ravenne pendant l'absence du Byzantin. Mais Bélisaire déjoua la surveillance de ses adversaires et se glissa dans Rome qui allait désormais constituer un appât qu'aucun Goth ne pouvait dédaigner. En trois semaines, jusqu'au retour de Totila et de son armée, Bélisaire releva si bien les fortifications, à l'exception des portes, qu'il fut en mesure de repousser deux gros assauts successifs ; les pertes des Goths furent si lourdes qu'ils perdirent confiance et, lorsqu'ils firent une troisième tentative, Bélisaire leur lança une contre-attaque qui les rejeta dans le plus grand désordre. Le lendemain, ils levaient le siège et se repliaient sur Tivoli. Mais en dépit des demandes répétées qu'il adressa à Justinien, Bélisaire ne reçut des renforts qu'au compte-gouttes ; aussi, au lieu de pouvoir procéder à la reconquête rapide de toute l'Italie, il dut se résigner à perdre plusieurs années en opérations de détails, allant de forteresse en forteresse et de port en port. Enfin, ne pouvant espérer que Justinien lui ferait assez confiance pour lui confier une armée suffisamment forte, il obtint en 548, l'autorisation de se démettre de ses fonctions et de regagner Constantinople.

Quatre ans plus tard, regrettant d'avoir abandonné l'Italie, Justinien décida une nouvelle expédition. Ne voulant pas confier le commandement à Bélisaire par crainte de susciter ainsi un souverain rival, il l'attribua finalement à Narsès qui, depuis longtemps, était un étudiant appliqué de la théorie de la guerre et qui, au moment culminant de la première campagne italienne de Bélisaire, avait eu la chance de pouvoir montrer ses talents de tacticien. Narsès exploita à fond la grande chance qui lui était offerte. En premier lieu, il n'accepta l'offre de Justinien que sous la condition de disposer d'une armée réellement forte et bien équipée. Il marcha ensuite vers le nord, le long de la côte Adriatique : mouvement d'autant plus efficace que les Goths s'étaient persuadés que l'invasion de Narsès devait nécessairement s'effectuer par voie maritime ; conviction fondée sur le fait que l'itinéraire côtier, particulièrement difficile avec les nombreux estuaires que devait franchir la route, ne permettait pas la rapidité. Mais grâce à un grand nombre de bateaux avançant de front avec ses colonnes terrestres et qui servaient à celles-ci comme de ponts flottants, Narsès progressa rapidement, contrairement aux prévisions ; et il atteignit Ravenne sans rencontrer d'opposition. Sans perdre de temps, il se hâta vers le sud, débordant sans les attaquer les forteresses qui barraient sa route, ceci avec l'idée de contraindre Totila à la bataille avant qu'il eût rassemblé la totalité de ses moyens. Totila tenait la passe principale des Apennins, mais Narsès s'infiltra par un sentier latéral et tomba sur son adversaire à Taginæ.

Là, Narsès possédait des forces supérieures à celles des Goths, situation opposée à celle qu'avait connue Bélisaire constamment inférieur en moyens au cours des campagnes précédentes. Toutefois, ayant tiré le meilleur parti de son offensive stratégique, Narsès préféra adopter la défensive tactique devant Totila. Spéculant sur l'instinct offensif des Goths, instinct qui devait les inciter à prendre l'initiative de l'attaque, il leur tendit un piège dont la forme et le style annoncent la tactique utilisée par les Anglais à Crécy huit siècles plus tard, devant la chevalerie française. Il établit son plan en tenant compte du mépris, d'ailleurs justifié, que les Goths avaient pour la fragilité de l'infanterie byzantine devant les charges de cavalerie. Au centre de son dispositif, il plaça un important corps de cavaliers démontés qui devaient utiliser leurs lances en fantassins, de telle sorte que l'ennemi les prît pour une masse de fantassins armés de piques. Sur chacun des flancs de ce corps central, il plaça ses archers à pied, les poussant en avant de telle sorte qu'ils dessinèrent un croissant à partir duquel ils pouvaient tirer d'enfilade sur tout ennemi assaillant le centre. La majeure partie de sa cavalerie démontée fut placée immédiatement derrière ces archers. Puis, assez loin sur la gauche, derrière une colline, il posta un détachement de cavalerie d'élite en mesure de déclencher une attaque par surprise dans le dos des Goths dès qu'ils se seraient profondément engagés.

Ce piège appâté, savamment conçu, permit à Narsès d'atteindre son but. Les cavaliers ennemis s'élancèrent sur son infanterie du centre, supposée faible ; mais, au cours de cette charge, ils souffrirent beaucoup des tirs convergents de ses archers postés en flanquement ; puis ils furent tenus en échec, de front, par la ferme attitude des lanciers démontés postés au centre tandis que, sur leurs ailes, les archers les pressaient de plus en plus. Quant à l'infanterie des Goths, elle hésita à appuyer sa propre cavalerie engagée contre ce centre, par crainte d'être elle-même attaquée de derrière par les archers montés que Narsès avait placés près des hauteurs flanquant la ligne de combat. Après avoir soutenu son effort pendant quelque temps, la cavalerie goth décontenancée commença à baisser le pied ; sur quoi Narsès lança une contre-attaque décisive avec ses propres cavaliers jusqu'alors gardés en réserve. Et la défaite des Goths fut si nette qu'il ne rencontra plus qu'une très faible résistance lorsque, aussitôt après, il entreprit la seconde conquête de l'Italie.

La soumission définitive des Goths s'acheva juste à temps pour permettre à Narsès de faire face à une nouvelle incursion des Francs qui répondaient ainsi à l'appel désespéré de leurs alliés goths. Cette fois, les Francs poussèrent beaucoup plus loin qu'auparavant : jusqu'en Campanie. Il semblerait que, tirant la leçon de leur première invasion, Narsès ait tenté de leur « présenter la corde pour se pendre eux-mêmes » ; il aurait évité la bataille jusqu'à ce que leur énorme supériorité numérique se fût peu à peu amenuisée par la rigueur des marches et les pertes dues à la dysenterie. Mais ils comptaient encore 80 000 hommes lorsque Narsès accepta la bataille à Casilinum. À cette occasion, il monta un piège qui tenait exactement compte de leur tactique particulière. Armée de fantassins, ils attaquèrent en une colonne serrée et profonde, misant ainsi sur la puissance de choc. Leur armement était conçu pour le combat rapproché : javelot, hache de jet et glaive.

À Casilinum, Narsès garnit son centre avec des fantassins armés de javelots et des archers à pied. La charge des Francs les enfonça ; mais alors Narsès lança sa cavalerie, à partir des deux ailes, dans une double attaque convergeant sur les flancs de la colonne franque. Cette attaque les arrêta, et ils firent rapidement face à ces deux charges.

Mais Narsès ne tenta pas de maintenir le contact, sachant que leur dispositif était trop cohérent et trop solide pour être rompu par le seul choc. Il replia plutôt ses cavaliers hors de portée des haches de jet franques ; il leur ordonna d'utiliser leurs arcs et de fournir un tir si intense que les Francs ne purent s'en protéger qu'en desserrant leur dispositif. Et, finalement, quand ils cherchèrent le salut en rompant les rangs et en se repliant, il saisit l'occasion et lança une nouvelle charge qui acheva de les disperser ; si bien que presque aucun d'entre eux ne put échapper.

À première vue, l'intérêt des campagnes de Bélisaire et de Narsès paraît plus tactique que stratégique, la plupart de leurs mouvements conduisant directement à la bataille ; on y trouve moins de manœuvres concertées sur les communications ennemies que dans les campagnes des autres grands capitaines. Mais, une analyse plus approfondie modifie cette impression première : Bélisaire a mis au point un instrument tactique d'un style nouveau, sur lequel il savait pouvoir compter pour battre des forces en général plus nombreuses que les siennes ; et il espéra toujours inciter ses adversaires à l'attaquer dans des conditions favorables à sa propre tactique. Pour un tel dessein, son infériorité numérique lui fut même un atout lorsqu'il la combina avec une audacieuse offensive stratégique directe. Aussi sa stratégie fut-elle fondée plus sur les données psychologiques que logistiques. Il sut stimuler l'inclination naturelle des Barbares de l'Ouest pour l'assaut direct. Avec les Perses, plus subtils et plus méfiants, il sut tirer avantage de leur complexe de supériorité et, plus tard, lorsqu'ils eurent appris à le craindre, il exploita leur circonspection pour déjouer psychologiquement leurs manœuvres.

Il fut un maître dans l'art de convertir sa propre faiblesse en force, et la force de ses adversaires en faiblesse. Sa tactique possédait également les caractères fondamentaux de l'approche indirecte : en perturbant l'équilibre de l'ennemi, il créait une brèche à une articulation particulièrement exposée de leur dispositif qui pouvait alors être décisivement disloqué.

Lorsque, au cours de sa première campagne d'Italie, des amis l'interrogèrent sur les raisons de la confiance avec laquelle il attaquait des forces tellement supérieures aux siennes, il répliqua que, au cours de son premier engagement contre les Goths, il avait pu découvrir les causes de leurs faiblesses et noter leur incapacité à utiliser à plein, et d'une manière vraiment rationnelle, leurs énormes effectifs. Outre la confusion qu'entraînaient immanquablement de telles masses, les Goths ne possédaient vraiment aucune pratique de la cavalerie, alors que la sienne ne comportait que d'excellents éléments. Les cavaliers goths n'étaient armés que de la lance et du glaive ; et leurs archers à pied étaient habitués à se déplacer derrière et sous la protection de cette cavalerie. Aussi celle-ci devenait-elle inefficace, sauf en combat rapproché, et n'avait-elle pas les moyens de se défendre contre un adversaire monté, attentif à se tenir hors de prise et qui l'arrosait d'une nuée de flèches. Comme leurs archers à pied, les cavaliers goths ne pouvaient donc jamais se risquer en terrain libre, par crainte d'être capturés. La conséquence en était que la cavalerie des Goths essayait toujours de se maintenir groupée en carrés compacts mais pouvant être aisément enveloppés, tandis que leur infanterie avait tendance à regarder vers l'arrière quand la protection de sa cavalerie s'éloignait ; si bien que le couple infanterie-cavalerie des Goths se disloquait et une brèche se créait dans laquelle les contre-attaques byzantines pouvaient être lancées, chargeant les flancs des éléments goths écartelés par la trouée.

Le système tactique et la stratégie défensive-offensive mis au point par Bélisaire furent à l'origine de la longévité de l'Empire byzantin et de la tradition romaine qui se perpétua pendant plusieurs siècles, tandis que l'Europe occidentale traversait des années sombres. L'élaboration de ces méthodes et la réorganisation de l'armée peuvent être suivies dans les deux grands ouvrages militaires byzantins devenus classiques : le *Strategicon* de l'empereur Maurice et la *Tactica* de Léon VI. Et les structures mises en place prouvèrent qu'elles étaient assez solides pour résister aux pressions convergentes des Barbares et même à la vague de fond musulmane qui submergea l'Empire perse. Malgré la perte de territoires trop excentriques, le principal bastion de l'Empire byzantin demeura inviolé et, à partir du règne de Basile Ier, au IXe siècle, le terrain perdu fut progressivement reconquis. Sous Basile II, au début du XIe siècle, l'empire atteignit le plus haut degré de puissance qu'il eût connu depuis Justinien, cinq cents ans plus tôt ; et il était même plus solide qu'à cette époque.

Mais cinquante ans plus tard, ce sentiment de sécurité se dissipa, et toutes les grandes espérances s'évanouirent en quelques heures. Le sentiment constant d'être véritablement immunisé contre le danger avait conduit à de sérieux abattements dans les budgets militaires ; et la décadence fut la conséquence de l'affaiblissement de l'armée. À partir de 1063, la puissance croissante des Turcs seldjoukides sous Alp Arslan amena pourtant un réveil, malheureusement tardif, du souci de la sécurité. On reconnut la nécessité de réarmer et, en 1068, le général Romain IV Diogène fut fait empereur. Mais, au lieu de s'accorder les délais indispensables à la reconstitution et à l'instruction de l'armée, opérations nécessaires pour la porter au niveau d'efficacité qu'elle avait connu naguère, il se lança prématurément dans une campagne offensive. Encouragé par un succès initial obtenu sur l'Euphrate, il s'enfonça profondément en Arménie et rencontra la principale armée turque près de Mantzikert. Impressionné par l'importance de l'armée byzantine, Alp Arslan proposa l'ouverture de négociations en vue de conclure un traité de paix. Mais préalablement à toute discussion, Romain demanda que le sultan turc évacuât son camp et se retirât, ce qui impliquait une telle « perte de face » qu'on ne pouvait guère espérer la voir acceptée par les Turcs. À la suite du refus d'Alp Arslan, Romain attaqua et, rompant avec la tradition byzantine, se laissa attirer de plus en plus loin en cherchant vainement à maintenir le contact avec un adversaire fluide et évanescent, dont les nuages de flèches, tirées par des archers montés, le harcelaient. Dans de telles conditions, ses troupes s'épuisèrent, leurs formations se rompirent, et Romain dut finalement ordonner le repli. Mais alors les Turcs attaquèrent sur les flancs et encerclèrent les Byzantins qui se débandèrent.

Cette défaite fut totale et si désastreuse que les Turcs purent bientôt s'emparer de la plus grande partie de l'Asie Mineure. Et, à cause de la démence d'un simple général à la cervelle échauffée dont la volonté offensive n'était pas équilibrée par le jugement, l'empire reçut un coup dont il ne put jamais se remettre ; et ceci bien qu'il possédât encore une puissance suffisante pour lui permettre de survivre, sous une forme diminuée certes, mais pendant plus de quatre siècles.

# 5

# Les guerres médiévales

Le lecteur considérera ce chapitre comme assurant la continuité entre deux cycles de l'histoire : l'antique et le moderne. Quel que soit, en effet, l'intérêt didactique présenté par certaines campagnes du Moyen Âge, les sources historiques sont bien moins nombreuses et surtout plus sujettes à caution que celles des époques antérieures ou postérieures. Or, pour atteindre à la vérité scientifique dans la recherche des causes et des effets, la méthode la plus sûre consiste à analyser des faits historiques indiscutables et à négliger certaines périodes – serait-ce en sacrifiant certaines d'entre elles qui offrent des témoignages précieux – si l'on doit choisir entre des textes contradictoires ou lorsqu'il faut d'abord procéder à la critique historique des événements. Il est vrai que la controverse s'est plus souvent élevée à propos de détails tactiques de l'histoire militaire médiévale qu'à propos des données stratégiques. Mais le bruit de ces polémiques les affecte également aux yeux de l'étudiant moyen en art militaire ; il est donc enclin à mettre en doute les conclusions que l'on a pu tirer de l'examen de cette période. Pourtant, sans les inclure dans notre analyse détaillée, certains de ses épisodes peuvent être esquissés avec profit, ne serait-ce que pour suggérer leur intérêt potentiel et pour appeler l'attention sur le profit de leur étude éventuelle.

Dans l'Occident du Moyen Âge, l'esprit de la chevalerie féodale se montra peu perméable à tout art de la guerre, encore que la pitoyable déchéance de ses manifestations concrètes s'illumine parfois de quelques belles lueurs ; et celles-ci ne sont pas plus rares, proportionnellement, qu'en toute autre période de l'histoire.

Les Normands jetèrent quelques-unes de ces étincelles, tout au début ; et leurs descendants continuèrent à marquer de leur empreinte l'art de la guerre médiéval. La valeur qu'ils attribuaient au sang normand les incita à la prouver plus par la fécondité de l'intelligence que par de grands coups, et ceci pour leur plus grand bénéfice.

La date que savent tous les écoliers anglais, même s'ils ignorent toutes les autres, est celle de 1066, année marquée par une stratégie et une tactique aussi expertes que leurs résultats furent décisifs ; et décisifs, non seulement pour l'époque, mais pour toute l'histoire postérieure. Guillaume le Conquérant envahit l'Angleterre en exploitant une diversion stratégique et s'assura ainsi, dès le début, tous les avantages d'une approche indirecte. Cette diversion fut provoquée par le débarquement, sur la côte du Yorkshire, du frère rebelle du roi Harold, Tostig, alors allié au roi de Norvège Harold Hardrada. Ce débarquement avait semblé tout d'abord un danger moins immédiat et moins grave que l'invasion de Guillaume ; mais il prit rapidement de l'ampleur et, bien qu'il échouât peu après, il accrut considérablement l'efficacité des plans du Normand. Deux jours après la destruction des envahisseurs norvégiens à Stamford Bridge, Guillaume débarquait sur la côte du Sussex.

Au lieu de marcher directement vers le nord, il leurra Harold en ravageant le Kent et le Sussex, le contraignant ainsi à se diriger précipitamment vers le sud avec une fraction seulement de ses forces. Plus Harold s'enfonçait dans le sud – et plus tôt il livrerait bataille – plus il se trouvait éloigné, dans le temps et l'espace, de ses renforts. Si tel fut le calcul de Guillaume, son exactitude fut parfaitement confirmée par l'événement : il amena Harold à livrer bataille près de Hastings, en vue des côtes de la Manche, et décida du sort du combat par une approche indirecte tactique ; à une partie de ses forces, il donna l'ordre de feindre la fuite, ce qui incita Harold à rompre de lui-même son dispositif. Et, au cours de la phase finale, le tir des archers normands – tir effectué sous grand-angle et qui causa la mort de Harold – pourrait être considéré lui aussi comme une approche par tir indirect !

La stratégie appliquée par Guillaume après sa victoire est également significative. Au lieu de marcher directement sur Londres, il occupa d'abord Douvres, assurant ainsi sa propre ligne de communication. Puis, lorsqu'il atteignit les faubourgs de Londres, il se garda bien de lancer un assaut direct ; mais il effectua un vaste mouvement tournant au cours duquel il ravagea les régions ouest puis nord de la capitale. Menacée de famine, elle se rendit lorsque Guillaume atteignit Berkhamstead.

Le siècle suivant fournit une nouvelle preuve du génie guerrier des Normands, et ceci au cours de ce qui fut l'une des plus étonnantes campagnes de toute l'histoire : la conquête de la majeure partie de l'Irlande et l'échec infligé à une puissante invasion norvégienne ; l'envahisseur fut en effet chassé des Marches Galloises par le comte « Strongbow » et quelques centaines de chevaliers seulement. Succès remarquable, étant donné l'extrême indigence des moyens, la souplesse et les qualités d'adaptation dont témoignèrent les conquérants normands en renonçant, dans une région boisée et marécageuse, aux procédés traditionnels de l'art militaire féodal. Ils montrèrent l'habileté et la justesse de leurs calculs par la manière dont, à plusieurs reprises, ils trompèrent l'adversaire en l'attirant en terrain découvert où leurs charges de cavalerie conservaient leur plein rendement ; par la façon, également, dont ils exploitèrent des retraites simulées, des diversions, des attaques sur les arrières qui leur permirent de rompre les formations adverses ; par des surprises stratégiques, des attaques de nuit, et par l'emploi des archers grâce auxquels ils brisaient la résistance de l'ennemi lorsqu'ils ne parvenaient pas à l'attirer hors de ses retranchements.

Et pourtant, le XIII^e siècle est encore plus riche en exemples d'habiletés stratégiques. Tout d'abord, en 1216, quand le roi Jean sauva son royaume, après l'avoir presque entièrement perdu, et ceci au cours d'une campagne où la stratégie pure se développa sans recourir à la bataille. Ses moyens furent la mobilité, la grande capacité de résistance inhérente à la fortification de l'époque, et la puissance psychologique due à l'aversion que ressentaient les populations citadines pour les barons et leur allié étranger, le futur roi Louis VIII de France. Lorsque, après avoir débarqué dans l'ouest du comté de Kent, Louis occupa Londres et Winchester, Jean était trop faible pour hasarder une bataille ; d'ailleurs, la plus grande partie du pays était dominée par les barons. Mais il conservait encore les places fortes de Windsor, Reading, Wallingford et Oxford, qui commandaient la ligne de la Tamise et séparaient les forces Nord et Sud des barons. En outre, la clé du pays, la place de Douvres, demeurait intacte sur les arrières du roi Louis.

Jean s'était replié jusque dans le Dorset ; mais lorsque la situation s'éclaircit, en juillet, il marcha vers le nord, vers Worcester, s'assurant ainsi la ligne de la Severn et y établissant un barrage qui interdisait à la rébellion de s'étendre vers l'ouest et le sud-ouest. Puis, il se porta vers l'est, le long de la ligne de la Tamise dont il venait de s'assurer, feignant ainsi de voler au secours de Windsor.

Pour confirmer les assiégeants dans cette impression, il envoya un détachement d'archers gallois les harceler dans leur camp, par des tirs de nuit, tandis que lui-même effectuait une conversion vers le nord-est, mouvement qui lui permit de devancer ses adversaires à Cambridge. Il fut alors en mesure d'établir un nouveau barrage interdisant les routes du nord, tandis que le gros des forces françaises demeurait immobilisé par le siège de Douvres. Le succès de ce mouvement périphérique, qui réduisait d'autant l'aire acquise à une rébellion de plus en plus impopulaire, aggrava la tension entre les barons et leur allié, et ceci bien que le roi Jean mourût en octobre. S'il succomba à une indigestion de lamproies et à l'abus de l'alcool, les espoirs de ses adversaires succombèrent devant le nombre excessif des forteresses stratégiques.

En 1265, une nouvelle révolte des barons, initialement heureuse, fut matée par la magistrale stratégie du prince Édouard, le futur Édouard Ier. La défaite d'Henri III à Lewes avait eu pour effet d'assurer la suprématie du parti des barons sur la quasi-totalité de l'Angleterre, sauf dans les Marches Galloises. C'est là que s'avança Simon de Montfort qui franchit la Severn et continua sa marche triomphale jusqu'à Newport. Le prince Édouard, qui avait faussé compagnie à l'armée des barons et rejoint ses partisans dans les comtés frontaliers, bouleversa les plans de Montfort en s'emparant des ponts de la Severn, derrière lui, et en le prenant ensuite à revers. Non seulement Édouard le rejeta de l'autre côté de l'Usk, mais, risquant un coup de main avec trois galères seulement sur la flotte de son adversaire, il déjoua son nouveau plan : Montfort comptait en effet ramener son armée en Angleterre par voie maritime ; mais il fut contraint dès lors d'entreprendre une longue et épuisante marche vers le nord, à travers les stériles districts du Pays de Galles, tandis qu'Édouard se repliait sur Worcester afin de tenir la ligne de la Severn et de lui en interdire le franchissement.

Ainsi, lorsque le fils de Montfort se porta au secours de son père avec une armée rassemblée en Angleterre orientale, Édouard mit à profit sa position centrale pour écraser successivement et séparément chacun de ses deux adversaires : il les leurra par des marches et des contre-marches, et tira profit de sa mobilité pour parachever deux attaques par surprise particulièrement efficaces, l'une à Kenilworth et l'autre à Evesham.

Devenu roi, Édouard allait apporter encore une plus grande contribution à la science militaire. Au cours de ses guerres galloises, non seulement il développa l'emploi de l'arc et la combinaison des charges de cavalerie avec le tir des archers, mais, mieux encore, il innova avec la méthode stratégique qu'il appliqua à sa conquête. Le problème posé consistait à soumettre une race de montagnards rudes et courageux qui pouvaient toujours éluder la bataille en se réfugiant dans les montagnes, puis en réoccupant les vallées derrière l'envahisseur lorsque ce dernier devait interrompre les opérations pour prendre ses quartiers d'hiver. Si les moyens dont disposait Édouard étaient relativement limités, cette faiblesse fut compensée par les dimensions restreintes du théâtre d'opérations. Aussi adopta-t-il une solution combinant mobilité et occupation de points stratégiques. En élevant des châteaux en ces points, en les reliant les uns aux autres par un réseau de routes, et en maintenant ses adversaires indéfiniment en alerte afin qu'ils ne puissent ni récupérer moralement et matériellement, ni reprendre au cours de l'hiver le terrain perdu dans la belle saison, il réduisit et annula finalement leur capacité de résistance.

Les talents stratégiques d'Édouard ne lui survécurent pas ; au cours de la guerre de Cent Ans, nulle leçon, sinon négative, ne saurait être tirée de la stratégie appliquée par son petit-fils et son arrière-petit-fils. Leurs expéditions de parade à travers la France, véritablement sans objet, demeurèrent pour la plupart sans efficacité ; et celles d'entre elles qui aboutirent aux plus grands résultats furent même la conséquence de leurs plus grandes inepties. Au cours des campagnes de Crécy et de Poitiers, en effet, Édouard III et le Prince Noir se placèrent eux-mêmes dans les situations les plus périlleuses qui leur procurèrent toutefois un avantage singulièrement indirect et pour le moins inattendu : la position précaire des Anglais incita leurs adversaires, toujours obsédés par l'attaque directe, à courir tête baissée à la bataille ; et ceci dans des conditions qui étaient toutes à leur détriment. Ils offrirent ainsi aux Anglais la chance inespérée de se tirer de leur mauvais pas. Dans une bataille défensive engagée sur un terrain choisi par les Anglais, l'emploi que ces derniers faisaient de l'arc leur assurait la supériorité tactique sur les procédés de combat absurdes de la chevalerie française.

Mais la sévérité même de leurs défaites tourna finalement à l'avantage des Français. Dans la phase suivante de la guerre, ils adoptèrent la politique « fabienne » du connétable Du Guesclin. La stratégie qui lui permit d'appliquer cette politique consista à éviter toute bataille avec la principale armée des Anglais, et à restreindre peu à peu leur liberté et leur zone d'action. Loin d'impliquer une passivité quelconque, ce refus de la bataille participait d'une stratégie exploitant mobilité et surprise – et ceci à un degré que peu de généraux ont atteint – par l'interception des convois, la destruction des détachements et la capture des garnisons isolées. Amorcées toujours sur la direction par laquelle elles étaient le moins attendues, de telles attaques effectuées par surprise, et souvent de nuit, furent facilitées par de nouveaux procédés d'assaut rapide et par un choix des objectifs judicieusement calculé en fonction de données psychologiques : Du Guesclin s'attaquait de préférence aux garnisons donnant des signes de mécontentement ou aux villes dont la population semblait mûre pour changer de parti. Alors, il attisait le moindre trouble local, détournant ainsi l'attention de l'adversaire de ses objectifs immédiats et, finalement, le contraignait à lui abandonner les territoires occupés jusqu'alors.

En moins de cinq années, Du Guesclin réduisit les immenses possessions des Anglais en France à une étroite bande de territoire comprise entre Bordeaux et Bayonne. Il y parvint sans livrer une seule bataille rangée ; et il s'était même abstenu d'attaquer de petites armées anglaises lorsqu'elles avaient eu le temps d'adopter des formations défensives. D'autres généraux, s'accordant en cela avec les prêteurs d'argent, ont observé le principe : « Pas d'avance sans garantie » ; le principe appliqué par Du Guesclin fut toujours : « Pas d'attaque sans surprise. »

La tentative effectuée ensuite par les Anglais pour

conquérir un territoire étranger fut préparée avec méthode, après une rigoureuse évaluation du rapport entre les moyens disponibles et les fins recherchées ; et la préparation fut suivie d'un début d'exécution rapide. La première et la plus célèbre des campagnes d'Henri V fut pourtant la plus insensée. Au cours de la démonstration de style édouardien qui culmina à Azincourt, en 1415, il suffisait aux Français de couper les lignes de communication anglaises pour être assurés de vaincre Henri V par la famine. Mais leurs chefs avaient déjà oublié la leçon de Crécy et les enseignements de Du Guesclin. Bénéficiant d'une supériorité numérique de quatre contre un, ils estimèrent qu'il était déshonorant d'exploiter cet avantage autrement qu'en portant un coup direct ; le résultat fut la répétition, encore plus honteuse, de Crécy et de Poitiers. Ayant ainsi échappé au désastre par chance, Henri V pratiqua une stratégie que l'on pourrait dénommer « stratégie de la tache d'huile » : il chercha à affermir ses conquêtes et à les stabiliser en étendant méthodiquement le territoire occupé et en s'appliquant à rallier à sa cause les populations qui assuraient ainsi sa domination. L'intérêt et la valeur des ultimes campagnes d'Henri V résident plus dans la grande stratégie que dans la stratégie.

Sur le plan de la stratégie, notre survol du Moyen Âge s'achèvera avec Édouard IV qui gagna son trône en 1461, puis le perdit, et enfin le reconquit en 1471 grâce à un emploi exceptionnellement heureux de la mobilité. Le résultat de sa première campagne est dû principalement à l'acuité de son jugement et à la souplesse de ses manœuvres. Édouard était engagé dans le Pays de Galles contre les partisans locaux des Lancastre lorsqu'il apprit que la principale armée de ces derniers descendait du nord en direction de Londres. Faisant demi-tour, il atteignait Gloucester le 20 février 1461, lorsqu'il apprit la victoire des Lancastre, le 17 février, à Saint-Albans sur les forces qu'il avait confiées à Warwick. Vingt milles séparent Saint-Albans de Londres, mais il y a plus de cent milles entre

Gloucester et Londres. En outre, les Lancastre possédaient trois journées d'avance. Mais, le 22, à Butford, Édouard fut rejoint par Warwick, et il apprit que la Corporation de Londres discutait toujours les termes de la reddition, les portes de la ville demeurant néanmoins fermées. Édouard quitta Butford le lendemain, entra dans Londres le 26 et y fut proclamé roi, tandis que les Lancastre, fort marris, se repliaient vers le Nord. Lorsqu'il voulut les y poursuivre, il risqua gros en s'attaquant à une armée plus forte que la sienne et qui, en outre, s'était établie sur ses positions à Towton. Mais il reprit l'avantage grâce à une opportune tempête de neige et par la façon dont son subordonné, Fauconberg, sut exploiter cet accident : en effet, il fit pleuvoir une nuée de flèches sur ses adversaires déjà aveuglés par la neige, et qui ne surent trouver d'autre moyen de défense qu'en lançant une charge incohérente qui leur fut fatale.

En 1471, la stratégie d'Édouard témoigna de plus d'habileté et de mobilité encore. Dans l'intervalle, il avait perdu son trône ; mais avec un prêt de 50 000 couronnes que lui consentit son beau-frère, 1 200 partisans et quelques promesses d'assistance qui lui vinrent des amis qui étaient restés en Angleterre, il tenta un nouveau coup de fortune. Lorsqu'il partit de Flushing, à la voile, les côtes anglaises lui étaient interdites et bien gardées ; mais, empruntant la « ligne de moindre attente », il accosta dans le Humber en spéculant, non sans astuce, sur le fait qu'un district favorable aux Lancastre ne devait pas être sévèrement surveillé. Faisant rapidement mouvement, Édouard atteignit York avant que la nouvelle de son débarquement ne se répandît et que ses adversaires aient pu se regrouper. Puis, il suivit rapidement la route de Londres, contournant un détachement qui lui barrait le chemin à Tadcaster. Distançant cet adversaire qui tentait de le rejoindre, la crainte d'un autre détachement qui l'attendait à Newark l'incita pourtant à se replier vers l'est. Puis, il obliqua vers le sud-ouest, vers Leicester, où ses forces se grossirent de nouveaux partisans. Alors, il se dirigea vers Coventry où Warwick, devenu son principal adversaire, rassemblait ses propres troupes. Ayant tout à la fois attiré vers lui ses poursuivants et accru ses moyens aux dépens de l'ennemi, il obliqua vers le sud-est et fonça sur Londres qui lui ouvrit ses portes. Dès lors, se sentant assez fort pour accepter la bataille, il se porta à la rencontre de ses poursuivants qu'il avait si bien dupés ; et, à Barnet, il engagea une bataille qui se déroula dans la confusion, mais tourna finalement à son avantage.

Le même jour, la reine du parti Lancastre, Marguerite d'Anjou, débarquait à Weymouth avec des mercenaires français. Rassemblant ses partisans dans l'ouest, elle se porta au-devant de l'armée que le comte de Pembroke avait levée pour elle dans le Pays de Galles. De nouveau, grâce à sa souplesse, Édouard gagna la région des Cotswolds tandis que son armée, se dirigeant vers le nord par la route Bristol-Gloucester, descendait dans la vallée. Puis, par une longue course qui dura une journée – une armée se déplaçant dans la vallée et l'autre sur les hauteurs – il parvint, au soir, à atteindre la reine à Tewkesbury, après l'avoir empêchée de franchir la Severn à Gloucester grâce aux ordres qu'il avait donnés au gouverneur, lui enjoignant de fermer les portes de la ville. Près de 40 milles avaient été couverts dans la journée, et il campa au plus près des Lancastriens afin de leur interdire toute fuite. Leur position était forte défensivement ; mais ayant utilisé le tir de ses bombardes aussi bien que celui de ses archers pour inciter ses adversaires à le charger, Édouard obtint l'avantage décisif au cours de cette bataille qui eut lieu dans la matinée.

Sa stratégie fut, certes, exceptionnelle par sa mobilité, mais elle demeure typique de l'époque par son manque de subtilité : généralement, la stratégie médiévale ne se proposait en effet d'autre but que celui, fort simple et direct, consistant à rechercher la bataille immédiate. Lorsque son résultat n'était pas indécis, elle n'était habituellement décisive qu'aux dépens de celui des deux partis qui l'avait recherchée, à moins que le parti en situation défensive succombât à la tentation d'attaquer.

Le meilleur exemple de stratégie médiévale nous est fourni, non par les peuples d'Occident, mais par ceux d'Orient. L'Occident du XIIIe siècle, si brillant dans le domaine de la stratégie, subit une singulière perte de prestige à la suite de la magistrale leçon de stratégie infligée par les Mongols à la chevalerie européenne. Par les dimensions et l'art des manœuvres, par la surprise et la mobilité, par l'approche indirecte tant stratégique que tactique, les campagnes de ces Asiates supportent la comparaison avec toutes celles inscrites dans l'histoire et même, parfois, les surpassent. Lors de la conquête de la Chine par Genghis Khan, nous pouvons admirer l'art avec lequel il utilisa Tai-tong-Fou comme un appât pour tendre une série de pièges à ses adversaires ; et ceci comme Bonaparte, plus tard, utilisera la place forte de Mantoue.

Par des raids lancés très loin en profondeur et combinant les mouvements de trois armées, il brisa finalement la cohésion morale et militaire de l'empire des Kin. Lorsque, en 1220, il envahit l'empire Kharismian, dont le centre vital était là où s'est construit le moderne Turkestan, une de ses armées lui permit de fixer l'attention de l'ennemi en abordant Kachgar par le sud, tandis que sa principale masse de manœuvre surgissait du nord. Couvert par ces opérations, il élargit son champ d'action et s'enfonça encore plus profondément dans le pays à la tête d'une armée de réserve ; puis, après avoir disparu quelque temps dans le désert du Kizyl-Koum, il déboucha par surprise sur les arrières des lignes de défense et des armées ennemies, à Bokhara.

En 1241, son général Souboutaï administra une double leçon à l'Europe. Tandis qu'une armée, traversant la Galicie en flanc-garde stratégique, fixait l'attention des forces polonaises, allemandes et bohémiennes tout en leur infligeant une série de défaites, la principale armée balaya la Hongrie, en trois colonnes largement déployées, jusqu'au Danube. Au cours de cette avance, les deux colonnes latérales, telles un bouclier, couvraient celle du centre et masquaient ses mouvements. Convergeant sur le Danube, près de Gran, les Mongols furent enfin arrêtés par les forces hongroises massées sur la rive du fleuve ; mais un repli savamment échelonné et progressif abusa ces nouveaux adversaires en les attirant loin des berges du fleuve, et hors de portée des réserves et renforts qui pouvaient chercher à les rejoindre. Puis, par une audacieuse et rapide manœuvre de surprise exécutée, la nuit, sur les rives du Sajo, Souboutaï disloqua et anéantit l'armée hongroise ; il se rendit ainsi maître des plaines de l'Europe centrale, jusqu'à ce que, un an plus tard, il abandonnât volontairement toutes ses conquêtes – au grand étonnement et au grand soulagement d'une Europe qui ne possédait pas les moyens de le chasser [1].

---

1. La stratégie et la tactique des Mongols sont traitées d'une manière plus exhaustive dans un ouvrage antérieur de l'auteur : *Great Captains Unveiled*, ouvrage choisi en 1927 comme manuel d'étude pour la première force mécanisée expérimentale britannique.

# 6

## Le XVIIe siècle
## Gustave-Adolphe – Cromwell – Turenne

Nous atteignons maintenant la première « grande guerre » de l'Histoire moderne, la guerre de Trente Ans (1618-48). Et, d'une manière assez caractéristique, aucune des campagnes qui se déroulèrent au cours de ce long conflit ne se révéla véritablement décisive. Celle qui approcha le plus cette définition fut l'ultime duel de Gustave-Adolphe et de Wallenstein qui, par suite de la mort du premier lors de la bataille de Lützen, ne fut décisive que dans la mesure où cette disparition enlevait toute chance d'arriver à fonder une vaste confédération protestante sous direction suédoise. Mais, sans l'intervention des Français et sans le meurtre de Wallenstein, elle aurait pu s'affirmer décisive et favoriser l'instauration de l'unité allemande plus de trois siècles avant la date à laquelle elle s'accomplit dans les faits.

Ces résultats effectifs et ces possibilités furent pourtant acquis, mais indirectement : la seule bataille marquante de la campagne s'acheva par la défaite de ceux en faveur desquels elle fit pencher la balance de la guerre. Cette défaite, partiellement imputable à l'outil de guerre de Wallenstein, inférieur à celui des Suédois, était due en partie également à l'erreur commise par Wallenstein qui n'exploita pas, sur le plan tactique, l'occasion que lui avait offerte sa stratégie.

Il avait obtenu en effet, avant la bataille, de réels avantages ; et notons qu'il les avait acquis grâce à trois applications successives, mais de styles différents, de l'approche indirecte ; et ces trois applications ont radicalement modifié les formes de la guerre.

Rappelé en 1632 au commandement d'une armée encore inexistante, et ceci sur les basses sollicitations d'un souverain qui l'avait naguère assez mal traité, Wallenstein réussit en moins de trois mois à rassembler quelque 40 000 soldats de fortune attirés par le prestige de son nom. Négligeant les appels au secours très pressants de la Bavière qui était, à ce moment-là, submergée par l'armée partout victorieuse de Gustave-Adolphe, Wallenstein se porta vers le nord contre les plus faibles des alliés que comptaient les Suédois : les Saxons ; et après les avoir chassés de Bohême, il marcha sur la Saxe elle-même. Il parvint même à convaincre l'hésitant électeur de Bavière de joindre ses forces aux siennes ; mesure qui, selon toute apparence, semblait laisser la Bavière encore moins bien défendue qu'auparavant. Mais la réalité était tout autre, et les calculs de Wallenstein parfaitement justifiés : la crainte de perdre ses plus récents partenaires – les Saxons – incita Gustave-Adolphe à évacuer aussitôt la Bavière pour se porter à leur secours.

Avant qu'il ait pu les rattraper, Wallenstein et l'électeur avaient opéré leur jonction ; et, devant la force que représentaient leurs moyens ainsi réunis, Gustave-Adolphe préféra se replier sur Nuremberg. Son adversaire l'y suivit ; mais trouvant les Suédois solidement installés sur une forte position, Wallenstein déclara « qu'il avait livré suffisamment de batailles jusqu'alors, et qu'il était grand temps d'essayer une autre méthode ». Au lieu de lancer ses jeunes recrues sur les Suédois réputés invincibles depuis si longtemps, il s'installa lui-même sur une position retranchée à partir de laquelle il put harceler les lignes de communications suédoises avec sa cavalerie légère, tandis que le gros de son armée se reposa, en sécurité, et reprenait chaque jour un peu plus confiance en soi. Rien ne put le détourner de cette méthode et de cet objectif ; il demeura insensible à toutes les provocations de l'adversaire qui voulait l'inciter à livrer bataille, et ceci jusqu'à ce que le roi de Suède, menacé de famine, tentât vainement un assaut contre ses positions. Si, militairement, l'échec de Gustave-Adolphe ne fut qu'un incident malheureux, politiquement l'écho en retentit dans l'Europe entière. Bien qu'il n'ait pas effacé totalement l'ascendant moral de Gustave-Adolphe acquis par tant de victoires, il l'avait entamé ; et la tutelle du roi de Suède sur les États allemands fut moins assurée.

Wallenstein sut combiner une intelligence réaliste de la prudence exigée par ses moyens modestes avec une grande clairvoyance et des prévisions à lointaine échéance affectant les objectifs de la grande stratégie. De Nuremberg, Gustave-Adolphe marcha une fois encore vers le sud, sur la Bavière. Mais, au lieu de le suivre, Wallenstein se tourna vers le nord, contre la Saxe. Ce magistral mouvement contraignit le Suédois à le prendre en chasse, et, par une manœuvre supérieurement exécutée, il parvint à rejoindre Wallenstein avant que ce dernier ait eu le temps d'intimider les Saxons et de leur imposer un traité de paix séparé. Au cours de la bataille désespérée qui suivit, à Lützen, l'armée suédoise racheta ses erreurs stratégiques par un succès tactique ; mais ceci au prix de la vie de son chef dont la disparition brisa le dessein qu'il avait conçu : une grande confédération protestante sous direction suédoise.

La guerre devait traîner en longueur durant seize années encore, transformant l'Allemagne en désert, et permettant à la France d'accéder au rôle prépondérant de la politique européenne.

Le contraste est remarquable entre les guerres civiles qui déchirèrent l'Angleterre, de 1642 à 1652, et les conflits se déroulant à la même époque sur le continent ; il tient à la recherche obstinée du résultat décisif par quoi se caractérise la conduite de ces guerres civiles. Ce trait ressort clairement des *Memories of a Cavalier* de Defoe : « Nous n'avons jamais dressé de camp ni creusé de retranchements... et nous ne nous sommes jamais mis à couvert derrière des cours d'eau ou des défilés. La maxime générale de la guerre fut toujours : où se tient l'ennemi ? En avant, et allons le combattre. »

Malgré cet esprit offensif, la première guerre civile dura quatre années sans qu'aucune bataille fût vraiment décisive, sauf sur le plan tactique ; et lorsque, finalement, elle s'éteignit en 1646, les tisons royalistes étaient toujours aussi nombreux et aussi ardents ; si bien que, sous le vent des discordes qui affaiblirent les vainqueurs, les flammes rejaillirent plus ardentes que jamais, deux ans plus tard.

Si nous recherchons les causes de ce caractère indécis là où, précisément, la recherche de la décision fut si nettement affirmée, on notera que les campagnes militaires adoptèrent la forme d'une série d'avances directes pratiquées par les deux partis, et coupées de ce que la terminologie moderne nomme « opérations de nettoyage » ; opérations sans portée, sinon locale, et sans effets, sinon fugaces, bien qu'elles aient épuisé les armées.

Au début, les forces royales s'appuyaient sur les provinces de l'Ouest et du Centre ; et celles du Parlement, sur Londres. La première tentative des royalistes sur Londres tourna à leur confusion, et d'une manière vraiment ignominieuse, à Turnham Green, souvent désigné comme le Valmy de la guerre civile : cette rencontre s'acheva en effet sans qu'une goutte de sang fût versée, et elle fut une des séquelles, sur le plan moral, de la bataille d'Edgehill qui avait été si sanglante, quoique non décisive, en mettant aux prises les deux armées principales se heurtant en plein mouvement. Dès ce moment, Oxford et les places voisines constituèrent le pivot fortifié des manœuvres royalistes ; et, à la périphérie de cette zone, les deux principales armées s'affrontèrent longtemps sans résultat, tandis que des forces locales et des détachements évanescents continuaient à se harceler dans l'Ouest et dans le Nord. Enfin, en septembre 1643, lorsque la situation devint critique dans Gloucester assiégée, la principale armée du Parlement, aux ordres de Lord Essex, se porta au secours de la ville en contournant au plus près le flanc de la zone d'Oxford. Les royalistes lui barrèrent la route ; mais une nouvelle rencontre, qui eut lieu de front à Newbury, n'apporta aucune conclusion définitive.

La lassitude qui commençait à peser sur les deux partis aurait pu les conduire à la solution d'une paix négociée, n'eût été la lourde gaffe politique commise par Charles Ier en signant une trêve avec les rebelles irlandais. En paraissant admettre la prépondérance des catholiques irlandais sur les protestants anglais, cette trêve jeta aussitôt le poids important de l'Écosse presbytérienne dans le plateau des forces coalisées et opposées à la cause royale. Stimulé par le fait qu'une armée écossaise menaçait les forces royalistes du Nord, le parti du Parlement concentra une nouvelle fois ses moyens pour marcher directement sur la zone d'Oxford, avance qui n'eut d'autres résultats positifs que la capture de quelques forteresses isolées. Pourtant, le roi pouvait encore envoyer Rupert contre les Écossais et réunir rapidement son détachement avec les forces royalistes du Nord. Malheureusement pour lui, la défaite tactique de Marston Moor annula tous les bénéfices de cette occasion stratégique. Mais les vainqueurs n'en tirèrent pas meilleur profit. Une fois encore, l'inefficacité de la manœuvre principale directement dirigée contre Oxford découragea les troupes du Parlement qui désertèrent en masse ; et seule, l'inflexible ténacité d'hommes comme Cromwell empêcha la conclusion d'une paix qu'appelait la lassitude générale. Heureusement pour le Parlement, le parti royaliste s'affaiblissait, et plus sous les coups qui lui venaient de l'intérieur que sous ceux qui étaient appliqués de l'extérieur. Ainsi, est-ce sur un adversaire moralement et numériquement inférieur, et ne résistant plus que grâce aux fautes stratégiques du Parlement, que Fairfax et Cromwell allaient lancer leur armée nouveau modèle ; armée qui, en 1645, remportait à Naseby une première victoire tactiquement décisive, mais insuffisante néanmoins pour empêcher que la guerre se prolongeât une année encore.

Le tableau est bien différent lorsque nous abordons la seconde guerre civile dont le cerveau directeur fut Cromwell, assisté par le brillant John Lambert, âgé seulement de vingt-huit ans. Lorsque le bruit se répandit, fin avril 1648, que les Écossais levaient une armée dans le dessein d'envahir l'Angleterre en liaison avec les troupes royalistes, Fairfax se prépara à se porter à leur rencontre, en direction du nord, tandis que Cromwell marcherait vers l'ouest contre les insurgés royalistes du Pays de Galles méridional. Toutefois, de nouveaux soulèvements dans le Kent obligèrent Fairfax à négliger l'invasion du Nord dont le danger croissait. Lambert reçut mission de freiner ces envahisseurs, mais uniquement avec un faible détachement ; et il y réussit d'autant mieux qu'il procéda systématiquement par actions indirectes, en intervenant sur le flanc des ennemis lorsqu'ils descendirent par l'itinéraire ouest, en paralysant toutes leurs tentatives de franchissement de la chaîne Pennine et de jonction avec leurs amis du Yorkshire.

Enfin, après la chute de Pembroke (11 juillet 1648), Cromwell put repartir vers le nord. Mais au lieu de marcher directement à la rencontre des Écossais, il décrivit un rapide mouvement circulaire par Nottingham et Lancaster – ce qui lui permit de se ravitailler – puis se porta vers le nord-ouest, à la rencontre de Lambert qu'il rejoignit à Otley, sur le flanc de l'armée écossaise qui s'étendait entre Wigan et Preston, avec un détachement de 3 500 hommes aux ordres de Langdale couvrant son aile gauche. Cromwell disposait de 8 600 hommes seulement, y compris les cavaliers de Lambert et la milice du Yorkshire, alors que l'adversaire en avait 20 000. Mais son irruption à Preston, sur la queue de la colonne écossaise, rompit l'équilibre de cette dernière en l'obligeant à faire demi-tour et à ne lui opposer que des forces désarticulées et dissociées en plusieurs fractions ne pouvant intervenir que successivement.

À Preston Moor, le détachement de Langdale fut balayé ; puis, accélérant la poursuite, Cromwell enroula sur elle-même la colonne écossaise, la refoulant par Wigan jusqu'à Uttoxeter où, attaquée de front par les milices des Midlands et bousculée sur ses arrières par la cavalerie de Cromwell, elle fit sa reddition le 25 août. Victoire décisive : non seulement elle désarmait les adversaires du Parlement, mais elle permettait à l'armée d'épurer ce même Parlement, de faire passer le roi en jugement et d'obtenir son exécution.

L'invasion de l'Écosse, qui enchaîna sur cette campagne, constitue, en fait, une guerre bien distincte entreprise par le nouveau régime pour prévenir la tentative de restauration du trône projetée par le fils du roi, le futur Charles II, avec l'aide des Écossais. Aussi ne peut-elle guère être classée dans la catégorie des campagnes ayant affecté, d'une manière décisive, le cours de l'histoire ; toutefois, elle souligne jusqu'à quel point Cromwell était imbu de la stratégie de l'approche indirecte. Lorsqu'il rencontra l'armée écossaise, aux ordres de Leslie et en position sur le chemin d'Édimbourg, un simple engagement précisant le contact lui révéla la solidité de cette position. Quoique à portée de son objectif et à court de ravitaillement, il fut assez maître de soi pour ne pas tenter l'assaut frontal sur un terrain aussi défavorable. Malgré son désir inné de la bataille, il ne se lança pas dans une telle aventure avant d'avoir attiré l'ennemi en rase campagne et obtenu ainsi une chance de pouvoir l'attaquer sur un flanc découvert. Aussi, se replia-t-il sur Musselburgh, puis sur Dunbar, afin de renforcer ses moyens. Puis, dans la même semaine, il reprit la direction de Musselburgh où il s'approvisionna pour trois journées avant que d'opérer une ample manœuvre sur les arrières adverses, à travers les collines d'Édimbourg. Et lorsque Leslie réussit à lui barrer la route directe à Corstorphine Hill (21 août 1650), Cromwell, quoique loin de sa base, essaya un nouveau mode d'approche en manœuvrant par sa gauche ; mais Leslie le stoppa de nouveau à Gogar. Bien des chefs militaires auraient alors joué le tout pour le tout dans une bataille directe ; mais non Cromwell. En dépit des pertes sévères dues à la maladie et à la fatigue, il se replia sur Musselburgh, puis sur Dunbar, attirant ainsi Leslie sur ses traces. Toutefois, il ne consentit pas à réembarquer son armée comme le suggéraient certains de ses officiers ; mais il attendit à Dunbar, en espérant que son adversaire commettrait la fausse manœuvre qui lui offrirait alors l'occasion tant attendue.

Mais Leslie était un adversaire habile, et le mouvement qu'il effectua ne fit qu'accroître le danger couru par Cromwell. Abandonnant la route principale, Leslie contourna Dunbar pendant la nuit du 1er septembre et occupa Doon Hill, contrôlant ainsi la route de Berwick. Il envoya également un détachement s'emparer du col de Cockburnspath, à 7 milles plus au sud ; et, le lendemain matin, Cromwell s'aperçut qu'il était ainsi coupé de l'Angleterre ; situation d'autant plus précaire que ses approvisionnements avaient fondu, et que la liste de ses malades s'allongeait de jour en jour.

Le plan de Leslie consistait à attendre sur les hauteurs que les Anglais veuillent bien tenter de se frayer un passage vers Berwick ; il aurait alors foncé sur eux. Mais les prêtres écossais étaient impatients de voir le « piège du Seigneur » se refermer sur Cromwell « le Moabite » ; et leurs clameurs s'élevèrent encore plus violentes lorsqu'ils imaginèrent que l'envahisseur pouvait encore s'échapper par mer. En outre, la tempête qui sévit à partir du 2 septembre devint assez violente pour chasser les troupes écossaises des hauteurs de Doon Hill : vers les 16 heures, on les vit descendre les sentiers et prendre position dans la plaine, près de la route de Berwick où ils pouvaient mieux s'abriter de la pluie ; leur front était couvert par un torrent, le Brock, qui coulait dans un ravin presque jusqu'à son estuaire.

Cromwell et Lambert observaient tous les deux le mouvement, et la même pensée leur vint simultanément : « Leslie nous offre là une occasion de l'attaquer qui est toute à notre avantage. » L'aile gauche écossaise était en effet coincée entre la colline et le torrent aux rives escarpées ; et il lui était difficile de se porter à l'aide de l'aile droite si Cromwell concentrait ses moyens d'attaque sur cette dernière. Au conseil de guerre qui se tint le soir, Lambert proposa de porter, sans plus attendre, un coup direct sur cette aile droite, et d'enrouler la ligne écossaise tandis qu'une concentration des feux d'artillerie serait appliquée sur l'aile gauche paralysée. Son argumentation entraîna le conseil et, en récompense de son initiative, Cromwell lui confia la direction des manœuvres préliminaires. Au cours de la nuit, dans le vent et la pluie, ses troupes prirent position sur la rive nord du torrent. Et après avoir mis ses canons en batterie devant l'aile gauche écossaise qui lui faisait face, Lambert galopa vers l'autre aile, au lever du jour, afin de conduire l'attaque de cavalerie lancée à proximité de la côte. Grâce à l'effet de surprise ainsi provoqué, cette cavalerie et l'infanterie du centre purent franchir le torrent sans difficultés et, bien que leur progression fût temporairement freinée, l'intervention des réserves anglaises fit pencher la balance sur le flanc, en bordure de la mer, et permit à Cromwell d'enrouler la ligne écossaise sur elle-même, de la droite vers la gauche, de l'acculer dans un angle entre la colline et le torrent, si bien que les Écossais n'eurent d'autre ressource que la fuite. Ainsi, par une approche indirecte tactique exploitant l'excès de confiance de l'adversaire, Cromwell détruisit une armée deux fois plus forte que la sienne, scellant sur un triomphe une campagne au cours de laquelle il avait repoussé toutes les tentations qui lui avaient été offertes d'abandonner sa stratégie d'approche indirecte ; et ceci, même lorsqu'il pouvait légitimement penser pouvoir compter sur la chance. La victoire de Dunbar permit à Cromwell de contrôler l'Écosse méridionale. Elle balaya l'armée adverse et le parti du Covenant de l'échiquier politique et les annula dans la balance des forces engagées dans le conflit. Seuls les éléments royalistes des Highlands pouvaient encore s'opposer à Cromwell ; toutefois le processus de conquête fut ralenti par sa maladie, la gravelle, qui accorda à Leslie les délais suffisants pour mettre sur pied et instruire, derrière le Forth, une nouvelle armée royaliste.

Lorsque, plus tard, en juin 1651, Cromwell fut suffisamment rétabli pour reprendre les opérations, il devait résoudre un difficile problème. Et la solution qu'il trouva peut soutenir favorablement la comparaison avec toute autre campagne de l'histoire militaire, tant par la subtilité que par la maîtrise de ses calculs. Quoique, pour la première fois, il disposât de la supériorité numérique, il avait affaire à un adversaire tenace, solidement implanté dans une région de landes et de marécages qui offrait des avantages naturels au parti le plus faible en interdisant l'approche de Stirling. À moins de pouvoir abattre la résistance ennemie à bref délai, Cromwell était condamné à passer un autre hiver, très pénible, en Écosse ; ce qui eût entraîné de nouvelles fatigues pour ses troupes et accru les difficultés de politique intérieure. Déloger l'ennemi de cette région ne suffisait pas, car un succès partiel l'aurait seulement dispersé dans les Highlands où il serait demeuré comme une écharde dans le flanc anglais.

La solution adoptée par Cromwell fut magistrale. Il menaça d'abord Leslie frontalement, en enlevant d'assaut Callander House, près de Falkirk. Puis il fit traverser le Firth of Forth à toute son armée, par échelons successifs, et marcha sur Perth ; et, ainsi, non seulement il tournait la barrière défensive installée par Leslie sur l'itinéraire direct de Stirling, mais il s'emparait de la porte donnant accès à la zone de ravitaillement de son adversaire. Certes, cette manœuvre découvrait la route de l'Angleterre, mais c'est en cela que réside la suprême perfection de l'art de Cromwell : il se tenait bien sur les arrières d'un ennemi menacé par la famine et les désertions, mais il lui laissait un étroit passage entrouvert. Comme le disait fort justement l'un de ses adversaires : « Nous devons, ou crever de faim étant licenciés, ou pénétrer en Angleterre avec une poignée d'hommes. Cette solution semble le moindre mal, encore qu'elle soit désespérée. » Naturellement, elle fut adoptée ; et, à la fin de juillet, les Écossais s'ébranlèrent en direction du sud, vers l'Angleterre.

Ayant prévu cela, Cromwell s'était préparé à les accueillir avec l'aide des autorités de Westminster. La milice fut promptement levée, tous les suspects de royalisme furent mis en surveillance, des stocks d'armes furent saisis dans les caches. Les Écossais s'avancèrent, une fois encore, par l'itinéraire côtier de l'ouest. Cromwell leur dépêcha la cavalerie de Lambert afin de les suivre, tandis que Harrison obliquait de Newcastle à Warrington, et que Fleetwood se dirigeait vers le nord avec les miliciens des Midlands. Lambert tourna le flanc ennemi, et fit sa jonction avec Harrison le 13 août. Puis ils pratiquèrent tous deux une défense élastique qui freina l'envahisseur tandis que Cromwell, marchant à raison de 30 milles en une journée et par la chaleur du mois d'août, descendait en suivant la côte orientale, puis obliquait en direction du sud-ouest. Quatre forces convergeaient sur l'envahisseur qu'elles prirent ainsi au piège. Charles, ayant alors quitté la route de Londres pour se diriger vers la vallée de la Severn, retarda seulement de quelques jours, sans pouvoir l'empêcher, la conclusion de cette aventure qui eut lieu le 3 septembre, pour l'anniversaire de Dunbar, sur le champ de bataille de Worcester.

Dans l'interminable série de conflits qui jalonnèrent les années séparant la fin de la guerre de Trente Ans de l'ouverture de la guerre de Succession d'Espagne, guerres au cours desquelles les armées de Louis XIV firent face à la plupart des autres armées européennes, soit isolément, soit coalisées, on trouve peu de campagnes décisives. Les buts de guerre furent souvent limités, ainsi que les objectifs militaires fixés pour les atteindre. Ce caractère non décisif doit être attribué à deux causes essentielles : la première étant l'avance prise par les progrès de la fortification sur ceux de l'armement, avance qui conférait à la défensive une supériorité aussi marquée que celle qu'elle connut au XX^e siècle avec l'emploi intensif de la mitrailleuse ; la seconde résidant dans le fait que les armées n'étaient pas encore organisées en corps permanents et autonomes, mais se déplaçaient et combattaient en un seul bloc ; cette structure monolithique limitait leurs facultés manœuvrières et, en particulier, celle d'opérer des diversions destinées à tromper l'adversaire et à entraver sa liberté d'action.

Tout au long des conflits successifs, qu'il s'agît de la Fronde, des guerres de Dévolution, de Hollande ou de la Ligue d'Augsbourg, une seule campagne se révéla décisive. Il s'agit de la campagne d'hiver de 1674-75 dirigée par Turenne et couronnée par la victoire de Turckheim. La France traversait alors une période critique. Les alliés de Louis XIV l'avaient abandonné les uns après les autres, tandis que les Espagnols, les Hollandais, les Danois, les Autrichiens, et la plupart des princes allemands s'étaient joints à la coalition. Turenne avait dû se replier en deçà du Rhin après avoir ravagé le Palatinat. L'électeur de Brandebourg marchait à la rencontre de l'armée impériale commandée par Bournonville ; mais Turenne infligea un échec à ce dernier, en octobre 1674, à Enzheim, et ceci avant l'arrivée de l'électeur. Il dut pourtant se replier sur Dettweiler ; tandis que les Allemands se répandaient en Alsace où ils prirent leurs quartiers d'hiver dans les localités entre Strasbourg et Belfort.

La scène était prête pour le chef-d'œuvre de Turenne. La première surprise fut provoquée par sa décision d'entrer en campagne en plein hiver. Afin de tromper l'ennemi, il mit en état de défense les forteresses de l'Alsace centrale, et il replia tranquillement en Lorraine toutes ses troupes de campagne. Puis, de là, il marcha rapidement vers le sud, couvert par les Vosges qui masquaient son avance et l'incorporation dans son armée de tous les renforts disponibles rencontrés chemin faisant. Lors des dernières étapes de sa progression, il fractionna même ses forces en de nombreux petits détachements destinés à abuser les espions de l'ennemi. Et, après une avance pénible, en pays montagneux et sous des tempêtes de neige, il regroupa ses moyens près de Belfort d'où, sans le moindre temps d'arrêt, il envahit par le sud cette Alsace qu'il avait quittée par le nord.

Avec les forces dont il pouvait disposer dans un faible rayon, Bournonville tenta d'arrêter Turenne à Mulhouse (29 décembre) ; mais il fut balayé. Puis le torrent français dévala en trombe entre Vosges et Rhin, poussant devant lui les impériaux qui refluèrent en désordre vers le nord, en direction de Strasbourg, et taillant en pièces chaque détachement adverse qui tentait de lui résister. À Colmar, à mi-chemin de Strasbourg, l'électeur de Brandebourg, désormais à la tête des Allemands, avait établi un barrage défendu par des forces égales à celles de Turenne. Mais l'impulsion, tant physique que morale, et la liberté d'action jouaient pour Turenne, et elles furent habilement préservées par une approche indirecte tactique sur le champ de bataille de Turckheim. Là, Turenne chercha moins à détruire l'armée adverse qu'à en annihiler la capacité de résistance, laissant aux effets naturels d'une telle opération le soin de consommer la ruine de l'ennemi. Il y réussit si bien qu'il fut en mesure de rendre compte, quelques jours plus tard, qu'aucun soldat ennemi ne foulait plus le sol de l'Alsace.

Les Français se refirent dans leurs quartiers d'hiver, à Strasbourg, tirant leurs approvisionnements, sans la moindre difficulté, de la rive allemande du Rhin sur laquelle ils fourragèrent jusqu'au Neckar. L'électeur s'était replié sur le Brandebourg avec ce qui lui restait de forces ; et le vieux rival de Turenne, Montecuccoli, fut rappelé au printemps pour reprendre le commandement des armées impériales. Lui aussi fut manœuvré par Turenne et mis en fâcheuse posture sur la Salzbach. Mais, dès le début de l'action, Turenne fut tué par un boulet et, avec sa mort, le cours de la guerre fut une nouvelle fois renversé.

Pourquoi ce caractère décisif, dont témoigne la campagne d'hiver de Turenne, offre-t-il un contraste aussi saisissant avec celui des autres campagnes qui se déroulèrent en Europe, au cours du XVII^e siècle ? À cette époque, les généraux, bien que limités dans leur horizon professionnel, étaient au moins des manœuvriers suprêmement habiles. Mais, dans cet art, ils étaient de force à peu près identique ; si bien que des mouvements tournants étaient adroitement parés par l'adversaire alors que, en d'autres temps, ils auraient pu parfaitement réussir. Aussi ne peut-on citer que cet exemple où ait été obtenue la dislocation de l'adversaire. La gloire de Turenne tient à ce qu'il fut le seul grand capitaine dont le génie s'accrut avec l'âge ; et il est vraiment significatif que, après avoir dirigé plus de campagnes que tout autre général dans toute l'histoire, il ait trouvé, lors de son ultime campagne, une solution au problème de la décision que posait l'art de la guerre du XVII^e siècle. Il la trouva en effet sans abandonner la règle d'or admise à cette époque : à savoir que les soldats possédant une haute instruction militaire coûtaient trop cher pour être gaspillés.

Il semble donc que son expérience lui avait enseigné qu'un résultat décisif ne pouvait être obtenu, dans de telles conditions, qu'en appliquant un plan stratégique conférant à l'approche un caractère indirect plus prononcé que dans aucune campagne antérieure. En un temps où toutes les manœuvres s'appuyaient sur les forteresses assurant la garde des dépôts et réserves nécessaires à la vie des troupes en campagne, il se libéra radicalement de la servitude de ces bases d'opérations ; et il demanda à la combinaison de la surprise et de la mobilité, non seulement de lui fournir la décision, mais de lui garantir la sûreté de sa manœuvre. Il ne spéculait pas sur le hasard, mais calculait avec justesse ; les phénomènes de rupture intellectuelle, morale et logistique qu'il créait chez l'ennemi lui assuraient en effet une marge de sécurité confortable.

# 7

## Le XVIIIe siècle
## Marlborough et Frédéric II

La guerre de Succession d'Espagne (1701-13) est digne de remarque par la curieuse dualité de sa nature. En politique, elle fut à la fois le cas limite d'un conflit à but limité et une lutte décisive pour renforcer ou briser la puissance prédominante de la France de Louis XIV. En stratégie, elle présente surtout une succession vraiment banale d'approches directes et de manœuvres indirectes à peine plus justifiées compte tenu de leurs résultats. Toutefois elle fut marquée par un certain nombre d'approches indirectes très brillantes auxquelles il faut associer principalement le nom illustre de Marlborough. Leur intérêt et leur portée tiennent surtout au fait qu'elles jalonnent la plupart des tournants du conflit.

La coalition dressée contre la France comprenait l'Autriche, la Grande-Bretagne, plusieurs États germaniques, la Hollande, le Danemark et le Portugal ; tandis que les seuls alliés de quelque importance de Louis XIV lui étaient fournis par l'Espagne, la Bavière et, au début, la Savoie.

La guerre débuta en Italie septentrionale, tandis que les autres armées achevaient leurs préparatifs. Les Autrichiens, aux ordres du prince Eugène, se rassemblèrent dans le Tyrol, se préparant ostensiblement à marcher directement sur l'adversaire. Celui-ci, aux ordres de Catinat, prit position pour barrer la route au défilé de Rivoli. Mais Eugène, ayant secrètement reconnu un passage difficile dans la montagne – passage inutilisé depuis longtemps par la troupe – déboucha brusquement dans la plaine après avoir effectué un large mouvement tournant par l'est. Exploitant cet avantage initial par des manœuvres habiles qui abusèrent ses adversaires à plusieurs reprises sur ses véritables intentions, il finit par les pousser à l'attaquer, à Chiari, ce qui les mena au désastre et permit à Eugène d'affermir sa situation dans le nord de l'Italie.

Cette approche indirecte, magistrale ouverture d'un conflit impitoyable, agit non seulement sur les Alliés comme un puissant tonique moral, mais il les convainquit que les armées réputées invincibles du grand monarque ne l'étaient pas dans la réalité ; en outre, elle asséna un coup, dont ils ne devaient pas se relever, à la puissance des Français et des Espagnols en Italie. Et l'une des conséquences les plus importantes de cette victoire fut que le duc de Savoie, toujours enclin à adopter le parti du plus fort, passa dans le camp des Alliés.

En 1702, s'ouvrit la lutte principale. L'armée française la plus importante fut constituée dans les Flandres où les Français avaient fortifié les « lignes du Brabant », d'Anvers à Huy sur la Meuse – c'est-à-dire sur une longueur de soixante milles – ceci afin d'assurer la sécurité de leurs arrières au cours de l'avance qu'ils se proposaient d'exécuter. Se sentant menacés d'invasion, les Hollandais coururent instinctivement se mettre à l'abri de leurs forteresses. Mais Marlborough, quoiqu'il se fît une tout autre idée de la guerre, ne substitua pas à cette défensive passive une offensive directe contre l'armée de Boufflers qui se dirigeait vers le Rhin. Au lieu de couvrir les si précieuses forteresses hollandaises, Marlborough marcha rapidement sur les lignes du Brabant et sur la ligne de retraite française. Boufflers sentant alors se préciser l'étreinte de ce « lasso moral », recula promptement. Fatiguée physiquement et moralement ébranlée, l'armée française eût été une proie facile pour Marlborough qui la guettait pour l'envelopper, si les députés hollandais, trop heureux de voir s'éloigner le danger d'invasion, ne s'étaient opposés à ce que ce succès fût couronné par une bataille. Deux fois encore, au cours de cette même année, Boufflers fut attiré dans le piège par Marlborough et, chaque fois, les tergiversations hollandaises aidèrent les Français à esquiver la prise.

L'année suivante, Marlborough monta une habile manœuvre afin de s'emparer d'Anvers et de sauter ainsi le fossé fortifié. Par une avance directe exécutée à l'ouest de Maëstricht, il espérait fixer la principale armée française (aux ordres de Villeroy) à l'extrémité sud des lignes du Brabant. Ensuite, le corps hollandais de Cohorn devait attaquer Ostende avec l'aide de la flotte, tandis qu'une autre force, également hollandaise et aux ordres de Spaar, devait marcher sur Anvers par le nord-ouest. Exécutés à partir de la côte, ces mouvements avaient pour but de contraindre le commandement français d'Anvers à « regarder par-dessus son épaule » et à replier ceux de ses moyens qui tenaient l'extrémité nord des lignes. Quatre jours plus tard, un troisième corps hollandais, aux ordres d'Opdam, devait les attaquer en venant du nord-est, tandis que Marlborough, lâchant Villeroy et le devançant, aurait couru en direction du nord afin de porter le coup sur Anvers en y faisant converger tous ces corps séparés.

La première partie de ce programme s'exécuta d'une façon prometteuse. La crainte de Marlborough attira l'armée de Villeroy sur la Meuse. Mais, au mouvement prévu sur Ostende, Cohorn en substitua un autre moins ample exécuté plus près d'Anvers en liaison avec Spaar ; ce mouvement ne procura évidemment pas l'effet de diversion qu'on pouvait légitimement attendre du premier. Puis, Opdam se mit en marche prématurément ; et enfin, lorsque Marlborough s'élança vers le nord, non seulement il n'abusa pas Villeroy, mais ce dernier le battit à la course en poussant Boufflers avec trente de ses escadrons et 3 000 grenadiers qui allaient à marches forcées en se tenant aux étrivières des cavaliers. Après avoir couvert près de 40 milles en trente-quatre heures, un 1er juillet, cette force mobile fit sa jonction avec la garnison d'Anvers et tomba par surprise sur Opdam qui fut sévèrement étrillé avant de pouvoir s'échapper. Ainsi ce que Marlborough avait orgueilleusement baptisé le « Grand Dessein » échouait lamentablement.

À la suite de cet échec, l'Anglais proposa de lancer un assaut direct sur les lignes du Brabant, juste au sud d'Anvers. Les chefs hollandais rejetèrent ce projet, avec raison, car il impliquait l'attaque frontale d'une position fortifiée tenue par une force presque égale à celle des assaillants. À côté de ses talents de manœuvrier, Marlborough montrait parfois, et tout spécialement dans ses heures de découragement, une tendance à s'en tenir aux jeux habituels. Par contre, les historiens britanniques, fascinés aussi bien par ses exploits que par son charme personnel, ont tendance à se montrer trop sévères pour les Hollandais, dont il faut bien admettre qu'ils couraient des dangers plus pressants que les Anglais. La menace sur leur pays et leur existence était trop précise pour qu'ils pussent considérer la guerre comme un jeu passionnant ou une grande aventure. Ils étaient parfaitement conscients, comme le fut l'amiral Jellicoe deux siècles plus tard, de « pouvoir perdre la guerre en un seul après-midi » s'ils acceptaient le risque de jouer une bataille dans des conditions comportant, pour eux, une sérieuse chance d'être battus sans appel.

Devant l'opinion unanime des généraux hollandais, Marlborough abandonna son projet d'un assaut lancé dans le secteur d'Anvers, et il se retourna vers la Meuse pour couvrir le siège de Huy. Puis, fin août, il proposa de nouveau de lancer une attaque contre les lignes du Brabant ; mais cette fois-ci avec des arguments bien meilleurs, car le secteur Sud était devenu plus favorable à une telle entreprise. Pourtant ses arguments ne parvinrent pas à convaincre les Hollandais.

Profondément écœuré par l'attitude de ces derniers, Marlborough fut plus sensible aux arguments de Wratislaw, l'envoyé impérial, qui lui proposait d'une façon pressante de pousser ses forces sur le Danube. La conjonction de ces deux influences et les vastes conceptions de Marlborough aboutirent, en 1704, à l'exécution de l'un des exemples les plus frappants d'approche indirecte que puisse offrir l'histoire. Une des principales armées adverses, celle de Villeroy, opérait dans les Flandres ; une autre, celle de Tallard, stationnait sur le cours supérieur du Rhin entre Mannheim et Strasbourg, sous la protection de détachements plus faibles assurant la couverture du dispositif. Enfin, une force combinée de Bavarois et de Français aux ordres de l'électeur de Bavière et de Marsin, se trouvait près d'Ulm et du Danube. Il suffisait à cette dernière armée de pousser vers l'est pour menacer dangereusement Vienne. Marlborough projeta de faire rapidement glisser de la Meuse au Danube les contingents anglais de son armée ; puis, de frapper les Bavarois afin d'obtenir la décision aux dépens du plus faible partenaire de la coalition ennemie. Ce mouvement d'une très grande amplitude conduisant dans une région aussi éloignée de sa base anglaise et lui faisant négliger les intérêts immédiats qu'il protégeait dans le nord, était d'une audace absolument sans exemple jusqu'alors ; mais il paraîtra encore plus hardi si nous le comparons à la stratégie timorée en honneur à cette époque. La sûreté de la manœuvre reposait uniquement sur l'effet de démoralisation provoqué par ce caractère insolite ; et la surprise tenait à la possibilité de varianter les directions d'approche, à la multiplicité des objectifs également probables au terme de chaque étape, multiplicité qui laissait l'ennemi dans l'incertitude quant à son véritable but.

Lorsqu'il se mit en marche vers le sud, en direction du Rhin, il pouvait donner à croire, au début, qu'il voulait pénétrer en France par la vallée de la Moselle. Puis, lorsqu'il poussa au-delà de Coblence, on put penser qu'il visait les forces françaises d'Alsace ; et en se préparant ostensiblement à lancer un pont sur le Rhin de Philipsbourg, il ne faisait que confirmer apparemment cette hypothèse trop naturelle. Mais, lorsqu'il eut atteint la région de Mannheim, d'où son axe de marche normal aurait dû l'orienter vers le sud-ouest, il obliqua au contraire vers le sud-est, disparut dans les collines boisées bordant la vallée du Neckar, puis marcha sur Ulm en franchissant la base du triangle formé par le Rhin et le Danube. L'ambiguïté de ces manœuvres stratégiques avait véritablement couvert son avance ; elle l'aida à compenser la relative lenteur de sa progression dont la vitesse peut s'évaluer à quelque dix milles seulement par jour, et ceci pendant six semaines. Après avoir opéré sa jonction à Gross Heppach avec le prince Eugène et le margrave de Bade, Marlborough se remit en marche avec les forces du dernier, tandis que le premier faisait demi-tour afin d'arrêter, ou, au moins, freiner les armées françaises sur le Rhin où Villeroy avait finalement, quoique tardivement, suivi Marlborough depuis les Flandres [1].

Bien que Marlborough se fût ainsi placé sur les arrières de l'armée franco-bavaroise par rapport à la France, il se trouvait toujours en position frontale par rapport à la Bavière. Cette dualité de position géographique s'ajoutait à d'autres facteurs pour lui interdire toute exploitation éventuelle des avantages stratégiques qu'il venait d'acquérir. L'un de ces facteurs était imputable à l'époque : la structure des armées impliquait une tactique rigide et se prêtait mal à la souplesse de la manœuvre stratégique. Un général pouvait bien attirer son adversaire devant un piège, mais il ne pouvait l'y faire tomber si l'autre n'y consentait pas : aucun chef ne pouvait contraindre le parti adverse à accepter la bataille contre son gré. Un autre handicap, particulier à Marlborough, était l'obligation qui lui était faite de parta-

1. Jusqu'au moment où il abandonna définitivement la vallée du Rhin, Marlborough conserva la possibilité d'exécuter une rapide contremarche vers les Flandres en embarquant ses hommes sur les bateaux qu'il avait fait rassembler. Cette précaution intervint d'ailleurs comme une cause supplémentaire d'erreur dans les hypothèses établies par le commandement français.

ger le commandement avec le très timoré margrave de Bade.

Les armées combinées de l'électeur de Bavière et du maréchal Marsin occupaient la position fortifiée de Dillingen, sur le Danube, à l'est d'Ulm et à mi-chemin entre cette dernière ville et Donauwœrth. Comme l'armée du maréchal Tallard pouvait passer à l'attaque à partir du Rhin, Ulm était devenu un endroit vraiment malsain pour quiconque tentait de pénétrer en Bavière. Aussi Marlborough décida-t-il de se frayer un passage à Donauwœrth, terminus naturel de la nouvelle ligne de communications qu'il avait substituée, pour plus de sûreté, à la ligne passant à Nuremberg. Maître de Donauwœrth, il aurait alors disposé librement d'une voie lui donnant accès en Bavière et lui permettant de manœuvrer en toute sécurité sur l'une ou l'autre des rives du Danube.

Malheureusement, le mouvement de flanc au vu de la position ennemie de Dillingen était déjà trop hasardeux en théorie ; de plus, il fut si lent dans l'exécution, que l'électeur de Bavière eut le temps d'envoyer un fort détachement au secours de Donauwœrth. Et, bien que Marlborough accélérât sa progression dans la dernière phase de sa manœuvre, l'ennemi fut en mesure d'étendre les retranchements du Schellenberg, hauteurs dominant Donauwœrth, avant que l'Anglais eût atteint la ville le 2 juillet. Plutôt que de permettre à l'adversaire de renforcer ses défenses, Marlborough se lança à l'attaque le soir du même jour. Le premier assaut fut repoussé avec de très fortes pertes : plus de la moitié des troupes engagées ; et ce fut seulement lorsque le gros des armées alliées l'eut rejoint, lui conférant ainsi une supériorité numérique de quatre contre un, que le poids du nombre commença à intervenir dans la balance. Et, même dans ces conditions, la décision ne fut acquise que par un mouvement tournant qui, trouvant un secteur moins solidement tenu dans les retranchements, permit d'y faire une brèche. Dans une lettre, Marlborough admit que la prise de Donauwœrth « a coûté un peu cher » ; critique de sa tactique pour le moins trop générale, puisque la manœuvre décisive avait été dirigée par le margrave.

Alors, le gros des forces ennemies se replia sur Augsbourg, tandis que Marlborough s'enfonçait vers le sud, ravageant la Bavière, incendiant des centaines de villages afin de contraindre l'électeur à traiter ou à accepter la bataille dans des conditions qui lui eussent été défavorables. L'effet de cet expédient brutal, dont Marlborough se montrait honteux dans le privé, fut annulé par une autre donnée de l'époque : la guerre était plus l'affaire des souverains que celle de leurs peuples ; si bien que l'électeur ne ressentit pas immédiatement les inconvénients d'une situation qui ne l'affectait pas directement. Aussi Tallard eut-il le temps d'accourir de la région du Rhin et d'atteindre Augsbourg le 5 août.

Heureusement, l'entrée en scène de Tallard fut compensée par celle du prince Eugène qui, abandonnant furtivement la position qu'il tenait devant Villeroy, décida fort audacieusement de rejoindre Marlborough. Il avait été convenu peu de temps auparavant, que, couvert par les forces de Marlborough et du prince Eugène, le margrave devait descendre le Danube et mettre le siège devant Ingolstadt, tenu par l'ennemi. Le 9 août, on apprit que les armées combinées adverses faisaient mouvement en direction du nord, vers le Danube, donnant ainsi à penser qu'elles visaient les communications de Marlborough. Pourtant, celui-ci et Eugène autorisèrent le margrave à poursuivre son mouvement divergent vers Ingolstadt, manœuvre dont la première conséquence était de réduire leurs forces à 56 000 hommes devant un adversaire qui en possédait environ 60 000, effectif qui pouvait en outre se voir augmenter. Leur désir de se priver des forces du margrave est bien compréhensible, si l'on admet le dégoût qu'ils éprouvaient pour son caractère timoré ; mais qu'ils aient accepté une telle amputation de leurs moyens demeure d'autant plus remarquable qu'ils avaient décidé de livrer bataille à la première occasion. Cette décision témoigne de leur grande confiance en leur supériorité qualitative sur l'ennemi ; confiance d'ailleurs excessive, si l'on considère l'acharnement et le caractère indécis de la bataille qui suivit.

Heureusement pour eux, leurs adversaires affichaient une confiance au moins égale en leur propre valeur. L'électeur de Bavière se montrait pressé de passer à l'offensive, bien qu'une importante partie de ses forces ne fût pas encore à pied d'œuvre. Et quand Tallard objecta que la sagesse commandait d'attendre l'arrivée de ce renfort et de se retrancher jusqu'alors, l'électeur s'offusqua d'une telle prudence. Tallard répliqua sarcastiquement : « Si je n'étais si parfaitement convaincu de la loyauté de Votre Altesse, je pourrais croire que vous souhaitez jouer avec les armées du roi de France, sans risquer les vôtres, et uniquement pour voir ce qu'il en adviendra. » Un compromis fut adopté : les Français exécuteraient une démonstration préalable en se portant sur une position proche de Blenheim, localité située derrière une petite rivière, le Nebel, et sur la route de Donauwœrth.

Le lendemain matin, 13 août, ils furent surpris par la soudaine avance des alliés, marchant le long de la rive nord du Danube. Marlborough lança aussitôt un coup direct sur la droite des Français, près du Danube, tandis que le prince Eugène attaquait leur gauche, l'étroit espace compris entre le fleuve et les hauteurs ne permettant guère de manœuvre. Le seul avantage que possédaient les alliés, outre leur esprit combatif et l'instruction de leurs troupes, résidait dans le caractère inattendu de leur intervention : il semblait peu probable, en effet, qu'on pût prendre la décision d'attaquer dans de telles circonstances. Aussi cet effet de surprise empêcha-t-il les deux armées françaises d'adopter des dispositions de combat vraiment coordonnées ; et elles se battirent plus selon leur ordre de stationnement que selon un ordre de bataille. Cela produisit un déséquilibre dont les premiers résultats furent de raréfier l'infanterie dans un large secteur, au centre du dispositif.

Mais cette carence ne se manifesta pas très nettement avant une heure assez tardive, et elle n'aurait même pas pris des proportions dangereuses si d'autres facteurs n'étaient intervenus.

La première phase de la bataille fut peu propice aux alliés. L'attaque que lança Marlborough, à l'aile gauche, sur Blenheim, échoua avec de lourdes pertes, de même que celle menée par son aile droite, à Oberglau. L'assaut suivant, lancé par Eugène sur la droite, fut repoussé par deux fois. Et quand les troupes de Marlborough se trouvèrent engagées au centre, dans le franchissement du Nebel, la cavalerie française chargea leurs têtes de colonnes et fut repoussée à grand-peine. Par suite d'une confusion dans les ordres, confusion fort heureuse pour les alliés, cette contre-attaque fut exécutée par un nombre d'escadrons inférieur à celui que Tallard avait prévu. Mais elle fut suivie par une autre contre-attaque de la cavalerie de Marsin sur le flanc allié ainsi découvert, et que stoppa, juste à temps, la riposte d'une fraction de sa cavalerie que le prince Eugène engagea sans hésiter sur un appel à l'aide de Marlborough.

Si le désastre avait été évité, la situation consécutive à ces mouvements révélait un équilibre bien précaire ; et, à moins de pouvoir consentir un nouvel effort, Marlborough, sur les berges marécageuses du Nebel, se trouvait dans un bien mauvais cas. Mais Tallard allait payer très cher l'erreur qu'il avait commise en laissant son adversaire franchir impunément la rivière ; plus exactement, il allait payer la mauvaise exécution, ou plutôt l'inexécution du plan qu'il avait proposé. Lorsque la cavalerie de Tallard eut manqué la contre-attaque grâce à laquelle il espérait enfoncer le centre de Marlborough, ce qui restait de ce centre pouvait toujours être renforcé par des éléments franchissant la rivière. Et si Tallard opposait 50 bataillons d'infanterie aux 48 de Marlborough, il ne pouvait en lancer que 9 sur les 23 qui constituaient le centre anglais. Cette différence résultait d'une faute dans les dispositions initiales, faute qui n'avait pas été réparée alors qu'il en était encore temps.

Aussi, lorsque ces quelques carrés d'infanterie eurent été submergés par le nombre et une concentration d'artillerie, Marlborough put alors s'engouffrer dans la brèche béante, puis tailler en pièces la masse de l'infanterie française entassée à Blenheim, près du Danube ; ensuite il put traiter de la même façon le flanc désormais découvert de Marsin. Mais ce dernier parvint à se dégager de l'étreinte du prince Eugène, et à se replier sans être sérieusement inquiété. Par contre, une importante fraction de l'armée de Tallard fut acculée au Danube et contrainte de se rendre.

La victoire de Blenheim avait coûté très cher ; en outre, elle n'avait été acquise qu'en acceptant des risques de plus en plus lourds. Et une analyse conduite sans passion montre clairement que le tournant décisif de la bataille fut marqué plus par la ténacité des soldats du rang et les erreurs du commandement français que par l'habileté personnelle de Marlborough. Mais le fait que ce fut finalement une victoire suffit alors à montrer au monde quelle partie d'échecs avait été cette bataille ; et le renom d'invincibilité des armées françaises en fut assez terni pour que l'attitude générale de l'Europe se modifiât radicalement.

Suivant la retraite des Français, les armées alliées franchirent le Rhin à Philipsbourg. Mais le coût de la victoire de Blenheim se manifestait maintenant sans équivoque : personne, à part Marlborough, n'éprouvait le désir d'aller plus loin, et la campagne s'acheva ainsi.

Pour l'année 1705, Marlborough conçut un plan d'invasion de la France qui devait lui permettre d'éviter le réseau serré des forteresses flamandes : tandis que le prince Eugène occuperait les forces françaises en Italie du Nord, et que les Hollandais se tiendraient sur la défensive dans les Flandres, la principale armée alliée, aux ordres de Marlborough, remonterait la Moselle jusqu'à Thionville vers où le margrave de Bade ferait marcher son armée en traversant la Sarre. Mais le plan fut contrarié par une série de déboires : le ravitaillement ne s'effectua pas comme promis, les moyens de transport manquèrent, les renforts alliés furent moins importants que prévu, et le margrave montra quelques réticences à coopérer : on le suspecta de jalousie, mais une blessure qui s'infecta, et dont il devait mourir, justifiait assez son inertie.

Toutefois, Marlborough conserva son plan, même lorsque les conditions du succès eurent toutes fait défaut, et son projet ayant finalement dégénéré en approche directe au sens le plus strict. Il poussa sur la Moselle, apparemment avec l'espoir que l'évidente faiblesse de ses moyens inciterait les Français à livrer bataille. Mais Villars préféra attendre que Marlborough s'affaiblît encore par suite de la carence des subsistances ; et Villeroy ayant pris l'offensive en Flandre, les Hollandais crièrent au secours. Ces deux circonstances obligèrent Marlborough à s'arrêter et à abandonner son projet ; et sa déception fut si vive qu'il en rendit le margrave responsable. Il adressa même à Villars une lettre pour se justifier de cette retraite, décision dont il imputait l'entière responsabilité au margrave.

Le repli accéléré de Marlborough sur les Flandres y rétablit promptement la situation : à son approche, Villeroy leva le siège de Liège et se replaça sous la protection des lignes du Brabant. L'Anglais se consacra alors à la mise au point d'une méthode permettant le franchissement de cette barrière. Une démonstration exécutée sur un secteur faiblement fortifié, près de la Meuse, attira les Français vers le sud ; puis, par une contre-marche, il fit irruption près de Tirlemont dans un secteur solidement organisé, mais faiblement tenu. Pourtant, il ne saisit pas l'occasion qui lui était ainsi offerte de marcher rapidement sur Louvain et d'avancer au-delà de la Dyle. Cette erreur est due partiellement, semble-t-il, au fait qu'il avait trompé ses alliés plus encore que l'ennemi, et plus encore à un épuisement momentané de son énergie. Néanmoins, les fameuses lignes du Brabant ne pouvaient plus être considérées désormais comme une barrière infranchissable.

Quelques semaines après, il bâtit un nouveau plan qui témoigne d'une nette évolution dans ses méthodes de commandement ; et si ce plan ne fut pas couronné par de grands succès, il révèle pourtant un Marlborough encore plus grand.

La manœuvre projetée précédemment dans les Flandres n'aurait pu réussir qu'en trompant l'adversaire ; et son succès exigeait, dans l'exécution, une vitesse qu'il ne pouvait imposer, dans la réalité, à ses trop prudents Hollandais. Cette fois, il allait donc monter une approche indirecte empruntant un itinéraire réservant le choix entre différentes possibilités en ce qui concerne les objectifs auxquels il pouvait également conduire. L'attention adverse étant ainsi dispersée sur un vaste champ où diverses éventualités la retenaient à un titre égal, Marlborough pouvait se soucier moins du facteur vitesse.

Ayant donné un coup de boutoir sur les retranchements de Villeroy près de Louvain, il prit ensuite une direction qui maintenait l'ennemi dans le doute quant au but effectivement visé, puisqu'il négligea toutes les villes fortifiées situées dans cette zone : Namur, Charleroi, Mons et Ath. Puis, parvenu à Genappe, il obliqua vers le nord par la route de Waterloo conduisant à Bruxelles. Villeroy décida de se porter en hâte au secours de la ville, en faisant demi-tour. Au moment que les Français allaient se mettre en mouvement, Marlborough, ayant opéré une nouvelle conversion vers l'est au cours de la nuit, surgit sur la nouvelle ligne de front adoptée par ses adversaires. Par suite de sa manœuvre de déception, ce front fut très peu cohérent, mais moins vulnérable toutefois que l'aurait été leur aile marchante dans les circonstances habituelles d'une surprise. Il était arrivé trop tôt pour tirer profit de l'avantage acquis, et les généraux hollandais timorés y trouvèrent un motif suffisant pour refuser de se lancer immédiatement à l'assaut ainsi qu'il en émit le vœu. Ils arguèrent que, quelle que pût être la confusion existant dans les rangs ennemis, la nouvelle position des Français derrière l'Ysche était plus solide que celle qu'ils tenaient à Blenheim.

Au cours de la campagne de 1706, Marlborough conçut

l'idée d'une approche indirecte sur une plus grande échelle ; il proposa de franchir les Alpes et de faire ensuite sa jonction avec le prince Eugène. Ainsi espérait-il chasser les Français d'Italie, trouver une voie d'invasion en France, combiner son approche par voie terrestre avec des opérations amphibies contre Toulon et avec celles que Peterborough dirigeait en Espagne. Quittant enfin leur coutumière méfiance, les Hollandais acceptèrent les risques de le laisser partir. Mais le plan fut ruiné par la défaite du margrave de Bade devant Villars et par l'avance de Villeroy dans les Flandres. D'ailleurs assez aventuré, ce mouvement des Français était motivé par le fait que Louis XIV, persuadé de ce qu'une offensive générale susciterait chez ses adversaires un vif sentiment de sa puissance, comptait arracher ainsi, et conclure en des termes beaucoup plus avantageux pour la France, cette paix à laquelle il aspirait par nécessité. Mais prendre l'offensive sur le théâtre où opérait Marlborough, c'était ouvrir aux Français la voie la plus directe, non de la paix, mais d'une défaite les éloignant du but recherché. L'Anglais saisit l'occasion sans hésiter : selon lui, c'était la seconde fois que les Français ruinaient ses plans par leur seule tendance à se mettre paisiblement à l'abri des lignes retranchées bien que possédant l'initiative du jeu. Il les rejoignit à Ramillies où ils s'étaient installés sur une position de tracé concave. Il tira parti de sa position sur la corde de cet arc de cercle pour exécuter une approche indirecte tactique : lançant une attaque sur la gauche de ses adversaires – ce qui attira leurs réserves vers cette aile – il replia habilement ses propres troupes devant cette aile et les fit glisser sur sa propre aile gauche afin d'exploiter l'avantage qui s'y précisait, la cavalerie danoise y ayant fait une brèche. Combinée avec la pression accentuée frontalement, cette menace sur leurs arrières amena la dislocation des Français. Marlborough exploita sa victoire en organisant une poursuite si efficace que toutes les Flandres et le Brabant tombèrent entre ses mains.

La même année, la guerre s'acheva en Italie sur un autre cas d'approche indirecte stratégique. Au début de la campagne, le prince Eugène avait dû se replier vers l'est jusqu'au lac de Garde et dans les montagnes, tandis que son allié, le duc de Savoie, était assiégé dans Turin. Au lieu d'essayer de se frayer de vive force un passage, Eugène trompa ses adversaires : il accepta d'être, par sa propre manœuvre, coupé de ses bases et pénétra en Piémont après avoir traversé la Lombardie. Et, devant Turin, il infligea une défaite décisive à un ennemi supérieur en nombre, mais qui se trouvait en position de déséquilibre.

La guerre déferlait maintenant sur les frontières de la France, au nord et au sud. Mais, en 1707, les divergences dans les plans des alliés donnèrent aux Français le temps de se ressaisir ; et, l'année suivante, ils concentrèrent le gros de leurs forces contre Marlborough. Lié à la défense des Flandres, et sérieusement handicapé par son infériorité numérique, il compensa ces faiblesses en répétant la manœuvre du Danube ; mais, cette fois, ce fut le prince Eugène qui, partant du Rhin, s'efforça de le rejoindre. Par contre, les Français étaient maintenant commandés par un chef capable, Vendôme, qui se mit en marche avant que le prince Eugène fût en mesure d'opérer la jonction prévue. Cette menace directe ayant contraint Marlborough à se replier sur Louvain, Vendôme gagna la première manche en opérant une brusque conversion vers l'ouest, manœuvre qui lui permit de reconquérir à bon marché Gand, Bruges et, en fait, toutes les Flandres à l'ouest de l'Escaut. Au lieu de chercher à s'opposer directement à Vendôme, Marlborough marcha hardiment vers le sud-ouest afin de se placer entre lui et la frontière. À Audenarde, l'avantage initial obtenu par cette dislocation stratégique fut confirmé par une rupture tactique.

Si Marlborough avait pu agir comme il jugeait bon et marcher rapidement sur Paris, la guerre aurait sans doute cessé rapidement. Mais, sans qu'il fût besoin d'une telle exploitation, Louis XIV fut poussé à conclure la paix au cours de l'hiver, proposant des conditions qui répondaient amplement aux buts de guerre des alliés. Pourtant ces derniers rejetèrent la proie pour l'ombre en voulant obtenir la totale humiliation de leur adversaire : faute et folie imbécile en grande stratégie. Marlborough lui-même, quoique appréciant à leur valeur les propositions françaises, était plus perspicace et plus fin lorsqu'il s'agissait de guerre que de paix. Aussi la guerre reprit-elle de plus belle en 1709. Le nouveau plan de Marlborough consistait en l'approche indirecte militaire d'un objectif politique déterminant pour l'issue du conflit : son idée était de se glisser derrière les armées ennemies, de masquer les forteresses et de viser Paris. Mais ce projet parut trop hardi, même au prince Eugène. Aussi fut-il transformé en un plan qui évitait tout assaut direct des lignes retranchées couvrant la frontière entre Douai et Béthune, mais qui préconisait la sauvegarde des villes fortifiées sur le flanc de ces lignes – Tournai et Mons – ceci devant préluder à une invasion de la France empruntant l'itinéraire passant à l'est de la zone fortifiée.

Marlborough réussit une fois encore à tromper ses adversaires. La menace d'une attaque directe sur les lignes les incita à prélever des forces sur la garnison de Tournai pour renforcer la barrière ; sur quoi Marlborough exécuta une contre-marche et attaqua la ville. Mais cette place résista avec une telle opiniâtreté qu'elle fit perdre deux mois aux Anglais. Toutefois, une nouvelle menace prononcée sur les lignes de la Bassée lui permit de fondre sur Mons et de l'investir sans être inquiété. Mais les Français manœuvrèrent assez rapidement pour lui barrer la route du sud et lui interdire ainsi de donner un développement plus ample à son plan initial. Cette déception l'incita à recourir de nouveau à l'approche directe ; au cours de celle-ci, il montra pourtant trop peu de prévoyance dans le calcul des conséquences éventuelles, eu égard à la situation générale ; il fut moins avisé que Cromwell avant Dunbar. Et bien que l'assaut qu'il lança sur un ennemi bien préparé à l'accueillir, et tenant solidement la « trouée » de Malplaquet, s'achevât sur une victoire, ce succès fut acquis au prix de pertes si disproportionnées avec le résultat que Villars, vaincu, put écrire avec raison à Louis XIV : « Si Dieu nous donne encore une défaite comme celle-ci, les ennemis de Votre Majesté sont anéantis. » Jugement prophétique, dans la mesure même où la victoire qui couronnait cette bataille enlevait aux alliés tout espoir de gagner la guerre.

En 1710, les opérations languirent. Marlborough se trouvait encagé derrière les barreaux des lignes *nec plus ultra* que les Français avaient aménagées de Valenciennes à la mer, tandis qu'en Angleterre ses adversaires politiques s'efforçaient de lui faire perdre sa position. Enfin, la fortune se lassa de ceux qui avaient naguère refusé ses faveurs : en 1711, par suite de l'évolution de la situation politique, l'armée du prince Eugène fut rappelée, et Marlborough fut abandonné à lui-même devant un ennemi qui lui était notablement supérieur. Trop faible pour mener à bien ou tenter une quelconque opération décisive, il pouvait au moins affirmer sa propre maîtrise et ruiner la présomption des Français en s'emparant de leurs fameuses lignes. Il y parvint en exécutant la plus magistralement indirecte de toutes ses approches : ruses, feintes, détours, furent successivement exploités pour pénétrer à l'intérieur des lignes sans tirer un seul coup de feu. Mais, deux mois plus tard, il était rappelé en Angleterre et disgracié. Enfin, au cours de l'année 1712, l'Angleterre, lasse de la guerre, laissa ses alliés se battre sans son concours.

Désormais aux ordres du prince Eugène, les Hollandais et les Autrichiens maintinrent leurs positions pendant quelque temps, et les deux partis opposés se sentaient à peu près également épuisés. Mais, en 1712, Villars monta une manœuvre complexe qui, sous le rapport de la ruse, du secret et de la rapidité dans l'exécution, était digne de Marlborough ; le résultat fut une victoire peu coûteuse et décisive obtenue à Denain aux dépens des alliés. Elle acheva de dissocier la coalition, et Louis XIV put obtenir des conditions de paix bien différentes de celles qu'on aurait pu lui imposer avant Malplaquet. Une seule approche directe aux résultats nuls avait fait beaucoup plus pour la perte des bénéfices accumulés par les alliés que leurs approches indirectes pour les conquérir. Et ce n'est pas le trait le moins significatif de ces événements que leur issue ait été déterminée par un autre exemple d'approche indirecte ; mais cette fois la situation respective des deux partis était inversée.

Bien que les alliés aient manqué l'objectif qu'ils s'étaient fixé initialement et qui se proposait d'interdire l'union de fait de la France et de l'Espagne sous le sceptre de Louis XIV, l'Angleterre sortait de la guerre avec un gain territorial. Et elle le devait surtout au fait que les conceptions de Marlborough faisaient craquer les limites étroites de son propre théâtre d'opérations. Il avait conçu un plan coordonnant des opérations de vaste envergure en Méditerranée avec ses propres opérations en Flandre ; ce qui constituait simultanément une manœuvre de diversion militaire et un atout dans le jeu politique. Les expéditions de 1702 et de 1703 facilitèrent les défections du Portugal et de la Savoie qui abandonnèrent la France ; et elles ouvrirent la voie à une manœuvre dirigée contre l'atout maître des Français : l'Espagne. La manœuvre suivante, en 1704, permit d'enlever Gibraltar. Puis Peterborough s'acquitta parfaitement, en Espagne, de sa mission de diversion et, en 1708, une autre expédition s'empara de Minorque. Et bien que les campagnes postérieures aient été mal conduites et moins heureuses, l'Angleterre sortit du conflit maîtresse de Gibraltar et de Minorque, deux clés aussi capitales pour la maîtrise de la Méditerranée que l'étaient la Nouvelle-Écosse et Terre-Neuve pour celle de l'Atlantique-Nord.

*Les guerres de Frédéric II.*

On ne saurait mieux illustrer les résultats indécis de la guerre de Succession d'Autriche (1740-48) qu'en se rappelant comment la nation ayant remporté le plus de succès militaires, la France, n'en recueillit rien d'autre que ce qui justifiait la fameuse apostrophe : « Vous êtes aussi bêtes que la paix », avec laquelle les Français de ce temps s'injuriaient.

Frédéric le Grand fut le seul souverain qui sut tirer un profit de ce conflit. Dès le début, il y gagna la Silésie, puis se retira du jeu. Et bien qu'il y revînt par la suite, il risqua plus sans gagner autre chose que le droit de faire broder sur ses drapeaux les noms de quelques illustres victoires. Mais cette guerre permit pourtant à la Prusse de revendiquer le titre de grande puissance.

Les événements qui amenèrent la cession de la Silésie à la Prusse lors de la paix de Breslau (1742) valent d'être rappelés. Au début de cette année-là, les chances de Frédéric semblaient assez minces. Une avance coordonnée des Français et des Prussiens sur la principale armée autrichienne avait été décidée, mais les Français s'arrêtèrent peu après. Aussi, au lieu de poursuivre sa progression vers l'ouest afin d'opérer sa jonction avec son alliée, Frédéric tourna brusquement vers le sud, en direction de Vienne. Mais bien que ses avant-gardes fussent déjà en vue de la ville, il se replia promptement lorsqu'il apprit que l'armée autrichienne se préparait à le couper de ses bases. Ce mouvement de Frédéric a été considéré généralement comme une simple démonstration, d'ailleurs fort présomptueuse ; critique qui semble aujourd'hui trop sévère, si l'on juge cette avance d'après ses conséquences pour la suite de la campagne. Par sa retraite précipitée qui eut en effet toutes les apparences d'un sauve-qui-peut, il se comporta comme un appât, entraînant ainsi les Autrichiens très loin au cœur de la Silésie ; puis, se retournant contre eux, à Chotusitz, il leur infligea un cuisant échec, exploité aussitôt par une vigoureuse poursuite. Si bien que quelque trois semaines plus tard, l'Autriche consentit à une paix séparée avec Frédéric auquel elle cédait la Silésie.

Sans doute serait-il imprudent de tirer des conclusions trop absolues de l'événement ; mais il est pour le moins significatif que la seule approche indirecte ayant marqué la guerre sur ce théâtre d'opérations ait abouti à mettre l'Autriche en demeure de conclure une paix qui impliquait un véritable sacrifice ; cela, bien que cette approche n'ait consisté en somme qu'en une simple apparition devant Vienne, et en un mince succès tactique arraché de haute lutte et bien moins spectaculaire que la plupart des victoires de Frédéric.

Si la guerre de Succession d'Autriche demeura indécise quant à ses résultats d'ensemble, l'autre grand conflit qui lui succéda au milieu du XVIIIe siècle ne fut guère plus brillant, si on le juge dans la perspective de la politique européenne. Seule, l'Angleterre termina la guerre sur des résultats qui affectèrent de façon décisive le cours de l'histoire européenne. Elle ne fut pas seulement un acteur très indirect de la guerre de Sept Ans (1756-63), mais elle y contribua et en tira son profit d'une manière également indirecte.

Tandis que les armées continentales s'usaient dans des actions directes qui épuisaient les États eux-mêmes, de petits détachements anglais tiraient parti de la faiblesse générale pour bâtir l'Empire britannique. En outre, le fait que la Prusse, parvenue au bord de l'épuisement total, obtint une paix blanche et non pas humiliante, fut dû autant à la ruine de la puissance offensive française (ruine obtenue indirectement par des désastres coloniaux), qu'à la mort de la tsarine intervenant au moment même où les Russes allaient assener le coup de grâce à la Prusse. Le destin fut pitoyable à Frédéric le Grand : en 1762, sa longue et brillante série de batailles victorieuses n'avait réussi qu'à épuiser ses ressources et à la rendre incapable de prolonger la résistance.

Dans cette longue suite de campagnes, une seule mérite l'appellation de décisive, tant par ses résultats militaires que par ses résultats politiques : il s'agit de la campagne couronnée par la prise de Québec par les Anglais ; campagne non seulement la plus brève, mais conduite de plus sur un théâtre d'opération secondaire ; si la prise de Québec et la fin de la domination française au Canada furent rendues possibles par les approches indirectes que permettait la maîtrise de la mer au niveau de la grande stratégie, le développement de la campagne sous son aspect spécifiquement militaire fut favorisé par une approche indirecte conduite au niveau de la stratégie. Les résultats sont d'autant plus caractéristiques que cette approche, apparemment hasardeuse, ne fut entreprise qu'après l'échec de l'approche directe de la ligne de Montmorency, échec coûteux en vies humaines et plus lourd encore de conséquences sur le plan du moral. Il faut rendre cette justice à Wolfe qu'il ne se résigna à adopter cette approche directe qu'après des actions d'amorçage préliminaires – bombardement de Québec et incursions de détachements isolés à la Pointe-Lévis et près de Montmorency – actions n'ayant pas réussi à faire sortir les Français de leurs fortes positions.

Mais on peut tirer une leçon de ces échecs, en les comparant au succès qui couronna finalement le débarquement, très risqué, des forces de Wolfe sur les arrières français en amont de Québec. *Appâter* l'ennemi pour le faire sortir de ses retranchements ne suffisait pas ; il fallait encore l'entraîner, le *tirer* loin de là. Et une autre leçon découle des feintes non réussies grâce auxquelles il tenta de préparer son approche directe : *mystifier* l'ennemi ne suffisait pas ; il fallait aussi le *distraire*, ce terme impliquant que son intelligence devait être abusée par une diversion et, simultanément, que sa liberté d'action fût assez entamée pour que toute riposte devînt impossible, ses forces ayant adopté un dispositif distendu.

Bien que l'ultime manœuvre de Wolfe ait pu paraître, à première vue, le dernier coup de dé d'un joueur, toutes ces conditions étaient effectivement respectées, et la victoire en résulta. Même ainsi, pour ceux qui ont coutume d'étudier l'histoire militaire du seul point de vue des forces armées, le degré de dislocation atteint par les forces françaises ne semble pas, à lui seul, expliquer l'étendue réelle de leur désastre. De nombreuses thèses ont été écrites sur ce que les Français auraient dû faire, et sur la façon selon laquelle ils auraient pu rétablir leur situation. Mais on oublie simplement que Québec confirme d'une manière éclatante cette vérité : la décision est produite plus encore par la dislocation mentale et morale du commandement que par la dislocation physique, matérielle des forces dont il dispose. Et ces données psychiques dépassent infiniment, dans leurs effets, les considérations géographiques et les calculs statistiques qui remplissent les neuf dixièmes des ouvrages classiques consacrés à l'histoire militaire.

Si, comme l'histoire le suggère, le cours principal de la guerre de Sept Ans demeura tellement indéterminé en Europe en dépit des nombreuses victoires tactiques, les causes de cette indécision méritent d'être recherchées. Pour expliquer ce phénomène, on invoque généralement le nombre des adversaires de Frédéric ; mais la somme des avantages qu'il tirait de ses qualités personnelles ayant suffi à équilibrer la pression des ennemis, il faut trouver une explication moins superficielle.

Comme Alexandre et Napoléon, mais contrairement à Marlborough, Frédéric ignorait le partage des responsabilités et les limitations imposées habituellement au stratège, cette fonction étant prise ici dans son acception la plus stricte. Il cumulait, dans son unique personne, les attributions dévolues habituellement et séparément au responsable de la stratégie et à celui de la grande stratégie. En outre, l'association permanente établie entre sa personne royale et son armée lui permettait de mettre sur pied et d'adapter constamment ses moyens au but et à la fin qu'il se proposait. La rareté relative des forteresses sur le théâtre de ses opérations fut pour lui un avantage supplémentaire.

Bien qu'opposé, avec l'Angleterre comme unique alliée, à la coalition de l'Autriche, de la France, de la Russie, de la Suède et de la Saxe, Frédéric bénéficia de la supériorité numérique des forces immédiatement disponibles, et ceci dès le début et jusqu'au milieu de la seconde campagne. En outre, il possédait deux grands atouts : un outil de guerre tactiquement supérieur à ceux de ses adversaires, et les avantages de la position centrale.

Cela lui permit de pratiquer ce qu'on appelle communément la stratégie des « lignes intérieures » : frappant alternativement l'une, puis l'autre des armées ennemies situées sur la circonférence dont il occupait le centre, il tira parti de la distance plus courte qu'il lui fallait parcourir pour concentrer ses moyens sur un seul de ses adversaires et le frapper avant que les autres, plus éloignés, aient pu le soutenir.

Il semblerait à première vue que, plus les armées d'une coalition sont distantes les unes des autres, plus il est aisé d'obtenir un succès décisif ; et formulée en termes de temps, d'espace et d'effectifs, cette proposition est incontestablement vraie. Mais, une fois encore, insistons sur la fonction déterminante du facteur moral. Lorsque les forces ennemies sont séparées par de larges intervalles, chacun des éléments de l'ensemble ainsi distendu constitue un tout complet et tend à se consolider, à accroître sa cohésion sous les pressions que l'on exerce sur lui. Lorsque, au contraire, ces corps élémentaires sont plus rapprochés, ils ont tendance à fusionner et à n'être plus que « les membres d'un même organisme », chacun dépendant étroitement des autres, sur le plan du cerveau, du moral et du physique. Chacun des chefs subit l'influence intellectuelle de tous les autres ; les impressions morales sont très vite communiquées aux voisins, et même matériellement, les mouvements de chaque armée ou détachement gênent ou perturbent aisément ceux des autres. Ainsi, si l'adversaire commun de ces coalisés dispose d'un moindre espace et de délais plus limités pour son action, les effets de rupture et de dislocation qui en découlent se manifestent plus rapidement sur l'ensemble et aussi plus aisément. De plus, lorsque des contingents alliés sont très près les uns des autres, le simple fait que leur adversaire diverge, à un instant donné, de sa direction d'approche initiale afin d'aborder l'un seulement d'entre eux peut entraîner, relativement à un autre, une approche tout à fait inattendue et, par suite, vraiment indirecte. Par contre, lorsque les armées alliées sont largement espacées les unes des autres, chacune d'entre elles bénéficie de délais plus longs pour se préparer à recevoir – ou à éluder – le second coup porté par l'adversaire commun qui bénéficie de la position centrale.

L'emploi de « lignes intérieures » tel que l'a conçu Marlborough lors de sa marche au Danube constitue l'une des formes de l'approche indirecte. Mais bien que ce soit, en effet, une approche indirecte relativement aux forces ennemies considérées dans leur ensemble, il en est autrement par rapport à celle d'entre ces armées adverses qui a été choisie comme objectif du moment ; sauf, bien entendu, dans le cas où celle-ci serait prise au dépourvu. Dans le cas contraire, la manœuvre doit être complétée par une seconde approche indirecte appliquée à l'objectif lui-même.

Frédéric II profita donc de ce qu'il se trouvait en position centrale pour concentrer ses moyens contre une fraction seulement des armées ennemies ; et il recourut toujours à la tactique de l'approche indirecte. C'est pourquoi il remporta de nombreuses victoires. Mais son approche indirecte tactique était d'essence plus géométrique que psychologique ; elle n'était pas amorcée par l'une de ces formes subtiles de la surprise qu'affectionnait Scipion. Et, malgré l'habileté avec laquelle elles furent exécutées, les manœuvres prussiennes manquèrent d'ampleur. Certes, l'adversaire pouvait se révéler incapable de s'opposer au second coup qui le menaçait, par suite de la sclérose de ses conceptions intellectuelles et de la rigidité de ses ordres de bataille ; mais le premier coup qui le frappait ne l'atteignait pas à l'improviste.

La guerre s'ouvrit à la fin d'août 1756 avec l'invasion de la Saxe, grâce à laquelle Frédéric entendait déjouer les plans de la coalition. Exploitant l'effet de surprise initial, il entra dans Dresde presque sans coup férir. Et quand l'armée autrichienne se porta bien tardivement à la rescousse, il remonta l'Elbe à sa rencontre et, la refoulant à la bataille de Lobositz près de Leitmeritz, il confirma son emprise sur la Saxe. En avril 1757, il franchit les monts de Bohême et marcha sur Prague. En approchant de cette ville, il trouva les Autrichiens occupant une solide position sur les hauteurs derrière le fleuve. Laissant un détachement pour masquer son mouvement et garder les gués, il remonta le fleuve au cours de la nuit, le traversa et marcha sur l'aile droite adverse. Quoique son approche eût débuté d'une manière indirecte, elle tourna à l'approche directe avant même que la manœuvre fût achevée. L'armée autrichienne eut ainsi le temps de modifier sa ligne de front ; si bien que l'infanterie prussienne se trouva devant un adversaire qui l'attendait de pied ferme et qu'elle ne put atteindre que par un assaut frontal lancé sur un glacis battu par les feux. Les Prussiens tombèrent par milliers ; et, seule, l'arrivée inespérée de la cavalerie de Ziethen, atteignant le champ de bataille après avoir effectué un ample mouvement tournant, fit pencher le plateau de la balance dans cette bataille de Prague, et contraignit les Autrichiens à la retraite.

Le siège de Prague, qui en fut la conséquence immédiate, fut interrompu par l'intervention d'une nouvelle armée autrichienne, aux ordres de Daun, qui se portait au secours de la ville. Quand il apprit cette nouvelle, Frédéric préleva autant d'hommes qu'il lui était possible sur ses forces de siège et se porta au devant de Daun. Lorsque, le 18 juin, il rencontra l'armée autrichienne à Kollin, il la trouva solidement retranchée, avec des effectifs doubles des siens. Il tenta à nouveau un mouvement débordant sur le flanc droit adverse. Mais la manœuvre fut exécutée si près de la ligne autrichienne, que les colonnes prussiennes, mitraillées par le feu des tirailleurs adverses, furent détournées de leur direction de marche initiale et s'infléchirent pour se lancer dans un assaut direct et non coordonné ; ce qui tourna au désastre pour les Prussiens qui durent, en outre, lever le siège de Prague puis évacuer la Bohême.

Pendant ce temps, les Russes avaient envahi la Prusse-Orientale, une armée française avait débouché en Hanovre, et une armée mixte, aux ordres de Hildburghausen, menaçait de marcher sur Berlin en venant de l'ouest. Afin de prévenir la jonction des deux dernières armées, Frédéric exécuta en toute hâte une contre-marche en passant par Leipzig, et il réussit à écarter le danger. Mais il fut alors rappelé vers l'est par une nouvelle menace sur la Silésie ; et, tandis qu'il effectuait ce mouvement, un détachement autrichien effectua un raid sur Berlin, y pénétra et pilla la ville. À peine cette force était-elle chassée, non sans mal d'ailleurs, que Hildburghausen s'était déjà remis en marche ; et Frédéric dut se précipiter à sa rencontre.

Au cours de la bataille de Rossbach qui suivit, l'armée alliée, deux fois plus nombreuse que celle de Frédéric, essaya de copier la forme de manœuvre caractéristique de la manière frédéricienne et de l'appliquer aux Prussiens. Non seulement l'exécution en fut si maladroite que Frédéric la décela aisément, mais les alliés, ayant bien hâtivement conclu qu'il battait en retraite, abandonnèrent leurs propres positions afin de le poursuivre ; de telle sorte que Frédéric put monter une contre-manœuvre, non pour les attaquer frontalement, mais pour tomber sur leur aile la plus excentrique ; et il les disloqua presque instantanément.

Ainsi, dans ce cas, et grâce à la présomption de ses adversaires, Frédéric réussit une véritable approche indirecte en exploitant l'effet de surprise, mais non pas la mobilité. Rossbach, de beaucoup la moins onéreuse de toutes ses victoires, lui coûta seulement 500 morts, alors que l'adversaire en perdit 7 700 ; et il dispersa une armée de 64 000 hommes.

Malheureusement pour lui, il avait trop exigé de ses propres forces, au cours des batailles précédentes, pour tirer de cette victoire un bénéfice total. Il devait toujours compter avec l'armée autrichienne qu'il n'avait pas pu mettre hors de jeu, à Prague et à Kollin ; et bien qu'il eût été victorieux à Leuthen, cette bataille gagnée grâce à son fameux « ordre oblique » – approche indirecte brillamment exécutée, encore que très risquée – lui coûta plus cher qu'il ne pouvait se le permettre.

Aussi la guerre continua-t-elle en 1758, mais avec des perspectives plus incertaines. Frédéric commença par une véritable approche indirecte contre les Autrichiens : traversant directement leur front, il se porta sur leur flanc, à Olmütz, pénétrant de 20 milles en territoire ennemi. Et même lorsqu'il eut perdu un important convoi de vivres, il ne se replia pas, mais poursuivit sa route à travers la Bohême, menaçant directement les arrières des Autrichiens et forçant même leur base retranchée à Königgrätz. Mais il devait bientôt payer, une fois de plus, le prix des occasions manquées à Prague et à Kollin : le « rouleau compresseur » russe s'était enfin mis sous pression et ébranlé vers Posen (Poznan), sur la route de Berlin. Frédéric se résigna à ne pas terminer la campagne de Bohême et marcha vers le Nord afin d'arrêter les Russes. Il y réussit, mais la bataille de Zorndorf réédita celle de Prague. Une fois encore, Frédéric tourna l'obstacle que constituaient les fortes positions tenues par les Russes, et effectua ce mouvement tournant au plus près de leur flanc afin de les attaquer par-derrière. Mais, une fois encore, le défenseur gardait la possibilité d'effectuer un changement de front et de convertir l'approche indirecte de Frédéric en une attaque frontale. Ceci l'aurait placé dans une position précaire si le brillant commandant de sa cavalerie, Seydlitz, n'était intervenu en lançant une attaque enveloppante sur la nouvelle aile adverse et dans un terrain estimé impraticable ; il conférait ainsi à sa manœuvre un caractère inattendu qui en faisait, sous le plan de ses effets, une véritable approche indirecte. Mais les pertes de Frédéric, bien que légèrement inférieures à celles des Russes, étaient encore trop lourdes pour son potentiel.

Ne disposant plus que d'un capital humain toujours plus réduit, il dut laisser les Russes se refaire, et exécuta une contremarche en direction des Autrichiens : à Hochkirch, il subit non seulement de nouvelles pertes d'effectifs, mais une défaite ; et ceci parce qu'il s'imagina à tort que Daun, son vieil adversaire autrichien, n'oserait jamais prendre l'initiative des opérations. Aussi Frédéric fut-il surpris, dans les deux sens du terme : cerné en pleine nuit, il ne fut sauvé de l'anéantissement que par la cavalerie de Ziethen qui lui ouvrit un passage pour battre en retraite. Ainsi, lorsque la guerre se poursuivit en 1759, les forces de Frédéric accusaient une baisse sérieuse. À Kunersdorf, les Russes lui infligèrent la pire défaite de sa carrière et, à Maxen, il subit un autre échec devant Daun, défaite imputable une fois encore à une confiance excessive. À partir de ce moment, il ne put rien faire d'autre que de bloquer passivement l'ennemi.

Mais, tandis que la fortune de la Prusse s'enfonçait dans le crépuscule, le soleil se levait sur le Canada. Les succès de Wolfe encouragèrent l'Angleterre à envoyer des renforts sans tarder en Allemagne ; et la victoire remportée sur les Français à Minden compensa les désastres personnels de Frédéric.

Néanmoins, sa faiblesse s'accusa de plus en plus en 1760. Un stratagème lui permit de gagner quelque répit devant la pression subie à l'est ; il fit intercepter par les Russes un message ainsi libellé : « Autrichiens totalement écrasés aujourd'hui. Au tour des Russes maintenant. Exécutez ce dont nous sommes convenus. »

Mais bien que les Russes, prenant immédiatement acte de ce gracieux avertissement, se fussent repliés, la réelle défaite, vraiment « posthume », des Autrichiens à Torgau ne fut pour Frédéric qu'une nouvelle victoire à la Pyrrhus. Paralysé par les pertes subies, ne disposant plus désormais que de 60 000 hommes au total, il n'était plus en mesure de risquer une nouvelle bataille ; et il lui arriva même d'être enfermé en Silésie et coupé de la Prusse. Par chance, la stratégie des Autrichiens était plus molle que jamais, tandis que l'armée russe voyait ses services des arrières se dissocier dans le désordre qui les a toujours caractérisés. Mais, alors que cette crise se prolongeait, la tsarine mourut ; et son successeur, non seulement conclut la paix, mais songea même à aider Frédéric. Pendant quelques mois, la France et l'Autriche continuèrent la guerre, mais sans grande conviction ; la puissance de la première était minée par les désastres coloniaux et, avec l'Autriche non seulement passive mais lasse, la paix fut bientôt conclue, laissant toutes les régions qui avaient été le théâtre de la guerre dans un état d'épuisement total. Et nul pays, à l'exception de l'Angleterre, ne profitait de cette saignée qui avait duré sept années.

Si l'on peut tirer maintes leçons des campagnes de Frédéric, la principale semble pouvoir se formuler ainsi : sa manière indirecte était trop directe. Autrement dit : il considéra l'approche indirecte comme une manœuvre simple fondée uniquement sur la mobilité, au lieu d'y voir une manœuvre combinée exigeant mobilité et surprise. Aussi, en dépit de tout son talent, l'économie des forces qu'il pratiqua échoua lamentablement.

# 8

# La Révolution française et Napoléon Bonaparte

Trente années s'écoulèrent, et le rideau se leva sur « la Grande Guerre » illuminée par le génie de Napoléon Bonaparte. Comme au cours du siècle précédent, la France représenta alors un danger contre lequel durent se liguer toutes les puissances européennes. Mais, cette fois, le déroulement du conflit fut bien différent. La France révolutionnaire pouvait compter sur de nombreux sympathisants ; mais ces derniers ne constituaient pas plus les gouvernements qu'ils ne contrôlaient les forces armées des États. Néanmoins, après avoir commencé la guerre en isolée, rejetée comme une pestiférée, non seulement la France repoussa les efforts combinés des alliés cherchant à l'étouffer, mais, modifiant sa nature profonde, elle devint bientôt pour le reste de l'Europe une menace militaire qui, sans cesse grandissante, parvint finalement à imposer militairement sa suprématie à la plupart des États.

La clé d'un tel succès dans le développement de la puissance doit être cherchée dans un composé de circonstances favorables et de facteurs humains individuels. Ils furent suscités par l'esprit révolutionnaire qui inspira les armées françaises, armées de citoyens. En compensation de la discipline rigoureuse qu'il rendait impossible, un tel esprit permit l'expression du sens tactique et favorisa les initiatives individuelles. Basées sur la fluidité, ces nouvelles tactiques eurent pour origine le fait très simple que les Français marchèrent désormais et combattirent à la cadence rapide de 120 pas-minute, tandis que leurs adversaires continuèrent à pratiquer l'allure orthodoxe de 70 pas. Apparaissant à une époque antérieure à l'ère mécanique qui devait doter les armées de moyens de déplacement plus rapides que les jambes humaines, cette différence élémentaire rendit possibles les rapides transferts de forces d'un point à un autre ; elle permit aussi de combiner des concentrations de troupes d'attaque telles que les Français purent désormais, et selon la formule de Napoléon, « multiplier la masse par la vitesse », tant sur le plan stratégique que sur le plan tactique.

Second facteur favorable : l'organisation de l'armée en divisions permanentes. L'armée fut fractionnée en éléments, constituant chacun un tout complet ; ils pouvaient opérer séparément les uns des autres, mais également coopérer à la conquête d'un objectif commun. Cette modification de structure organique avait été préconisée en théorie par Bourcet, et appliquée concrètement, mais dans une certaine mesure seulement, vers les années 1740. Elle fut acceptée officiellement par le maréchal de Broglie lorsqu'il devint commandant en chef en 1759. Et elle reçut un plein développement grâce à un penseur audacieux, Guibert, qui l'incorpora dans les mesures prises pour la réforme de l'armée à la veille de la Révolution, en 1787.

Troisième donnée, liée à la précédente : en raison du système de ravitaillement anarchique et de la nature indisciplinée des armées révolutionnaires, il fallut revenir à d'anciennes pratiques et « vivre sur le pays ». Et la répartition des armées en divisions fit que ce procédé affectait moins qu'aux anciens temps l'efficacité des troupes. Alors que, naguère, les corps détachés des armées devaient être réunis pour pouvoir exécuter une opération, ils pouvaient désormais remplir une mission particulière dans le cadre d'une opération d'ensemble, tout en continuant à vivre matériellement par leurs propres moyens.

Mieux encore : cet allégement permit d'accroître la mobilité des troupes désormais en mesure de progresser sans difficultés en terrain boisé ou montagneux. En outre, le fait que le soldat ne pouvait plus compter désormais sur les magasins, ou les convois de ravitaillement et de matériel, lui conférait l'énergie et l'impétuosité de l'homme affamé n'hésitant pas à tomber sur les arrières d'un ennemi qui, lui, avait conservé ces procédés directs de ravitaillement et en dépendait donc très étroitement.

Outre ces données, il faut noter un facteur humain, et même individuel, décisif : l'apparition d'un chef, Napoléon Bonaparte, dont les capacités militaires naturelles furent exaltées par l'étude de l'histoire militaire et, plus encore, par la nourriture intellectuelle qu'offraient les théories de Bourcet et de Guibert, les deux écrivains militaires les plus remarquables et les plus originaux du XVIIIe siècle.

De Bourcet, il apprit le principe de la dispersion calculée de telle sorte qu'elle incite les adversaires à distendre leur dispositif de concentration, et ceci pour mieux leur appliquer le poids de ses propres forces réunies rapidement. Il apprit également la valeur d'un plan établi « en plusieurs branches », et à opérer sur une ligne qui réservait les possibilités de choisir entre divers objectifs, une ligne menaçant des objectifs alternatifs. En outre, le plan que Napoléon exécuta au cours de sa première campagne fut établi d'après un projet que Bourcet avait élaboré un demi-siècle plus tôt.

De Guibert, il reçut cette idée que la mobilité et la souplesse des armées constituent les valeurs suprêmes, et il comprit les potentialités inhérentes à la nouvelle organisation d'une armée en divisions autonomes. Guibert avait défini la méthode napoléonienne en écrivant, une génération plus tôt : « L'art consiste à s'étendre sans se mettre en prise, à embrasser l'ennemi sans se désunir, à enchaîner les mouvements et les attaques sur le flanc de l'ennemi sans exposer son propre flanc. » Et la prescription de Guibert, selon laquelle viser les arrières de l'ennemi permet de rompre son équilibre, inspira les procédés de Napoléon. À la même origine, on peut rattacher la méthode napoléonienne consistant à concentrer les feux de l'artillerie mobile sur un point décisif du front ennemi, et d'y faire ainsi une brèche. Bien plus, les réformes d'ordre pratique, introduites par Guibert dans l'armée française peu de temps avant le début de la Révolution, façonnèrent l'instrument qu'utilisa Napoléon. Par-dessus tout, Guibert prophétisa une révolution prochaine dans l'art de la guerre, révolution faite par un homme issu des couches profondes d'un État révolutionnaire ; et cette vision exalta l'imagination et l'ambition du jeune Napoléon.

S'il ajouta peu de chose aux idées qui l'avaient ainsi formé, Napoléon les porta à leur point d'accomplissement. Et sans l'application dynamique qu'il en fit, les nouvelles notions de mobilité seraient demeurées à l'état de théorie pure. Comme les grandes lignes de sa formation s'accordaient avec ses instincts, et comme ceux-ci, à leur tour, furent libérés par les circonstances, il put exploiter pleinement toutes les possibilités du nouveau système divisionnaire. Et en étendant, à une échelle de plus en plus grande, les dimensions de ses combinaisons stratégiques que ce système divisionnaire rendait enfin possibles, Napoléon apporta sa principale contribution à la stratégie.

La stupéfaction causée par la déconfiture de la première invasion partielle de 1792 à Valmy et à Jemmapes masqua le fait que, à la suite de ces succès, la France et la Révolution se trouvaient menacées de dangers bien plus graves. Car, ce n'est qu'après l'exécution de Louis XVI que fut formée la Première Coalition comprenant l'Angleterre, la Hollande, l'Autriche, la Prusse, l'Espagne et le royaume de Sardaigne ; alors seulement, la fermeté d'esprit et les ressources en hommes et en matériels furent jetées dans la balance. Et bien que la conduite de la guerre manquât, chez les envahisseurs, de but de guerre précis et d'une habile direction, la situation de la France devint de plus en plus précaire jusqu'au moment où, en 1794, la chance tourna dramatiquement, et où les envahisseurs durent refluer. Dès lors, la France devint l'agresseur après avoir été réduite à un rôle défensif. À quoi peut-on imputer ce brusque revirement ? Certainement pas à un coup de maître stratégique ; mais, bien que le but de guerre demeurât imprécis et limité, l'événement prend toute sa valeur parce que la décision jaillit d'une approche stratégique nettement indirecte.

Tandis que les armées principales des deux partis étaient aux prises près de Lille, et que beaucoup de sang était répandu en vain, l'armée de Moselle, aux ordres de Jourdan et opérant assez loin de là, reçut l'ordre de constituer un corps d'attaque sur son aile gauche afin de marcher en direction de Liège et de Namur, à travers les Ardennes. Ayant atteint Namur après une marche épuisante au cours de laquelle ses troupes s'étaient nourries comme elles avaient pu aux dépens de la région traversée, Jourdan apprit par message et par le bruit du canon que l'aile droite de l'armée principale se trouvait en difficulté devant Charleroi. Aussi, au lieu de mettre le siège sans plus tarder devant Namur, il fit mouvement vers le sud-ouest, en direction de Charleroi et sur les arrières de l'ennemi. Intimidée par son apparition, la place capitula.

Jourdan ne semble pas avoir visé de plus vastes objectifs ; mais le choc psychologique produit par un tel mouvement sur les arrières adverses lui permit de gagner ce que Napoléon et d'autres grands capitaines recherchaient comme un résultat calculé. Le commandant en chef ennemi, Cobourg, se replia précipitamment vers l'est en regroupant, au cours de son mouvement, toutes les troupes qu'il pouvait rencontrer. Puis il les lança sur Jourdan qui s'était retranché sur une position couvrant Charleroi. Et bien que, au cours de cette bataille de Fleurus, la lutte ait été sévère, le Français avait eu l'inestimable avantage de déséquilibrer stratégiquement son adversaire qui dans ces conditions n'avait pu l'attaquer qu'avec une fraction seulement de ses moyens. La défaite de cette fraction amena la retraite générale des alliés.

Mais quand les Français assumèrent à leur tour le rôle d'envahisseurs, ils ne réussirent pas, en dépit de leur supériorité numérique, à obtenir des résultats décisifs au cours de leur principale campagne conduite au-delà du Rhin. Non seulement cette campagne fut stérile, mais elle échoua par suite d'une approche indirecte. En juillet 1796, l'archiduc Charles, devant faire face à la nouvelle avance de deux armées numériquement supérieures à la sienne – celle de Jourdan, et celle de Moreau – résolut, suivant ses propres termes, « de replier ses deux armées (la sienne propre et celle de Wartensleben), pas à pas et sans s'exposer à livrer bataille, puis de saisir la première occasion qui se présenterait pour les réunir ; disposant alors de forces au moins égales sinon supérieures à celles de l'adversaire, d'attaquer l'une des deux armées de ce dernier ». Mais la pression de l'ennemi ne lui laissa aucune chance de mettre en pratique cette stratégie des « lignes intérieures » – directe quant à son but, à ceci près qu'il lui fallait céder du terrain afin d'attendre l'occasion favorable. Ceci dura jusqu'au moment où un changement de direction des Français lui suggéra un coup encore plus audacieux ; il fut l'initiative d'un général de cavalerie, Nauendorff, auquel une reconnaissance profonde révéla que les Français s'éloignaient du front de l'archiduc par deux directions divergentes mais afin de converger plus loin sur Wartensleben et l'anéantir. Nauendorff envoya ce message vraiment inspiré : « Si Votre Altesse impériale veut et peut lancer 12 000 hommes sur les arrières de Jourdan. Celui-ci est perdu. » Et bien que l'exécution de ce dessein par l'archiduc fût moins hardie que la conception de son subordonné, elle suffit à ruiner l'offensive française. La retraite désordonnée de Jourdan ramena une armée désemparée en deçà du Rhin et, dès lors, Moreau fut contraint de mettre fin à son heureuse avance en Bavière, et de se replier également.

Mais, tandis qu'échouait le principal effort français sur le

Rhin (et il échoua encore par la suite), la décision fut obtenue sur le théâtre d'opérations secondaire d'Italie : Bonaparte réussit à transformer une défense précaire en une approche indirecte décisive qui conduisit à la victoire. Il en possédait le plan dans sa tête depuis deux ans déjà, lorsqu'il avait été officier d'état-major dans ce secteur ; et, plus tard, à Paris, il lui avait donné sa forme définitive. De même que ce plan copiait celui de 1745, et révéla l'application des leçons tirées de cette campagne, de même les idées directrices de Bonaparte procédaient des maîtres qui avaient guidé ses études militaires au cours des années particulièrement impressionnables de son adolescence. Cette période d'étude avait été brève : il n'avait que vingt-quatre ans lorsque, comme capitaine, il commanda l'artillerie du siège de Toulon, et seulement vingt-six ans lorsqu'il fut désigné comme commandant en chef de l'Armée d'Italie. Et s'il avait beaucoup lu et beaucoup médité au cours des années précédentes, il eut, par la suite, peu de loisirs pour réfléchir. Penseur plus dynamique que profond, il n'a jamais développé de philosophie de la guerre bien claire ; et sa théorie de travail, dans la mesure où on en trouve l'expression dans ses écrits, constitue plutôt un ensemble décousu de maximes et de formules elliptiques, qui entraînèrent souvent à de fausses interprétations et à des contresens les générations de soldats qui lui succédèrent et se laissèrent prendre à ses mots.

Cette tendance aux aphorismes, aussi bien d'ailleurs que la conclusion qu'il tira de sa première expérience concrète, transparaît dans l'une de ses maximes les plus significatives et les plus souvent citées : « Les principes de la guerre en campagne sont les mêmes que ceux de la guerre de siège. Il faut concentrer le feu sur un point ; une fois la brèche faite, l'équilibre est rompu, et le reste n'est plus rien. »

Les théories militaires qui en découlèrent ont mis l'accent sur la première proposition, au lieu de le porter sur la dernière : sur les mots « un seul point », et non sur « équilibre ». Les premiers ne constituent rien d'autre qu'une métaphore empruntée au domaine physique, tandis que le second exprime le résultat psychologique réel d'où il découle que « le reste n'est plus rien ». Et l'importance primordiale que Napoléon accordait à cette proposition apparaît clairement dans le déroulement stratégique de ses campagnes.

Le mot « point » fut lui-même à l'origine de nombreuses confusions et a prêté à controverses. Une école a prétendu que Napoléon voulait dire que la concentration des efforts doit être appliquée au point le plus fort, le plus solide du dispositif ennemi ; et pour avancer cette opinion, cette école s'est appuyée sur le fait que ceci, et ceci seulement, amène des résultats décisifs. Car si la principale résistance adverse est brisée, cette première rupture implique celle de toute autre résistance, nécessairement plus faible, qui pourrait se manifester par la suite. Mais un tel raisonnement ignore un facteur : le coût d'une telle opération ; il ignore également le fait que le vainqueur peut en sortir épuisé au point qu'il lui sera impossible d'exploiter ce succès initial ; si bien que même un autre adversaire plus faible peut, par la suite, manifester une capacité de résistance plus élevée que le premier qui vient d'être battu.

L'autre école – plus familiarisée avec l'idée d'économie des forces, mais qui la conçoit seulement dans le sens très étroit des premières dépenses nécessaires à l'opération – soutient que l'offensive doit viser le point le plus faible du dispositif ennemi. Mais généralement un point n'est laissé faible de propos délibéré que parce qu'il n'est relié à aucune artère vitale, ni à aucun centre nerveux ; ou encore, il n'est maintenu dans cette relative faiblesse que pour mieux attirer l'adversaire dans un piège.

Là encore, l'explication nous est fournie par la première campagne au cours de laquelle Bonaparte appliqua cette maxime. Elle révèle sans ambiguïté que ce qu'il a voulu dire n'était pas en réalité un « point » mais un « joint ». À cette étape de sa carrière, il était trop profondément imbu de la notion d'économie des forces pour gaspiller ses moyens limités en attaquant l'ennemi en un de ses points forts. Un joint est en effet à la fois vital et vulnérable.

Ce fut également à cette époque que Bonaparte prononça une autre phrase, souvent citée plus tard pour justifier les plus folles et téméraires concentrations d'efforts effectuées sur la masse principale des forces armées ennemies : « L'Autriche reste la grande ennemie... L'Autriche écrasée, l'Espagne et l'Italie tomberont d'elles-mêmes. Il ne faut pas disperser nos attaques, mais les concentrer. » Cependant le contexte du mémorandum où figure cette phrase indique qu'il proposait, non pas d'attaquer directement l'Autriche, mais d'utiliser l'armée stationnée sur la frontière piémontaise pour une approche indirecte de l'Autriche. Selon ses conceptions, l'Italie septentrionale devait être un couloir donnant accès à l'Autriche. Et, sur ce théâtre d'opérations secondaire, son objectif fut – suivant en cela le conseil de Bourcet – d'éliminer en premier lieu le partenaire le plus faible de la coalition : le Piémont, puis de se retourner ensuite contre le plus important : l'Autriche.

Au cours de l'exécution, son approche de plus en plus indirecte s'effectua dans un style de subtilité croissante. Au contact des réalités, en effet, le rêve s'éloigna, qu'il avait ébauché après ses premiers succès et communiqué à son gouvernement : « En moins d'un mois, avait-il dit, j'espère avoir atteint les monts du Tyrol, y faire ma jonction avec l'Armée du Rhin et, avec elle, porter la guerre en Bavière. » Mais pour avoir été frustré de ses espoirs, et pour n'avoir pu réaliser ce dessein, il put rencontrer sa véritable chance. En attirant les forces autrichiennes, en les amenant à lancer une succession d'offensives en Italie et en les battant à tour de rôle, il put, un an après, s'ouvrir la route de l'Autriche.

Lorsqu'il prit le commandement de l'armée d'Italie, en mars 1796, ses troupes étaient disséminées en cordon le long de la Riviera génoise. Les Autrichiens et les Sardes tenaient les cols donnant accès aux plaines italiennes. Le plan de Bonaparte consistait en deux mouvements qui, à travers la montagne, devaient converger sur la forteresse de Ceva. S'étant ainsi ouvert un débouché en Piémont, il comptait sur ce succès pour terroriser le gouvernement sarde en marchant sur Turin, et le contraindre à conclure une paix séparée. Il espérait que les Autrichiens se tiendraient tranquilles dans leurs quartiers d'hiver ; mais s'ils faisaient mouvement pour se porter au secours de leur allié, il songeait à prononcer une feinte en direction d'Acqui, afin de les inciter à un repli sur une direction divergente, celle du nord-est.

Mais, en réalité, ce fut plutôt par chance que par dessein prémédité que Bonaparte gagna l'avantage initial : la séparation des deux armées alliées. L'occasion en fut suscitée par un mouvement offensif des Autrichiens qui exécutèrent un bond en avant, menaçant ainsi l'aile droite française avec l'intention d'arrêter toute marche de Bonaparte sur Gênes. Ce dernier contra la menace par un coup d'arrêt appliqué sur le joint du dispositif de marche autrichien ; mais deux autres coups d'arrêt appliqués sur un point voisin du précédent furent nécessaires pour contraindre les Autrichiens à se replier sur Acqui.

Pendant ce temps, le gros de l'armée française marchait sur Ceva. Mais Bonaparte échoua lorsque, le 16 avril, il tenta un coup de surprise en lançant un assaut direct sur cette position. Alors, il conçut, pour le 18, une manœuvre d'enveloppement, et changea sa ligne de communication qui emprunta dès lors un itinéraire moins directement menacé par les éventuelles interventions autrichiennes. Cependant, les Piémontais évacuèrent la forteresse avant que la nouvelle attaque fût prononcée ; et, en les suivant, Bonaparte fut repoussé une nouvelle fois lorsqu'il lança un autre assaut direct et coûteux sur une position où les Piémontais avaient voulu marquer un temps d'arrêt. Mais, au cours de la manœuvre qu'il monta ensuite, leurs deux flancs furent tournés, et ils furent rejetés dans la plaine.

Aux yeux du gouvernement piémontais, la menace sur Turin, qui s'affirmait avec l'invasion française, semblait maintenant beaucoup plus précise que la promesse tardive faite par les Autrichiens de lui venir en aide ; aide qui, désormais, ne pouvait être fournie que par une voie nécessairement détournée, donc la plus longue. « L'équilibre était rompu », et les effets psychologiques de cette rupture inclinèrent les Piémontais à demander un armistice sans qu'il fût besoin d'aucune défaite matérielle. Et cet armistice les expulsa du champ de la guerre.

Aucune première campagne ne pouvait mieux convenir que celle de 1796, pour fortifier l'esprit du commandant en chef dans le sentiment de l'importance vitale du facteur temps ; serait-ce uniquement par le fait que, si les Piémontais avaient tenu plus longtemps, ne fût-ce que quelques jours, Bonaparte aurait été obligé de battre en retraite et de regagner la Riviera à la suite des difficultés de ravitaillement. Et pour constater que cette hypothèse ne doit pas être rejetée et qu'il y a songé, il suffit de rappeler cette phrase qu'il prononça à cette époque : « Il peut m'arriver dans l'avenir de perdre une bataille, mais jamais de perdre une minute. »

Désormais, son armée était supérieure en nombre à celle des seuls Autrichiens (35 000 hommes contre 25 000) ; mais il se garda bien encore de marcher directement contre eux. Le lendemain de la signature de l'armistice avec le Piémont, il se fixa Milan comme objectif ; l'itinéraire de Tortona à Plaisance conduisait indirectement vers Milan ou, plus exactement, derrière la ville. Après avoir leurré les Autrichiens en les incitant à se concentrer à Valence pour lui interdire l'avance qu'ils attendaient en direction du nord-est, il marcha vers l'est, sur la rive sud du Pô et atteignit Plaisance, ayant ainsi tourné toutes les lignes où les Autrichiens auraient pu éventuellement lui opposer une résistance.

Pour obtenir ce résultat, il avait violé sans scrupules la neutralité du duché de Parme auquel appartenait Plaisance ; il comptait trouver dans la ville les bateaux et le bac qui lui faisaient défaut pour construire le pont nécessaire au franchissement du Pô. Mais un tel mépris pour la neutralité d'un État eut des conséquences qui l'affectèrent, non sans ironie. Lorsque Bonaparte, en effet, se précipita vers le nord en visant les arrières des Autrichiens, ces derniers décidèrent de se replier sans perdre de temps, en traversant une enclave de territoire vénitien ; et ils ne durent leur salut qu'au fait de suivre l'exemple, qui venait de leur être donné, du mépris des règles de la guerre. Et avant qu'il ait pu être en mesure d'utiliser l'Adda comme barrière sur leur ligne de retraite, les Autrichiens furent hors de sa portée, ayant gagné Mantoue et se réfugiant dans le fameux quadrilatère des forteresses.

Devant ces dures réalités, le projet d'une invasion de l'Autriche dont Bonaparte s'était bercé était devenu un rêve inaccessible en moins d'un mois. D'autant plus inaccessible d'ailleurs, que le Directoire, à bout de ressources et soucieux des risques que recélait une telle manœuvre, lui ordonna de redescendre vers Livourne et « d'évacuer » les quatre États neutres en passant ; ce qui, dans le langage de ce temps, signifiait la mise au pillage de ces régions. Et au cours de cette période, l'Italie fut dépouillée à un point tel qu'elle ne put jamais, par la suite, retrouver son ancienne prospérité.

Cependant, d'un point de vue militaire, cette limitation imposée à la liberté d'action de Bonaparte lui fut une bénédiction : en lui interdisant la poursuite de ses rêves, cette mesure lui permit d'ajuster enfin ses objectifs et ses moyens réels jusqu'à ce que le rapport des forces lui fût devenu assez favorable pour lui permettre enfin d'atteindre pratiquement son but initial. Le grand historien italien Ferrero note à ce propos :

« Depuis un siècle, la première campagne d'Italie a été décrite – je suis même tenté de dire "chantée" – comme une épopée triomphale de mouvements offensifs ; épopée d'après laquelle Bonaparte conquit si aisément l'Italie parce qu'il enchaîna attaque sur attaque, avec une audace égale à sa bonne étoile. Mais si l'on étudie impartialement l'histoire de la campagne, il est clair que les deux adversaires attaquaient ou étaient attaqués alternativement, et que l'attaquant échoua dans la majorité des cas. »

Plus par la force des circonstances que pour obéir à un projet de Bonaparte, Mantoue joua le rôle d'appât pour attirer successivement dans ses griffes toutes les armées autrichiennes accourant au secours de la ville. Il est significatif, cependant, qu'il ne se retrancha pas sur une position de couverture, selon l'habitude des généraux routiniers ; mais il conserva la mobilité de ses forces, les articulant en groupements largement espacés qu'il pouvait toujours concentrer sur n'importe quelle direction.

Lors de la première tentative autrichienne pour se porter au secours de Mantoue, la méthode de Bonaparte fut compromise par sa répugnance à lever le siège de la ville ; et ce ne fut qu'après s'y être décidé, qu'il put exploiter sa mobilité et battre les Autrichiens à Castiglione.

Le Directoire lui ordonna alors de franchir le Tyrol et de coopérer avec l'armée principale, celle du Rhin. Les Autrichiens profitèrent de cette marche directe pour se glisser furtivement vers l'est, avec le gros de leurs forces descendant dans la plaine de Vénétie par le val Sugana, puis marchant vers l'ouest au secours de Mantoue. Mais au lieu de continuer sa marche vers le nord, ou de revenir sur ses pas pour conserver la ville, Bonaparte se lança à leur poursuite à travers la montagne, répliquant ainsi par une approche indirecte à celle de ses ennemis, mais avec un objectif d'importance plus décisive que le leur. À Bassano, il surprit et écrasa la moitié arrière de leur armée. Et quand il surgit dans la plaine de Vénétie, traquant l'autre moitié, il prescrivit aux poursuivants de couper l'ennemi de sa ligne de retraite vers l'Autriche, qui passait par Trieste, et non pas de lui faire face sous les murs de Mantoue. Il ajouta ainsi de nouveaux gains au capital déjà enfermé dans la ville.

Constatant qu'une fraction si importante de son capital militaire était déjà aventurée, l'Autriche se résigna à de nouvelles dépenses. Cette fois, mais non pour la dernière fois, la tactique directe de Bonaparte mit en péril les bénéfices acquis par sa stratégie indirecte. Lorsque les armées convergentes d'Alvinczy et de Davidovich approchèrent de Vérone, place-pivot dont dépendait le blocus français de Mantoue, Bonaparte attaqua lui-même Alvinczy, le plus fort, et fut sévèrement refoulé à Caldiero. Mais au lieu de retraiter, il adopta le plan audacieux d'une vaste manœuvre montée contre le flanc sud et les arrières d'Alvinczy. Il se sentait alors dans une situation désespérée, ainsi qu'en témoigne ce qu'il écrivait au Directoire : « La faiblesse et l'épuisement de l'armée me font craindre le pire. Nous sommes peut-être à la veille de perdre l'Italie. » Des retards imputables aux marais et aux canaux rendirent sa manœuvre plus aléatoire ; mais il déjoua le plan des ennemis voulant refermer la tenaille sur son armée qu'ils supposaient être à Vérone ! Tandis qu'Alvinczy se portait à sa rencontre, Davidovich demeurait inactif. Pourtant, même dans ces conditions, il était difficile à Bonaparte de battre les effectifs supérieurs d'Alvinczy. Mais lorsque le sort de la bataille fut en jeu à Arcole, Bonaparte recourut à une ruse tactique – initiative rare chez lui – et envoya quelques trompettes sonner la charge sur les arrières des Autrichiens. En quelques minutes, ceux-ci s'enfuirent en déroute.

Deux mois plus tard, en janvier 1797, les Autrichiens firent une quatrième et ultime tentative pour sauver Mantoue ; elle échoua à Rivoli où le dispositif en groupements largement articulés de Bonaparte joua presque à la perfection, ainsi qu'un filet bien tendu dont les angles sont lestés par des pierres : lorsque l'une des colonnes ennemies le touchait, les mailles se refermaient autour du point de pression et les pierres écrasaient toutes ensemble l'intrus.

Ce dispositif qui assurait sa propre sûreté et se muait en dispositif de concentration offensive au point d'impact, est la contribution de Bonaparte au développement du récent système divisionnaire : une armée divisée, d'une façon permanente, en fractions se déplaçant indépendamment les unes des autres au lieu de constituer, comme auparavant, un corps unique à partir duquel s'effectuaient les détachements temporaires. La formation groupée adoptée par Bonaparte pendant la campagne d'Italie évolua au cours des campagnes ultérieures vers la formule plus perfectionnée du *bataillon carré*, les corps d'armée remplaçant alors les divisions.

Bien que, à Rivoli, ce filet lesté ait permis d'écraser l'aile marchante des Autrichiens, il est significatif que l'effondrement de leur principale résistance tint à l'audace de Bonaparte : il fit franchir le lac de Garde, en bateaux, à un simple régiment de 2 000 hommes pour le jeter sur la ligne de retraite d'une armée entière. Mantoue se rendit, et les Autrichiens qui avaient perdu leurs armées en vains efforts pour sauver cette porte avancée de leur pays, n'avaient plus qu'à assister, désespérément, à la marche rapide de Bonaparte vers la porte intérieure désormais sans défense. La peur arracha la paix à l'Autriche, tandis que les armées principales de la France piétinaient toujours à quelques milles au-delà du Rhin.

À l'automne de 1798, la Russie, l'Autriche, l'Angleterre, la Turquie, le Portugal et Naples formèrent la Seconde Coalition remettant en cause ce traité de paix. Bonaparte était loin, en Égypte, et lorsqu'il en revint, la fortune de la France avait sombré. Les armées en campagne étaient amoindries, le trésor vide et les levées de conscrits rendaient peu.

Bonaparte qui, à son retour, avait renversé le Directoire et était devenu Premier Consul, ordonna la formation, à Dijon, d'une armée de réserve composée de toutes les troupes qui pouvaient être glanées à l'intérieur du pays. Mais il ne l'employa pas à renforcer l'armée principale sur le théâtre d'opération principal du Rhin. Au lieu de cela, il conçut la plus hardie de ses approches indirectes : il voulait fondre sur sa proie par une manœuvre effectuée le long d'un immense arc de cercle enveloppant les arrières de l'armée autrichienne d'Italie. Entre-temps, celle-ci avait acculé la petite « armée d'Italie » française dans le coin nord-ouest de l'Italie après l'avoir refoulée presque jusqu'à la frontière française. Bonaparte projeta de traverser la Suisse, par Lucerne ou Zurich, et de descendre en Italie très loin vers l'est, par le col du Saint-Gothard ou même par le Tyrol. Mais les renseignements reçus sur l'armée d'Italie, alors en fort mauvaise posture, l'incitèrent à emprunter la route la plus courte passant par le col du Saint-Bernard.

Ainsi, lorsqu'il déboucha des Alpes à Ivrée, dans la dernière semaine de mai 1800, il se trouvait encore face à l'aile droite de l'armée autrichienne. Au lieu de faire effort directement vers le sud-est et de se porter au secours de Masséna enfermé dans Gênes, Bonaparte envoya son avant-garde vers le sud, à Cherasco, tandis que, couvert par cette diversion, le gros de ses forces se glissa à l'est, vers Milan.

Au lieu de marcher à la rencontre de l'ennemi et de l'aborder sur ce qu'il appelait « leurs positions naturelles » faisant face à l'ouest d'Alexandrie, il occupa une « position naturelle » sur les arrières autrichiens, constituant ainsi la barrière stratégique, le barrage qui était l'objectif initial de ses manœuvres les plus meurtrières sur les arrières ennemis. Établie sur des obstacles naturels, une telle position lui assurait un pivot sûr à partir duquel il pouvait préparer l'étranglement de l'adversaire dont la tendance instinctive, lorsqu'il se voyait coupé de sa ligne de retraite et de ravitaillement, était de faire demi-tour et de refluer précipitamment sur lui, généralement par impulsions désordonnées. Cette conception de la barrière stratégique fut la principale contribution de Bonaparte à la stratégie de l'approche indirecte.

À Milan, il avait barré l'une des deux voies de retraite des Autrichiens ; puis, prolongeant son barrage au sud du Pô, vers le défilé de la Stradella, il avait également bloqué la seconde route. Mais, en l'occurrence, cette conception excédait quelque peu ses moyens, car il ne disposait que de 34 000 hommes ; et les hésitations de Moreau firent que les 15 000 hommes demandés à l'Armée du Rhin et qui devaient franchir le Saint-Gothard, arrivèrent trop tard. Aussi la fragilité du barrage était-elle évidente. Sur ces entrefaites, Gênes capitula, ce qui libérait l'adversaire qui n'était plus « fixé ». Incertain, dès lors, de la route que prendraient les Autrichiens et craignant leur repli sur Gênes où la marine britannique pouvait les ravitailler, Bonaparte fut conduit à abandonner bien des avantages qu'il s'était assurés. Créditant l'adversaire de plus d'initiative qu'il n'en possédait effectivement, il quitta sa « position naturelle » de la Stradella, et poussa des reconnaissances vers l'ouest, envoyant Desaix avec une division couper la route d'Alexandrie à Gênes. C'est ainsi qu'il fut surpris, ne disposant que d'une partie seulement de son armée, lorsque les Autrichiens surgirent brusquement d'Alexandrie et se portèrent à sa rencontre dans la plaine de Marengo (14 juin 1800). La bataille demeura longtemps indécise, et les Autrichiens ne furent repoussés que lorsque le détachement de Desaix ayant fait demi-tour rejoignit Bonaparte. Mais les avantages de la position stratégique acquis par Bonaparte lui permirent alors d'arracher au commandement adverse démoralisé un accord selon lequel les Autrichiens évacuaient la Lombardie et se repliaient derrière le Mincio.

Et bien que la guerre reprît d'une manière décousue derrière le Mincio, l'effet moral de Marengo se concrétisa par l'armistice qui mit un terme, six mois plus tard, aux opérations de la Seconde Coalition.

Après quelques années d'une paix précaire, le rideau qui s'était baissé sur les guerres de la Révolution française se leva pour un nouvel acte : les guerres napoléoniennes. En 1805, l'armée de Napoléon, forte de 200 000 hommes, se rassembla à Boulogne, et menaçait les côtes anglaises d'un débarquement lorsqu'elle fut brusquement dirigée sur le Rhin à marches forcées. On se demande encore si Napoléon envisagea sérieusement une invasion de l'Angleterre, ou si sa menace n'était rien d'autre que la première phase de son approche indirecte de l'Autriche. Il appliqua probablement le principe de Bourcet selon lequel il fallait concevoir « un plan à plusieurs branches ». Lorsqu'il se décida pour la branche Est, il présuma que, selon leur habitude, les Autrichiens enverraient une armée en Bavière afin de bloquer les issues de la Forêt-Noire. Sur ces bases, il conçut une vaste manœuvre autour de leur flanc nord, son armée franchissant le Danube, puis se portant sur le Lech qui jouerait le rôle de barrière stratégique sur leurs arrières. Ce plan répétait, sur une plus grande échelle, la manœuvre de la Stradella ; et Napoléon lui-même commenta cette similitude pour ses troupes. De plus, sa supériorité numérique lui permettait, une fois la barrière établie, de convertir cette dernière en un barrage mobile : celui-ci, collant alors aux arrières autrichiens et les comprimant, les amena à capituler à Ulm sans effusion de sang.

Ayant éliminé le plus faible partenaire de la coalition, Napoléon devait maintenant affronter l'armée russe de Koutousov qui venait d'atteindre l'Inn, après avoir traversé l'Autriche en recueillant de petits contingents autrichiens. Une menace moins immédiate était constituée par l'intervention des autres armées autrichiennes d'Italie et du Tyrol. L'importance même de ses moyens se révéla un inconvénient pour Napoléon, pour la première fois, mais non pour la dernière. Avec des armées de cette taille, l'espace compris entre le Danube et les montagnes du Sud-Ouest était trop exigu pour permettre d'approcher indirectement l'ennemi ; et il ne disposait plus des délais suffisants pour monter un large mouvement enveloppant à l'échelle de la manœuvre d'Ulm. Or, tant que les Russes demeuraient sur l'Inn, ils se trouvaient dans une « position naturelle » constituant un bouclier, non seulement pour le territoire autrichien, mais pour les armées autrichiennes de secours qui pouvaient, à l'abri de cette couverture, arriver du sud à travers la Carinthie et se joindre aux Russes pour former un mur solide devant Napoléon.

Placé devant ce problème, Napoléon développa la plus brillante série de variations sur le thème de l'approche indirecte. Son premier objectif fut de repousser les Russes le plus à l'est possible, les séparant ainsi des armées autrichiennes qui remontaient d'Italie. Tandis qu'il marchait directement vers l'est, sur Koutousov et sur Vienne, il dirigea le Corps de Mortier le long de la rive nord du Danube. Cette menace sur ses communications avec la Russie suffit à contraindre Koutousov à se replier obliquement en direction du nord-est, vers Krems sur le Danube. Puis, Napoléon envoya Murat bousculer le nouveau front de Koutousov, avec Vienne comme but. De Vienne, Murat fut orienté ensuite vers le nord, sur Hollabrünn. Ainsi, après avoir d'abord menacé le flanc droit des Russes, Napoléon menaçait les arrières de leur gauche.

Si, en raison de l'erreur commise par Murat en concluant une trêve, cette manœuvre échoua et ne put couper la retraite des Russes, elle les contraignit au moins à un repli précipité toujours plus au nord-est, vers Olmütz où ils se rapprochaient de leurs propres frontières. Bien qu'ils fussent désormais coupés des renforts autrichiens, ils étaient plus proches des leurs et, à Olmütz, ceux-ci leur parvinrent en quantité appréciable. Les repousser plus à l'est aurait abouti seulement à consolider leur force. En outre, le temps pressait, et l'entrée en guerre de la Prusse était imminente. Aussi Napoléon recourut-il à l'approche indirecte psychologique : en affichant complaisamment sa propre faiblesse apparente, il incita les Russes à reprendre l'offensive. Face aux 80 000 hommes de l'armée ennemie, il concentra seulement 50 000 hommes à Brünn et, de là, poussa des détachements isolés en direction d'Olmütz. Il accrut cette impression de faiblesse par des « messages de paix » adressés au tsar et à l'empereur d'Autriche. Lorsque l'ennemi mordit à l'hameçon, Napoléon se replia devant lui jusqu'à la position d'Austerlitz, que sa nature désignait pour monter le piège qu'il avait prévu. Au cours de la bataille qui suivit, il utilisa – et c'est assez rare chez lui – une approche indirecte tactique afin de compenser sur le terrain une infériorité numérique également rare chez lui. Leurrant ses adversaires en les incitant à étendre leur gauche pour attaquer sa ligne de retraite, il lança son centre contre le « joint » affaibli de leur dispositif, et obtint ainsi une victoire si décisive que, vingt-quatre heures après, l'empereur d'Autriche demandait la paix.

Lorsque, quelques mois plus tard, Napoléon s'occupa de la Prusse, il détenait une supériorité numérique de presque deux contre un. Une Armée, qui était « Grande » tant par la qualité que par la quantité, affronta une armée prussienne mal instruite et désuète. Les conséquences de cette nette supériorité marquèrent la stratégie de Napoléon, et elles eurent une influence croissante lors de ses dernières campagnes. En 1806, il rechercha encore et obtint le bénéfice de la surprise initiale. À cet effet, il avait cantonné ses troupes près du Danube d'où il les concentra rapidement vers le nord, derrière le rideau naturel formé par le Thüringerwald. Puis, débouchant inopinément des lisières boisées en pleine campagne, ce *bataillon carré* poussa droit au cœur du pays ennemi. Ainsi, Napoléon se trouva naturellement sur les arrières des Prussiens plutôt qu'il ne s'y plaça lui-même. Et lorsqu'il se retourna d'un coup pour les écraser à Iéna, il semble avoir spéculé d'abord sur sa puissance offensive – l'effet moral résultant de sa situation stratégique étant secondaire, quoique important.

De même, au cours des campagnes suivantes contre les Russes, en Pologne et en Prusse-Orientale, Napoléon semble surtout préoccupé d'un seul but : contraindre l'ennemi à la bataille et comptant bien, si cela se produisait effectivement, que sa machine de guerre surclasserait l'adversaire. Il utilisa toujours la manœuvre sur les arrières de l'ennemi, mais elle était plus un moyen de l'agripper fermement afin qu'il ne pût échapper à ses crocs, qu'un moyen de liquéfier le moral de cet adversaire et d'en rendre la

« mastication » plus aisée. Dans cette perspective, l'approche indirecte était plus un moyen de diversion et de « traction » physique qu'un moyen de diversion et de destruction morales.

Ainsi, dans la manœuvre de Pultusk, il se proposa d'attirer les Russes vers l'ouest afin de pouvoir les couper de la Russie lorsqu'il avancerait au nord de la Pologne. Les Russes éludèrent la prise. En janvier 1807, ils firent mouvement vers l'ouest, mais de leur propre initiative, afin de rejoindre ce qui restait de leurs alliés prussiens à Dantzig ; et Napoléon fut prompt à saisir l'occasion pour couper leurs communications avec la Prusse. Mais ses ordres tombèrent dans les mains des cosaques, et l'armée russe se replia juste à temps ; sur quoi Napoléon les poursuivit directement et les trouvant en position frontale à Eylau, prêts à accepter la bataille, il s'en remit à une simple manœuvre tactique sur leurs arrières. Mais l'exécution fut perturbée par une tempête de neige, et les Russes, quoique bien agrippés, ne furent pas écrasés.

Quatre mois après, les deux adversaires avaient récupéré, et les Russes se mirent soudain en marche vers le sud, sur Heilsberg, ce à quoi Napoléon répliqua en mettant en branle son *bataillon carré* vers l'est afin de les couper de leur base la plus proche, Königsberg. Mais, cette fois, il semblait tellement obsédé par l'idée de la bataille que, lorsque sa cavalerie chargée de flanquer sa progression lui signala la présence des Russes installés sur la solide position de Friedland, il lança directement ses forces sur l'objectif. La victoire tactique fut acquise, non par la surprise ou la mobilité, mais par la simple puissance offensive exprimée, ici, par sa nouvelle tactique d'artillerie : la concentration massive des feux sur un point bien choisi. Ce procédé devint, de plus en plus fréquemment, le moteur de son mécanisme tactique. Et bien qu'il enlevât la victoire, à Friedland, comme souvent par la suite, il fit peu pour l'obtenir en épargnant les vies humaines.

Il est curieux de constater que la possession d'un chèque

en blanc à tirer sur la banque du potentiel humain eut des effets analogues en 1807-14 et en 1914-18. Curieux également, le fait que ceci fut associé, dans chaque cas, avec l'emploi des feux intensifs d'artillerie. L'explication tient peut-être au fait que les grandes possibilités de gaspillage engendrent l'extravagance, antithèse intellectuelle de l'économie des forces obtenue par la surprise et la mobilité. Cette hypothèse est renforcée par les effets similaires que l'on peut relever dans la politique napoléonienne.

Napoléon utilisa la gloire acquise par sa victoire de Friedland pour asseoir le prestige de sa personnalité et détacher le tsar de la Quatrième Coalition. Mais il finit par hasarder tous les profits qu'il avait accumulés et, finalement, le sort de son empire, en spéculant imprudemment sur ce prestige. La rigueur de sa conduite envers la Prusse rendit la paix très précaire ; sa politique envers l'Angleterre ne visait rien de moins que la ruine de ce pays, et son agression contre l'Espagne et le Portugal les souleva contre lui. Ce furent là les erreurs fondamentales de sa grande stratégie.

Dans ce dernier cas, il est très important de noter que ce fut une approche indirecte – la brusque attaque de va-et-vient lancée par Sir John Moore sur Burgos et les communications françaises en Espagne – qui ruina les plans de Napoléon en Espagne, donna au soulèvement national les délais et l'espace nécessaires au regroupement de ses forces, et qui fit de la péninsule Ibérique, dès ce moment, une plaie toujours suppurante au flanc de Napoléon. Et, surtout, l'effet moral de ce premier échec infligé à l'irrésistible ascension de Napoléon conféra une portée décisive à l'événement.

Napoléon n'eut pas l'occasion de remédier à cet état de choses, car il fut rappelé par la menace d'un soulèvement de la Prusse et par celle d'une nouvelle intervention de l'Autriche. Ce dernier danger se précisa et, dans la campagne de 1809, Napoléon essaya plusieurs fois encore, à Landshut et à Vienne, de manœuvrer sur les arrières de l'ennemi. Mais lorsque des aléas entravèrent l'exécution de ces manœuvres, l'impatience de Napoléon le conduisit à miser sur l'approche directe et sur la bataille ; et, à Aspern-Essling, il essuya sa première grande défaite. S'il se rétablit par la victoire de Wagram acquise au même endroit, six semaines plus tard, le coût en fut trop élevé pour que la paix ainsi arrachée ne fût pas précaire.

*La guerre dans la péninsule Ibérique.*

Napoléon disposa d'un délai de grâce de deux années pour opérer et guérir « l'ulcère espagnol ». De même que l'intervention de Moore l'avait contrecarré lorsqu'il cherchait à combattre à leurs débuts les causes d'inflammation, de même, au cours des années suivantes, Wellington allait entraver toutes les mesures prises pour empêcher la blessure de cicatriser et interdire au poison de diffuser dans le système napoléonien. Les Français avaient battu et continuaient de battre toutes les armées régulières espagnoles ; mais ces défaites tournaient finalement au plus grand bénéfice des vaincus en incitant les Espagnols à reporter leur effort principal sur la guérilla. Un insaisissable réseau de bandes pratiquant la guérilla se substitua aux objectifs militaires trop vulnérables, et des chefs entreprenants et non conformistes dirigèrent désormais les opérations à la place des généraux espagnols attardés.

Le plus grand malheur pour l'Espagne, et dès lors pour l'Angleterre, fut qu'elle remporta des succès momentanés lorsqu'elle tenta de reformer des troupes régulières. Heureusement, ces dernières furent bientôt écrasées, et lorsque les Français les dispersèrent, leur propre chance s'envola en même temps. Le poison continua donc de diffuser dans tout le corps au lieu de paralyser uniquement la tête.

Dans cette étrange forme de guerre, l'influence la plus profonde de l'Angleterre tint à ce qu'elle aggrava le mal en entretenant le foyer d'infection. Rarement, elle bouleversa les plans de l'un de ses adversaires par une diversion aussi efficace au prix d'un effort militaire aussi mince. Les effets produits en Espagne contrastent de façon significative avec les résultats maigres et même désastreux obtenus par ses essais de coopération avec ses alliés continentaux et par ses expéditions d'outre-mer lancées sur des points géographiquement et psychologiquement trop éloignés de son adversaire pour l'affecter gravement. Du point de vue de la politique et de la prospérité nationales, la deuxième catégorie d'entreprises peut toutefois se justifier puisque la colonie du Cap, l'île Maurice, Ceylan, la Guinée britannique et diverses îles des Indes occidentales vinrent compléter l'Empire britannique.

Mais le véritable résultat de la grande stratégie d'approche indirecte pratiquée en Espagne par la Grande-Bretagne a été obscurci par la tendance traditionnelle des historiens hypnotisés par les batailles. En vérité, si l'on traite les guerres de la Péninsule comme une chronique des batailles et des sièges de Wellington, les faits sont incompréhensibles. Sir John Fortescue a beaucoup fait pour redresser cette fâcheuse tendance et dissiper cette illusion, bien qu'il traite principalement de l'histoire de l'armée britannique. Il est significatif que, ses propres recherches s'approfondissant, elles le conduisirent à attribuer une importance croissante à l'influence prédominante de la guérilla espagnole sur l'issue du conflit.

Si la présence du Corps expéditionnaire britannique fut un élément essentiel de cette influence, les batailles de Wellington ne constituent, matériellement, que la part la moins rentable de ses opérations. Grâce à elles, il infligea aux Français des pertes s'élevant à quelque 45 000 hommes seulement, en comptant tués, blessés et prisonniers – ceci pour les cinq années de campagne, jusqu'au moment où ils évacuèrent l'Espagne – tandis que Marbot évalue ces pertes à une moyenne de cent tués par jour pour la même période. Il faut donc en déduire que la plus grande proportion des pertes qui affectèrent les effectifs des Français, et plus encore leur moral, est due aux opérations de guérilla et à celles de Wellington lui-même, à leur façon de harceler les Français et de transformer le pays en désert où l'ennemi n'avait plus qu'à mourir de faim.

Autre trait significatif : le fait que Wellington livra un nombre restreint de batailles au cours d'une aussi longue série de campagnes. Était-ce dû à ce bon sens essentiellement pratique dans lequel des historiens ont vu la clé de son caractère et de son attitude ? Selon les termes de l'un de ses récents biographes « le réalisme direct et étroit était l'essence du caractère de Wellington. C'est à ce trait qu'il faut imputer ses limites et ses déficiences ; mais sur la scène plus vaste où se joua sa carrière d'homme public, cela le fit accéder au génie ». Ce diagnostic convient parfaitement à la stratégie de Wellington dans la péninsule Ibérique.

L'expédition qui devait avoir de si lourdes conséquences devait être menée par prélèvement sur les troupes chargées de l'effort principal sur l'Escaut, effort qui avait avorté ; elle fut lancée par le gouvernement britannique plus avec l'espoir de sauver le Portugal que par une exacte appréciation de ses virtualités dans le domaine de la grande stratégie et des possibilités qu'elle offrait d'aggraver « l'ulcère espagnol ». L'argumentation de Castlereagh fut appuyée toutefois par sir Arthur Wellesley (futur duc de Wellington) : selon eux, le renforcement de l'armée et de la milice portugaises par 20 000 Anglais devait obliger les Français à mettre en ligne 100 000 hommes pour conquérir le Portugal, effectif dont ils ne pouvaient disposer si les Espagnols poursuivaient la résistance. En d'autres termes, cela signifiait que 20 000 Britanniques suffiraient pour contraindre les Français à distraire approximativement 100 000 hommes, dont une partie au moins du principal théâtre de la guerre, l'Autriche.

En tant qu'aide à l'Autriche, l'expédition allait se révéler vaine ; et comme bouclier assurant la défense du Portugal, elle ne valut pas mieux selon le point de vue portugais.

Mais par l'effort imposé à Napoléon et par les bénéfices qu'allait en tirer l'Angleterre, elle porta plus de dix fois ses fruits.

Wellesley reçut 26 000 hommes et, en avril 1809, débarqua à Lisbonne. Les Français se trouvaient alors largement étalés dans toute la Péninsule par suite de l'insurrection espagnole, et par suite également du coup porté sur Burgos par Moore et de sa retraite sur la Corogne. Dans l'extrême nord-ouest, Ney tentait vainement de soumettre la Galice. Au sud de Ney, mais au nord du Portugal, Soult se trouvait à Porto avec une armée éparpillée en détachements. Victor, posté autour de Mérida, faisait face à la route du sud menant au Portugal.

Exploitant sa position centrale, les effets de son apparition inattendue et la dispersion de l'ennemi, Wellesley marcha vers le nord, contre Soult ; et bien qu'il ne parvînt pas à le couper, ainsi qu'il l'avait projeté, des détachements du sud, il surprit Soult lui-même avant que ce dernier ait pu réunir son armée, bouscula son dispositif en franchissant le Douro en amont, et compléta ce début de dislocation en le rejetant hors de sa ligne de retraite normale. Comme Turenne en 1675, Wellesley balaya la résistance adverse avant qu'elle ait pu cristalliser ; et, au terme de sa retraite forcée vers le nord, à travers les montagnes de Galice, l'armée de Soult avait subi des pertes et supporté des fatigues sans commune mesure avec l'importance des combats qu'elle avait livrés.

Mais la seconde opération de Wellesley ne fut ni aussi profitable, ni aussi bien conçue sous le rapport de l'adéquation de la fin et des moyens. Victor, demeuré passif à Mérida, fut rappelé après la « disparition » de Soult à Talavera, afin de couvrir la route directe de Madrid. Un mois après, Wellesley décida de marcher sur Madrid par cet itinéraire, poussant ainsi au cœur de l'Espagne jusque dans la gueule du loup ; il se présentait en effet comme une cible sur laquelle toutes les armées françaises d'Espagne pouvaient converger par les itinéraires les plus faciles. En outre, en se ralliant sur un pivot central, ces armées acquéraient l'avantage de réunir, en un faisceau commun, les lignes de communications qui les reliaient entre elles et dont l'écartèlement, lorsque ces armées étaient dispersées, causait précisément leur principale faiblesse.

Wellesley partit avec 23 000 hommes seulement, mais renforcés d'un nombre équivalent de soldats espagnols aux ordres du faible Cuesta, tandis que Victor se repliait et se postait de telle sorte qu'il pouvait être soutenu, près de Madrid, par les deux autres armées. La concentration française s'élevait à plus de 100 000 hommes étant donné que, « par accident plutôt que de propos délibéré » (selon la remarque de Fortescue), Ney, Soult et Mortier avaient gagné Madrid par le nord. Gêné par l'indécision de Cuesta et par la nécessité de se ravitailler, Wellesley ne réussit pas à atteindre Victor avant que Joseph Bonaparte fût venu de Madrid pour le soutenir. Contraint à son tour au repli, Wellesley se tira avec assez de bonheur d'une bataille défensive livrée à Talavera, et il serait reparti en avant si Cuesta ne s'y était refusé ; ce qui fut d'ailleurs une chance pour Wellesley, car Soult descendait sur ses arrières. Coupé de la route par laquelle il était venu, Wellesley s'échappa en se glissant au sud du Tage, mais après une retraite épuisante, coûteuse et démoralisante qui lui permit de se replier jusqu'à la frontière portugaise. Le manque de vivres gêna la poursuite française ; et ainsi s'acheva la campagne de 1809 qui apprit à Wellesley le peu de valeur des troupes régulières espagnoles, leçon déjà donnée par l'expérience de Moore. En récompense de ses efforts, il fut créé vicomte Wellington, et fit beaucoup plus pour illustrer ce nom l'année suivante.

En 1809, l'Autriche avait dû signer la paix. Napoléon était donc libre de porter toute son attention sur l'Espagne et le Portugal – jusqu'en 1812. Ces deux années constituèrent la période critique de la guerre dans la Péninsule. L'impuissance des Français à réaliser leurs desseins dans ces pays fut d'une plus grande importance historique que les défaites qu'ils y subirent, ou que les victoires de Wellington en 1812 et 1813. Les causes essentielles des succès britanniques résident dans l'appréciation exacte du facteur économico-militaire – difficultés de ravitaillement des Français – et dans la création des lignes de Torres Vedras, l'une et l'autre étant dues à Wellington. Sa stratégie fut essentiellement celle d'une approche indirecte d'un objet et d'un objectif économico-militaire.

Avant que la principale campagne s'ouvrît, il fut aidé par les forces régulières espagnoles, mais selon leurs procédés habituels. Elles se lancèrent dans une campagne d'hiver et furent si irrémédiablement écrasées et dispersées que les Français, privés d'adversaires, furent tentés d'étendre leur dispositif toujours plus largement sur toute l'Espagne et envahirent la riche province d'Andalousie, au sud. Bien qu'éloigné encore du théâtre des opérations, Napoléon prit en mains les affaires et, à la fin de février 1810, il avait concentré près de 300 000 hommes en Espagne ; d'autres troupes étaient attendues. Sur ce total, 65 000 hommes étaient confiés à Masséna avec mission de chasser les Britanniques du Portugal. Si ces effectifs étaient importants, ils étaient faibles pourtant relativement au total ; et ce rapport témoigne à l'évidence de l'effort croissant qu'exigeait le combat de guérilla en Espagne. Wellington disposait de 50 000 hommes en tout, en comptant les troupes portugaises instruites par les Britanniques.

L'invasion de Masséna déboucha par le nord, par Ciudad Rodrigo, ce qui donna à Wellington les délais et l'espace nécessaires au plein effet de sa stratégie. Il prit la précaution de vider le pays des vivres qu'il recélait – ce qui agit comme un « servo-frein » sur l'avance de Masséna – tandis que sa position à Bussaco, à mi-chemin des Français, agit comme un autre frein ; et les effets de ces freins furent renforcés lorsque Masséna commit la folie de se lancer dans un assaut direct et parfaitement inutile. Pour couvrir Lisbonne, Wellington se replia alors sur les lignes de Torres Vedras qu'il avait établies en travers de la péninsule montagneuse limitée par le Tage et la mer. Le 14 octobre, quatre mois après et à 200 milles à peine de son point de départ, Masséna arriva en vue des lignes : spectacle qui lui infligea la plus amère des surprises. Incapable de forcer ces défenses, il piétina devant elles pendant un mois, jusqu'à ce que le manque de vivres le contraignît à battre en retraite sur Santarem, à 30 milles de là, sur le Tage. Très judicieusement, Wellington ne tenta pas de précipiter cette retraite ou de chercher la bataille ; mais il s'attacha à confiner Masséna dans la plus petite aire possible, si bien que les Français rencontrèrent bientôt les plus grandes difficultés imaginables pour se nourrir. Ils payèrent chèrement à ce moment – et plus tard également – leurs illusions forgées par la boutade optimiste de Napoléon qui déclarait aux stratèges timorés : « Approvisionnements ? Ne me parlez pas de cela. Vingt mille hommes peuvent vivre dans un désert. »

Wellington persista résolument dans cette stratégie en dépit du risque indirect d'un changement de politique en métropole, et du risque direct présenté par l'avance de Soult dans le Sud, par la route de Badajoz, avance conçue comme une diversion pour desserrer l'étreinte autour de Masséna. Wellington sut résister à tous les efforts tentés par Masséna pour l'inciter à attaquer. Et il en fut à la fois justifié et récompensé ; car, en mars, Masséna dut finalement se retirer. Et lorsque les débris faméliques de son armée traversèrent de nouveau la frontière, il avait perdu 25 000 hommes dont 2 000 seulement au cours d'engagements.

Pendant ce temps, les guérilleros espagnols, toujours plus nombreux, redoublaient d'activité. Rien qu'en Aragon et en Catalogne, deux corps d'armée français (totalisant près de 60 000 hommes) avaient été pratiquement paralysés pendant plusieurs mois par quelques milliers de guérilleros et de réguliers combattant en guérilla ; et ces deux corps n'avaient pu secourir l'armée du Portugal de Masséna. Dans le Sud également, où les Français assiégeaient

Cadix, l'insuccès des alliés à exploiter leur victoire de Barrosa et faire lever le siège constitua un avantage pour Wellington ; les troupes de siège françaises étaient ainsi occupées par une tâche inutile. Au cours de ces années, une autre influence déprimante agit sur les envahisseurs : ils vécurent dans la crainte permanente de débarquements anglais, débarquements d'ailleurs fréquents et rendus possibles sur une immense ligne côtière par la maîtrise de la mer.

Désormais l'action de Wellington se fit sentir beaucoup plus par la menace que par des coups effectifs : chaque fois qu'il menaçait un point, les Français se voyaient obligés d'y rameuter des troupes, ce qui permettait à la guérilla d'étendre ses actions à d'autres régions.

Pourtant Wellington ne se contentait pas de menacer simplement. Poursuivant Masséna qui se repliait sur Salamanque, il utilisa son armée pour couvrir, au nord, le blocus de la place frontière d'Almeida, tandis qu'il prescrivait à Beresford d'investir Badajoz au sud. Il entamait ainsi sa propre capacité manœuvrière et divisait ses forces en deux fractions à peu près équivalentes. Mais la chance le favorisa. Ayant rallié et renforcé ses effectifs, Masséna se porta au secours d'Almeida ; et, à Fuentès de Onoro, Wellington fut attaqué dans une position critique et sérieusement mis en danger. Mais il réussit à repousser l'attaque, tout en admettant que « si Boney avait été là, nous aurions été battus ». Près de Badajoz, Beresford se porta également au-devant de l'armée de secours de Soult ; et, après avoir mal monté son affaire, frôlé la défaite à Albuera, sa situation fut toutefois rétablie par ses subordonnés et ses soldats, encore qu'à un prix exorbitant.

Wellington appliqua alors ses efforts au siège de Badajoz, mais, sans équipage de siège, il dut bientôt renoncer devant le mouvement de Marmont qui avait pris le commandement de l'armée de Masséna et qui se portait vers le sud à la rencontre de Soult sans qu'on pût l'en empêcher. Les deux Français décidèrent de marcher ensemble sur Wellington. Heureusement, cette coopération n'alla pas sans frictions ; et Soult, alarmé par une nouvelle flambée de guérilla en Andalousie, s'empressa d'y retourner, abandonnant à Marmont la direction des opérations. Grâce à l'extrême circonspection de ce dernier, la campagne de 1811 s'acheva paisiblement.

Mais, au cours de ses batailles, Wellington avait beaucoup risqué, et on pourrait difficilement prétendre qu'elles lui avaient procuré plus d'avantages que ceux offerts par la stratégie pratiquée antérieurement. Compte tenu du faible capital de moyens dont il disposait, ses batailles ne constituaient pas un investissement rentable ; et bien que ses pertes eussent été moindres, au total, que celles des Français, elles étaient proportionnellement bien plus élevées. Mais il avait traversé la période la plus critique et, désormais, Napoléon lui-même vint inconsciemment à son aide et lui permit de consolider les avantages acquis. Napoléon préparait en effet son invasion de la Russie, et son attention comme sa puissance furent désormais tournées vers cette expédition. Cette évolution de la situation générale et le caractère de plus en plus pénible de la guérilla amenèrent une modification dans le plan des opérations : le principal axe d'effort des Français fut modifié afin d'enlever Valence et l'Andalousie, opération préliminaire à une nouvelle offensive sur le Portugal.

Depuis 1810, les effectifs français avaient été diminués de 70 000 hommes. Et, parmi ceux qui restaient, 90 000 au moins étaient occupés à garder les communications avec la France contre les guérilleros ; et ceci, de Tarragone sur la Méditerranée à Oviedo sur l'Atlantique.

Libre de ses mouvements devant un adversaire affaibli, Wellington se porta brusquement sur Ciudad Rodrigo dont il s'empara, tandis qu'un détachement aux ordres de Hill couvrait son flanc stratégique et ses arrières. Marmont ne put intervenir, ni reprendre la place où les Anglais avaient saisi son équipage de siège ; et il était également incapable de poursuivre Wellington dans la zone privée de toutes ressources qui les séparait.

Couvert par ce rideau « de famine », Wellington glissa vers le sud et enleva Badajoz, mais avec beaucoup plus de pertes, ne pouvant se permettre aucun retard. À Badajoz il captura les équipages de pont français ; et comme cette opération fut suivie par la destruction du pont de bateaux que les Français avaient lancé sur le Tage à Almaraz, il avait définitivement scellé la séparation stratégique des deux armées de Marmont et de Soult : leur liaison la plus courte devait désormais s'effectuer par le pont de Tolède, à plus de 300 milles de l'embouchure du Tage.

D'autre part, Soult était étroitement lié à l'Andalousie, faute de ravitaillement et en raison de l'activité croissante des guérillas. Wellington pouvait donc opérer en toute sécurité, et il réunit les deux tiers de ses moyens pour marcher sur Marmont à Salamanque. Mais cette approche directe incita Marmont à se replier sur ses dépôts ; l'équilibre des forces étant ainsi rétabli, il manœuvra sur les communications de Wellington, et d'autant plus aisément qu'il n'était plus gêné par le souci de garder les siennes. À plusieurs reprises, les deux armées progressèrent en deux colonnes parallèles, à quelques kilomètres l'une de l'autre, chacune cherchant l'occasion favorable pour attaquer l'autre. Étant donné leur mobilité supérieure à celle des Anglais, les Français étaient tentés de manœuvrer leurs adversaires. Mais, le 22 juillet, cet excès de confiance conduisit Marmont à commettre une faute qui déséquilibra momentanément son armée : il permit à son aile gauche de s'écarter trop de l'aile droite, occasion que Wellington saisit aussitôt en se portant sur l'aile ainsi exposée. Les Français furent battus avant que les renforts aient pu les soulager.

Wellington ne parvint pas toutefois à achever la véritable rupture de l'armée française au cours de cette bataille de Salamanque ; et il était toujours très inférieur en nombre sur l'ensemble du théâtre d'opérations espagnol. On a pu le blâmer pour n'avoir pas vigoureusement poursuivi les Français battus, désormais aux ordres de Clauzel. Mais ayant laissé échapper la chance de les disperser, il est peu vraisemblable que Wellington aurait pu les rattraper avant qu'ils se soient réfugiés dans Burgos ; et une telle poursuite l'aurait exposé au risque de voir ses propres communications coupées par le roi Joseph accouru de Madrid.

Au lieu de poursuivre l'ennemi, il décida donc de se porter sur Madrid, comptant que cette manœuvre aurait un effet politique et moral. Son entrée dans Madrid fut un symbole qui exalta les Espagnols, tandis que Joseph s'enfuyait précipitamment. Mais, résultat de ce coup de main, le séjour de Wellington ne pouvait se prolonger au cas où les Français reviendraient en force ; et rien ne pouvait, plus que la perte de Madrid, inciter leurs armées réparties sur la circonférence à rallier le centre. Aussi, Wellington abrégea son séjour sans les attendre et marcha sur Burgos. Mais le système français consistant à vivre sur le pays retirait aux coups portés sur leurs communications avec la France le bénéfice qu'on aurait pu normalement attendre de cette situation. Leurs effets, déjà limités, furent encore amoindris par l'inefficacité des méthodes de siège de Wellington et la carence de son matériel ; si bien qu'il perdit du temps alors qu'il ne pouvait se permettre d'en gaspiller. En effet, son succès pendant et après la bataille de Salamanque avait incité les Français à abandonner leurs autres offensives en Espagne afin de concentrer tous leurs efforts sur lui. Par rapport à leurs armées, Wellington se trouvait dans une situation plus dangereuse encore que celle de Moore avant lui ; mais il se replia juste à temps. Et quand Hill le rejoignit, il se sentit assez sûr de lui pour offrir la bataille aux armées françaises réunies, une fois encore, à Salamanque. Leur supériorité numérique était faible – 90 000 hommes contre 68 000 – comparativement à leurs effectifs antérieurs, et elles ne montrèrent guère d'empressement à relever le défi de Wellington sur le terrain qu'il avait choisi.

Aussi, l'Anglais poursuivit sa retraite sur Ciudad Rodrigo, où son arrivée marqua le terme de la campagne de 1812.

Bien que Wellington se fût replié, une nouvelle fois, sur la frontière portugaise et qu'il n'eût, de ce fait, marqué aucun succès apparent, dès ce moment pourtant le sort de la guerre dans la Péninsule était scellé. En abandonnant la plus grande partie de l'Espagne pour réunir leurs moyens contre lui, les Français avaient en effet livré le pays aux guérilleros, et perdu toute chance de secouer leur étreinte. Au point culminant de ce désastre, parvint la nouvelle de la retraite de Russie qui conduisit Napoléon à retirer d'Espagne la plus grande partie de ses troupes. Ainsi, lorsque s'ouvrit la campagne suivante, la situation avait totalement changé.

Renforcé maintenant de 100 000 hommes, dont moins de la moitié était britanniques, Wellington devenait l'assaillant ; et il prit l'ascendant, tandis que les Français, plus démoralisés par la tension continue imposée par la guérilla que par des défaites militaires, durent presque immédiatement se replier derrière l'Èbre ; et ils furent réduits à essayer de tenir sur la lisière septentrionale de l'Espagne. Même là, ils ne purent se maintenir, avec la pression des guérilleros sur leurs arrières en Biscaye et dans les districts pyrénéens ; pression qui les obligea à prélever quatre divisions sur des moyens déjà amoindris. Bien que marquée de quelques mésaventures heureusement compensées, l'avance progressive de Wellington jusqu'aux Pyrénées et en France ne fut qu'un épilogue stratégique à l'histoire de la guerre dans la Péninsule.

Cette heureuse conclusion n'aurait pu se concevoir sans le soutien matériel et moral apporté par la présence de Wellington dans la Péninsule ; et ses actions, en détournant sur elles une part de l'attention des Français, ont facilité l'extension de la guérilla.

On peut toutefois se demander – et la matière prête à d'intéressantes réflexions – si, en incitant les Français à faire la part du feu et à restreindre leur zone d'opérations, ses victoires de 1812 n'améliorèrent pas leur situation et ne rendirent pas plus malaisée sa propre avance en 1813. Plus les Français étaient largement dispersés en Espagne, plus leur effondrement final aurait été assuré et complet. Conduite avec succès, plus par le bon sens courant que selon un plan concerté, la guerre dans la Péninsule offre un remarquable exemple historique d'un type de stratégie que, un siècle plus tard, Lawrence développa en théorie raisonnée et appliqua en pratique, même si elle n'aboutit pas, dans son cas, à des résultats aussi définitifs.

Ayant étudié le développement de « l'ulcère espagnol », revenons maintenant en arrière pour examiner un autre type de conception stratégique qui s'empara insidieusement de l'esprit de Napoléon.

*Napoléon, de Vilna à Waterloo.*

La campagne de Russie, en 1812, marque le point culminant et le terme naturel de tendances dont nous avons constaté déjà le développement dans la stratégie de Napoléon et qui le poussaient à spéculer plus sur l'effet de masse que sur la mobilité, et sur le dispositif stratégique plus que sur la surprise. D'ailleurs, les conditions géographiques ne firent qu'accentuer les faiblesses de cette stratégie.

L'échelle même de ses forces – 450 000 hommes – incita Napoléon à adopter une répartition presque linéaire qui, à son tour, imposait une approche directe sur la ligne d'attente naturelle de l'ennemi. Comme les Allemands en 1914, il est vrai qu'il renforça une de ses ailes, la gauche, et qu'il chercha, par un vaste mouvement tournant, à donner un « crochet » aux Russes, à Vilna. Même en faisant la part de l'inertie montrée par son frère Jérôme qui devait fixer l'ennemi, cette manœuvre était trop délicate et trop directe pour constituer un moyen efficace de « distraction » et de dislocation applicables à l'ennemi, à moins que ce dernier n'eût été d'une stupidité vraiment anormale. Même dans cette hypothèse, les résultats limités de cette manœuvre étaient inscrits dans la décision prise par les Russes d'adopter délibérément la stratégie de refus du combat ou stratégie dilatoire.

Lorsque Napoléon pénétra en Russie après ses premiers coups « dans le vide », il fit subir à sa ligne les contractions habituelles aboutissant au bataillon carré, et essaya de l'appliquer tactiquement sur les arrières ennemis. Mais lorsque les Russes, adoptant une politique de « bataille », furent assez sots pour mettre leur tête dans les mâchoires ouvertes de Napoléon, celles-ci se refermèrent si visiblement à Smolensk que les Russes échappèrent ; et à la Moskova les mâchoires se brisèrent l'une sur l'autre. Nul exemple ne montre aussi clairement les inconvénients d'une approche convergente, comparée à la véritable approche indirecte.

Les conséquences désastreuses de la retraite qui suivit procédèrent moins de la rigueur du climat – les grands froids furent plus tardifs cette année-là que les années précédentes – que de la démoralisation de l'armée française ; ce qui était dû au fait que cette armée avait été frustrée de sa stratégie recherchant directement la bataille devant les Russes pratiquant la stratégie dilatoire. Celle-ci, à son tour, fut la méthode stratégique mise en œuvre pour exécuter ce qu'on peut appeler une politique de guerre ou une grande stratégie de l'approche indirecte.

En outre, le dommage causé à la fortune de Napoléon par sa défaite en Russie fut considérablement aggravé par les effets, moraux et matériels, de l'insuccès de ses armées en Espagne. Et il est intéressant de noter, en mentionnant les effets meurtriers de l'action britannique en Espagne, que l'Angleterre suivait dans cette campagne sa traditionnelle politique de guerre visant toujours les racines de la puissance adverse.

Lorsque, en 1813, Napoléon dut affronter le soulèvement de la Prusse et le déferlement des armées russes, avec des forces neuves encore plus massives et moins mobiles que jamais, il chercha à écraser l'adversaire dans le style désormais habituel, c'est-à-dire en lui appliquant les forces convergentes de son *bataillon carré*. Mais ni la bataille de Lützen, ni celle de Bautzen ne furent décisives ; et les alliés, en pratiquant les replis de plus en plus profonds, contrarièrent les tentatives répétées de Napoléon pour les amener à la bataille Leur refus poussa Napoléon à demander une suspension d'armes de six semaines à l'expiration de laquelle l'Autriche rejoignit à son tour le camp de ses ennemis.

La campagne d'automne qui suivit jette un jour curieux sur les changements survenus dans l'esprit de Napoléon. Il disposait de 400 000 hommes, chiffre à peu près équivalent à celui des forces ennemies. Il en utilisa 100 000 pour exécuter un mouvement convergent sur Berlin ; mais cette pression directe ne fit que consolider la résistance de Bernadotte dans cette zone, et les Français furent repoussés. Pendant ce temps, Napoléon lui-même, avec le gros de ses forces, avait adopté en Saxe une position centrale couvrant Dresde. Mais l'impatience l'emportant, il s'avança soudain directement vers l'est, contre les 95 000 hommes de Blücher qui se replia pour l'attirer en Silésie, tandis que Schwarzenberg, avec 185 000 hommes, commençait à marcher vers le nord, descendant l'Elbe en venant de Bohême ; puis, traversant les monts de Bohême, il pénétra en Saxe sur les arrières de Napoléon, toujours à Dresde.

Laissant un détachement sur place, Napoléon se replia en hâte, comptant répliquer à cette approche indirecte par une autre, plus meurtrière. Son plan consistait à marcher en direction du sud-ouest, à travers les monts de Bohême, et à couper la ligne de retraite de Schwarzenberg dans la montagne. La position qu'il prévoyait constituait la barrière stratégique idéale. Mais, apprenant l'approche imminente de l'ennemi, il perdit son sang-froid et décida, au dernier moment, d'effectuer une approche directe sur Dresde et Schwarzenberg. Il en recueillit une nouvelle victoire, mais décisive sur le plan tactique seulement ; et Schwarzenberg put se replier sans dommage vers le sud, à travers les montagnes.

Un mois plus tard, les trois armées alliées commencèrent à serrer de près Napoléon qui, affaibli par ses batailles, s'était replié de Dresde sur Düben, près de Leipzig. Schwarzenberg se trouvait au sud, Blücher au nord et, ignoré de Napoléon, Bernadotte manœuvrait autour et derrière son flanc nord. Napoléon se décida pour une approche directe qui devait être suivie par une autre, indirecte : d'abord pour écraser Blücher, et ensuite pour couper les communications de Schwarzenberg avec la Bohême.

À la lumière de l'expérience historique décrite dans les pages qui précèdent, cet enchaînement semble une faute. Le mouvement direct sur Blücher ne put le contraindre à accepter la bataille ; mais ce mouvement eut pourtant un résultat étrange et des plus significatifs parce qu'il ne fut pas prémédité. L'avance directe contre Blücher constitua, sans qu'il s'en aperçût, un mouvement indirect sur les arrières de Bernadotte. Et en décourageant ce dernier, il l'incita à se replier précipitamment vers le nord, dégageant ainsi la ligne de retraite de Napoléon. Ainsi ce coup dans le vide à l'adresse de Blücher sauva Napoléon d'un désastre complet quelques jours plus tard : lorsque, en effet, Blücher et Schwarzenberg le serrèrent de près, à Leipzig, Napoléon accepta le défi d'une bataille et fut battu ; mais dans cette extrémité il disposait encore d'un couloir par lequel il put se dégager et battre en retraite, sauvé, vers la France.

En 1814, les alliés désormais largement supérieurs en nombre convergèrent vers la France qu'ils envahirent. Manquant des effectifs qu'il avait dépensés par excès de confiance, très impériale, dans la puissance des masses, Napoléon fut conduit à recourir à ses anciennes armes : la surprise et la mobilité. Néanmoins, si brillante que fût sa manière de les utiliser, il fut trop impatient, trop obsédé par l'idée de la bataille, pour les employer avec la dextérité artistique d'un Hannibal ou d'un Scipion, d'un Cromwell ou d'un Marlborough. Pourtant, leur utilisation lui permit d'ajourner l'arrêt de son destin. Et il sut ajuster judicieusement les fins qu'il se proposait aux moyens dont il disposait. Comprenant que ces derniers étaient trop réduits pour obtenir une décision militaire, il projeta de disloquer la coopération entre les armées alliées ; il exploita la mobilité à cette fin, et avec une maîtrise plus étonnante que jamais. Cependant, même ainsi, et bien qu'il réussît remarquablement à retarder l'avance ennemie, cette maîtrise eût été plus efficace et plus durable dans ses résultats, si les possibilités qui lui étaient offertes de poursuivre cette stratégie n'avaient pas été entamées par sa tendance naturelle à couronner chaque succès stratégique par un succès tactique. Grâce à des concentrations répétées – cinq d'entre elles caractérisées par des manœuvres qui frappèrent le but *par derrière* – montées contre des fractions ennemies séparées, il leur infligea une série de défaites ; et ceci jusqu'au moment où il fut assez téméraire pour approcher directement Blücher et l'attaquer à Laon, subissant ainsi une défaite dont les conséquences étaient trop lourdes eu égard à ses moyens.

Avec les 30 000 hommes qui lui restaient, il se résolut à frapper un dernier coup, à faire mouvement vers l'est, sur Saint-Dizier pour rallier toutes les garnisons qu'il pourrait trouver et soulever le pays contre les envahisseurs. Un tel mouvement lui aurait permis de couper les communications de Schwarzenberg. Toutefois, avant de passer à l'exécution, il lui fallait non seulement se poster sur les arrières adverses, mais également lever une armée dans cette région. Le problème était compliqué par le manque de temps et de moyens, mais également par le moral singulièrement fragile de la base qu'il laissait à découvert en opérant ainsi : Paris n'était pas, en effet, une base de ravitaillement ordinaire. Et pour comble de malheur, ses ordres tombèrent entre les mains de l'ennemi. Si bien que l'effet de surprise et les délais lui manquèrent. Mais, même dans ces conditions, le « choc » stratégique produit par sa manœuvre fut si puissant que les alliés tinrent conseil et ne se résolurent qu'après une chaude discussion, à marcher sur Paris au lieu de faire demi-tour pour contrer sa manœuvre. Leur mouvement infligea un *knock-out* moral à la cause de Napoléon. L'on a dit que le facteur ayant le plus influencé leur décision fut la crainte que Wellington, venant de la frontière espagnole, n'atteignît Paris le premier. Si cette explication est la bonne, elle constitue le triomphe final et ironique de la stratégie de l'approche indirecte et de son pouvoir de décision.

En 1815, après son retour de l'île d'Elbe, l'importance des moyens dont il disposait semble avoir fait monter le sang à la tête de Napoléon. Toutefois, il utilisa à la fois la surprise et la mobilité selon son ancienne manière, et parvint de ce fait à portée du résultat décisif. Tandis que son approche des armées de Blücher et de Wellington fut géographiquement directe, son développement dans le temps constitua une surprise, et sa direction lui permit de disjoindre ses deux ennemis. Mais, à Ligny, Ney ne réussit pas à jouer jusqu'au bout le rôle qui lui était confié dans la manœuvre – l'approche indirecte tactique – si bien que les Prussiens purent éviter la défaite décisive. Et quand Napoléon se retourna contre Wellington, à Waterloo, son approche fut purement directe, provoquant ainsi une perte de temps et d'effectifs qui aggrava le mal déjà causé par Grouchy, incapable de retenir Blücher loin du champ de bataille. Bien qu'elle ne s'effectuât que sur le flanc de Napoléon, l'apparition de Blücher était une approche indirecte psychologique grâce à son caractère inattendu ; et, comme telle, elle fut décisive.

# 9

# 1854-1914

En 1851, la Grande Exposition « de la Paix » inaugura une nouvelle ère de conflits, et la première guerre de cette série fut aussi indécise dans son développement militaire que dans ses fins politiques. Du moins, pouvons-nous recueillir des leçons négatives de ce conflit stupide et peu reluisant que fut la guerre de Crimée, et principalement la leçon donnée par la stérilité de l'approche directe.

Puisque les généraux portaient des œillères, il était naturel qu'un aide de camp lançât la Brigade Légère droit sur les batteries russes ; dans l'armée britannique, le principe du coup direct avait pénétré toutes les sphères de l'action, et il était si rigoureusement et si rigidement formulé que le commandant en chef français, Canrobert, en demeurait perplexe jusqu'au jour où il assista à un bal de la cour ; la lumière se fit alors dans son esprit, et il s'écria : « Les Britanniques combattent comme Victoria danse ! » Mais les Russes n'étaient pas moins imbus de ce principe, si bien que, lorsqu'ils se risquèrent un jour à manœuvrer différemment, un régiment se retrouva le soir, après avoir marché toute la journée, sur les positions qu'il occupait à l'aube devant Sébastopol.

Étudiant le témoignage déprimant offert par la guerre de Crimée, nous ne pouvons négliger le fait – encore qu'il ne faille pas en exagérer l'importance – que les armées européennes étaient devenues plus strictement professionnelles au cours des quarante années écoulées depuis Waterloo. Cela ne constitue pas un argument contre les armées de métier, mais illustre les dangers latents qui couvent dans un milieu professionnel trop fermé. Ces dangers ne font que croître, inévitablement, à mesure qu'on monte dans la hiérarchie et avec les années de service, à moins qu'ils ne soient compensés par des contacts revivifiants avec le monde extérieur, celui des affaires et de la pensée. D'autre part, les premières phases de la guerre civile américaine allaient révéler les faiblesses d'une armée qui n'était pas de métier. L'instruction est essentielle pour forger l'outil que le général maniera avec efficacité. Une guerre longue ou une paix brève engendrent les conditions les plus favorables pour la création d'un tel instrument. Mais le système cache un défaut lorsque la valeur intrinsèque de l'outil est supérieure à celle de l'artiste qui l'emploie.

De ce point de vue, et de bien d'autres, la guerre civile américaine de 1861-65 offre un contraste particulièrement éloquent avec la guerre de Crimée. Les chefs militaires, spécialement ceux du Sud, appartenaient pour la plupart à la catégorie des officiers de carrière, mais ils ajoutaient souvent des emplois civils ou des études personnelles à l'exercice de cette profession. Le champ de manœuvres n'avait pas été le terrain privilégié où ils s'étaient formés et n'avait eu aucune part dans la genèse de leurs idées stratégiques. Néanmoins, malgré leur largeur de vues vraiment rafraîchissante et la fécondité de leur imagination dans ce qu'on pourrait appeler la stratégie locale, leurs principales opérations furent surtout guidées par des principes conventionnels.

Cette tendance s'accentua avec le développement des chemins de fer ; ils conféraient à la stratégie des possibilités accrues dans la rapidité des mouvements, mais cette vitesse n'était pas accompagnée de la souplesse, cet autre facteur essentiel de la véritable mobilité. La guerre civile américaine fut la première guerre au cours de laquelle le transport par voie ferrée joua un rôle primordial ; et le tracé évidemment figé du réseau tendit à mouler la stratégie sur des lignes d'opérations rigides.

En outre, au cours de ce conflit et des suivants, les armées vinrent à dépendre du chemin de fer pour leur maintenance, et sans très bien se rendre compte à quel point elles en étaient tributaires. Les facilités accrues de ravitaillement encouragèrent les généraux à accroître et entasser leurs effectifs au terminus de la voie ferrée, mais sans s'interroger sur les conséquences que de tels effectifs entraînaient dans leurs possibilités d'action. Paradoxalement, les nouveaux moyens de transport eurent pour effet de diminuer la mobilité au lieu de l'augmenter. Le chemin de fer renforça la tendance des armées à l'expansion puisqu'il permettait de transporter toujours plus d'hommes, et d'en nourrir un nombre bien supérieur aux effectifs consacrés à la bataille proprement dite. Il accrut leurs besoins, et elles furent liées désormais aux gares ; et derrière elles la mince voie ferrée étant très vulnérable, leur vie matérielle ne « tenait qu'à un fil ».

Ceci se manifesta très tôt dans la guerre civile américaine, et s'amplifia vers 1864. Étant habituées à une existence matérielle assez large, les armées de l'Union étaient plus menacées de paralysie que celles de l'adversaire. Sur le théâtre d'opérations de l'Ouest, tout particulièrement, les masses articulées en fonction du réseau ferré étaient à la merci des raids de la brillante cavalerie des Confédérés commandée par des chefs comme Forrest et Morgan (ce qui annonçait l'époque où les communications des armées de masse seraient vulnérables aux forces aériennes et blindées). Le Nord trouva même, en Sherman, un stratège qui diagnostiqua les origines du mal avec beaucoup plus de perspicacité que nul autre en son temps, et même après lui, jusqu'aux penseurs de la nouvelle école apparue après le premier conflit mondial et qui révéla les pionniers de la guerre de mouvement mécanisée. L'ennemi avait atteint Sherman en frappant son réseau ferré ; il allait les attaquer de la même façon après s'être personnellement immunisé contre le mal. Afin de recouvrer des possibilités de manœuvre stratégique et les exploiter sans courir le risque d'être brusquement paralysé, Sherman comprit qu'il lui fallait s'affranchir de lignes de ravitaillement fixes ; ce qui signifiait qu'il devait être autonome. Et ceci impliquait à son tour qu'il devait réduire les impedimenta au strict nécessaire. En d'autres termes, le moyen permettant d'éviter d'être « attrapé par la queue » était de couper cette queue et de la porter sous son bras ! Ayant ainsi réduit les impedimenta au minimum, il s'affranchit de ses propres communications par voie ferrée ; il marcha par « la porte de derrière des Confédérés » pour couper les lignes qui alimentaient leur armée principale et tarir leur système de ravitaillement à la source. Le résultat fut dramatiquement décisif.

*La guerre civile américaine.*

À l'ouverture de la campagne, les adversaires cherchèrent à s'atteindre par une avance directe. Le résultat fut indécis en Virginie comme dans le Missouri. Puis, en 1862, Mac Clellan, nommé commandant en chef du Nord, eut l'idée d'utiliser la maîtrise de la mer pour porter son armée sur le flanc stratégique adverse. Ce plan ouvrait de plus riches perspectives qu'une avance directe par voie de terre ; mais il semble qu'il ait été conçu plutôt comme un moyen d'abréger l'approche directe de Richmond, la capitale ennemie, que comme une approche indirecte au sens littéral. Ces projets furent annulés par la répugnance du président Lincoln à accepter un risque calculé ; en conséquence de quoi, il conserva le corps de Mac Dowell pour couvrir directement Washington. Ce qui amputa Mac Clellan d'une partie de ses moyens et le priva d'un élément de diversion essentiel au succès de ses plans.

Mac Clellan perdit donc un mois devant Yorktown après

avoir débarqué ; et il fallut modifier le plan qui prit la forme d'une approche convergente ou semi-convergente en coopération avec Mac Dowell autorisé seulement à marcher, par voie de terre, de Washington sur Richmond par une approche directe. Les opérations indirectes de « Stonewall » Jackson dans la vallée de la Shenandoah exercèrent une telle influence morale sur le gouvernement de Washington qu'elles firent suspendre de nouveau la participation de Mac Dowell à l'avance principale. En dépit de cela, les têtes de colonnes de Mac Clellan parvinrent à moins de 4 milles de Richmond, prêtes pour le bond final avant que Lee pût disposer de forces suffisantes pour intervenir. Et même après son échec tactique, dans la bataille des Sept Jours, Mac Clellan conserva un avantage stratégique peut-être plus important qu'il n'était prévu. Car l'interruption de sa marche de flanc ne l'avait pas empêché de pousser ses bases au Sud, sur le fleuve James, opération qui non seulement assurait ses propres communications, mais le plaçait dangereusement près des communications ennemies qui s'allongeaient en direction du sud, à partir de Richmond.

Un changement de stratégie annula ces avantages. Halleck devenu, pour des raisons politiques, le chef de Mac Clellan, ordonna le rembarquement de son armée, et elle fut ramenée vers le nord pour se joindre à l'armée de Pope en vue d'une avance directe par voie de terre. Comme il advient souvent dans l'histoire, doubler numériquement les moyens aboutit en fait non à doubler leur force, mais à diviser par deux leurs possibilités en simplifiant d'autant les lignes d'attente naturelles de l'adversaire.

Pourtant, la stratégie de Halleck montre qu'elle est l'authentique interprétation du principe de concentration des moyens, tout en révélant les pièges que réserve cette manière routinière d'atteindre le but militaire. L'inefficacité de la stratégie de l'approche directe, de règle pendant la seconde moitié de 1862, fut mise en évidence par l'échec sanglant de Fredericksburg, le 13 décembre. Et la poursuite de cette stratégie, en 1863, aboutit, non à une approche plus serrée de Richmond, mais à l'invasion du territoire du Nord par les Confédérés, invasion qui suivit l'échec lamentable de l'offensive tentée par l'armée de l'Union.

Initialement, cette invasion était indirecte stratégiquement, matériellement et psychologiquement ; mais ses effets furent annulés lorsque Lee fut entraîné dans un assaut direct contre les positions de Meade, à Gettysburg, assaut dans lequel il s'entêta jusqu'à ce que, le troisième jour, il eût perdu à peu près la moitié de ses effectifs. Au terme de cette année, les deux armées occupaient de nouveau leurs positions de départ, l'une et l'autre trop épuisées par les pertes sanglantes pour faire plus que de se montrer les dents d'une rive à l'autre du Rapidan et du Rappahannock.

Au cours de ces campagnes d'approche directe mutuelle, les avantages qui pouvaient en découler allèrent toujours au parti qui se tint sur la défensive et se contenta de contrer l'avance de l'autre. En effet, dans de telles conditions stratégiques, la défensive est par essence la forme la moins directe des deux stratégies directes, car elle permet d'éviter les efforts stériles.

L'échec de l'invasion de Lee à Gettysburg passe généralement pour le tournant de la guerre ; mais cette assertion n'est justifiée que si l'on veut dramatiser la situation. Le sobre verdict de l'histoire s'est prononcé en affirmant que les résultats décisifs vinrent de l'ouest.

Le premier en date remonte à avril 1862, lorsque l'escadre de Farragut força les forts gardant l'embouchure du Mississippi et prit la Nouvelle-Orléans sans effusion de sang : terme d'un coup d'audace stratégique qui enlevait aux Confédérés cette ligne vitale qu'était pour eux le Mississippi.

Le second résultat décisif fut obtenu plus en amont, ce même 4 juillet où Lee commença à battre en retraite depuis le champ de bataille de Gettysburg : ce fut la prise de Vicksburg par Grant, succès qui conféra à l'Union la maîtrise absolue de cette artère vitale. De ce fait, les Confédérés se trouvaient définitivement coupés des sources de renforts en hommes et en matériel fournis par les États de la rive droite du fleuve. Mais ces résultats de grande stratégie ne doivent pas faire perdre de vue les moyens stratégiques par lesquels ils furent obtenus. La première avance sur Vicksburg, en décembre 1862, avait été exécutée par voie ferrée, et combinée avec une expédition par voie fluviale, aux ordres de Sherman, qui descendit le Mississippi. Tandis que l'avance de Grant était considérablement freinée par les raids de cavalerie des Confédérés sur ses communications, les armées confédérées furent en mesure de se concentrer sur le mouvement de Sherman qui, de cette façon, devint une approche essentiellement directe ; et Sherman fut repoussé sans difficulté lorsqu'il tenta de débarquer près de Vicksburg.

En février et mars 1863, quatre vaines tentatives furent faites pour parvenir au but en exécutant des manœuvres débordantes de faible amplitude. Puis, en avril, Grant eut recours à une véritable approche indirecte qui rappelle, pas seulement en audace, la manœuvre finale de Wolfe devant Québec. En effet, une partie de la flotte fédérale, accompagnée de transports de troupe, força de nuit les batteries de Vicksburg et se porta en direction du sud, à 30 milles en aval de cette place. Le gros de l'armée poursuivit sa marche par voie de terre, sur la rive ouest du Mississippi ; et, couverte par les opérations de diversion de Sherman vers le nord-est de Vicksburg, elle fut transportée sur la rive est en ne rencontrant qu'une faible opposition. Puis, quand Sherman le rejoignit, Grant prit le risque calculé de se couper lui-même de sa nouvelle base temporaire, et marchant vers le nord-est, il pénétra en territoire ennemi et se porta sur les arrières de Vicksburg, à cheval sur les communications de cette ville avec les principaux États confédérés de l'Est. Au cours de cette manœuvre, il avait décrit un cercle presque complet depuis son point de départ ; et il semblait se jeter à mi-chemin entre les deux mâchoires de la tenaille, entre les deux armées ennemies qui se concentraient respectivement à Vicksburg et à Jackson, à 40 milles à l'est (Jackson étant le point de jonction des voies ferrées latérale nord-sud et principale est-ouest). Mais, en réalité, il déjouait l'action de cette tenaille.

Il est important de noter que, en atteignant cette voie ferrée, Grant crut habile de pousser d'abord toute son armée vers l'est, afin de contraindre l'ennemi à évacuer Jackson ; ceci illustre les modifications introduites dans les données stratégiques par les progrès du chemin de fer : alors que Napoléon aurait utilisé la ligne d'un fleuve ou de collines comme barrière stratégique, celle de Grant était établie en un seul point, un carrefour de voies ferrées. Maître de ce point, il fit une conversion et marcha sur Vicksburg, désormais isolé et qui le demeura assez longtemps pour que sa capitulation intervînt sept semaines après. Conséquence stratégique de cette affaire : la porte de Chattanooga, ouverte devant lui, donnait accès à la Géorgie, grenier des Confédérés, puis, de là, à l'ensemble des États de l'Est.

Désormais, la Confédération pouvait difficilement éviter la défaite. Pourtant, l'Union compromit une victoire déjà acquise. En 1864, en effet, le Nord montra des signes de lassitude par suite de la tension imposée par le conflit, et le facteur moral devint prépondérant. Le parti de la paix se renforçait chaque jour de tous ceux qui étaient las de la guerre ; l'élection présidentielle était prévue en novembre et, si l'on ne voulait que Lincoln fût battu par un candidat élu sur la promesse d'une paix de compromis, il fallait donner l'assurance d'une prochaine victoire. À cette fin, Grant fut rappelé de l'Ouest et chargé du commandement suprême. Comment s'y prit-il pour enlever la victoire exigée à bref délai ? En recourant à cette stratégie que les bons soldats orthodoxes adoptent toujours : celle qui consiste à utiliser une immense supériorité de moyens pour écraser l'armée adverse ou, au moins, pour l'user par un « martèlement continu ». Nous avons vu que, au cours de la campagne de Vicksburg, il n'avait exécuté une véritable approche indirecte qu'après les échecs d'approches directes répétées. Il l'avait menée à bonne fin avec maîtrise et audace, mais la leçon qu'elle comportait n'avait pas suffisamment marqué son esprit.

Désormais investi du commandement suprême, il pouvait rester fidèle à sa nature. Il se décida pour la vieille approche directe par voie de terre, en direction du sud depuis le Rappahannock jusqu'à Richmond : mais cette fois avec un but quelque peu différent, son objectif réel étant l'armée plutôt que la capitale ennemie. Il ordonna à son subordonné, Meade : « Partout où ira Lee, vous irez également » ; et, pour être juste à son égard, nous dirons que si l'approche de Grant était directe au sens extensif du terme, elle n'était en aucune façon une poussée frontale. À dire vrai, il chercha constamment à manœuvrer pour tourner le flanc de son adversaire, même si la manœuvre fut exécutée sur un rayon très court. En outre, il respecta tous les préceptes militaires en gardant son armée bien réunie et sans se laisser détourner de son objectif par les menaces surgies ailleurs. Sa « volonté de victoire » n'a pas été surpassée, même par Foch. Et ceux qui recoururent à une méthode similaire en 1914-18 doivent avoir fréquemment envié Grant pour le soutien généreux et la confiance inébranlable que lui accordèrent ses chefs politiques. On trouverait difficilement des conditions aussi favorables à la stratégie orthodoxe de l'approche directe, comprise dans son meilleur sens.

Et pourtant, à la fin de l'été 1864, le fruit mûr de la victoire faillit lui échapper. Les armées de l'Union étaient presque à bout de forces, et Lincoln ne comptait pas être réélu ; triste récompense pour le chèque en blanc qu'il avait donné à ses subordonnés militaires. Et c'est une ironique constatation que celle offerte par la détermination avec laquelle Grant avait manié ses masses quantitativement supérieures, mais effroyablement diminuées après les batailles acharnées de la Wilderness et de Cold Harbor ; et ceci sans pouvoir écraser l'adversaire, alors que le principal résultat – l'avantage géographique procuré par les opérations menées autour et au plus près de Richmond – avait été le fruit des manœuvres sans effusion de sang qui avaient jalonné son avance. Il avait ainsi la satisfaction, en vérité fort modeste, de se retrouver sur les positions que Mac Clellan avait occupées, en 1862, après avoir subi des pertes immenses.

Mais alors que la situation semblait le plus sombre, le ciel s'éclaira brusquement. Aux élections de novembre, Lincoln fut réélu. Quel facteur intervint qui empêcha Mac Clellan, favori du candidat démocrate pacifiste, de remplacer Grant comme commandant en chef ? Ce n'est certes pas la campagne de ce dernier, qui n'accomplit pratiquement aucun progrès de juillet à décembre et qui s'enlisa définitivement après un double échec fort coûteux à la mi-octobre. Si l'on en croit le verdict des historiens, la prise d'Atlanta par Sherman, en septembre, fut l'instrument du salut.

Lorsque Grant avait été nommé chef suprême, Sherman, qui avait tenu un rôle non négligeable dans son succès de Vicksburg, lui avait succédé à la tête des forces de l'Ouest. Mais leurs idées étaient différentes. Alors que Grant considérait l'armée adverse comme son objectif primordial, la méthode de Sherman consistait à menacer des points stratégiques de telle sorte que l'armée ennemie fût conduite à se découvrir elle-même en cherchant à couvrir ces points, ou bien à les abandonner afin de conserver son propre équilibre. Il se donnait ainsi et toujours deux objectifs à la fois bien que, dans l'exécution, il atteignît pratiquement toujours le second, dont la conquête avait de tous autres prolongements. Atlanta, base de l'armée adverse, était non seulement le point de jonction de quatre importantes lignes de chemin de fer, mais un dépôt vital d'approvisionnements. Ainsi que Sherman le faisait observer, la ville était « pleine de fonderies, d'arsenaux et d'ateliers », tout en étant un symbole moral. Il soutenait que « sa prise sonnerait le glas de la Confédération ».

Quelles que soient les divergences d'opinions sur les mérites respectifs des objectifs de Grant et de Sherman, celui de Sherman était de toute évidence mieux adapté à la psychologie des démocraties. Seul, peut-être, un chef au pouvoir absolu et solidement assis en selle peut espérer maintenir intangible l'idéal militaire de l'objectif constitué par les « forces armées » et il ferait même preuve de sagesse en l'adaptant aux réalités de la situation après avoir pesé les possibilités de l'atteindre. Mais le stratège au service d'un gouvernement démocratique est moins libre. Dépendant des appuis et de la confiance que lui accordent ses employeurs, il doit travailler avec une marge plus étroite de temps et de prix que celle consentie au stratège « absolu » ; et il est plus pressé par le souci d'obtenir rapidement des résultats. Quelles que soient les perspectives ultimes, il ne peut se permettre de retarder longtemps l'annonce d'un bénéfice tangible. Aussi, lui est-il parfois nécessaire de s'écarter temporairement de son objectif initial ou, au moins, de le présenter sous un jour différent en changeant de ligne d'opérations. Devant ce handicap inévitable, il convient de se demander si la théorie militaire ne devrait pas être mieux armée pour concilier son idéal avec cette fâcheuse réalité : son effort militaire repose sur une assise populaire ; pour les renforts en hommes et en matériels, et même pour la possibilité de poursuivre la lutte, tout dépend du consentement de l'homme de la rue. Qui paie les violons exige de donner le ton, et les stratèges seraient mieux payés en nature s'ils accordaient leur stratégie à l'oreille populaire, dans la mesure du possible.

L'économie des forces que Sherman pratiqua par la manœuvre est d'autant plus remarquable, comparativement à celle de Grant en Virginie, qu'il était pratiquement lié à une voie ferrée pour ses ravitaillements. Pourtant, plutôt que d'engager ses troupes dans une attaque directe, il n'hésita pas à se couper temporairement de sa ligne de ravitaillement. Dans ces trois semaines de manœuvre, il ne tenta qu'un seul assaut frontal, à Kenesaw Mountain. Mais il ne se le permit que pour épargner à ses troupes les fatigues d'une longue marche de flanc sur des routes détrempées par la pluie, et il essuya un échec d'ailleurs mitigé par l'arrêt immédiat de l'assaut après le premier échec. En vérité, au cours de sa marche de 130 milles dans une région montagneuse et coupée de rivières, ce fut la seule fois que Sherman engagea ses troupes dans une bataille offensive. Au lieu de cela, il manœuvra avec une telle habileté qu'il abusa les Confédérés en mainte occasion, les incitant à l'attaquer toujours aussi vainement ; et ces assauts étaient d'autant plus coûteux que ses mouvements offensifs étaient combinés avec une technique très poussée d'ouvrages de campagne rapidement exécutés. De chaque échec subi par un ennemi qui cherchait à percer son bouclier, il tirait un profit stratégique en s'emparant d'un nouveau point. Obliger ainsi un adversaire engagé dans la défensive stratégique à lancer une série d'offensives tactiques coûteuses constitue un exemple d'art stratégique rare dans l'histoire. Exemple d'autant plus remarquable que Sherman était lié à une seule ligne de communications. Même selon les critères militaires les plus stricts, et en négligeant les immenses résultats moraux et économiques, ce fut une grande victoire : Sherman infligea plus de pertes qu'il n'en subit lui-même, non seulement relativement mais au total – ce qui donne à réfléchir, si l'on compare son action à celle de Grant en Virginie.

Après la prise d'Atlanta, Sherman prit un risque plus grand que jamais auparavant, ce pour quoi il a été beaucoup critiqué par les commentateurs militaires. Il était convaincu que, s'il pouvait détruire le réseau ferré de Géorgie – le grenier du Sud – puis traverser la Caroline, le cœur du Sud, l'impression morale consécutive à cette invasion, ainsi que l'interception des ravitaillements dirigés vers Richmond au nord et vers l'armée de Lee, amèneraient l'effondrement de la résistance des Confédérés.

Aussi, négligeant l'armée de Hood qu'il avait contrainte à évacuer Atlanta, il entama sa fameuse marche à la mer à travers la Géorgie, vivant sur le pays et détruisant les chemins de fer. Le 15 novembre 1864, il quittait Atlanta et, le 10 décembre, il atteignait la région de Savannah où il rétablit ses communications, mais cette fois par mer. Citons le jugement du général et historien confédéré, Alexander : « Il est hors de doute que l'effet moral de cette marche à travers tout le pays... fut plus grand que celui qu'aurait pu donner la victoire la plus nette. » Puis Sherman fit route vers le nord, à travers la Caroline, sur les arrières de Lee, enlevant aux Confédérés les principaux ports qui leur restaient.

Les méthodes opérationnelles de Sherman mériteraient un examen plus approfondi. En effet, lors de l'avance à travers la Caroline, non seulement il s'était coupé de ses propres bases, mais il avait supprimé si radicalement tous les impedimenta que son armée devint une gigantesque « colonne volante » de troupes légères, comptant 60 000 hommes. Chacun de ses quatre corps était autonome, et des détachements de fourrageurs intervenaient comme un rideau largement tendu devant le front de marche et sur les flancs des colonnes.

En outre, au cours de cette marche, Sherman perfectionna un nouveau procédé stratégique. Dans la campagne d'Atlanta, il avait été handicapé – et il s'en souvenait – par le fait qu'il n'avait eu qu'un seul objectif géographique ; ceci avait simplifié la tâche de son adversaire qui n'avait plus à parer qu'une seule menace. Cette limitation fut ingénieusement palliée par Sherman qui contraignit son adversaire à se placer de manière répétée « sur les cornes d'un dilemme », ainsi qu'il s'exprimait à propos de ses desseins. Il adopta une ligne d'approche qui maintenait le doute chez les Confédérés : par exemple, la ligne menait vers Macon ou Augusta, puis seulement ensuite il choisissait de viser soit Macon soit Augusta. Et bien que Sherman eût un objectif préféré, il était prêt à se rallier à l'autre terme de l'alternative si la situation lui paraissait finalement l'exiger. Grâce à l'incertitude entretenue par le choix d'une direction-piège, il ne fut jamais amené à abandonner son projet initial.

Ayant montré, par sa marche à travers la Géorgie, avec quelle aisance une armée pouvait se déplacer, Sherman allait prouver qu'elle pouvait encore s'alléger. Partant d'abord en direction du nord, à travers les Carolines, il chercha à transformer son armée « en une machine mobile à volonté, capable de démarrer en un clin d'œil et de vivre avec les plus petites rations ». Bien que ce fût l'hiver, même les officiers étaient capables désormais d'établir un bivouac avec des pièces d'étoffe tendues sur des piquets ou des arceaux ; et les tentes, comme le matériel de campement, furent supprimées.

Sherman adopta de nouveau une direction d'approche entretenant le doute entre deux objectifs possibles ; si bien que ses adversaires ne purent se décider à couvrir Augusta ou Charleston, et ils divisèrent leurs forces. Puis, négligeant ces deux villes et se glissant entre elles vers Columbia – capitale de la Caroline du Sud et au centre des meilleures bases de ravitaillement que possédait Lee – il entretint à nouveau l'incertitude des Confédérés incapables de savoir s'il visait Fayetteville ou Charlotte. Puis, quand il repartit de Fayetteville, ils ne pouvaient savoir si son prochain et ultime objectif était Raleigh ou Goldsborough. Lui-même, d'ailleurs, n'avait pas décidé encore s'il s'agirait de Goldsborough ou de Wilmington !

Il faut donc chercher dans les effets matériels et moraux du choix d'un axe d'attaque par surprise la seule explication rationnelle de cette progression ininterrompue à travers 425 milles d'un pays coupé d'obstacles : rivières, marais, etc. ; et face à un ennemi dont les effectifs suffisaient pour offrir une résistance efficace. La souplesse de Sherman contribua, presque autant que ses variantes dans le choix des directions, à donner à son avance ce caractère irrésistible. Se déplaçant sur un front large et irrégulier, avec 4, 5 ou 6 colonnes, chacune étant couverte par une nuée de fourrageurs, lorsque l'une de ces colonnes était arrêtée l'autre pouvait pousser de l'avant. Dans leurs résultats comme dans leur méthode, elles furent les précurseurs des armées blindées qui submergèrent la France en 1940. Les troupes adverses furent déséquilibrées au point qu'elles devinrent de plus en plus vulnérables à ce genre de pression morale, et elles se repliaient avant même que de ressentir la moindre pression matérielle ; les esprits étaient en effet tellement obsédés par la capacité manœuvrière de Sherman, qu'on songeait déjà à la façon de battre en retraite dès que l'on s'établissait sur une position défensive. On raconte même que le cri de guerre : « Nous sommes les corsaires de Sherman », suffit à jeter la panique. Si la confiance fait la moitié de la bataille, miner la confiance de l'adversaire fait plus que la moitié, puisque les fruits sont cueillis sans combat. Et Sherman aurait pu s'écrier avec autant de vérité que Napoléon en Autriche : « Nous avons détruit l'ennemi simplement par nos marches. »

Le 22 mars, Sherman atteignit Goldsborough où il fit sa jonction avec l'armée de Schofield et se ravitailla ; et il se prépara pour l'étape finale qui devait l'amener en présence de Lee, toujours collé à Richmond. Ce ne fut qu'au début d'avril que Grant reprit sa marche et remporta un succès éclatant ; la reddition de Richmond fut suivie en moins d'une semaine de celle de l'armée de Lee. Vus superficiellement, ces succès semblaient justifier triomphalement la stratégie directe de Grant et son objectif « bataille ». Mais, pour juger sainement, il faut tenir compte du très important facteur temps. L'effondrement des Confédérés était imputable au fait que les ventres étaient vides, et le moral réagissait à cet état de choses et aux « nouvelles de la maison ». Avant même que Sherman eût atteint Goldsborough, Grant pouvait écrire : « L'armée de Lee est maintenant démoralisée et se désagrège rapidement. » L'homme invoque deux fidélités suprêmes : à sa patrie et à sa famille ; et la seconde est plus forte que la première, parce que plus personnelle chez la plupart des hommes. Ils défendront leur patrie aussi longtemps que leur famille sera en sécurité, pensant que leur sacrifice contribue à préserver également leur famille. Mais lorsque celle-ci est menacée, les liens noués par le patriotisme, la discipline et la camaraderie se défont. Et ce fut la suprême efficacité de l'attaque sur les arrières lancée par Sherman – sur les arrières du peuple tout entier, et non de la seule armée – que de susciter une opposition entre ces deux fidélités, et de briser ainsi le ressort moral et la volonté combative des soldats.

L'approche indirecte sur les arrières économiques et moraux de l'ennemi se montra aussi décisive, dans la phase ultime, qu'elle l'avait été au cours des étapes successives par lesquelles elle avait amené la décision à l'ouest.

La vérité est révélée à quiconque entreprend une étude attentive et intelligente de la guerre. Et elle fut connue, il y a plus de trente ans, par le futur historien officiel britannique de la Première Guerre mondiale, le général Edmonds qui, au terme de son histoire de la guerre civile américaine, conclut ainsi :

« Le génie militaire des grands chefs confédérés, Lee et Jackson, la capacité combative sans égale de l'armée de la Virginie du Nord, et la proximité des capitales rivales, ont été cause qu'une attention excessive a été accordée au théâtre d'opérations oriental. Mais c'est à l'ouest que furent portés les coups décisifs. La prise de Vicksburg et de Port Hudson, en juillet 1863, marquèrent le véritable tournant de la guerre, et ce sont les opérations de la grande armée de l'ouest avec Sherman qui, en réalité, amenèrent l'effondrement de la Confédération à Appomattox Court House, lieu de la reddition de Lee, dans l'est. »

Cette attention disproportionnée à son objet peut être imputée, en partie, au rayonnement magique des batailles qui hypnotisent la plupart des historiens militaires, et, en partie, au charme captivant de la biographie épique – épopée bien plus qu'histoire – que Henderson a consacrée à Stonewall Jackson. La réelle valeur militaire de cet ouvrage est à peine diminuée, et même enrichie, par le fait qu'il expose beaucoup plus les idées de Henderson sur la guerre que la manière selon laquelle Jackson exécuta ses opérations. Mais par l'intérêt qu'il suscita pour la guerre civile américaine, cet ouvrage fixa l'attention des historiens militaires britanniques sur les campagnes de Virginie aux dépens du théâtre d'opérations de l'ouest où se déroulèrent les principaux événements. Un historien contemporain rendrait bien service aux générations futures en analysant les conséquences que cette « attention disproportionnée », non seulement partiale mais contraire à la vérité des faits, eut sur la pensée militaire britannique avant 1914, et sur la stratégie britannique entre 1914 et 1918.

*Les campagnes de Moltke.*

On trouve des différences profondes entre la guerre civile américaine, d'une part, et les deux conflits européens qui la suivirent de près.

La première est due au fait que, en 1866 comme en 1870, les deux camps étaient préparés à la guerre, au moins sur le papier.

Deuxièmement, les combattants étaient des soldats de métier. Troisièmement, le haut commandement, dans chaque camp, accumula plus d'erreurs flagrantes et de faux calculs que chacun des adversaires de la guerre civile américaine. Quatrièmement, la stratégie allemande, au cours des deux guerres, manqua d'habileté et d'art. Cinquièmement, en dépit de ces carences, l'issue fut vite décidée.

La stratégie de Moltke était conçue comme une approche directe comportant quelques traces de ruse et s'appuyant sur la simple puissance de choc d'une concentration de forces supérieures. Devons-nous en inférer que ces deux guerres constituent des exceptions qui confirment la règle ? Elles furent très certainement exceptionnelles, mais n'infirment guère la règle formulée au terme de la longue série de cas concrets étudiés ici. En effet, pour aucun d'entre eux, l'infériorité des moyens et la médiocrité des esprits ne furent associés à ce point chez le vaincu, et ne firent aussi nettement pencher le plateau de la balance.

En 1866, l'infériorité en moyens des Autrichiens tint surtout à la médiocre qualité de leur armement : les Prussiens disposaient d'un fusil se chargeant par la culasse qui leur donna l'avantage sur le fusil autrichien se chargeant encore par la bouche ; avantage que le champ de bataille confirma éloquemment même, si, par la suite, la pensée militaire eut tendance à le minimiser. En 1870, l'infériorité des moyens français résidait en partie dans leurs effectifs et en partie, comme chez les Autrichiens en 1866, dans la médiocrité de l'instruction militaire.

Ces données suffisent amplement à expliquer le caractère décisif de la défaite autrichienne en 1866, et, plus encore, celle des Français en 1870. En préparant la guerre, aucun stratège ne serait assez sot pour bâtir ses plans en supposant que ses ennemis seront aussi faibles, matériellement et intellectuellement, que le furent les Autrichiens en 1866 et les Français en 1870.

Notons en outre, que, dans les deux cas, la stratégie allemande fut moins directe dans l'exécution que dans la conception, et qu'elle témoigna d'une plus grande souplesse.

En 1866, la nécessité de gagner du temps en utilisant toutes les voies ferrées disponibles conduisit Moltke à débarquer les armées prussiennes sur un large front de plus de 250 milles d'extension. Il avait l'intention, grâce à une marche rapide, de les faire converger en traversant la ceinture montagneuse frontalière et de les réunir dans le nord de la Bohême. Mais la répugnance du roi de Prusse à faire figure d'agresseur lui fit perdre du temps et gâta son projet : si bien que la stratégie de Moltke acquit pratiquement, par ses effets, un caractère indirect qui ne figurait pas dans ses intentions initiales. En effet, l'armée autrichienne se concentra et poussa de l'avant dans l'intervalle, enlevant ainsi à Moltke la zone de concentration qu'il avait prévue.

Et, croyant que la province de Silésie était menacée, le Kronprinz prussien arracha à Moltke, mais non sans répugnance de la part de ce dernier, l'ordre de marcher vers le sud-est avec son armée pour couvrir la Silésie. Il s'éloigna ainsi davantage des autres armées ; mais de ce fait il allait se trouver en situation de menacer le flanc et les arrières du dispositif autrichien. Des critiques ont noirci bien du papier pour blâmer Moltke d'avoir autorisé cette large extension de son front ; en réalité, celle-ci portait en germe la victoire décisive, bien que ce grain n'eût pas été semé délibérément. Ces dispositions troublèrent les chefs autrichiens au point que les Prussiens furent en mesure – malgré une prodigieuse série de bévues – d'abord, de franchir les montagnes des deux côtés, puis de récolter le fruit de ces opérations à Sadowa où bien d'autres bévues contribuèrent à renforcer le caractère indirect et, dès lors, décisif de leur approche. Le commandant en chef autrichien était battu, en réalité, avant que débutât la bataille : il avait télégraphié à son souverain pour demander avec insistance une paix immédiate.

Il faut noter que Moltke avait pour principe de n'esquisser la marche de ses armées que dans ses grandes lignes seulement ; il acquit ainsi plus de souplesse que les Autrichiens dont la concentration, sur un front de 40 milles à peine, ne leur conférait que l'avantage apparent de pouvoir manœuvrer sur les lignes intérieures. Et bien que Moltke ait eu l'intention de concentrer ses armées avant d'atteindre l'ennemi, ceci n'était pas dans le but de l'attaquer directement. Son plan initial comportait deux « branches » : si l'exploration avait montré que la position présumée des Autrichiens derrière l'Elbe, à Josephstadt, n'était pas certaine, l'armée du Kronprinz aurait alors déboîté vers l'est pour les prendre de flanc, tandis que les deux autres armées auraient attaqué frontalement. Si une attaque s'était avérée impossible, les trois armées auraient exécuté un mouvement tournant vers l'ouest, traversé l'Elbe à Pardubitz et, de là, poussant vers l'est, auraient menacé les communications ennemies vers le sud. Dans la réalité, les Autrichiens se trouvaient sur la rive la plus proche de l'Elbe, s'étant concentrés bien plus loin de leur point de départ que Moltke ne l'avait présumé : si bien que le Kronprinz se trouva marcher sur une direction qui tournait leur flanc et amorçait ainsi leur enveloppement.

En 1870, Moltke projetait de livrer une bataille décisive sur la Sarre, où ses trois armées devraient se concentrer et écraser les Français. Le plan échoua, non par l'action de l'ennemi mais, au contraire, par suite de son inertie. Cette paralysie eut pour origine le renseignement selon lequel la 3e Armée prussienne, sur le front d'Alsace, avait franchi la frontière plus à l'est et obtenu un succès tactique mineur sur un détachement français, à Wissembourg. Poussant de l'avant, cette 3e Armée enveloppa et mit en déroute, après la bataille fort confuse de Wœrth, le corps le plus à l'est de l'aile droite des Français avant que le gros de leurs forces pût atteindre le champ de bataille. Le résultat indirect de cet engagement partiel et isolé fut finalement plus décisif que l'eût été probablement une grande bataille. En effet, au lieu d'être rameutée vers le centre pour renforcer la masse de manœuvre, la 3e Armée fut autorisée à poursuivre sa marche dans la zone dégarnie, bien à l'extérieur des masses principales adverses. Si bien qu'elle ne participa pas aux sanglantes batailles de Rezonville et de Gravelotte ; la position des Français était telle qu'elle n'aurait d'ailleurs pu le faire qu'avec la plus grande peine si elle avait été plus proche. C'est pourquoi elle joua un rôle capital au cours de la phase suivante qui fut décisive.

Lorsque la principale armée française, plus encouragée que déprimée par le résultat de Gravelotte, se replia sur Metz par une marche de flanc, elle aurait pu aisément échapper aux 1re et 2e Armées prussiennes qui étaient épuisées. Mais redoutant d'être intercepté par la 3e Armée, Bazaine préféra se mettre en sûreté dans Metz. Les Prussiens eurent ainsi le loisir de retrouver leur cohésion, contrairement aux Français qui la perdirent dans l'inaction consécutive à leur abandon des opérations actives. En conséquence, Mac Mahon mal conseillé fut amené ou, plus exactement, poussé politiquement à entreprendre une marche mal préparée, plus mal conduite encore, afin de porter secours à l'armée de Metz. Ainsi d'une manière imprévue, surgit l'occasion non préméditée, pour la 3e Armée qui marchait encore directement sur Paris, d'exécuter une approche indirecte sur l'armée de Mac Mahon. Opérant un changement de direction complet, de l'ouest vers le nord, elle marcha sur le flanc et les arrières de Mac-Mahon, mouvement qui aboutit à encercler ce dernier à Sedan, et à le contraindre à capituler. Cette phase décisive est plus marquée par le caractère indirect qu'on peut le croire à première vue. Mais les conclusions superficielles, et non celles qui permettent de comprendre l'ensemble des théories militaires formulées après 1870. Cette influence domina le conflit suivant qui opposa la Russie au Japon, en 1904-05.

*La guerre russo-japonaise.*

À l'imitation des mentors allemands, la stratégie japonaise fut essentiellement une stratégie d'approche directe. On ne décèle aucune tentative réelle pour tirer avantage des conditions exceptionnellement avantageuses tenant au fait que l'effort de guerre des Russes dépendait entièrement d'une seule voie ferrée, le Transsibérien. Jamais, au cours de l'histoire, une armée n'a respiré au bout d'une trachée-artère aussi longue et aussi étroite, et les dimensions mêmes de la Russie ne firent que rendre plus malaisée cette respiration. Mais les stratèges japonais ne tentèrent qu'un coup droit dans la mâchoire de l'armée russe. Et ils conservèrent leurs forces plus étroitement groupées que celles de Moltke en 1870. Certes, ils essayèrent une certaine approche convergente avant Liao-Yang ; et ensuite, étant au contact, ils cherchèrent bien à plusieurs reprises à déborder leur adversaire. Mais si ces manœuvres de débordement semblent assez amples sur la carte, elles furent en réalité extrêmement exiguës si l'on tient compte de l'échelle des armées. Bien qu'ils ne disposassent pas d'une armée « autonome » comme Moltke avait eu la chance d'en avoir une, ni d'un hameçon imprévu comme Metz, ni d'aucun Mac-Mahon pour y mordre – car c'est eux qui avalèrent leur propre hameçon en prenant Port-Arthur – les Japonais espérèrent obtenir un Sedan. Au lieu de cela, on assista à de très nombreux combats sanglants et indécis. Et le résultat fut un tel épuisement après l'ultime bataille indécise de Moukden, qu'ils furent très heureux de conclure la paix avec un ennemi qui n'avait pas le cœur à se battre, et n'avait pas même engagé dans la lutte le dixième de ses moyens.

Ce survol historique traite de faits et non de conjectures, de ce qui advint et des résultats de ces actions, et non de ce qui aurait pu advenir ou de ce que l'on aurait pu faire. La théorie de l'approche indirecte qui s'en dégage doit reposer sur l'évidence concrète de l'expérience : à savoir que l'approche directe demeure généralement indécise. Elle n'est nullement affectée par les arguments pour ou contre les difficultés qu'a soulevées l'exécution d'une approche indirecte dans tel cas particulier. Du point de vue de la thèse fondamentale, il est vain de se demander si un général aurait pu adopter une voie différente de celle qu'il prit effectivement, ou s'il aurait mieux fait de l'adopter.

Toutefois, du point de vue général des connaissances militaires, la réflexion ne manque jamais d'intérêt et peut souvent être fort utile. Donc, en nous écartant de la ligne générale donnée à cette étude, on peut noter un parallèle possible entre Port-Arthur et Mantoue, en tenant compte du handicap subi par les Japonais par suite de la médiocrité de leurs communications et du terrain difficile en Corée et en Mandchourie. En admettant que les conditions étaient plus dures sous certains rapports, elles étaient plus avantageuses en d'autres domaines, et l'outil de guerre était meilleur. Ceci incite à se demander si, dans la première phase de la guerre, la stratégie japonaise n'aurait pas pu exploiter les avantages que leur donnait l'hameçon de Port-Arthur, et dans une forme analogue à celle adoptée par Bonaparte devant Mantoue ; et si, dans la dernière phase, ils n'auraient pas dû engager au moins une certaine fraction de leurs forces contre la fragile trachée-artère reliant Kharbine et Moukden.

# 10

## Conclusions tirées de l'étude de vingt-cinq siècles

Cette étude a porté sur les 12 guerres qui ont affecté le cours de l'histoire européenne ancienne d'une manière décisive, et sur les 18 principaux conflits de l'histoire moderne jusqu'à 1914. J'ai considéré comme une guerre unique la lutte contre Napoléon, conflit qui, lorsqu'il s'apaisait temporairement dans un secteur, reprenait de plus belle et sans réelle interruption dans un autre. Ces 30 conflits englobent plus de 280 campagnes. Et, pour 6 seulement d'entre elles, un résultat décisif fut obtenu à la suite d'un plan stratégique basé sur l'approche directe de la principale armée adverse : ce sont celles qui culminèrent à Issus, Gaugamèle, Friedland, Wagram, Sadowa et Sedan.

Dans les deux premières, la marche d'Alexandre fut préparée par une grande stratégie d'approche indirecte qui avait préalablement détruit la confiance chez les Perses et leurs alliés. En outre, le succès sur chaque champ de bataille était virtuellement assuré par la possession d'un instrument tactique de qualité très supérieure et employé dans une approche indirecte technique ou tactique.

Dans chacune des deux campagnes suivantes, Napoléon débuta en tentant une approche indirecte, et s'il consentit à une attaque directe, ce fut en partie par impatience et en partie parce qu'il se reposait sur la supériorité de son outil de guerre. Cette supériorité était fondée sur l'emploi en masse de l'artillerie dont les feux étaient appliqués sur un point clé ; et, à Friedland comme à Wagram, la décision fut surtout le fruit de ce nouveau procédé tactique. Mais le coût de ces victoires et ses incidences finales sur le destin personnel de Napoléon n'incitent pas à préconiser le recours à cette méthode directe, même lorsqu'on dispose d'une supériorité tactique du même ordre.

En 1866 comme en 1870, nous avons vu que, si les deux campagnes furent conçues comme des approches directes, elles prirent, d'une manière non concertée, un caractère indirect qui fut renforcé dans chacun des deux cas par la supériorité tactique des Prussiens, cette supériorité étant due au fusil se chargeant par la culasse en 1866, et à la qualité de l'artillerie en 1870.

L'analyse de ces six campagnes ne justifie guère le recours aux méthodes directes en stratégie. Toutefois, au cours de l'histoire, l'approche directe fut la forme la plus courante et l'indirecte l'exception. Il est significatif également que les généraux ont très souvent adopté cette dernière, non pas comme leur stratégie initiale, mais comme un ultime recours. Et elle leur a procuré la décision là où l'approche directe avait échoué et les avait placés dans une situation de faiblesse relative peu favorable aux essais de stratégie indirecte. Un succès décisif acquis dans des conditions aussi peu favorables prend donc un relief particulier.

L'étude a révélé un grand nombre de campagnes au cours desquelles le caractère indirect de l'approche est aussi net que le caractère décisif des résultats obtenus. Citons parmi elles celles de Lysandre (405 av. J.-C.), d'Épaminondas dans le Péloponnèse (362 av. J.-C.) ; de Philippe en Béotie (338 av. J.-C.) ; d'Alexandre sur l'Hydaspe ; de Cassandre et de Lysimaque dans le Proche-Orient (302 av. J.-C.) ; les campagnes d'Hannibal sur le Trasimène en Étrurie, de Scipion en Afrique, à Utique et Zama ; la campagne d'Ilerda de César ; et, dans l'histoire moderne, les campagnes de Preston, Dumbar et Worcester de Cromwell ; la campagne d'Alsace de Turenne (1674-75) ; la campagne d'Italie du prince Eugène (1701) ; les campagnes des Flandres de Marlborough (1708) et de Villars (1712) ; la campagne de Québec de Wolfe ; les campagnes de Moselle et Meuse de Jourdan (1794), celles du Rhin et Danube de l'archiduc Charles (1796) ; les campagnes d'Italie de Bonaparte (1796, 1797 et 1800) et ses campagnes d'Ulm et d'Austerlitz (1805) ; celles de Vicksburg de Grant, et d'Atlanta de Sherman. En outre, l'étude a révélé d'innombrables cas marginaux dans lesquels les aspects indirects ou décisifs sont moins nettement caractérisés.

Cette forte proportion de campagnes décisives, dont la signification est encore rehaussée par la rareté relative de l'approche indirecte, renforce notre conclusion selon laquelle cette approche indirecte est la forme stratégique la plus économique et celle qui autorise les plus grands espoirs.

Pouvons-nous tirer de l'histoire des conclusions encore plus précises ? Certainement. À l'exception d'Alexandre, les commandants en chef les plus constamment heureux devant un ennemi installé dans une position forte, qu'elle le fût naturellement ou matériellement, n'ont presque jamais attaqué directement. Et lorsque, sous la pression des circonstances, ils ont accepté les risques d'une attaque directe, le résultat fut généralement un échec qui entacha leur palmarès de victoires. Bien mieux, l'histoire montre que, plutôt que de se résigner à une approche directe, un grand capitaine n'hésitera pas à tenter la plus hasardeuse des approches indirectes : et, si nécessaire, à travers montagnes, déserts ou marais, en engageant seulement une partie de ses forces et en se coupant lui-même, s'il le faut, de ses propres communications. Il aimera mieux affronter les conditions naturelles les plus défavorables que d'endosser le risque d'échec que comporte toute approche directe.

Bien que redoutables, les aléas naturels sont moins dangereux et moins capricieux que ceux des combats. Toutes les données naturelles sont calculables, et tous les obstacles plus facilement surmontables que les limites de la résistance humaine. Par des calculs et une préparation rationnels, ils peuvent être surmontés presque au moment qu'on a déterminé. Mais tandis que Napoléon était capable, en 1800, de franchir les Alpes conformément au plan prévu, le petit fort de Bard pouvait compromettre sérieusement les mouvements de son armée au point de remettre en question le plan tout entier.

Reprenant maintenant, dans une autre perspective, la série de nos analyses et examinant successivement chacune des batailles décisives de l'histoire, nous constatons que, dans presque toutes, le vainqueur sut amener son adversaire dans une situation d'infériorité psychologique avant que d'entamer le combat. Il en fut ainsi à Marathon, Salamine, Aegos-Potamos, Mantinée, Chéronée, Gaugamèle (à travers la grande stratégie), l'Hydaspe, Ipsus, Trasimène, Cannes, le Métaure, Zama, Tricaméron, Taginæ, Hastings, Preston, Dumbar, Worcester, Blenheim, Audenarde, Denain, Québec, Fleurus, Rivoli, Austerlitz, Iéna, Vicksburg, Sadowa, Sedan.

En combinant les analyses stratégique et tactique, nous voyons que la plupart de ces exemples relèvent de l'une des deux catégories suivantes : ces batailles résultèrent soit d'une stratégie de défense élastique – retraite calculée – complétée par une offensive tactique ; soit d'une stratégie offensive visant à se placer dans une position qui désarçonne l'adversaire et couronnée par une défensive tactique : « avec un coup sur la queue ». Ces deux combinaisons possibles sont des formes de l'approche indirecte et le fondement psychologique des deux peut s'exprimer par ces mots : « appât » et « piège ».

En vérité, on pourrait dire, et dans un sens plus large et plus profond que ne l'entend Clausewitz, que la défensive est la forme la plus forte et la plus économique de la stratégie. Bien qu'étant en gros et logistiquement une manœuvre offensive, la seconde de ces combinaisons a en effet pour but caché d'inciter l'adversaire à effectuer un mouvement qui rompe son équilibre. L'approche indirecte la plus efficace est celle qui abuse l'adversaire en l'incitant à opérer un faux mouvement, si bien que, comme dans le jiu-jitsu, son propre effort contribue, comme un levier, à amorcer sa chute.

En stratégie offensive, l'approche indirecte consiste normalement en un mouvement militaire et logistique dirigé contre une cible économique, le centre d'approvisionnement de l'État ennemi ou de son armée. Mais, parfois, le mouvement fut purement psychologique quant à son but, ainsi que le montrent les opérations de Bélisaire. Quelle que soit la *forme* adoptée, l'effet est recherché dans la dislocation de la pensée et des dispositions ennemies, et un tel résultat est la pierre de touche de l'approche indirecte.

Une autre conclusion découlant de notre étude, et suggestive à défaut d'être positive, est que, dans une campagne entreprise contre plusieurs États coalisés ou plusieurs armées, il est plus fructueux de concentrer ses moyens d'abord sur l'adversaire le plus faible que de tenter d'abattre le plus fort en premier lieu et avec la pensée que sa défaite entraînera automatiquement l'effondrement des autres.

Au cours des deux conflits les plus saillants de l'antiquité, la défaite des Perses devant Alexandre et celle de Carthage devant Scipion suivirent la destruction de leurs « racines ». Cette grande stratégie de l'approche indirecte créa non seulement les Empires macédonien et romain, mais celui du plus grand de leurs successeurs, l'Empire britannique. Sur elle également furent fondées la fortune et la puissance impériale de Napoléon. Plus tard encore, elle donna naissance aux structures solides et puissantes des États-Unis.

L'art de l'approche indirecte ne peut être maîtrisé et apprécié à sa pleine valeur que par l'étude et la méditation de toute l'histoire des guerres. Mais nous pouvons au moins condenser les leçons en deux maximes simples, l'une négative, l'autre positive. La première dit que, en face du témoignage écrasant de l'histoire, aucun général n'est excusable de lancer ses troupes dans une attaque directe contre un ennemi solidement établi sur une position forte. La seconde dit que, au lieu de rechercher à rompre l'équilibre de l'ennemi en l'attaquant soi-même, il faut le déséquilibrer avant de pouvoir lancer une véritable attaque avec quelques chances de succès.

Lénine a entrevu une vérité fondamentale lorsqu'il a dit que, « dans la guerre, la stratégie la plus saine consiste à différer les opérations jusqu'à ce que la désintégration morale de l'ennemi permette de lui assener plus facilement le coup mortel ». Ceci n'est pas toujours praticable, pas plus que ne se montrent toujours féconds ses procédés de propagande. Mais sa formule peut être adaptée ainsi : « Dans toute campagne, la stratégie la plus saine consiste à différer la bataille, et la plus saine tactique à différer l'attaque, jusqu'à ce que la dislocation morale de l'adversaire permette d'assener le coup décisif. »

DEUXIÈME PARTIE

# LA STRATÉGIE AU COURS DE LA PREMIÈRE GUERRE MONDIALE

# 11

## Les plans et leurs résultats sur le théâtre d'opérations occidental en 1914

L'étude des plans établis avant la première guerre mondiale servira de point de départ à notre examen de la campagne sur le front occidental. La frontière franco-allemande n'avait que 250 kilomètres de développement ; elle se prêtait mal, faute d'espace, aux manœuvres des masses que la conscription avait levées et préparées pour la guerre. À son extrémité sud-est, cette frontière aboutissait à la Suisse et, en remontant vers le nord, après avoir traversé une mince étendue de pays plat près de Belfort, elle courait pendant 120 kilomètres le long des montagnes des Vosges. De là, elle se prolongeait du côté français, sous le couvert d'un chapelet de forteresses s'appuyant aux places d'Épinal, de Toul et de Verdun, pour aboutir peu après Verdun, aux frontières du Luxembourg et de la Belgique. Au cours de la période de redressement qui suivit les désastres de 1870, le plan français consista dans une défensive initiale centrée sur les forteresses frontalières et devant se terminer par un coup décisif assené à l'adversaire. Conformément à cette conception stratégique, un grand système fortifié avait été créé le long de l'Alsace-Lorraine. On y aménagea des trouées – par exemple celle de Charmes, entre Toul et Épinal – afin de canaliser le flot de l'irruption allemande et permettre ainsi d'assener le coup de massue plus sûrement et avec plus d'efficacité.

Ce plan se caractérisait par une certaine approche indirecte adaptée dans la mesure du possible au développement restreint de la frontière, et ne violant pas, d'autre part, la neutralité des pays voisins.

Mais, dans la décennie qui précéda 1914, apparut une nouvelle école dont le colonel de Grandmaison fut le prophète. Cette école dénonça ce plan comme étant contraire à la mentalité française et impliquant une « atrophie presque complète de l'idée d'offensive ». Ceux qui plaidaient pour l'offensive à outrance trouvèrent dans la personne de Joffre, nommé chef d'état-major général en 1912, un levier pour soutenir leurs conceptions. Ils s'en saisirent et réussirent à contrôler la machine militaire française. Puis, rejetant l'ancien plan, ils formulèrent le fameux Plan XVII. Celui-ci n'était qu'une simple approche directe sous la forme d'une offensive profonde, « toutes forces réunies », contre le centre allemand. Or, pour cette offensive frontale, et sur tout le front, le plan français supposait l'égalité des forces avec un adversaire qui, lui, s'appuierait sur sa propre zone frontière fortifiée, alors que, en fonçant en avant, les Français renonçaient à tous les avantages de la leur. L'unique concession accordée aux leçons de l'histoire et au bon sens était que la forteresse de Metz serait masquée et non directement attaquée ; l'offensive devait passer en Lorraine, au sud et au nord de cette place. L'aile gauche devait étendre l'offensive jusque dans le Luxembourg belge si les Allemands violaient le territoire neutre. Ainsi, par un curieux paradoxe historique, le plan français s'inspirait des conceptions d'un Allemand, Clausewitz, tandis que le plan allemand se rapprochait bien plus des idées de Napoléon, et peut-être même davantage de celles d'Hannibal.

Quant à la participation d'un contingent britannique à l'exécution du plan français, elle était moins le résultat de prévisions que la conséquence de « l'européanisation » de son organisation et des conceptions de la décennie précédente. Cette influence du Continent conduisit insensiblement les Britanniques à l'acceptation tacite du rôle de simple appendice à l'aile gauche française ; elle les éloigna de la méthode suivie dans toute son histoire par la Grande-Bretagne, et qui consista à exploiter la mobilité conférée par la maîtrise de la mer. Au conseil de guerre tenu le jour même où éclata le conflit, sir John French, qui devait commander le Corps Expéditionnaire Britannique, exprima un doute quant au « plan préétabli ». Il suggéra qu'on l'envoyât à Anvers – où il aurait renforcé la résistance des Belges et, par sa seule présence, menacé les arrières de l'aile droite des armées allemandes, lorsqu'elles pénétreraient en France à travers la Belgique. Mais le major général Henry Wilson, investi de la direction des opérations militaires, s'était porté virtuellement garant que l'état-major général britannique agirait toujours en coopération directe avec les Français. Les négociations militaires poursuivies entre 1905 et 1914 avaient ainsi frayé la voie à une politique de guerre radicalement opposée à la vieille politique pratiquée par l'Angleterre pendant des siècles.

Le fait accompli l'emporta donc, non seulement sur la conception stratégique de French, mais aussi sur le désir de Haig qui aurait voulu retarder le débarquement jusqu'à ce que la situation fût devenue plus claire. L'on ne tint aucun compte de l'objection plus limitée de Kitchener qui s'élevait contre l'idée de rassembler le Corps Expéditionnaire anglais si près de la frontière.

Rien ne pouvait mieux que le plan français révisé aider à faire du plan allemand initial, établi en 1905 par le comte von Schlieffen, une véritable approche indirecte. En face du mur français qui se dressait le long de la frontière fortifiée, une solution unique s'imposait en bonne logique : il fallait tourner l'obstacle en traversant la Belgique. Schlieffen opta pour cette voie et se décida à exécuter un mouvement aussi large que possible. Chose étrange, même lorsqu'au mois d'août 1914 la Belgique fut envahie, le commandement français présuma que les Allemands adopteraient le chemin le plus court, à l'est de la Meuse, et marcheraient sur un front plus étroit.

Le plan Schlieffen concentrait le gros des forces allemandes sur l'aile droite de ce croissant gigantesque. L'aile droite devait traverser rapidement la Belgique et le nord de la France pour décrire ensuite une vaste conversion en s'infléchissant légèrement vers l'est. Son extrême droite traverserait la Seine près de Rouen, puis, se dirigeant au sud de Paris, repousserait les Français vers la Moselle, où ils seraient acculés et martelés sur l'enclume constituée par les forteresses de Lorraine et la frontière suisse.

Or, la véritable habileté de ce plan, et ce qui en faisait une approche indirecte, ne résidait pas dans ce détour géographique, mais bien dans l'idée qui guida la répartition des forces. On chercha la surprise initiale en incorporant des corps de réserve dans les formations actives pour constituer la masse offensive initiale. Sur les 72 divisions ainsi disponibles, 53 furent assignées à la masse de choc, 10 autres formant pivot en face de Verdun et 9 seulement servant à constituer l'aile gauche, le long de la frontière française. Cette réduction de l'aile gauche à un effectif minimum était habilement calculée pour augmenter, par sa faiblesse même, l'effet de la masse de choc. Car si les Français attaquant en Lorraine repoussaient l'aile gauche ennemie vers le Rhin, il leur serait difficile de parer en Belgique l'attaque allemande ; et plus loin ils avanceraient, plus cette opération deviendrait malaisée. Comme une porte tournant sur ses gonds, si les Français poussaient sur une aile, l'autre aile tournerait et les frapperait dans le dos ; et plus ils pousseraient, plus le choc serait dur.

Géographiquement, l'échelle énorme des forces, hors de proportion avec l'espace restreint, fit du mouvement de Schlieffen à travers la Belgique une approche stratégique dont l'orientation était indirecte dans certaines limites. Psychologiquement, sa répartition de forces sur l'aile gauche et la manière dont il l'avait conçue la transformaient définitivement en une approche indirecte ; le plan français la rendit parfaite. Si un fantôme peut ricaner sous cape, combien l'ombre de Schlieffen dut le faire lorsqu'elle s'aperçut que les Français n'avaient même pas besoin d'être attirés dans le piège ; ils y couraient tout seuls ! Mais son ricanement devait bientôt faire place à la tristesse, car son successeur Moltke, le « plus jeune » de nom quoique le plus vieux en prudence, abandonna le plan Schlieffen en cours d'exécution, plan qu'il avait déjà modifié et édulcoré lors de la préparation d'avant-guerre.

De 1905 à 1914, au fur et à mesure que l'on put disposer d'effectifs de plus en plus importants, Moltke renforça principalement l'aile gauche beaucoup plus que l'aile droite. Par cet accroissement, il modifiait la répartition initialement prévue et rendait plus hasardeux ce plan dont il continua du reste à saper les bases, de sorte que finalement celui-ci s'effondra.

Lorsque, au mois d'août 1914, se développa l'offensive française, Moltke fut tenté de relever le défi sous la forme directe et de chercher la décision en Lorraine, retardant ainsi la course enveloppante de son aile droite. Cette intention n'aboutit à rien ; mais, dans ce court laps de temps, il avait détourné jusqu'en Lorraine les six divisions *Ersatz* nouvellement formées qui auraient dû aller renforcer son aile droite. En outre, ce nouvel accroissement de forces incita les chefs allemands qui commandaient en Lorraine à se donner plus d'importance et à négliger leur mission initiale. Au lieu de continuer à se replier pour attirer les Français encore plus loin, le prince Ruprecht de Bavière arrêta son mouvement, prêt à accepter la bataille. Trouvant que l'attaque française tardait à s'engager, il s'entendit avec ses voisins pour la devancer et attaquer lui-même. Les deux armées disposaient maintenant de 25 divisions contre 19 ; supériorité numérique qui, affaiblie par une mauvaise situation stratégique, n'était pas suffisante pour transformer en un succès décisif la riposte allemande. En effet, elle n'eut d'autre résultat que de rejeter les Français sur leur barrière fortifiée. Leur capacité de résistance se trouvait ainsi non seulement rétablie mais accrue, et ils purent envoyer des troupes dans l'ouest pour participer à la bataille de la Marne.

L'action allemande en Lorraine ruina le plan Schlieffen encore plus profondément, quoique moins ostensiblement, que la réduction progressive de la masse et du rôle de l'aile droite. C'est de là pourtant que vint l'effondrement après que cette aile eut été très affaiblie de diverses manières. Outre le transfert en Lorraine des six divisions de cette aile droite Moltke retrancha d'abord sept divisions pour investir et prendre Maubeuge, Givet et Anvers. Puis, quatre autres divisions allèrent renforcer le front de Prusse-Orientale. Lorsque, à l'extrême droite, l'armée de Kluck s'avança prématurément à la demande de son voisin et avec l'approbation de Moltke, ce mouvement donna une chance à la garnison de Paris de le prendre de flanc ; le fait que, sur cette aile décisive, les Allemands ne purent opposer que 13 divisions aux 27 franco-britanniques éclaire d'un jour singulier la manière dont l'aile à laquelle Schlieffen avait confié la décision fut affaiblie – directement et indirectement. Car si l'infériorité allemande provenait de ce que l'on avait soustrait des effectifs à son aile droite, la supériorité des Français était due aux initiatives fâcheuses de l'aile gauche allemande.

Le glissement des divisions françaises de la droite vers la gauche n'aurait pas été possible si l'aile droite française avait eu la possibilité de pousser profondément en Lorraine. Mais il est douteux que la puissance de l'aile droite allemande aurait pu être sauvegardée, même sans les transferts et les prélèvements de divisions. Car, en raison de la destruction des ponts sur la Meuse effectuée par les Belges, les Allemands ne purent faire passer leurs trains au-delà de Liège avant le 24 août ; et encore, après cette date, ne purent-ils le faire que par une déviation d'un faible rendement. Cet étranglement leur interdit de renforcer leur aile droite dans les conditions initialement prévues. En outre, les ravitaillements des trois armées de leur aile droite devaient emprunter cette seule artère à demi bloquée. Les destructions effectuées par les Français et les Anglais battant en retraite gênèrent également la maintenance des ravitaillements.

Lorsque les Allemands atteignirent la Marne, ils avaient l'allure de troupes battues, et battues pour avoir fait des marches pénibles avec le ventre vide. Et si Moltke n'avait pas effectué les prélèvements précités qu'on lui a tant reprochés, et s'il avait mis en ligne à son aile droite des effectifs plus importants, l'état des troupes constituant cette aile aurait été encore plus mauvais. La leçon de la guerre civile américaine se répétait : le développement des chemins de fer et la dépendance dans laquelle ils plaçaient les armées vis-à-vis de telles communications à la fois fixes et vulnérables, interdit le déploiement de gros effectifs qui ne sauraient être engagés dans des opérations à grand rayon d'action sans courir le risque d'effondrement.

Bien que la bataille de la Marne nous conduise à la ligne de démarcation, toujours imprécise, entre la stratégie et la tactique, cette bataille qui changea le cours de la guerre fournit tant de vues sur le problème de « l'approche » qu'elle vaut d'être examinée. Il faut d'abord les situer dans leur contexte.

L'aile droite de Joffre avait été repoussée en Lorraine, puis son centre rejeté dans les Ardennes après une bataille de rencontre ; enfin, son aile gauche, déployée trop tard, venait d'échapper de bien peu à un encerclement désastreux entre la Sambre et la Meuse. Le Plan XVII ainsi démantelé, Joffre tira un nouveau plan des ruines de l'ancien. Il résolut de faire opérer un nouveau recul à sa gauche et à son centre, avec Verdun comme pivot, pendant qu'il prélevait sur sa droite, désormais solidement arcboutée, des troupes qui formeraient une 6e Armée sur sa gauche.

Du côté allemand, les premiers rapports, très exagérés, des commandants d'armées sur la bataille des frontières avaient donné tout d'abord au G.Q.G. l'impression d'une victoire décisive. Puis, devant le total relativement faible des prisonniers, quelques doutes surgirent dans l'esprit de Moltke et l'amenèrent à juger plus lucidement la situation. Ce pessimisme inusité chez Moltke, ajouté au renouveau d'optimisme de ses commandants d'armées, produisit encore un changement de plan, changement qui portait en lui les germes du désastre. Lorsque, le 26 août, l'aile gauche britannique se replia fort meurtrie, du Cateau vers le sud, la Ire Armée de Kluck obliqua de nouveau vers le sud-ouest. Bien que le choix de cette direction pût provenir d'une conception erronée de la ligne de retraite prise par les Britanniques, il s'accordait avec le rôle initialement confié à Kluck et qui consistait à s'avancer en décrivant une large courbe. Or, celle-ci l'amenait dans la zone Amiens-Péronne où les premiers éléments de la 6e Armée française nouvellement formée descendaient au même moment des trains arrivant de Lorraine. Cette armée dut donc se retirer précipitamment, et le projet de Joffre de reprendre au plus tôt l'offensive se trouva compromis.

Mais à peine Kluck avait-il obliqué vers le sud-ouest qu'il fut contraint une fois encore de modifier son mouvement. En effet, afin de soulager la pression exercée sur les Britanniques, Joffre avait prescrit à l'armée voisine (Lanrezac) de s'arrêter et d'attaquer la 2e Armée allemande (Bülow). Devant cette menace, Bülow appela Kluck à son aide. Or l'attaque de Lanrezac – le 29 août – fut arrêtée avant que l'appui demandé à Kluck ait été nécessaire. Bülow n'en insista pas moins pour que son voisin de droite coupât la retraite à l'armée française. Avant d'y consentir, Kluck en référa à Moltke. La demande arriva au moment où ce dernier commençait à éprouver des inquiétudes, encore que confuses, devant la manière dont les Français esquivaient son étreinte ; en même temps, il se préoccupait d'une trouée qui s'était ouverte entre ses 2e et 3e Armées. Aussi approuva-t-il le changement de direction proposé par Kluck, modification qui impliquait l'abandon définitif du large mouvement enveloppant primitivement décidé autour de Paris. Désormais, le flanc de l'aile marchante allemande allait passer tout près de la capitale et devant le front de ses défenses. Par cette contraction du front et cette approche plus directe, Moltke sacrifiait à la sûreté les plus larges perspectives inhérentes au grand mouvement d'enveloppement du plan Schlieffen. Et, ainsi que cela fut prouvé, au lieu de diminuer les risques, il ne fit qu'inviter son adversaire à une fatale contre-attaque.

La décision d'abandonner le plan originel fut prise définitivement le 4 septembre. Moltke lui substituait un enveloppement plus étroit du centre et de la droite des Français. Son propre centre (4ᵉ et 5ᵉ Armées) devait pousser sur le sud-est tandis que sa gauche (6ᵉ et 7ᵉ Armées) attaquant vers le sud-ouest, chercherait à forcer la barrière fortifiée entre Toul et Épinal. De la sorte, les « mâchoires » de l'étau se refermeraient à l'intérieur du front, de chaque côté de Verdun. Entre-temps, sa droite (1ʳᵉ et 2ᵉ Armées), faisant face à l'ouest, devait tenir à distance toute contre-manœuvre offensive que les Français pourraient lancer à partir des avancées de Paris.

Mais cette contre-manœuvre avait commencé avant que le nouveau plan allemand prît effet.

Le moment opportun fut aperçu moins vite par Joffre, qui avait donné l'ordre de continuer la retraite, que par Gallieni, Gouverneur militaire de Paris. Le 3 septembre, Gallieni comprit ce que signifiait la conversion de von Kluck vers le centre du front, et il ordonna à l'Armée de Maunoury de se préparer à frapper le flanc droit découvert des Allemands.

La discussion se prolongea toute la journée suivante au Q.G. de Joffre, son chef de cabinet militaire, le commandant Gamelin, prônant la contre-offensive immédiate contre laquelle s'élevait la voix la plus écoutée de l'état-major, celle du général Berthelot. Le résultat ne fut établi et la décision de Joffre prise que sur l'intervention de Gallieni qui l'appela par téléphone le soir même. Une fois convaincu, Joffre agit avec décision. Toute l'aile gauche reçut l'ordre de faire demi-tour et de reprendre l'offensive générale le 6 septembre.

Maunoury était déjà en action le 5, et comme sa pression s'accentuait sur le point sensible des Allemands, Kluck se vit obligé de lui opposer d'abord une partie, puis le reste de son armée, pour soutenir sa flanc-garde menacée. Une brèche de 30 milles s'ouvrit ainsi entre la 1re et la 2e Armées allemandes, trouée couverte par un simple rideau de cavalerie. À la suite de la retraite précipitée des Britanniques qui se trouvaient devant cette brèche, Kluck s'enhardit. Même le 5, les Britanniques, au lieu de faire volte-face, continuèrent pendant une journée à marcher vers le sud. Mais de cette « éclipse » allait surgir la cause indirecte et non préméditée de la victoire. Car, lorsque les Britanniques revinrent sur leurs pas, l'annonce que leurs colonnes pénétraient dans la brèche décida Bülow, le 9 septembre, à ordonner la retraite de son armée, la 2e. L'avantage momentané que la 1re Armée, déjà isolée par son action personnelle, avait gagné sur Maunoury, fut ainsi perdu ; et Kluck se replia ce même jour.

Le 11, la retraite s'était étendue à toutes les armées allemandes indépendamment des ordres de Moltke ou sur ses instructions. La tentative d'un enveloppement partiel, pivotant sur Verdun, avait déjà échoué et la mâchoire formée par les 6e et 7e Armées se brisait nettement les dents contre les défenses de la frontière française. On a peine à imaginer la façon dont le commandement allemand aurait pu garantir implicitement le succès d'un assaut frontal, expédient improvisé, alors que ses chances lui avaient paru si minimes lors de la préparation raisonnée du plan d'opérations initial ; avant la guerre, une seule solution s'était alors offerte : traverser la Belgique.

En résumé, la bataille de la Marne fut décidée à la suite d'un choc et d'une fissure : le choc résultant du coup assené par Maunoury sur le flanc droit du front allemand et qui fit la brèche en un joint trop faible de ce même front ; et cette fissure matérielle provoqua à son tour une fissure morale dans le commandement allemand.

Parallèlement à ces événements, notons que le mouvement indirect de Kluck – sa marche circulaire vers l'extérieur du front, après le Cateau – fut tout aussi utile aux Allemands que leur fut néfaste son mouvement suivant, vers l'intérieur du front et dirigé en plein contre l'ennemi. Le premier renversait en effet le second plan de Joffre – prévoyant un prompt retour à l'offensive – et hâtait l'échéance du moment critique de la retraite franco-britannique. Notons une fois encore que l'approche stratégique de Moltke devint de plus en plus directe, et que l'assaut frontal de l'aile gauche allemande fut un échec coûteux que ne compensa pas un gain stratégique.

Il serait un peu risqué de qualifier d'approche indirecte la retraite de Joffre. L'occasion de la Marne se présenta : elle ne fut ni créée, ni même recherchée. Le coup porté par Gallieni arriva en temps opportun avant que les 1re et 2e Armées allemandes pussent prendre leurs nouveaux dispositifs de flanc-garde. Mais il fut trop direct pour produire des résultats décisifs, et il eût été plus direct encore si Gallieni avait attaqué au sud de la Marne, conformément aux premières instructions de Joffre. Finalement, nous voyons que la véritable décision, le mouvement qui força les Allemands à battre en retraite, est imputable à une approche indirecte si involontaire qu'on peut le prendre pour une scène de la comédie historique. Ce fut « l'éclipse » du Corps Expéditionnaire Britannique et sa réapparition judicieusement retardée en face du joint affaibli de l'aile droite allemande. Des critiques français lui ont reproché cette lenteur, ne comprenant pas que c'était une illustration de la fable du lièvre et de la tortue. Le Corps Expéditionnaire Britannique aurait-il fait demi-tour plus tôt, le joint n'eût pas été aussi affaibli, et l'attaque de Maunoury n'aurait pu enlever la décision : il était déjà arrêté lorsque les deux corps allemands prélevés sur le joint faisaient encore mouvement et ne pouvaient en aucune façon influer sur le résultat.

En analysant les causes de la retraite allemande, nous devons toutefois tenir compte d'un facteur trop souvent négligé. Le haut-commandement allemand se montra en effet très impressionné par certains rapports concernant des débarquements sur la côte belge, lesquels auraient pu constituer une menace pour les arrières et les communications de ses armées. Un mouvement de recul avait donc déjà été envisagé avant les débuts de la bataille de la Marne. Le 9 septembre arrivait à la 1re Armée le lieutenant-colonel Hentsch, représentant du commandement suprême, porteur des derniers ordres qui prescrivaient les précautions à prendre, et qui lui apprenait : « Les renseignements sont mauvais ; les 6e et 7e Armées sont immobilisées devant Nancy-Épinal ; les 4e et 5e rencontrent une forte résistance. Les Français transportent par voie ferrée, vers Paris, des troupes prélevées sur leur droite. Les Anglais débarquent de nouvelles forces sur la côte belge. Des bruits courent au sujet d'un Corps Expéditionnaire Russe qui arriverait dans la même région. La retraite devient inévitable. »

L'extrême impressionnabilité du commandement allemand avait transformé en un corps de 40 000 hommes trois bataillons de la marine qui débarquèrent à Ostende et y restèrent quarante-huit heures. L'on a dit que l'arrivée des Russes sortit de l'imagination surchauffée d'un Anglais employé de chemin de fer. On aurait bien dû élever dans Whitehall une statue au « cheminot inconnu ». Les historiens pourront plus tard soutenir que ce groupe temporaire de visiteurs à Ostende et le mythe russe furent les causes premières de la victoire de la Marne.

Lorsque l'on compare l'effet moral de ces forces fantomatiques avec l'immobilisation de troupes allemandes retenues en Belgique par la crainte que les Belges ne fissent une sortie de la place d'Anvers, sortie qui eut lieu le 9 septembre, on se sent enclin à conclure en faveur de la stratégie vainement préconisée par sir John French. En l'appliquant, le Corps Expéditionnaire Britannique aurait pu avoir une influence positive et décisive, et non pas seulement négative, sur la lutte.

Cette menace latente venue de la côte belge sur les arrières de l'armée allemande n'échappa pas à l'attention de Falkenhayn qui désormais remplaçait Moltke. Sa première initiative fut d'entreprendre le siège d'Anvers, et de là sortirent les premiers germes d'une manœuvre qui sentait l'approche indirecte. Si son exécution ne répondit pas à sa conception, mais tourna plutôt à l'approche directe, elle n'en suffit pas moins à mener de nouveau les Alliés au bord du désastre.

La poursuite frontale des Alliés avait été définitivement arrêtée sur l'Aisne ; et, le 17 septembre, Joffre s'apercevant que la tentative de Maunoury pour déborder le flanc allemand était vaine, se décida à former une nouvelle armée sous les ordres de Castelnau, dans l'intention de tenter à l'est un mouvement débordant. Mais à ce moment, les armées allemandes avaient retrouvé leur cohésion ; et le haut commandement se trouvait en mesure de faire face à une manœuvre d'aussi petite envergure, désormais dans la ligne d'attente normale.

Au cours du mois suivant, ce furent des séries de tentatives, faciles à prévoir et toutes avortées, auxquelles se livrait chacun des adversaires pour déborder respectivement le flanc occidental de l'autre, phase qui a été généralement et si inexactement appelée la « course à la mer » À ce jeu Falkenhayn se fatigua longtemps avant Joffre et, le 14 octobre, il prépara un piège stratégique pour la tentative des Alliés qui allait bientôt suivre et qu'il prévoyait. Son armée de flanc, la dernière formée, devait la parer, tandis qu'une autre, composée de troupes libérées par la chute d'Anvers et de quatre nouveaux corps tout récemment levés, descendrait rapidement le long de la côte belge, enfoncerait le flanc des forces alliées qui attaquaient, puis tomberait sur leurs arrières. Il arrêta même momentanément les troupes chargées de poursuivre l'armée belge d'Anvers, afin de ne pas donner prématurément l'éveil au commandement allié.

Heureusement, le roi Albert, par réalisme ou par prudence, refusa d'accéder à la demande de Foch, lequel l'invitait à participer à ce dernier effort débordant ; il ne voulut pas s'éloigner de la zone côtière. L'armée belge se trouva donc en état de résister à la poussée allemande venant du nord, et éventuellement de la déjouer en inondant les terres basses de la région côtière. Falkenhayn se trouva ainsi forcé d'effectuer une approche plus directe du flanc allié qui, depuis l'arrivée de Haig venant de l'Aisne, se prolongeait jusqu'à Ypres. Bien que la progression amorcée par la droite et le centre des forces britanniques, arrivées plus tôt, eût été rapidement arrêtée, sir John French donna l'ordre à sa gauche – Haig – de tenter le débordement rêvé par Joffre. Encore une fois, heureusement, la tentative coïncida avec le début prématuré de l'attaque allemande ; et elle avorta bien que, pendant un ou deux jours, French, sous l'influence de Foch, persistât encore à croire dans le succès de cette « attaque » alors que les troupes de Haig avaient déjà beaucoup de peine à ne pas reculer. Il se peut que les illusions des chefs français et anglais sur la situation réelle soient en partie responsables du fait que Ypres, comme Inkermann, fut essentiellement une « bataille de simples soldats ». De son côté, et après avoir renoncé à tout espoir de balayer l'ennemi de la côte belge, Falkenhayn essaya pendant un mois d'arracher la décision par une approche directe. Lorsque la défense malgré sa faiblesse triompha, comme il est d'usage, de l'attaque directe, le barrage de tranchées était consolidé depuis la frontière suisse jusqu'à la mer ; d'où un arrêt des opérations.

*Le théâtre d'opérations occidental (1915-1917).*

Les annales militaires de l'alliance franco-britannique ne sont, pendant les quatre années suivantes, que l'histoire des tentatives faites pour sortir de l'impasse, soit en forçant le barrage, soit en cherchant une issue, au hasard, en le tournant.

Sur le front occidental, devant ces interminables lignes parallèles de tranchées, la stratégie devint la servante de la tactique, et celle-ci elle-même ne fut plus qu'un « robot ». La stratégie des années 1915-1917 ne demande pas un long examen. Du côté des alliés, elle fut simplement celle de l'approche directe et comme telle, impuissante à les faire sortir de l'impasse. Quelle que soit notre opinion sur les mérites de la guerre d'usure et sur les arguments utilisés pour présenter cette période comme une bataille continue, disons qu'une méthode qui exige quatre années d'efforts pour produire une décision ne saurait être proposée en modèle.

À Neuve-Chapelle, en 1915, fut tentée la première offensive : si l'approche fut directe, du moins la surprise tactique fut recherchée avec succès. À partir de ce moment et avec l'adoption des tirs de préparation prolongés, toutes les tentatives tournèrent en assauts de front, « à visage découvert ». Telle fut l'offensive française près d'Arras en mai 1915 ; les offensives franco-britanniques de septembre en Champagne et au nord d'Arras ; de juillet à novembre 1916 sur la Somme ; d'avril 1917 sur l'Aisne et à Arras ; et, en dernier lieu, de juillet à octobre 1917 l'offensive britannique d'Ypres qui, à l'exemple de Charles II, prit « tant de temps à mourir » dans des marais de Passchendaele. Le 20 novembre 1917, l'on vit réapparaître la surprise tactique avec l'emploi des chars engagés brusquement et en masse à la place des longs bombardements préliminaires. Mais, stratégiquement, ce genre d'attaques à petite échelle, si heureuses dans leurs débuts et qui s'enlisent par la suite, ne peut guère être classé dans la catégorie des approches indirectes.

Du côté allemand, la stratégie se cantonna dans une stricte défensive, coupée seulement par l'intermède de Verdun en 1916. Cette opération fut essentiellement une approche directe, à moins que l'idée de « saigner » l'ennemi jusqu'à ce que mort s'ensuive, au moyen d'une série illimitée de piqûres de sangsues localisées, puisse être qualifiée d'indirecte. Mais le gaspillage de sangsues provoqua la banqueroute.

L'opération qui s'inspira davantage de l'approche indirecte, tout en demeurant purement défensive dans son objectif, fut la retraite habilement conçue et préparée par Ludendorff lorsque, au printemps de 1917, il fit replier une partie de ses armées jusqu'à la ligne Hindenburg. Pour prévenir le renouvellement d'une offensive franco-britannique sur la Somme, il établit une nouvelle ligne de tranchées puissamment renforcées par des travaux de défense sur la corde de l'arc Lens-Noyon-Reims. Puis, après avoir dévasté toute la région à l'intérieur de l'arc, il recula méthodiquement et par étapes successives jusqu'à la nouvelle ligne plus courte que la précédente. Cette manœuvre met en relief le courage moral de Ludendorff qui n'hésita pas à céder du terrain ; elle disloqua tout le plan d'offensive préparé par les Alliés pour le printemps. Elle aida de la sorte les Allemands à gagner une année de repos, loin de tout danger sérieux, et à l'abri de toute offensive combinée des Alliés. Elle donna à la Russie le temps de se désagréger complètement ; et, en 1918, Ludendorff put engager avec des forces très supérieures son ultime offensive pour arracher la victoire.

# 12

## Le théâtre d'opérations du nord-est

Sur le front oriental, les plans de campagne, moins étudiés et insuffisamment élaborés, manquaient de précision. Cependant, à la pratique, ils allaient passer par des avatars aussi kaléidoscopiques que ceux du théâtre occidental. Les données géographiques pouvaient être calculées ; mais la donnée essentielle, le degré de concentration des forces russes, échappait à toute évaluation.

La Pologne russe s'avançait en un vaste promontoire à l'ouest de la Russie proprement dite, et était flanquée de territoires allemands et autrichiens sur trois côtés. Sur son flanc nord, se trouvait la Prusse-Orientale et au-delà, la Baltique. Au sud, elle confinait à la province autrichienne de Galicie adossée aux Carpathes qui gardaient les approches de la plaine hongroise. Enfin, à l'ouest, la Silésie.

Sur les provinces frontières allemandes, s'étendait un vaste réseau de voies ferrées stratégiques, tandis que la Pologne et la Russie ne disposaient que de voies ferrées très clairsemées. L'alliance allemande se trouvait ainsi en mesure, par ses possibilités de concentration, de contrer avec succès une avance russe. Mais si elle prenait l'offensive, plus elle s'enfoncerait en Pologne et en Russie, et plus elle perdrait ces avantages. Les leçons de l'histoire suggéraient que la stratégie la plus féconde consistait à appâter les Russes, à les attirer sur une position permettant une contre-offensive de grande envergure plutôt que de prendre soi-même l'offensive. Or cette stratégie « punique » présentait un inconvénient : elle donnait aux Russes le temps de se concentrer et de mettre en branle leur lourde machine de guerre encombrante et rouillée.

Aussi un désaccord surgit immédiatement à ce sujet entre Vienne et Berlin. Les deux alliés s'accordaient bien à reconnaître que le problème consistait à tenir les Russes en échec pendant six semaines jusqu'à ce que les Allemands, après avoir rapidement écrasé la France ainsi qu'on l'espérait, pussent rameuter rapidement leurs forces sur le front oriental et asséner, de concert avec les Autrichiens, un coup décisif aux Russes. Mais les avis étaient partagés sur la méthode. Résolus à ne pas différer une décision contre la France, les Allemands voulaient ne laisser qu'un simple rideau de couverture à l'est ; et, seule, leur répugnance – d'ordre politique – à exposer le territoire national aux risques d'une invasion, les empêcha d'évacuer la Prusse-Orientale et de tenir la ligne de la Vistule. Mais, sous l'influence de leur chef d'état-major, Conrad von Hötzendorf, les Autrichiens désiraient ardemment détraquer la machine russe par une offensive immédiate. Comme ce projet promettait de tenir les Russes pleinement occupés pendant que se déciderait la campagne de France, Moltke approuva cette stratégie. Conrad entendait lancer une offensive en Pologne, vers le nord-est, avec deux armées soutenues sur leur droite par deux autres armées opérant plus à l'est.

Chez l'adversaire également, les désirs de l'un des alliés contrariaient fortement la stratégie de l'autre. Pour des motifs à la fois de race et d'ordre militaire, le commandement russe voulait d'abord concentrer ses forces contre les Autrichiens pendant que ceux-ci seraient sans soutien, et négliger l'Allemagne jusqu'à ce que les forces russes fussent entièrement mobilisées. Mais tenant à alléger sur leur front la pression allemande, les Français préconisèrent une attaque russe simultanée ; et ils firent si bien que les Russes consentirent à une offensive précipitée, bien qu'ils ne fussent prêts ni en effectifs, ni en organisation. Sur leur front sud-ouest, deux groupes de deux armées chacun devaient converger en Galicie contre les forces autrichiennes, tandis que, sur le front nord-ouest, deux armées convergeraient en Prusse-Orientale contre les Allemands. La Russie, à laquelle une lenteur proverbiale et une organisation rudimentaire dictaient une stratégie prudente, était sur le point de rompre avec sa vieille tradition pour se lancer dans une hâtive et double approche directe.

Lorsque la guerre éclata, le grand-duc Nicolas, commandant en chef, accéléra l'invasion de la Prusse-Orientale afin d'alléger la pression allemande sur ses alliés français. Le 17 août, l'armée de Rennenkampf franchissait la frontière et, les 19 et 20 août, elle rencontra et repoussa, à Gumbinnen, le gros de la 8e Armée de Prittwitz. Le 21 août, Prittwitz apprit que l'armée de Samsonov avait pénétré par le sud en Prusse-Orientale, sur ses arrières qui n'étaient gardés que par 3 divisions – devant 10 divisions russes. Pris de panique, Prittwitz parla de se replier derrière la Vistule ; sur quoi Moltke le remplaça par un général en retraite, Hindenburg, avec Ludendorff comme chef d'état-major.

Développant un plan dont le colonel Hoffmann, de l'état-major de la 8e Armée, avait déjà pris l'initiative en prescrivant quelques mouvements préparatoires, Ludendorff concentra six divisions environ contre l'aile gauche de Samsonov. Cette armée, numériquement inférieure aux Russes, n'aurait pu enlever la décision ; mais apprenant que Rennenkampf se trouvait encore aux environs de Gumbinnen, Ludendorff n'hésita pas à courir le risque de retirer de cette zone le reste des troupes allemandes, après avoir laissé devant l'adversaire un simple rideau de cavalerie ; et il les lança en arrière contre l'aile droite de Samsonov. Ce mouvement audacieux fut favorisé par un manque de liaisons rapides entre les deux généraux russes, et par la facilité avec laquelle les Allemands déchiffrèrent les ordres russes transmis par radio. Ces attaques convergentes écrasèrent les flancs de Samsonov ; son centre fut cerné, et son armée pratiquement anéantie. En admettant que l'occasion opportune se présentât plutôt qu'elle ne fût créée, cette courte campagne de Tannenberg n'en doit pas moins être classée comme un exemple presque parfait de l'utilisation des « lignes intérieures » dans l'approche indirecte.

Aussitôt qu'il eut reçu deux nouveaux corps d'armée prélevés sur le front de France, le commandement allemand se tourna contre Rennenkampf qui s'avançait lentement ; son manque d'énergie provenait en partie des pertes qu'il venait de subir à Gumbinnen et aussi de ce qu'il manquait de renseignements. Les Allemands le chassèrent de la Prusse-Orientale. Les Russes laissèrent 250 000 hommes sur ces champs de bataille et, perte plus sensible encore parce qu'irréparable, une énorme quantité de matériel de guerre. L'invasion de la Prusse-Orientale avait toutefois soulagé les alliés de l'ouest en provoquant le retrait de deux corps d'armée prélevés sur le front occidental et en rendant ainsi possible la résurrection des Français sur la Marne.

Mais les résultats de la bataille de Tannenberg furent compromis du fait que, sur le front de Galicie, la balance ne penchait pas du côté des Puissances Centrales. L'offensive des 1re et 4e Armées autrichiennes en Pologne avait d'abord progressé, progrès annulés d'ailleurs par l'attaque des 3e et 8e Armées russes contre les 2e et 3e Armées autrichiennes, inférieures en nombre et qui gardaient le flanc droit du front autrichien. Celles-ci subirent une sanglante défaite (26-30 août) et furent repoussées au-delà de Lemberg. L'avance de l'aile gauche russe menaçait ainsi les arrières de l'aile gauche autrichienne victorieuse. Conrad tenta alors de tourner le flanc russe avec une partie de sa gauche. Mais le coup fut paré, et devant la nouvelle avance de l'aile droite russe, il dut, avec des troupes désorganisées, ordonner le 11 septembre une retraite générale : à la fin de septembre, le front autrichien s'était replié presque jusqu'à Cracovie.

La situation critique de l'Autriche obligea les Allemands

à envoyer des secours et, avec le gros de leur armée de Prusse-Orientale, ils formèrent une nouvelle armée, la 9e, qui, rapidement transportée dans l'angle sud-ouest de la Pologne, marcha sur Varsovie en combinaison avec une nouvelle offensive autrichienne. Mais les Russes avaient maintenant fait le plein de leurs forces mobilisées ; ils regroupèrent leurs armées, contre-attaquèrent et repoussèrent l'avance ennemie ; après quoi, ils firent un gros effort pour envahir la Silésie.

Le grand-duc Nicolas constitua une énorme phalange avec sept armées ainsi réparties : trois en première ligne et deux protégeant chaque flanc. Une autre, la 10e, après avoir envahi l'est de la Prusse-Orientale, était aux prises avec les faibles forces allemandes de cette région. À ce moment, pour parer la menace russe, fut constituée la « raison sociale » Hindenburg-Ludendorff-Hoffmann qui imaginèrent un autre coup de maître basé sur les facilités de déplacement que leur fournissait le réseau de voies ferrées établi en territoire national, parallèlement à la frontière. La 9e Armée, se repliant devant l'avance russe, ralentit la marche de l'ennemi par la destruction systématique des maigres moyens de communication qui existaient en Pologne. Dès qu'elle arriva – sans avoir été serrée de près – sur la frontière silésienne, elle fut d'abord aiguillée vers le nord, dans la région Thorn-Posen, puis, le 11 novembre, lancée au sud-est, en amont et sur la rive gauche de la Vistule, sur le joint des deux armées qui couvraient le flanc droit russe. Comme un coin enfoncé par un maillet, elle sépara les deux armées l'une de l'autre, força la première à reculer ; et gagna presque un autre Tannenberg sur la deuxième qui faillit être cernée à Lodz, au moment même où la 5e Armée accourait à sa rescousse. Et, conséquence de cette manœuvre, une partie de l'armée allemande d'enveloppement manqua subir le sort qu'elle comptait infliger aux Russes ; elle réussit pourtant à se frayer un chemin vers le gros des forces allemandes. Quoique Hindenburg fût ainsi frustré d'un succès tactique décisif, cette manœuvre fournit un exemple classique de la manière dont une armée relativement petite, mais utilisant habilement sa mobilité pour exécuter une approche indirecte sur un point vital de l'adversaire, peut paralyser l'avance d'un ennemi disposant de forces plusieurs fois supérieures aux siennes. Le « rouleau compresseur » russe fut détraqué, et jamais plus ne menaça le sol allemand.

En une semaine, quatre nouveaux corps allemands arrivèrent du Front occidental où l'attaque d'Ypres venait de se terminer par un échec ; et, bien qu'il fût trop tard pour espérer retrouver la chance manquée d'une victoire décisive, Ludendorff put employer ces nouvelles ressources à repousser les Russes jusqu'à la ligne Bzura-Ravka, devant Varsovie. Alors, à l'est comme à l'ouest, on s'enterra dans des lignes de tranchées ; mais l'armature était plus fragile, et les Russes avaient épuisé leurs stocks de munitions à un point tel que leur pays, pauvrement industrialisé, ne pouvait plus les reconstituer.

La véritable histoire de 1915, sur le front oriental, est celle d'une lutte de volontés entre deux grands chefs : Ludendorff voulait obtenir une décision par une stratégie qui, au moins géographiquement, était une approche indirecte ; Falkenhayn était persuadé qu'il pouvait tout à la fois limiter la dépense de ses ressources et paralyser la capacité offensive de la Russie par une stratégie d'approches directes. Placé hiérarchiquement au-dessus de Ludendorff, Falkenhayn eut gain de cause ; mais sa stratégie ne réussit à conquérir aucun des deux objectifs visés. Ludendorff se rendait compte que, par leur avance d'automne vers la Silésie et Cracovie, les Russes avaient profondément engagé le gros de leurs forces dans le saillant polonais : au sud-ouest, ils venaient même de glisser la tête à travers les mailles du filet, jusqu'en territoire autrichien, lorsque le coup de Ludendorff, à Lodz, les paralysa momentanément. Et quand ils eurent repris leurs esprits et conscience des réalités, le filet autrichien avait été remmaillé et renforcé. De janvier à avril, les forces russes s'agitèrent furieusement, mais sans efficacité, sur le versant nord des Carpates ; leurs efforts n'aboutirent qu'à empêtrer plus à fond leur lourde masse dans les mailles du réseau.

Ludendorff voulait saisir l'occasion d'exécuter une large approche indirecte autour du flanc Nord ennemi près de la Baltique, par Kovno et Vilna, pour atteindre ses arrières et s'établir à cheval sur les communications par voie ferrée, si précaires vers le saillant polonais. Cependant, Falkenhayn recula devant la hardiesse de ce plan qui aurait puisé largement dans ses réserves, bien que sa propre méthode dût lui coûter plus cher. Obligé de renoncer à contre cœur à un nouvel assaut pour briser à l'ouest la barrière des tranchées, et contraint d'affaiblir ses réserves afin de renforcer ses alliés autrichiens, il résolut d'employer ces réserves à une opération stratégiquement limitée mais illimitée tactiquement, et destinée à affaiblir la Russie de telle manière qu'il pût renouveler, sans être dérangé, son offensive à l'ouest.

Le plan que suggérait Conrad à l'Est et qu'adopta Falkenhayn, consistait à enfoncer le centre du front russe dans le secteur de Dunajec, entre les Carpates et la Vistule. Le 2 mai, le coup partit. La surprise fut totale et rapidement exploitée ; le 14 mai, la ligne entière des Russes, le long des Carpates, avait dû rétrograder de 80 milles jusqu'au San.

Nous voyons ici, par un exemple éclatant, la différence existant entre l'approche indirecte et ce que l'on nomme communément la surprise. Une surprise de temps, de lieu et de force venait d'être réalisée ; et pourtant les Russes furent simplement refoulés à la façon d'une boule de neige. Les pertes étaient lourdes, il est vrai, mais le repli s'effectuait sur les réserves, les approvisionnements et les voies ferrées : en roulant, la boule de neige se raffermissait, et les accroissements obtenus en cours de route permettaient aux Russes de compenser les morceaux qui s'étaient détachés d'elle. En outre, si la pression exercée par cette approche directe éprouva dangereusement le commandement russe, ce ne fut pas un choc provoquant l'effondrement.

Falkenhayn comprenait maintenant qu'il s'était engagé en Galicie trop loin pour reculer, que son offensive partielle ne lui procurait aucune espèce de sûreté, et que ce ne serait qu'en prélevant encore des troupes en France qu'il pouvait espérer atteindre son but. Mais, une fois de plus, il opta pour une approche presque directe. Il changea de l'est au nord-est la direction de l'offensive, et prescrivit à Ludendorff, qui rongeait son frein en Prusse-Orientale, de frapper conjointement avec lui en direction du sud-est. Ludendorff objecta que ce plan, s'il était convergent, correspondait trop à une attaque frontale, et que les deux ailes ne pourraient faire plus que de coincer les Russes. Il insista encore pour qu'on se décidât à exécuter sa manœuvre de Vilna, mais Falkenhayn la rejeta de nouveau.

Le résultat donna raison à Ludendorff. Lorsqu'ils se refermèrent, les ciseaux repoussèrent les troupes russes sans y mordre, rétrécissant encore les intervalles déjà étroits qui existaient dans leur dispositif. Fin septembre, celui-ci couvrait une longue ligne droite entre Riga, sur la Baltique, et Czernowitz sur la frontière roumaine. S'ils ne constituèrent jamais plus une menace directe pour l'Allemagne, les Russes lui imposèrent du moins un effort épuisant en retenant devant eux d'importants moyens allemands, et en harcelant l'Autriche moralement et physiquement.

Lorsque Falkenhayn arrêta les opérations à grande échelle, il donna tardivement à Ludendorff, et avec tiédeur, l'autorisation d'essayer sa manœuvre de Vilna avec les maigres ressources dont il disposait. Ce léger coup, d'ailleurs isolé, coupa la voie ferrée Vilna-Dvinsk et atteignit la ligne de Minsk, artère des communications russes, bien que les Russes eussent toute liberté d'action pour concentrer leurs réserves et se défendre ; ce qui prouve quelles conséquences aurait pu avoir ce coup s'il eût été porté plus tôt et en force, quand l'armée russe était solidement tenue dans le filet polonais.

Après avoir terminé leur offensive à l'est et stabilisé la défensive dans l'ouest, les Puissances Centrales consacrèrent l'automne à une campagne en Serbie. Du point de vue de l'ensemble de la guerre, cette opération représentait une approche indirecte à but limité ; mais, dans sa sphère particulière, elle fut décisive quant à son but. La façon même dont se déroula la campagne, compte tenu des conditions géographiques et politiques favorables, jette de nouvelles lueurs sur les résultats de cette méthode. Le plan reposait sur l'intervention de la Bulgarie dans la guerre, aux côtés des Puissances Centrales. L'invasion austro-allemande directe était tenue en échec au moment où les Bulgares pénétrèrent en Serbie par l'est. Et même alors, favorisés par la nature montagneuse de la région, les Serbes tinrent bon jusqu'au jour où l'aile gauche bulgare pénétra en Serbie méridionale, tournant leurs arrières et les coupant ainsi des renforts franco-britanniques envoyés de Salonique. Dès lors, l'effondrement des Serbes se précipita ; il ne resta de leurs armées que quelques débris qui survécurent à la retraite opérée vers l'ouest, en plein hiver, à travers l'Albanie et jusqu'à la côte de l'Adriatique. Cette rapide concentration contre un petit partenaire de l'Entente libéra l'Autriche de tout danger de ce côté ; elle permit à l'Allemagne de contrôler l'Europe centrale et d'y établir ses libres communications.

Les opérations de 1916 et 1917 sur le front russe fournissent matière à peu de commentaires. Elles furent essentiellement défensives du côté austro-allemand, et essentiellement directes chez les Russes. Ces opérations mettent en relief, non seulement la pauvreté d'une stratégie reposant sur la simple application de la force pure dans une approche directe, mais elles montrent également leur effet moral de boomerang. Lorsque, en 1917, la révolution permit d'entrevoir l'effondrement total de l'effort militaire de la Russie, ses forces étaient en réalité mieux équipées et armées qu'antérieurement. Mais les pertes immenses et visiblement stériles avaient miné la volonté combative de ces masses d'hommes doués cependant de l'esprit d'abnégation le plus patient de l'Europe. L'on vit un effet similaire lors des mutineries qui éclatèrent dans l'armée française après l'offensive du printemps 1917 ; principalement lorsque les troupes, lasses de ces tueries, reçurent l'ordre de retourner dans les tranchées.

L'offensive de Broussilov près de Luck, au mois de juin 1916, fut la seule opération indirecte. Et elle revêtit ce caractère parce qu'elle n'avait pas, en réalité, d'objectif sérieux. Conçue comme une simple diversion, en raison de l'appel de l'Italie, elle fut abandonnée prématurément. On n'avait fait aucun préparatif, ni concentré les moindres troupes, et l'effet imprévu de cette avance accidentelle tombant sur une défense autrichienne en pleine somnolence produisit un tel effondrement qu'au bout de trois jours, 20 000 prisonniers étaient pris au filet.

Rarement vit-on un choc par surprise avoir d'aussi multiples conséquences stratégiques. Il arrêta l'attaque autrichienne en Italie et obligea Falkenhayn à retirer des troupes du front occidental et à renoncer ainsi à sa campagne d'usure devant Verdun. Il incita la Roumanie à entrer en guerre contre les Puissances Centrales. Il causa également la chute de Falkenhayn remplacé par Hindenburg et Ludendorff (Hoffmann, au grand détriment de la « firme », était laissé dans l'Est). Bien que l'entrée en guerre de la Roumanie ait servi de prétexte au déplacement de Falkenhayn, il faut en chercher la véritable raison dans sa stratégie directe de 1915, étroite à la fois en objectif et en direction. En effet, elle avait rendu possible le « retour » russe, lequel acheva de ruiner la stratégie de 1916.

Mais le caractère indirect et les bons résultats de l'offensive de Broussilov eurent peu de durée. Ils incitèrent trop tard le commandement russe à appliquer sur cette direction le poids de ses forces. Et, conformément aux lois naturelles de la guerre, la prolongation de l'effort le long d'une ligne de résistance qui se raffermissait tous les jours, allait absorber la totalité des réserves russes, et cela sans la moindre compensation. Broussilov laissait un million d'hommes sur les champs de bataille. Ces pertes, bien que terribles, pouvaient se réparer ; mais, en dévoilant aux survivants la faillite des esprits, elles provoquèrent la banqueroute morale de la puissance militaire russe.

Les Russes s'entêtant à poursuivre cet effort, Hindenburg et Ludendorff mirent à profit la situation pour réaliser une autre approche indirecte « changement rapide » d'objectif, analogue à celle exécutée en 1915 contre la Serbie. La Roumanie était la cible. Au début, cette dernière disposait de 23 divisions médiocrement équipées contre les 7 qu'on lui opposait ; et elle espérait que la pression de Broussilov, celle des Britanniques sur la Somme ainsi que celle des troupes alliées maintenant à Salonique, empêcheraient l'ennemi de renforcer ses effectifs. Mais ces pressions furent toutes directes, et n'empêchèrent pas les Puissances Centrales de retirer de leurs fronts des forces suffisantes pour écraser la Roumanie.

Inséré entre la Transylvanie et la Bulgarie, le territoire roumain s'appuyait de deux côtés à de forts remparts naturels, les Carpates et le Danube. Mais, par sa situation même, il se prêtait admirablement à une stratégie d'approche indirecte. De plus, la Dobroudja, cette bande de terre située le long de la mer Noire, constituait une proie qu'un adversaire habile pouvait prendre à l'hameçon.

La volonté de la Roumanie, mûrement pesée, de prendre l'offensive à l'ouest, en Transylvanie, rendait la riposte de ses adversaires plus subtilement indirecte qu'ils n'en avaient eu originellement l'intention.

L'avance roumaine commença le 27 août 1916. Trois colonnes principales, fortes chacune de 4 divisions environ, s'avancèrent vers le nord-ouest à travers les défilés des Carpates, exécutant ainsi une approche directe de la plaine hongroise. La garde du Danube fut confiée à 3 divisions, 3 autres se tenaient dans la Dobroudja où la Russie avait promis d'envoyer des renforts. Mais l'avance lente et prudente des colonnes roumaines en Transylvanie fut gênée, non par la résistance de l'adversaire, mais par la destruction systématique des ponts, elle ne menaçait guère les cinq faibles divisions autrichiennes qui, jusqu'au moment où elles furent renforcées par cinq divisions allemandes et deux autrichiennes, couvraient seules la frontière. Afin d'exécuter l'autre moitié du plan adopté par Falkenhayn avant sa chute, quatre divisions bulgares, avec de l'artillerie allemande et un équipage de ponts autrichien, furent placées sous les ordres de Mackensen pour envahir la Dobroudja.

Tandis que les colonnes roumaines avançaient lentement vers l'ouest en Transylvanie, Mackensen enleva d'assaut, le 5 septembre, la tête de pont de Turtucaia, détruisant les trois divisions roumaines qui gardaient le front du Danube. Puis, ayant de la sorte assuré son flanc sur le fleuve, il pénétra plus avant vers l'est, dans la Dobroudja. Quoiqu'il s'éloignât de Bucarest, ligne naturelle d'attente, le choc moral était d'une grande finesse, car son résultat stratégique automatique fut de détourner les réserves roumaines destinées à soutenir l'offensive en Transylvanie, offensive qui perdit immédiatement tout l'élan qu'elle pouvait avoir.

Alors en possession du commandement dans cette région, Falkenhayn lança une contre-offensive, peut-être trop directe et avec trop d'impétuosité. À l'aide de troupes habilement concentrées, il frappait tour à tour sur les colonnes du sud et du centre, pendant que des groupes de moindre importance, parfois réduits au minimum indispensable, tenaient à distance les autres adversaires – qui n'avaient guère besoin d'être contenus. Ces opérations eurent pour résultat de rejeter les Roumains, mais non de les couper des montagnes. Une certaine malchance mit en danger tout le plan allemand. Car, maîtres encore de la plupart des défilés, les Roumains repoussèrent vigoureusement toutes les tentatives faites par l'ennemi en vue de se frayer un passage. Une première tentative pour essayer de passer plus loin à l'ouest fut déjouée ; mais un nouvel effort réussit juste avant l'apparition des neiges d'hiver. En tournant vers l'ouest, Falkenhayn avait toutefois pénétré en

Roumanie par la véritable porte d'entrée, et l'approche directe qui s'ensuivit dut franchir une série de cours d'eau. Fort heureusement pour lui, au moment où il dut faire halte le long de l'Alt, Mackensen intervint.

Ce dernier avait rapidement ramené le gros de ses forces de la Dobroudja jusqu'à Sistovo, en passant devant Turtucaïa : le 23 novembre, il forçait le passage du Danube. Il est permis de se demander si cet abandon d'une position potentielle sur les arrières roumains et permettant une approche convergente des principales forces allemandes sur Bucarest, correspondait bien à la stratégie la plus avantageuse. Elle permit à Falkenhayn de traverser l'Alt, mais elle permit aussi aux Roumains de se servir de leur position centrale, à peu de distance de l'ennemi, pour riposter dangereusement à Mackensen dont le flanc se trouva presque enveloppé. Toutefois, dès que ce danger eut été écarté, la pression combinée de Falkenhayn et de Mackensen refoula l'armée roumaine en arrière, à travers Bucarest d'où elle se replia sur la ligne mer Noire-Sereth.

Le commandement allemand tenait désormais la plus grande partie de la Roumanie avec son blé et son huile ; mais il n'avait pas détruit l'armée roumaine dont la force morale et l'esprit de résistance s'étaient plutôt retrempés dans sa lutte pour contrer la dernière avance de l'ennemi. L'été suivant, sa vigoureuse résistance déjoua les tentatives allemandes qui cherchaient à l'attirer derrière le Pruth afin d'achever l'occupation du territoire roumain. Ce ne fut qu'au mois de décembre 1917, lorsque la Russie bolchevique signa un armistice avec l'Allemagne, que la Roumanie, désormais isolée, fut obligée d'en faire autant.

# 13

# Le théâtre d'opérations du sud-est ou de la Méditerranée

*Le théâtre italien.*

En 1917, l'Italie servit de théâtre et d'objectif au commandement allemand, pour ses opérations d'automne. Ici encore, la configuration de la frontière se prêtait admirablement à une approche indirecte géographique ou physique de la part des Allemands, avantage refusé à leurs adversaires. Et ceux-ci se montraient peu enclins à tenter l'approche indirecte psychologique.

La province italienne de Vénétie formait un saillant pointant vers l'Autriche, flanqué au nord par le Tyrol autrichien et le Trentin, et au sud par l'Adriatique. Le long de cette mer se trouve, sur le front de l'Isonzo, une bande de terres relativement basses ; mais la frontière suivait alors les Alpes Juliennes et Carniques en décrivant une large courbe au nord-est, et l'arc se prolongeait ensuite au sud-ouest jusqu'au lac de Garde. Au nord, l'épaisse masse alpine et l'absence de tout objectif vital n'inclinaient pas l'Italie à prendre l'offensive dans cette direction. Ses initiatives se trouvaient ainsi limitées, pour une offensive, à une avance directe vers l'est, contre l'Autriche. Elle demeurait fatalement sous la menace potentielle et permanente d'une descente autrichienne sur ses arrières, par le Trentin. Mais devant un choix si restreint, l'Italie opta pour cette voie.

Pendant deux ans et demi, elle persévéra dans son approche directe, jusqu'au moment où la « onzième bataille » de l'Isonzo échoua, ses armées ayant à peine avancé au-delà de leur point de départ ; elles avaient perdu 1 100 000 hommes alors que les pertes de l'Autriche s'élevaient à 650 000 environ. Au cours de cette période, l'Autriche avait pris l'offensive une seule fois. Ceci se passait en 1916, lorsque Conrad cherchait à obtenir de Falkenhayn une aide matérielle : il voulait abattre son adversaire en portant un coup décisif au sud du Trentin, contre les arrières de l'armée italienne alors engagée sur l'Isonzo. Mais Falkenhayn se méfiait de ce plan et des « coups décisifs ». Déterminé à poursuivre devant Verdun sa guerre d'usure, il refusa même de prêter le minimum de neuf divisions allemandes que Conrad demandait pour renforcer ses divisions autrichiennes sur le front oriental. À défaut de cet appui, Conrad décida de risquer l'opération avec ses seules ressources. À cet effet, il préleva à l'est quelques-unes de ses meilleures divisions, exposant ainsi son front oriental à une avance de Broussilov, sans même rassembler dans les Alpes des forces suffisantes pour mener à bien son attaque contre les Italiens.

Néanmoins la manœuvre faillit réussir. Si l'on ne peut dire que cette offensive évita d'emprunter la ligne d'attente naturelle, elle comporta cependant un certain caractère d'imprévu, car le commandement italien ne croyait pas que Conrad disposât des forces requises pour une opération de grande envergure. Ce fut une attaque sur une grande échelle, mais pas tout à fait assez grande. Elle obtint pendant quelques jours de rapides succès ; et bien que Cadorna pût retirer promptement des réserves du secteur de l'Isonzo – et, en outre, se préparer à ramener en arrière munitions et artillerie lourde – ce fut une course à chances égales. L'attaque autrichienne parvint presque à déboucher dans la plaine ; mais, par manque de réserves, elle avait perdu son élan quand l'avance de Broussilov sur le front est vint tout arrêter.

Lorsque, dix-sept mois plus tard, Ludendorff reprit l'idée d'un coup combiné contre l'Italie, les perspectives étaient moins favorables en raison de la gravité de la situation dans laquelle se trouvait l'Autriche. Il ne pouvait offrir que le maigre appoint de six divisions prélevées sur ses réserves générales à un allié épuisé moralement et matériellement. Et faute de moyens, le plan se borna à une approche moins étendue et plus directe de l'angle nord-est du front de l'Isonzo, d'où l'attaque s'infléchit vers le massif des Alpes. Cependant, l'on choisit le point d'attaque d'après un principe appliqué pour la première fois sur ce front, et qui consistait à rechercher la ligne de moindre résistance tactique.

À l'origine, il s'agissait simplement de faire la brèche à Caporetto pour procéder à l'enveloppement du front italien de l'Isonzo ; mais ce projet subit le contrecoup de visées plus ambitieuses, et cela sans que les moyens fussent accrus. Tout comme les Britanniques à Cambrai ce même automne, Ludendorff à Caporetto devait fournir un nouvel exemple de la profonde erreur stratégique qui consiste à ne pas tailler son habit d'après la quantité de drap dont on dispose. Il commit la faute inverse de celle de Falkenhayn qui commandait toujours trop peu de drap, sous-estimant les mesures de l'habit, et qui devait ensuite réclamer un supplément d'étoffe pour agrandir le vêtement par des rafistolages.

Le 24 octobre, l'attaque se déclencha, habilement préparée et dissimulée jusqu'au dernier moment. Elle enfonça un coin profondément entre les armées italiennes. Huit jours après, elle atteignait le Tagliamento. Mais, dès que les Italiens eurent dégagé et rassemblé leurs troupes éparses – et fortement diminuées – l'avance se poursuivit vers l'ouest sous la forme d'une simple attaque directe ; elle refoula les Italiens jusqu'à la Piave, solide barrière derrière laquelle ils pouvaient s'abriter. Ludendorff songea trop tard à faire passer rapidement des réserves dans le Trentin ; cette diversion fut déjouée en raison de la médiocrité du réseau ferré dans la région. L'armée autrichienne du Trentin tenta une vaine offensive avec ses seules et modestes ressources : elle ne pouvait plus agir efficacement sur les arrières d'un adversaire dont presque toutes les troupes et les réserves avaient été ramenées aussi loin vers l'arrière.

Le moment de la surprise initiale était passé. L'offensive austro-allemande se réduisit désormais à une simple manœuvre convergente directe qui repoussa les Italiens sur leurs réserves, leurs approvisionnements, leur pays et les renforts alliés. Son résultat, inévitable, fut négatif. Mais la mesure du succès acquis avec de si médiocres moyens n'en constituait pas moins une réponse assez ironique à l'adresse de Falkenhayn refusant, au début de 1916, de prendre en considération le plan de Conrad qui autorisait pourtant de plus larges espoirs.

*Le théâtre d'opérations des Balkans.*

Avant d'examiner le plan établi par Ludendorff pour l'année 1918, il est utile de rappeler la manière dont ses adversaires avaient agi, ou essayé d'agir, pendant les trois années précédentes, en dehors des fronts russe et français.

Alors que les G.Q.G. français et britannique conservaient, en France, une foi inébranlable dans les mérites de l'approche directe, non seulement pour enfoncer la barrière des tranchées, mais pour remporter une victoire décisive, on en doutait fort depuis le mois d'octobre 1914 dans les milieux éloignés du front aussi bien que dans la zone plus voisine des tranchées. Ceux qui adoptaient cette opinion, formulée à partir d'arguments qu'autorise la distance, n'appartenaient pas tous au monde politique dirigeant : parmi eux se trouvaient Gallieni en France et Kitchener en Angleterre ; ce dernier écrivait, le 7 janvier 1915, à Sir John French : « L'on peut considérer les lignes établies en France par les Allemands comme une forteresse qu'on ne saurait enlever d'assaut, pas plus qu'on ne peut l'investir complètement, avec ce résultat qu'elles peuvent être tenues par des forces d'investissement tandis que les opérations continuent ailleurs. »

Certains prétendaient, W. Churchill notamment, que la coalition ennemie devait être considérée dans son ensemble, et que les progrès modernes avaient si profondément modifié la manière d'évaluer les distances et la puissance de la mobilité, qu'un coup porté sur un autre théâtre de guerre correspondrait à l'attaque classique contre le flanc stratégique d'un adversaire. (L'on peut souligner que l'exemple de Napoléon, si souvent cité pour prouver qu'il fallait persévérer sur le front occidental, semble plutôt donner du poids à l'idée selon laquelle il faut alterner les coups sur différents points.) De plus, on s'accordait à dire qu'une pareille opération serait conforme à la traditionnelle stratégie amphibie de la Grande-Bretagne et lui permettrait d'exploiter les avantages militaires, jusqu'alors négligés, que lui valait sa maîtrise de la mer. Au mois de janvier 1915, Lord Kitchener avait appuyé un plan conseillant de couper la ligne principale des communications orientales de la Turquie, en débarquant dans le golfe d'Alexandrette. Les commentaires émis après la guerre par Hindenburg et Enver Pacha ont démontré que l'on eût ainsi paralysé la Turquie. Toutefois, cette opération n'aurait pu exercer une influence prépondérante ou constituer une approche indirecte sur l'alliance des Puissances Centrales considérée dans son ensemble.

Lloyd George conseilla de transférer le gros des forces britanniques dans les Balkans, et de pénétrer chez l'ennemi par la « porte de derrière ». Mais sûrs d'enlever bientôt la décision en France, les hauts-commandements français et britannique s'élevèrent vivement contre cette stratégie. Ils insistèrent sur les difficultés de transport et d'approvisionnement, et sur la facilité avec laquelle, à leur avis, l'Allemagne pourrait expédier rapidement des troupes pour faire face à la menace. Si l'on ne peut refuser quelque poids à ces objections, l'ardeur des chefs français et britanniques les poussa à en exagérer l'importance. En outre, elles étaient moins pertinentes lorsqu'elles visaient le plan que Gallieni voulait appliquer dans les Balkans. Il proposait un débarquement à Salonique, ville qui serait la base de départ d'une armée marchant sur Constantinople et assez forte pour décider la Grèce et la Bulgarie à se joindre à elle. La prise de la capitale turque devait être suivie d'une avance conjointe avec les Roumains, le long du Danube, jusqu'en Autriche-Hongrie. Au mois de septembre 1918, l'opinion militaire allemande inclinait à considérer comme « décisive » une pareille éventualité ; et, au cours de la première semaine de novembre, cette menace, toujours suspendue, fut un facteur déterminant qui hâta la capitulation de l'Allemagne.

Pourtant, en janvier 1915, la pression de l'opinion militaire balaya toutes les propositions qui allaient à l'encontre d'une concentration des efforts sur le front occidental. Mais les sentiments d'appréhension persistèrent et, dès lors, l'on se trouva dans une situation qui ressuscita le projet du Proche-Orient sous une forme nouvelle, quoique atténuée.

Le 2 janvier 1915, le grand-duc Nicolas faisait appel à Kitchener et lui demandait une diversion pour alléger la pression qu'exerçait la Turquie sur les armées russes du Caucase. Ne pouvant fournir des troupes, Kitchener suggéra une démonstration navale contre les Dardanelles. Churchill, appréciant les vastes possibilités stratégiques et économiques qu'offrait une semblable démonstration, proposa de la convertir, à défaut de l'aide militaire demandée par les Russes, en une tentative pour forcer le passage. Quoique sans enthousiasme, les conseillers navals ne s'opposèrent pas à ce projet, et l'amiral Carden établit aussitôt un plan d'opérations. Une force navale, composée surtout de navires désuets, fut réunie avec le concours des Français et, le 18 mars, elle entrait dans les Détroits après un bombardement préliminaire. Mais des mines flottantes récemment posées dans une zone imprévue, coulèrent plusieurs bâtiments et la tentative fut abandonnée.

On peut se demander si, renouvelée promptement, l'opération n'eût pas réussi ; les munitions turques étaient épuisées et, dans ces conditions, l'obstacle des mines flottantes aurait pu être surmonté. Mais le nouveau commandant des forces navales, l'amiral de Robeck, se montra opposé au projet à moins qu'il ne fût soutenu sur terre. Déjà, le mois précédent, le conseil de guerre s'était résolu à une attaque combinée et, à cet effet, avait transféré des troupes commandées par Sir Ian Hamilton. Or, de même que les hautes autorités avaient accepté tardivement le nouveau plan, de même elles ne se hâtèrent pas de lui attribuer des troupes nécessaires. De plus, lorsque celles-ci furent enfin envoyées, en nombre insuffisant d'ailleurs, on avait perdu plusieurs semaines à Alexandrie à régler le transport de ces troupes suivant les nécessités de l'action tactique. Et pour comble de malheur, cette politique de tergiversation supprimait toute chance d'opérer par surprise. Lors du bombardement préliminaire du mois de février, il n'y avait dans les Détroits que deux divisions turques ; au moment de la démonstration navale, le nombre en fut doublé, et on en comptait six lorsque Hamilton se trouva enfin en état de tenter le débarquement. Ses effectifs, comprenant quatre divisions britanniques et une française, étaient inférieurs à ceux de l'ennemi qui, d'autre part, détenait la suprématie inhérente à la défensive sur l'offensive, avantage encore accru par les difficultés du terrain. Sa faiblesse numérique et sa mission, limitée au seul soutien du passage de la flotte, forcèrent Hamilton à débarquer sur la péninsule de Gallipoli, de préférence au continent ou à la rive asiatique.

Le 25 avril, les Britanniques partis de l'extrémité méridionale de la péninsule, près du cap Hellès et de Gaba Tépé, à 15 milles environ de la côte égéenne, firent un premier bond en avant. Les Français, chargés d'opérer une diversion, débarquèrent un instant à Koum Kaleh, sur la rive d'Asie. Mais, dès qu'eut fini de jouer l'atout fugitif de la surprise tactique et que les Turcs purent amener leurs réserves, les envahisseurs ne purent étendre ces précaires têtes de pont.

Finalement, en juillet, le gouvernement britannique décida d'envoyer cinq nouvelles divisions pour renforcer les sept qui se trouvaient déjà dans la péninsule. Lorsqu'elles arrivèrent, les forces turques s'étaient également accrues et comprenaient à ce moment quinze divisions. Hamilton décida un coup double : le premier devait être porté sur Gaba Tépé avec un groupe d'attaque renforcé pendant qu'un détachement débarquerait à quelques milles au nord, dans la baie de Souvla, pour contrôler le milieu de la péninsule et s'assurer des hauteurs qui commandaient le Détroit. Si ce coup paraît plus direct qu'un débarquement à Bulaïr ou sur la côte asiatique, il peut se justifier par le fait qu'il intervenait sur une direction inattendue pour l'ennemi dont les réserves étaient concentrées ailleurs. Un bataillon et demi turc interdit seul le passage pendant les trente-six heures qui s'écoulèrent jusqu'à l'arrivée des réserves. Le moment et l'occasion furent ainsi perdus, par l'inexpérience des troupes de débarquement et l'inertie des chefs chargés de mener l'attaque. La déception que causa cet échec jointe à l'opposition de tous ceux qui, dès le début, avaient combattu l'entreprise, aboutit bientôt à l'évacuation de la péninsule.

Voici le verdict de Falkenhayn sur le plan de l'expédition : « Si les détroits reliant la mer Noire à la Méditerranée n'étaient pas fermés de façon permanente au trafic de l'Entente, les chances de gagner la guerre seraient considérablement diminuées pour nous. La Russie serait libérée de son isolement, important pour nous... lequel offrait la garantie, plus sûre que des succès militaires, que tôt ou tard les forces de ce Titan seraient automatiquement paralysées. »

L'erreur commise ne tient pas tant à la conception, mais plutôt à l'exécution. Si les Britanniques avaient engagé dès le début ne fût-ce qu'une grosse partie des forces que, finalement, ils durent dépenser par petits paquets, il est très probable – et les chefs ennemis en eurent conscience – que le succès aurait couronné leur entreprise. L'opération des Dardanelles, tout en étant une approche directe de la Turquie, constituait une approche indirecte du gros des armées turques engagées à cette époque dans le Caucase et, sur un plan plus élevé, une approche indirecte de l'ensemble des Puissances Centrales. À mettre en parallèle les sombres et stériles perspectives de la lutte en France, où le rapport des masses combattantes et de l'espace ne permettait pas d'espérer une rupture décisive, avec la conception des Dardanelles, celle-ci paraît avoir respecté le principe qui prescrit d'ajuster la fin aux moyens, bien que ce principe ait été violé dans l'exécution.

*Les théâtres d'opérations de Palestine et de Mésopotamie.*

Les expéditions au Moyen-Orient ne sont guère du domaine de cette étude. Du point de vue stratégique, elles étaient trop lointaines pour prétendre provoquer un résultat décisif ; d'autre part, si on les considère comme moyens de diversions stratégiques, elles absorbèrent toutes deux, du côté britannique, bien plus de forces que l'ennemi n'en eut à leur opposer pour leur tenir tête.

Du point de vue politique, on peut toutefois retenir un résultat. Dans le passé, la Grande-Bretagne avait souvent compensé les échecs de ses alliés continentaux en s'emparant des possessions d'outre-mer de ses ennemis. Dans l'éventualité d'une issue défavorable ou indécise sur le théâtre d'opérations principal, de telles acquisitions constituent autant d'atouts lorsque s'ouvrent les négociations de paix. Ils agissent également comme un tonique pendant toute la durée du conflit[1].

1. Ceux qui, plus tard, s'opposèrent à restituer à l'Allemagne une partie des colonies qui lui avaient été confisquées et évoquaient le danger qu'elles pouvaient présenter, ne tenaient pas compte de la valeur indirecte pour les Britanniques, en cas de guerre, de ces terri-

La stratégie locale de Palestine mérite pourtant l'attention. Au début, elle combina les inconvénients de l'approche directe et de l'approche indirecte. Elle adopta la ligne d'attente normale de l'ennemi qui représentait aussi le chemin le plus long et le plus difficile pour atteindre un centre vital de la puissance turque. Aux mois de mars et d'avril 1917, après les deux premiers échecs de Gaza, place qui gardait la voie d'approche directe de Palestine en Égypte par la côte, on tenta à l'automne une offensive moins directe avec toutes les forces disponibles.

Le plan, dressé par Chetwode et adopté par Allenby lorsqu'il remplaça Murray dans son commandement, était aussi géographiquement indirect que le permettaient les provisions d'eau et l'étroitesse de la zone comprise entre la mer et le désert. Les défenses turques de Gaza se développaient jusqu'à 20 milles dans l'intérieur tandis que, à 10 milles au-delà, Beersheba constituait un avant-poste couvrant la partie orientale de la possible région d'approche. Une grande discrétion et quelques ruses permirent d'abord d'attirer l'attention des Turcs du côté de Gaza ; puis, Allenby s'empara de Beersheba avec ses réserves en eau, au moyen d'une attaque brusquée dirigée sur le côté non protégé de la ville. Et, conformément au plan, une attaque contre Gaza fit diversion pendant que les Britanniques portaient un coup dans le flanc de la position principale des Turcs, et que la cavalerie de Beersheba tournait rapidement les

---

toires : des succès initiaux pouvaient y être obtenus qui compenseraient les effets déprimants de ceux de l'ennemi, en Europe, et la perte de prestige. L'importance psychologique de tels contrepoids ne devrait jamais être sous-estimée, surtout par une puissance maritime.

En outre, la possession, par une puissance continentale, de territoires d'outre-mer dont elle peut être coupée, tend à contrarier ses tendances agressives. Ce fut manifeste pour l'Italie qui hésita longtemps à se lancer dans la guerre de 1939 et ne le fit que lorsque la victoire de son alliée lui parut assurée. Un dispositif de bases implantées outre-mer peut entamer la volonté de guerre, encore qu'il ne puisse prétendre l'annuler.

arrières turcs. Mais des difficultés d'approvisionnement en eau et une contre-attaque turque au nord de Beersheba arrêtèrent cette manœuvre. Bien que le front turc ait été percé, aucun résultat décisif n'était acquis. Finalement, les forces turques se trouvèrent refoulées au-delà de Jérusalem, mais elles échappèrent à l'enveloppement et à l'anéantissement que les Britanniques avaient espérés.

La décision et la tentative visant à obtenir cet anéantissement furent ajournées pendant une année, jusqu'en septembre 1918. Entre-temps, dans le désert est et sud, une curieuse campagne contribuait à affaiblir la force combative des Turcs ; elle éclairait aussi d'une lumière nouvelle la stratégie, plus spécialement celle de l'approche indirecte. Cette campagne fut celle de la révolte arabe, avec Lawrence comme cerveau directeur. Si elle ressortit à la catégorie des actions de guérillas qui sont indirectes par nature, sa stratégie repose sur une base si scientifiquement calculée que nous ne saurions négliger ses répercussions sur la guerre normale. Adoptant une forme extrême de l'approche indirecte, cette campagne fut efficace autant qu'économique dans la limite de ses modestes moyens. Les Arabes étaient à la fois plus mobiles et moins capables de supporter les pertes que les armées classiques. Les Turcs se montraient presque insensibles aux pertes en hommes, mais non à celles en matériel dont la pénurie se faisait vivement sentir chez eux. Superbes lorsqu'ils étaient attaqués dans une tranchée, accueillant d'un feu nourri une cible avançant directement sur eux, ils n'étaient pas capables d'endurer l'effort prolongé réclamé par des opérations qui exigeaient une grande mobilité, ni de s'y adapter. Ils s'efforçaient de tenir une immense étendue de pays avec des effectifs qui ne suffisaient pas à occuper efficacement tout un réseau de postes détachés. Et ils dépendaient d'une longue et fragile ligne de communication.

De ces prémisses se dégagea une stratégie, antithèse de la doctrine orthodoxe. Là où les armées normales cherchent à conserver le contact, les Arabes cherchaient à l'éviter. Alors que les armées normales poursuivent la destruction des forces adverses, les Arabes ne prétendaient qu'à détruire le matériel et à le découvrir en des points où il n'était pas gardé. Mais la stratégie de Lawrence allait plus loin. Au lieu de chercher à chasser l'ennemi en le coupant de ses approvisionnements, il visa à le maintenir dans cette aire en lui laissant parvenir de petites rations ; de sorte que plus longtemps l'ennemi demeurait en place, plus il s'affaiblissait et se démoralisait. Des attaques sérieuses auraient pu l'inciter à se concentrer et à simplifier ses problèmes d'approvisionnement et de sûreté. Des piqûres d'épingle le tenaient dispersé. Parce qu'elle était aussi peu conventionnelle que possible, cette stratégie conduisait simplement à son aboutissement logique ; elle suivait la ligne de moindre résistance. Ainsi que l'a expliqué Lawrence, « l'armée arabe n'a jamais cherché à conserver ou à exploiter un avantage ; mais à faire mouvement pour frapper de nouveau en un autre point. Elle employait l'effectif minimum dans le minimum de temps et à l'endroit le plus éloigné. Prolonger l'action jusqu'à ce que l'ennemi ait modifié sa tactique de combat pour résister eût été rompre avec la règle fondamentale qui consistait à lui refuser des cibles ».

En quoi cette stratégie différait-elle de celle pratiquée en 1918 sur le front occidental ? Identique au fond, mais poussée à un degré plus élevé. Son application au problème de la guerre normale est conditionnée par les facteurs espace, temps et moyens. Tout en étant une forme de blocus plus expéditive et plus active, elle demeure, par sa nature même, plus lente à produire son effet qu'une stratégie de dislocation. Dès lors, si une décision rapide paraît s'imposer pour des raisons de politique nationale, il est préférable d'adopter cette dernière. Mais, à moins que la fin ne soit recherchée par une approche indirecte, il est probable qu'elle se montrera plus lente, plus coûteuse et plus dangereuse que la stratégie de Lawrence. Le manque d'espace et une grande densité de moyens sont également des handicaps, bien que rarement insurmontables. D'une manière générale, dans la guerre normale, il faut opter pour la forme d'approche indirecte qui vise une décision rapide en prenant l'adversaire au piège, s'il existe de fortes chances de réussite. Sinon, ou après que ce moyen aura échoué, on retiendra cette forme d'approche indirecte qui cherche la décision éventuelle en sapant la force et la volonté de l'adversaire. Tout est préférable à l'approche directe.

Il ne devait pas être donné à la Révolte Arabe de mener à bien sa stratégie. En effet, en septembre 1918, lorsqu'elle eut réduit l'armée turque échelonnée sur la ligne du Hedjaz à un état de paralysie complète, les forces principales turques en Palestine furent abattues par un coup unique et décisif. Dans cette affaire, sous le commandement d'Allenby, les forces arabes jouèrent un rôle important.

Les opérations qui terminèrent la guerre en Palestine doivent-elles être considérées comme une campagne ou bien comme une bataille complétée par une poursuite ? Il est difficile d'en décider. Car, dès le début de la lutte, les deux partis étaient au contact, et la victoire fut acquise avant la rupture de ce contact, de sorte que ces opérations semblent plutôt appartenir à la catégorie des batailles. Mais la victoire s'obtint surtout par des moyens stratégiques, et la part du combat fut insignifiante.

Ces particularités eurent pour effet de déprécier l'importance des résultats acquis, surtout aux yeux de tous ceux dont l'échelle des valeurs est déterminée par le dogme de Clausewitz, selon qui le sang versé est le prix de la victoire. Quoique Allenby détînt la supériorité numérique (deux ou peut-être trois contre un), la balance penchait moins en sa faveur que lors de la première avance britannique en Palestine qui aboutit à un échec. Plusieurs autres offensives avaient du reste échoué, tant au cours de la Guerre mondiale que dans les conflits antérieurs, avec une supériorité de forces similaire.

Mais ce qui contribua plus sérieusement à déprécier cette victoire, ce fut la dégradation du moral des Turcs. Pourtant, même en faisant la part des conditions avantageuses du mois de septembre 1918, les opérations en question n'en doivent pas moins être rangées parmi les chefs-d'œuvre de l'histoire militaire en raison de l'ampleur de vues avec laquelle elles furent traitées. Tout en admettant que le problème n'était pas difficile, il faut reconnaître que, dans ses grandes lignes, cette campagne offre le tableau presque unique d'une conception irréprochable, parfaitement exécutée.

Le plan de la campagne de Palestine répond bien à la définition de la stratégie donnée par Willisen : Étude des communications. Et il s'accorde aussi avec la maxime de Napoléon selon qui « tout le secret de l'art de la guerre consiste à se rendre maître des communications ». Il visait en effet à rendre les Britanniques maîtres de toutes les communications turques et sous toutes leurs formes. Couper les lignes de communication d'une armée, c'est paralyser son organisation matérielle. Fermer la ligne de retraite, c'est paralyser son organisation morale ; et détruire les lignes de communication intérieures – par lesquelles se transmettent ordres et comptes rendus – c'est paralyser son système nerveux, connexion essentielle entre le cerveau et le corps. Dans le cas qui nous occupe, l'aviation cherchait à exécuter cette troisième opération. Elle chassa de l'air les avions ennemis, aveuglant ainsi le commandement turc ; puis, en bombardant les installations télégraphiques et téléphoniques d'Afuleh, elle le rendit du même coup sourd et muet. La seconde phase de cette action doit, à juste titre, être portée au compte des Arabes qui coupèrent à Deraa la voie ferrée principale, obtenant ainsi le résultat matériel qui consistait à arrêter pendant un certain temps le courant des approvisionnements turcs – et, seule, cette interruption temporaire importait ici. En outre, fut acquis un résultat moral : le commandement turc fut poussé à envoyer, sur les lieux des incidents, une partie de ses maigres réserves, juste avant d'être privé de tout moyen de commandement.

Les trois prétendues armées turques dépendaient d'une

seule artère ferrée pour leurs communications avec Damas. À Deraa, tandis qu'une ligne s'enfonçait dans le sud vers le Hedjaz, une autre piquait à l'ouest de l'autre côté du Jourdain, jusqu'à Afuleh, d'où un tronçon remontait vers la mer, vers Haïfa, et un autre se dirigeait au sud jusque dans la région occupée par les 7e et 8e Armées turques. La 4e, à l'est du Jourdain, dépendait du chemin de fer du Hedjaz. Prendre pied à Afuleh et sur le Jourdain, que la ligne traversait près de Beïsan, c'était couper les communications des 7e et 8e Armées et, en même temps, fermer leurs lignes de retraite en ne leur laissant libre qu'une issue difficile vers la région transjordanienne désolée. Occuper Deraa, c'était contrôler les communications des trois armées, et supprimer la meilleure ligne de retraite de la 4e.

Deraa était trop éloignée pour que, du front britannique, on pût l'atteindre dans un délai assez court pour peser rapidement sur le résultat final. Heureusement, les Arabes étaient prêts à surgir du désert comme des fantômes et à couper les trois lignes de chemin de fer. Mais ni le caractère de la tactique arabe, ni la nature du pays ou la situation même de Deraa ne se prêtaient à l'organisation d'un barrage stratégique sur les arrières des Turcs. Allenby, toujours à la recherche d'une décision rapide et complète, avait besoin d'un emplacement plus rapproché pour établir ce barrage, et tel que le Jourdain et la zone montagneuse de l'ouest pussent également être utilisés pour bloquer les issues à l'ennemi. Or, la bifurcation d'Afuleh et le pont du Jourdain près de Beïsan, situés dans un rayon de 60 milles, se trouvaient à portée d'un « bond stratégique » exécuté au moyen de voitures blindées et de cavalerie, mais à condition que l'on réussît à atteindre ces points vitaux sans rencontrer d'obstacles. Le problème était de trouver une ligne d'approche que l'ennemi ne pût bloquer en temps utile, et de s'assurer auparavant qu'il ne préparait rien à cet effet.

Comment le problème fut-il résolu ? La plaine côtière de Saron fournissait un couloir d'accès à la plaine d'Esdrelon et à la vallée de Jezraël dans laquelle se trouvaient Afuleh et Beïsan. Une seule porte coupait ce couloir, et encore était-elle située si loin en arrière qu'elle n'était pas gardée ; elle était constituée par l'étroite ligne de montagnes qui sépare la plaine côtière de Saron de la plaine d'Esdrelon à l'intérieur. Mais l'entrée du couloir était barrée par les tranchées turques.

À l'aide d'une préparation psychologique patiemment entretenue dans laquelle les obus furent remplacés par un jeu varié de ruses et de feintes, Allenby détourna l'attention de l'ennemi, fixée sur la côte, vers la vallée du Jourdain. Il y fut aidé par l'échec même des deux avances tentées à l'est du Jourdain au cours du printemps.

Au mois de septembre, alors que les Turcs continuaient à regarder vers l'est, les troupes d'Allenby s'avancèrent secrètement à l'ouest et atteignirent le secteur côtier au moment où leur supériorité numérique de deux contre un venait de passer à cinq contre un. Le 19 septembre, après un quart d'heure d'intense bombardement, l'infanterie avança et bouscula sans peine les deux tranchées turques établies assez superficiellement ; puis, tel un immense battant de porte qui roule sur ses gonds, elle se retourna vers l'est par une large conversion vers l'intérieur. La cavalerie se précipita par la porte béante et, pénétrant dans le couloir avec les voitures blindées, elle poussa par les défilés jusqu'à la plaine d'Esdrelon. Ce succès doit être attribué pour une bonne part à l'aviation britannique dont l'activité avait rendu le commandement turc aveugle, sourd et muet.

Le lendemain, le barrage stratégique était établi sur les arrières des Turcs. Une seule issue leur restait pour s'échapper, à l'est, de l'autre côté du Jourdain. Ils auraient pu y parvenir n'eût été l'intervention de l'aviation, car l'infanterie d'Allenby progressait très lentement devant l'opiniâtre résistance des arrière-gardes ennemies. Le 21 septembre, tôt dans la matinée, les avions britanniques reconnurent une assez forte colonne ennemie – à peu près tout ce qui restait des deux armées turques – serpentant le long de la gorge escarpée de Naplouse jusqu'au Jourdain. Une attaque aérienne, qui dura quatre heures, acheva de disperser cette procession : les 7e et 8e Armées turques n'étaient plus. Leurs débris fuyaient, pareils à un troupeau de bétail.

À l'est du Jourdain, où n'existait aucune possibilité d'établir un barrage, le sort de la 4e Armée fut rapidement réglé, et cela au moyen d'incessants coups d'épingle plutôt que par une brutale destruction. La prise de Damas s'ensuivit, victoire qui fut exploitée par une marche sur Alep, à 200 milles de Damas, et à 350 milles des bases de départ que les Britanniques avaient quittées trente-huit jours plus tôt. Au cours de cette avance, ils avaient fait 75 000 prisonniers au prix de pertes s'élevant à moins de 5 000 hommes.

Allenby venait d'atteindre Alep lorsque la Turquie, que menaçaient encore plus l'effondrement imminent de la Bulgarie et l'avance de Milne, parti de Salonique, sur Constantinople et ses arrières, se décida à déposer les armes le 31 octobre.

En analysant la victoire décisive de Palestine, on peut remarquer que les Turcs pouvaient arrêter l'infanterie britannique avant le moment où ils eurent connaissance du barrage stratégique établi sur leurs arrières ; mais la nouvelle produisit son invariable et inévitable effet moral. De plus, du fait qu'une guerre de tranchées se déroulait auparavant, l'infanterie était nécessaire pour forcer la porte. Mais dès que les conditions normales de la guerre eurent été rétablies, les éléments mobiles, qui ne constituaient qu'une fraction des forces totales, assurèrent la victoire. La subtilité de ce cas particulier d'approche indirecte se trouva limitée à sa préparation ; son application dépendait uniquement des effets « disloquants » et démoralisants de la mobilité de l'assaillant, laquelle constitua une surprise à effet rémanent en raison de son degré.

Un autre théâtre dans le sud-est – Salonique – appelle incidemment une remarque. L'envoi de troupes alliées eut pour origine la tentative inefficace, et décidée trop tard, faite pour soutenir l'effort des Serbes, à l'automne de 1915. Trois ans après, partait de ce même point une offensive dont les conséquences allaient être capitales. Mais, bien que le maintien d'un point d'appui dans les Balkans fût nécessaire entre-temps pour des raisons de politique et de stratégie potentielle, l'on peut légitimement se demander s'il fut sage et vraiment nécessaire d'enfermer tant de troupes – finalement un demi-million d'hommes – dans ce que les Allemands appelaient ironiquement leur « plus grand camp de prisonniers ».

## 14

# La stratégie de 1918

Toute étude des événements militaires de la dernière année de guerre exige l'intelligence de la situation navale antérieure à 1918, et qui en est inséparable. En effet, à défaut d'une décision militaire que l'on avait escomptée plus tôt, le blocus naval exerçait une action de plus en plus prépondérante sur la situation militaire.

À dire vrai, si l'historien doit préciser la journée qui décida de la Guerre mondiale, il choisira probablement le 2 août 1914 – l'Angleterre n'était pas encore entrée en guerre – lorsque Winston Churchill, alors Premier Lord de l'Amirauté, lança à 1 h 25 du matin l'ordre de mobilisation générale de la marine britannique. Cette marine n'allait pas rééditer Trafalgar, mais elle devait contribuer, plus que tout autre facteur, à la victoire des alliés. La marine fut en effet l'instrument du blocus et, à mesure que se dissipe, à la lumière des années d'après-guerre, la brume qui masque les événements, on voit ce blocus prendre une importance de plus en plus grande et devenir sans aucun doute l'agent qui décida de l'issue de la lutte. Telle la camisole en usage dans les geôles américaines pour mater les prisonniers récalcitrants, le blocus, en resserrant progressivement son étreinte, gêna d'abord les mouvements de la victime, puis l'étouffa ; plus il se resserrait et plus il maintenait sa pression, plus le prisonnier perdait sa capacité de résistance, et plus cette strangulation exerçait une influence démoralisatrice.

L'impuissance pousse au désespoir ; et l'histoire atteste que la perte de toute espérance décide de l'issue d'une guerre bien plus que celle des vies humaines. Aucun historien ne songerait à sous-estimer l'effet direct produit par la demi-famine du peuple allemand, laquelle provoqua finalement l'écroulement du « front de l'intérieur » ; mais laissant de côté la question de la relation entre la révolution et la défaite militaire – ou vice versa – le facteur intangible et omniprésent du blocus intervient dans toutes les considérations sur la situation militaire.

Car ce fut le fait et la menace potentielle, sinon le résultat du blocus, qui contraignirent l'Allemagne à entreprendre sa première campagne sous-marine en février 1915. Celle-ci permit à la Grande-Bretagne de dénoncer la Déclaration de Londres et de renforcer le blocus en revendiquant le droit d'intercepter et de visiter tous les navires soupçonnés de ravitailler l'Allemagne. De plus, en torpillant le *Lusitania*, les Allemands donnèrent aux États-Unis un motif décisif, quoique tardif, pour entrer en guerre ; du même coup, ils supprimèrent les frictions provoquées par le resserrement du blocus dans les relations anglo-américaines.

Deux ans après, la tension économique causée par le blocus incita les chefs militaires allemands à intensifier une guerre sous-marine illimitée. La Grande-Bretagne dépendait de la mer pour approvisionner son peuple et maintenir ses armées : c'était le défaut de son armure et, étant donné les conséquences immédiates qu'aurait forcément l'offensive sous-marine, il était permis de penser que cette approche indirecte de grande stratégie lui infligerait un coup mortel. Si les calculs de l'ennemi se montrèrent erronés, l'Angleterre fut bien près pourtant, dans la situation critique où elle se trouva, d'en confirmer l'exactitude. Les pertes en tonnage (500 000 tonnes en février) s'élevèrent jusqu'à 875 000 en avril ; et lorsque des contre-mesures, coïncidant chez les Allemands avec le nombre insuffisant de sous-marins, amenèrent la diminution de ces hécatombes, la Grande-Bretagne ne disposait plus à ce moment que de six semaines de vivres.

Les espoirs des dirigeants de l'Allemagne, confiants dans une décision économique, avaient réagi sur leurs craintes d'un effondrement économique ; et ils prirent l'initiative d'une campagne sous-marine, tout en ayant conscience de la gravité de cette mesure et en acceptant le risque presque certain de pousser les Américains à entrer dans la guerre. Le 6 avril 1917, ce risque devenait un fait accompli. Mais, quoique la force militaire de l'Amérique exigeât beaucoup de temps pour s'organiser – l'Allemagne y comptait bien – la seule déclaration de guerre provoqua immédiatement un resserrement du blocus naval. Désormais belligérants, les États-Unis manièrent cette arme économique sans se préoccuper des pays neutres, et avec un esprit de décision qui dépassa même de beaucoup les déclarations les plus hardies de la Grande-Bretagne au cours des dernières années de controverses sur les droits des neutres. Le blocus ne fut plus entravé par les objections des neutres ; mais, au contraire, la coopération américaine le transforma en une strangulation continue sous laquelle l'Allemagne fléchit peu à peu, attendu que la puissance militaire est basée sur l'endurance économique – vérité trop souvent oubliée.

Le blocus peut être classé comme une grande stratégie d'approche indirecte à laquelle il est impossible d'opposer une résistance efficace ; et sa caractéristique est qu'il n'implique aucun risque, sauf celui inhérent à la lenteur de son effet. Celui-ci cependant tendit à s'accélérer à mesure que l'action se poursuivait et, à la fin de 1917, les Puissances Centrales le ressentirent durement. Ce fut cette pression économique qui, non seulement leurra l'Allemagne, mais encore la contraignit à se lancer dans l'offensive militaire de 1918, laquelle, une fois qu'elle eut échoué, s'avéra funeste. À défaut d'un geste opportun en faveur de la paix, elle n'avait le choix qu'entre cette offensive et un lent affaiblissement s'achevant en effondrement.

Si, après la Marne, en 1914 ou même plus tard, l'Allemagne avait adopté une politique de guerre défensive à l'ouest et d'offensive à l'est, l'issue du conflit aurait pu être bien différente. D'une part, elle aurait certainement réalisé son rêve de Mitteleuropa et, d'autre part, le blocus, dont l'étreinte ne se faisait pas encore trop sentir, ne pouvait guère être efficacement renforcé tant que les États-Unis demeuraient en dehors du conflit. Contrôlant la zone de l'Europe centrale, la Russie étant hors-jeu et réduite à un vasselage économique, on n'a que de bien faibles raisons de croire que les efforts de la Grande-Bretagne, de la France et de l'Italie auraient abouti à faire plus, ou même autant, que d'inciter l'Allemagne à renoncer à la Belgique et au nord de la France en échange de ses gains à l'est. Une plus grande Allemagne, plus grande aussi en force et en ressources potentielles, aurait bien pu renoncer à la gloire de victoires militaires sur les alliés d'Occident. En vérité, renoncer à un jeu qui n'en vaut pas la chandelle, voilà ce qui distingue la grande stratégie de la grandiose stupidité.

Mais, en 1918, l'occasion était passée. L'endurance économique de l'Allemagne était gravement atteinte et le blocus, en se resserrant, diminuait la force de résistance du pays plus rapidement que ne pouvait la rétablir l'injection tardive des ressources économiques de la Roumanie conquise et de l'Ukraine.

Telles étaient les conditions dans lesquelles se déclencha l'offensive finale des Allemands et l'enjeu risqué pour tenter d'enlever une décision militaire qui sauverait la nation. Le retour des troupes du front russe leur assurait une supériorité numérique, moindre cependant que celle dont avaient disposé les alliés au cours de leurs campagnes offensives. Au mois de mars 1917, 178 divisions françaises, britanniques et belges s'opposaient à 129 divisions allemandes. Au mois de mars 1918, 192 divisions allemandes se trouvaient disponibles contre 173 divisions alliées – en ramenant à l'échelle ordinaire les divisions américaines à effectifs doubles des nôtres, et dont quatre et demie venaient d'arriver.

Tandis que les Allemands pouvaient en rappeler encore quelques-unes de l'est, l'afflux des Américains dans l'autre camp transforma rapidement le petit ruisseau initial en un torrent, sous la pression de circonstances critiques. Sur le total des forces allemandes, 85 divisions, classées comme « divisions d'assaut », étaient en réserve et, sur le total allié, il y en avait 62 en réserve mais non placées sous le contrôle d'une autorité unique ; le projet d'une réserve générale de 30 divisions placées sous le contrôle du Comité Exécutif militaire de Versailles n'avait pu tenir devant la déclaration de Haig affirmant qu'il ne pourrait pas fournir sa quote-part de sept divisions. Lorsque vint l'épreuve, l'accord d'aide réciproque établi entre Français et Britanniques se rompit. Le désastre hâta l'adoption d'une mesure qui aurait dû être prise plus tôt et, sur l'initiative de Haig, Foch fut chargé de coordonner, puis de commander en chef, les armées alliées.

Le plan des Allemands se caractérisait par la recherche d'une surprise tactique plus complète et de conséquences plus vastes que toutes celles envisagées lors des premières opérations de la guerre. Il faut le porter à leur crédit ; le commandement et l'état-major allemands comprirent que l'attaque sur la ligne d'attente naturelle présente des inconvénients que la supériorité du nombre ne saurait compenser ; qu'une surprise efficace ne peut être obtenue que grâce à un composé subtil de plusieurs facteurs de feintes ; et que, enfin, seul un pareil ensemble de facteurs permettra de faire la brèche dans un front rigoureusement clos.

Un bombardement bref mais intense avec des obus à gaz, devait être l'élément principal de l'offensive. Ludendorff n'avait pas saisi l'importance du char assez tôt pour en développer l'emploi. Mais on apprit à l'infanterie une nouvelle tactique d'infiltration dont l'idée directrice voulait que les troupes de l'avant décèlent les points faibles de la défense et y pénètrent tandis que les réserves viendraient en exploiter le succès, et non en réparer l'échec éventuel. Les divisions d'attaque devaient être mises en place pendant la nuit, et les masses d'artillerie, dissimulées tout près du front, ouvrir le feu sans réglage préliminaire. De plus, les préparatifs faits pour des attaques successives sur d'autres points aideraient à mystifier le défenseur, tout en permettant d'autres développements.

Ce n'était pas tout. De l'expérience acquise à la suite des offensives avortées des alliés, Ludendorff avait déduit que « la tactique doit être envisagée avant les objectifs purement stratégiques dont il est vain de poursuivre la réalisation si le succès tactique préalable n'est pas possible ». À défaut d'approche indirecte stratégique, ce raisonnement était exact. Aussi, dans le plan allemand, la nouvelle tactique devait être accompagnée d'une nouvelle stratégie. L'une était le corollaire de l'autre, et toutes deux basées sur un principe nouveau, ou ressuscité, qui consistait à poursuivre l'effort sur la ligne de moindre résistance. Les conditions de 1918, en France, limitaient la liberté d'emprunter la ligne de moindre résistance – du reste Ludendorff ne l'essaya pas. Mais avec les adversaires déployés au contact le long de la ligne des tranchées, une irruption brusquée et exploitée rapidement pouvait conduire à portée d'un but qui, normalement, ne pourrait être atteint qu'en prenant la ligne de moindre attente.

La rupture aboutit rapidement à la percée ; celle-ci fut exploitée sans délai, et pourtant le plan échoua. Par où péchait-il ? Les critiques formulées par la suite, et après la guerre, portèrent sur le fait que son penchant pour la tactique avait poussé Ludendorff à changer de direction et à disséminer ses forces pour concentrer ses efforts sur le succès tactique aux dépens du but stratégique. Le principe parut faux, et l'on n'hésita pas à le dire. Mais un examen plus serré des documents allemands dont on dispose depuis cette époque ainsi que des ordres et instructions de Ludendorff, jette un jour différent sur la question. Il semble que la véritable faute fut que Ludendorff ne mit pas en pratique le nouveau principe qu'il avait adopté en théorie, qu'il ne perçut pas la signification profonde de cette nouvelle théorie stratégique ou qu'il recula devant tout ce qu'elle impliquait. En réalité, il gaspilla une trop grande part de ses réserves à réparer l'échec tactique, et il hésita trop longtemps sur la décision à prendre pour exploiter ses succès tactiques.

Le choix même du secteur d'attaque était une première erreur. L'opération devait être faite par les 17e, 2e et 18e Armées sur un front de 60 milles entre Arras et La Fère. On étudia deux thèses différentes : l'une, qui tenait pour une attaque sur le flanc du saillant de Verdun, fut rejetée parce que le terrain n'était pas favorable, parce qu'une percée ne pourrait guère amener un résultat décisif et que l'armée française avait trop bien récupéré après l'année de convalescence pendant laquelle rien n'était venu l'inquiéter. L'autre projet envisageait une attaque entre Ypres et Lens. Bien que soutenu par Wetzel, le conseiller stratégique de Ludendorff, et approuvé par le prince Rupprecht qui commandait le front entre Saint-Quentin et la mer, il fut rejeté parce qu'on se heurterait, disait-on, à la masse principale de l'armée britannique et que les terres basses seraient trop longues à s'assécher.

Finalement, le choix s'arrêta sur le secteur Arras-La Fère qui offrait un terrain favorable et était, en outre, le plus faible en organisations défensives, en défenseurs et en réserves. En outre, il se trouvait à la jonction des armées françaises et britanniques, et Ludendorff espérait consommer leur rupture, pulvériser ensuite les Britanniques qu'il estimait sérieusement affaiblis par leurs efforts prolongés à Ypres. Or, bien que la faiblesse relative de ce secteur fût vraie du point de vue général, le jugement un peu superficiel porté par les Allemands manquait d'exactitude. Le tiers de la ligne, au nord, était solide et solidement tenu par la 3e Armée britannique avec 14 divisions dont 4 en réserve, tandis que le gros des réserves britanniques appuyait ce flanc qui pouvait aussi recevoir – et reçut – très rapidement le soutien des autres armées britanniques postées au nord. Les deux tiers restants du secteur, sur lesquels s'abattit le coup allemand, étaient tenus par la 5e Armée britannique : 5 divisions occupaient la partie centrale, face à la 2e Armée allemande. La partie sud, face à la 18e Armée allemande, était également tenue par 7 divisions, dont une en réserve.

Mais Ludendorff attribua à sa 17e Armée, près d'Arras, 19 divisions pour l'attaque initiale confiée à son aile gauche seulement, sur un front de 14 milles. Le saillant britannique, vers Cambrai, ne devant pas être attaqué directement mais simplement serré de près, ce développement de 5 milles était suffisamment garni par 2 divisions allemandes de la 2e Armée ; celle-ci disposait de 18 divisions pour attaquer l'aile gauche de la 5e Armée britannique (5 divisions) sur un front de 14 milles. À l'extrémité sud, de chaque côté de Saint-Quentin, venait la 18e Armée. Ludendorff ne lui donna que 24 divisions pour attaquer sur un front de 27 milles. En dépit de son principe, Ludendorff répartissait ses forces d'après celles de l'adversaire, et ne se concentrait pas contre la résistance la plus faible.

Le sens de ses instructions accentua encore davantage cette tendance. L'effort principal devait s'exercer au nord de la Somme. Après avoir enfoncé le front ennemi, les 17e et 2e Armées obliqueraient vers le nord-ouest pour refouler les Britanniques vers la côte, tandis que la rivière et la 18e Armée couvriraient leur flanc. Cette dernière jouait simplement le rôle de flanc-garde. Ce plan devait être radicalement changé à l'exécution, car s'il paraissait suivre la ligne de moindre résistance, puisque Ludendorff obtint de rapides succès là où il ne le désirait pas spécialement, il ne réussit pas à en recueillir là où il le souhaitait le plus.

L'attaque fut lancée le 21 mars ; une brume matinale favorisa la surprise. Toutefois, alors que, sous la poussée, le front des alliés était complètement enfoncé au sud de la Somme, où la défense – mais aussi la troupe d'attaque –

était le plus réduite, la percée échoua près d'Arras, et cet échec réagit sur toute l'attaque au nord du fleuve. Un pareil résultat était pourtant facile à prévoir. Mais Ludendorff, violant encore une fois son nouveau principe, passa les jours suivants à essayer de ranimer son attaque contre le gros bastion d'Arras solidement défendu, et s'obstina à conserver cette direction comme axe d'effort principal. Pendant ce temps, il tenait étroitement en bride la 18e Armée qui avançait plus au sud sans rencontrer chez son adversaire d'opposition sérieuse. Le 26 mars seulement, il lui expédia l'ordre de ne pas traverser l'Avre et de régler son pas sur l'allure de sa voisine, la 2e Armée qui elle-même était retenue par les succès très limités de la 17e Armée près d'Arras. Ainsi, nous voyons qu'en réalité Ludendorff voulait à tout prix battre l'armée britannique en démolissant son meilleur secteur de résistance à l'aide d'une attaque directe. Et parce que cette idée le hantait, il n'appliqua que trop tard, sur la ligne de moindre résistance au sud de la Somme, tout le poids de ses réserves.

La manœuvre enveloppante projetée au nord-ouest aurait pu se réaliser sur le terrain, si ce mouvement eût été fait après avoir doublé le flanc du bastion d'Arras et pu être dirigé sur ses arrières. Le 26 mars, l'attaque au nord de la Somme – menée par l'aile gauche de la 17e Armée et la droite de la 2e – faiblissait visiblement, rançon de gains durement acquis. Au sud du fleuve, la gauche de la 2e Armée atteignit son objectif, mais elle allait se trouver embarrassée, ayant à opérer à travers le désert des champs de bataille de la Somme. La dévastation de cette zone compliquait son avance et l'arrivée de ses approvisionnements. Seule, la 18e Armée poussait de l'avant avec une impétuosité que rien ne venait ralentir.

Devant cette situation, Ludendorff adopta un nouveau plan tout en ne renonçant pas à l'ancien. Il ordonna, pour le 28 mars, une seconde attaque directe sur les hautes terres près d'Arras, attaque qui devait être exécutée par la droite de la 17e Armée, puis suivie d'une offensive de la 6e, juste au nord, entre Vimy et La Bassée. Mais au sud de la Somme, la situation se présentant favorablement, il fut porté à indiquer Amiens comme but principal de la 2e Armée. Même ainsi, il empêcha la 18e Armée de pousser en avant pour tourner le flanc de la résistance d'Amiens sans avoir reçu de nouveaux ordres. Cette ville, ayant été désignée comme un second objectif principal, devait être enlevée par une approche directe menée sur un mauvais terrain.

Le 28 mars, l'attaque d'Arras était lancée sans être favorisée ni par la surprise ni par un rideau de brouillard : elle échoua complètement devant la résistance bien préparée de la 3e Armée de Byng. Alors seulement, Ludendorff abandonna son idée initiale et dirigea sur Amiens son effort principal, soutenu par quelques-unes des réserves encore disponibles. Mais, entre-temps, il ordonnait à la 18e Armée de marquer le pas pendant deux jours. Lorsque l'attaque fut renouvelée le 30 mars, les forces engagées n'étaient pas en nombre suffisant et elles firent peu de progrès en face d'une résistance à laquelle on avait laissé le temps de se raffermir et de renforcer son rempart à l'aide du ciment des réserves françaises que l'on déversait maintenant à jet continu dans la muraille affaissée : pour la première fois ce jour-là, leur artillerie, arrivée sur le terrain plus tard que l'infanterie, intervint en force. Quinze divisions allemandes – dont quatre seulement étaient fraîches – tentèrent, le 4 avril, un nouvel effort, lequel réussit encore moins que le précédent.

Plutôt que de se laisser entraîner dans une guerre d'usure, Ludendorff arrêta alors l'attaque sur Amiens. À aucun moment, il ne tenta de profiter de sa puissance offensive pour élargir la cassure entre les armées françaises et britanniques. Or, le 24 mars, Pétain avait fait comprendre à Haig que si l'avance allemande persistait sur cette ligne, il lui faudrait ramener les réserves françaises vers le sud-ouest afin de couvrir Paris. Combien minime eût été l'effort supplémentaire à fournir par l'assaillant pour transformer cette fissure en une brèche béante !

Ce fait apporte un témoignage supplémentaire à la vérité historique selon laquelle un joint constitue le secteur d'attaque le plus sensible et le plus profitable ; et une pénétration entre deux armées ou deux unités est plus dangereuse si celles-ci sont collées épaule contre épaule que si elles se trouvent largement séparées, sans aucun lien organique.

Avec une grande partie de ses réserves qui tenaient le grand saillant d'Arras, Ludendorff décida, bien que sans beaucoup de confiance dans le succès, de déclencher une nouvelle attaque plus au nord. Le 25 mars, il avait prescrit, entre La Bassée et Armentières, une opération à petite échelle destinée à élargir sa percée. Après l'échec de son attaque du 18 mars sur Arras, il ordonnait l'extension de ce plan. L'attaque au sud d'Armentières devait être suivie, après un intervalle de vingt-quatre heures, d'une autre offensive au nord de celle-ci et destinée à serrer la ville de plus près.

Décidée un peu tard, l'attaque ne fut prête que le 9 avril et même à cette date, on l'envisagea plutôt comme une diversion. Mais, favorisé par un brouillard matinal, son succès inattendu du début contre un secteur affaibli amena Ludendorff à la convertir petit à petit en une opération de plus large envergure. Le 9 avril, au sud d'Armentières, 9 divisions allemandes, renforcées de 5 en réserve, tombèrent sur une division portugaise et deux britanniques, sur un front de 11 milles. Le lendemain, quatre autres divisions attaquèrent au nord d'Armentières sur un front de 7 milles et dans un brouillard épais. Lorsque la résistance commença à prendre corps, de nouvelles divisions furent engagées par petits paquets et, à la fin de la première semaine de mai, l'on avait envoyé au feu plus de 40 divisions. Ludendorff aboutissait finalement à une campagne d'usure.

Les Britanniques se trouvaient ainsi désespérément refoulés sur leurs bases maritimes, mais leur résistance avait arrêté le flux allemand, après que celui-ci eut réalisé une avance de 10 milles, juste au-dessous de l'importante gare de triage d'Hazebrouck. Le 17 avril, Ludendorff décida de tenter une offensive convergente de chaque côté d'Ypres ; mais le coup fut prévenu et presque annulé par l'action indirecte de Haig qui, pendant les quarante-huit heures précédentes, avait modifié l'orientation de sa ligne. Après l'avortement de ce projet, Ludendorff revint à une attaque purement directe au sud d'Ypres, où des réserves françaises venaient d'arriver pour occuper un secteur du front. L'attaque du 25 avril, tombant à la jonction des alliés, la perça au mont Kemmel, mais Ludendorff n'exploita pas, par crainte d'une contre-attaque. Depuis quelque temps, il se montrait économe de ses réserves, trop tard cependant et trop parcimonieusement pour s'assurer un véritable succès. Après l'échec de sa première offensive, il semble n'avoir eu que peu de foi dans le triomphe de la deuxième et, après un dernier effort, le 29 avril, il l'arrêta. Son intention, du reste, était de ne suspendre les opérations que jusqu'au moment où il réussirait à ramener les réserves françaises sur leur propre front, et se trouverait ainsi en état d'assener un coup final et décisif aux Britanniques dans les Flandres.

Déjà il avait prescrit de préparer une attaque dans le secteur du Chemin des Dames, entre Soissons et Reims, projet qui devait être exécuté le 17 avril, mais qui ne fut prêt que le 27 mai. La prolongation de l'offensive allemande dans les Flandres, en épuisant les réserves de Ludendorff, motiva en grande partie ce retard. Le service des renseignements du G.Q.G. américain avait annoncé le lieu et la date approximative de l'attaque, mais ses avertissements ne furent pris en considération que tardivement, lorsqu'un prisonnier de guerre vint les confirmer le 26 mai. À ce moment, il était trop tard pour renforcer la défense et on ne pouvait faire plus qu'alerter les troupes ; néanmoins les réserves purent être mises en mouvement. Le lendemain matin, le coup fut porté par 15 divisions avec 7 autres en seconde vague, sur un front de 24 milles tenu seulement par 5 divisions françaises et britanniques avec 4 en réserve. Aidée au départ par le brouillard et la fumée, l'attaque balaya les défenseurs du Chemin des Dames, franchit l'Aisne rapidement et arriva le 30 mai à la Marne. Là encore Ludendorff obtint un succès partiel auquel il n'était pas préparé et que, d'autre part, il n'avait pas désiré. Le stratège qui voulait surprendre était celui qu'on surprenait ! Cet heureux début, non seulement attirait là une trop forte proportion de ses propres réserves, mais aussi perdait tout effet utile parce qu'il n'avait, dans cette course, aucune avance sur les réserves alliées.

L'importance de ce premier succès fournit toutefois matière à observations. Elle semble due en partie à ce que l'attention et les réserves des alliés se portèrent ailleurs ; en partie également à ce que l'attaque fut orientée plus strictement sur la ligne de moindre résistance et, enfin, au manque de jugement dont fit preuve le commandement local français. Celui-ci insista pour masser l'infanterie sur les positions avancées, comme si on avait voulu comprimer cette masse humaine et l'offrir en chair à canon au feu des Allemands. L'artillerie, les réserves locales et le Q.G. de la défense se trouvaient également tout près du front : aussi la poussée allemande provoqua-t-elle un effondrement complet. Par là, l'attaque regagna l'effet de surprise tactique qu'elle avait partiellement perdu le jour où elle fut lancée. Car le but de toute surprise étant de disloquer l'adversaire, le résultat est identique, que celui-ci tombe au dépourvu dans un piège ou qu'il se laisse abuser les yeux ouverts.

À ce moment Ludendorff avait créé deux grandes poches et une troisième plus petite dans le front allié. Il tenta ensuite de supprimer la bretelle de Compiègne, située entre les saillants d'Amiens et de la Marne. Mais, cette fois, il n'y eut pas de surprise et, le 9 juin, le coup fut asséné sur le côté ouest de la « traverse » mais trop tard pour coïncider avec la pression exercée sur le côté est.

Une pause d'un mois suivit. Ludendorff désirait vivement frapper en Belgique son coup décisif, longtemps caressé et auquel il n'avait pas renoncé, contre les Britanniques. Mais il estimait que leurs réserves y étaient encore trop importantes. Aussi résolut-il, une fois de plus, de faire une diversion, espérant qu'une violente attaque dans le sud y provoquerait le rappel des réserves britanniques. N'ayant pas réussi à entamer la bretelle de Compiègne à l'ouest de son saillant de la Marne, il songeait à tâter de la même méthode à l'est, en attaquant des deux côtés de Reims. Mais il avait besoin d'un entracte pour reprendre haleine et se préparer. Ce délai lui fut néfaste en donnant aux Français et aux Britanniques le temps de réparer leurs pertes, et aux Américains celui de rassembler des forces.

Peut-être les succès tactiques de ses propres opérations causèrent-ils la perte de Ludendorff en ce sens que, cédant à leur influence, il exploita chacun d'eux trop loin et avec un intervalle excessif d'un coup à l'autre. Il suivit, non la ligne de moindre résistance, mais celle où la résistance se raffermissait. De sorte que, après la rupture initiale, chacune de ses attaques devint stratégiquement une simple approche directe. Il enfonça trois gros coins sans qu'aucun d'eux pénétrât assez profondément pour rompre une artère vitale. Et cet échec stratégique laissait les Allemands avec un front dentelé qui appelait des ripostes de flanc.

Le 15 juillet, Ludendorff lança sa nouvelle attaque, mais elle n'était plus un secret. À l'est de Reims, elle fut déjouée par une défense élastique et, à l'ouest, la pénétration des Allemands au-delà de la Marne ne fit que les préparer à une plus complète débâcle ; le 18 juillet, Foch lançait un coup longuement préparé contre l'autre flanc du saillant de la Marne. Là, Pétain, qui dirigeait l'opération, utilisa la clé qui manquait à Ludendorff : une masse de chars légers qui lui permit une attaque surprise suivant le modèle de Cambrai. Les Allemands réussirent à maintenir la porte du saillant assez longtemps ouverte pour replier leurs troupes, les mettre en sécurité et redresser leur ligne ; mais leurs réserves étaient épuisées. Ludendorff dut d'abord ajourner, puis abandonner l'offensive des Flandres ; et l'initiative passa finalement et définitivement aux alliés.

Le caractère de la riposte alliée sur la Marne mérite examen. Pétain avait demandé à Foch de rassembler deux groupes de réserves, respectivement à Beauvais et à Épernay, en vue de contre-attaquer le flanc d'une nouvelle attaque allemande qui pourrait se produire ultérieurement. Le premier groupe, aux ordres de Mangin, servit à briser l'attaque ennemie le 9 juin ; ensuite on l'aiguilla sur une autre position, à l'ouest du saillant de la Marne. Foch projetait de l'employer à des fins directement offensives sur le nœud de voies ferrées de Soissons. Tandis que l'on s'y préparait, le service des renseignements apprenait de source sûre qu'une attaque allemande se préparait près de Reims. Foch résolut de la prévenir, et non plus d'y riposter, en lançant son coup le 12 juillet. Pétain, lui, avait au contraire l'idée de laisser les Allemands arriver et s'empêtrer dans leur avance, puis de frapper sur les arrières de leur flanc. Et, chose curieuse, les troupes françaises ne se trouvèrent pas prêtes le 12 juillet, si bien que la bataille fut livrée plus en conformité avec la conception de Pétain que d'après celle de Foch. Nous disons plus, mais non pas entièrement. Dans son plan initial, Pétain songeait en effet à abandonner sa position avancée à l'assaillant, après une légère résistance, pour l'amener à marquer le pas en face de sa position arrière restée intacte ; puis il devait lancer des contre-attaques locales de façon à inciter l'ennemi à engager ses réserves dans les nouvelles poches que créeraient ses attaques de chaque côté de Reims. Enfin Mangin serait lâché vers l'est pour la véritable contre-offensive, le long du flanc ouest du principal saillant de la Marne. Il pourrait ainsi fermer le col du large sac dans lequel seraient enfermées les forces allemandes au sud de l'Aisne.

Les événements et Foch contribuèrent à modifier cette conception. À l'est de Reims, l'attaque allemande fut déjouée par la défense élastique – forme d'approche indirecte tactique. Mais, à l'ouest de Reims, les commandants d'armée persistèrent dans les vieux et rigides procédés de défense, et leur front se rompit. Les Allemands pénétrèrent au-delà de la Marne. Pour parer le danger, Pétain dut faire intervenir la plupart de ses réserves primitivement destinées à la seconde phase de son opération. Afin de les remplacer, il décida de rogner les effectifs de Mangin dont il retardait la riposte déjà prescrite par Foch pour le 18 juin. Lorsque Foch fut mis au courant des événements, il s'empressa de donner un contre-ordre. Aussi la seconde phase dut-elle être abandonnée et les réserves allemandes se trouvant disponibles purent arrêter l'élan de Mangin et maintenir l'entrée du sac largement ouverte. La riposte devint bientôt une simple pression directe convergente sur le sac entier, refoulant les Allemands au dehors, ainsi que cela s'était passé en Pologne lors de l'offensive de Falkenhayn en 1915.

Désormais, l'idée directrice de Foch consista simplement à garder toujours l'initiative et à ne pas laisser souffler son adversaire pendant que s'accumulaient ses propres réserves. Son premier acte fut de libérer ses voies ferrées latérales par une série d'offensives locales. Haig exécuta la première le 8 avril, devant Amiens. À l'aide de précautions et de ruses habiles, la 4e Armée de Rawlinson fut doublée à l'insu des Allemands, et l'attaque conduite par 450 tanks représente peut-être le coup de surprise le plus complet de la guerre. Si elle dut stopper assez rapidement – sa pression directe en étant la raison naturelle – son effet initial de surprise suffit à disloquer l'équilibre moral du commandement suprême allemand ; et, en donnant conscience à Ludendorff de la banqueroute morale de ses troupes, elle l'incita à déclarer que la paix ne pouvait plus être recherchée que par des négociations. Entre-temps, dit-il, « l'objectif de notre stratégie doit être de paralyser peu à peu la volonté de guerre de l'ennemi par une défense stratégique ».

Cependant, les alliés étaient en train d'évoluer vers une

nouvelle méthode stratégique. Foch lui donna la première impulsion en ordonnant une série d'attaques sur différents points. Haig compléta son évolution en refusant d'accepter les instructions de Foch, c'est-à-dire de laisser la 4e Armée continuer sa pression frontale. Son avance ne fut reprise qu'après que les 3e et 1re Armées eurent, à leur tour, frappé leur coup. Ainsi l'offensive alliée, bien que cantonnée dans la sphère des commandements respectifs de Haig et de Pétain, devint une suite rapide de coups vivement assénés sur différents points, chacun d'eux arrêté dès que s'affaiblissait l'élan de l'attaque, chacun d'eux appliqué de manière à ouvrir la voie au suivant, et tous assez rapprochés, quant au temps et à l'espace, pour réagir utilement les uns sur les autres. Ainsi un frein fut-il imposé à l'action de Ludendorff qui, désormais, ne pouvait plus déplacer rapidement ses réserves pour prévenir les coups ; et le solde de ses réserves se trouva progressivement taxé à un taux économique pour la trésorerie – en effectifs – des alliés. Cette méthode, si elle ne constitue pas une véritable approche indirecte, en semble pourtant très voisine. Si elle n'adopta pas la ligne de moindre attente, elle évita celle de l'attente normale ; si elle n'adopta pas la ligne de moindre résistance, elle ne persista jamais sur la ligne d'une résistance qui s'affermissait : par ses effets, elle représente une forme négative de l'approche indirecte.

En raison du déclin moral et numérique des armées allemandes, cette méthode suffit, pendant un certain temps tout au moins, à permettre aux alliés une avance continue et à affaiblir graduellement la résistance allemande. Devant l'évidence de ce déclin, et l'assurance de Haig qui se faisait fort désormais de rompre la ligne Hindenburg où les réserves de l'ennemi étaient le plus fortes, Foch décida de renoncer à sa méthode pour entreprendre, à la fin de septembre, une offensive générale et simultanée.

Son plan consistait à exercer une pression directe et convergente autour du vaste saillant constitué en France par le front allemand. L'on espérait que les deux ailes des alliés, formées respectivement par les Britanniques et les Américains, réduiraient, au fur et à mesure de leur progression, l'importance des forces ennemies massées dans le saillant. Ces espoirs se fondaient sur l'idée que les Ardennes, formant un mur de fond presque infranchissable, ne présentaient que des sorties étroites sur les flancs. Nous dirons incidemment qu'un pareil jugement porté sur les Ardennes ne pouvait provenir que d'une connaissance très imparfaite de la région, attendu que les routes à l'intérieur y sont bonnes et que le massif est en grande partie constitué par des zones perméables plutôt qu'accidentées [1].

Au début, sur la suggestion de Pershing, le plan comportait une certaine approche indirecte. Il proposait que son armée exploitât le succès local obtenu en reprenant le saillant de Saint-Mihiel, par une avance sur Briey et vers Metz, afin de s'établir à cheval sur les communications des Allemands en Lorraine et de menacer du même coup leur ligne de retraite vers le Rhin. Haig s'opposa à ce mouvement en tant qu'il divergeait des autres attaques alliées au lieu de converger. Foch modifia alors son plan et écarta le projet de Pershing. En conséquence, l'armée américaine dut porter son effort à l'ouest et préparer hâtivement, en moins d'une semaine, une attaque sur le secteur Meuse-Argonne. La pression prolongée sur une ligne de résistance croissante coûta très cher et provoqua de la confusion, sans compter qu'elle ne servit aucunement à faciliter l'avance de Haig à travers la ligne Hindenburg.

Là, le cours des événements se chargea de démontrer qu'une approche directe, soutenue par une supériorité écrasante d'artillerie, contre un adversaire moralement usé, peut pénétrer dans les positions de l'ennemi, mais se montre impuissante à le détruire. Le 11 novembre, jour de l'Armistice, les forces allemandes, au sacrifice près de leurs

---

1. Un jugement erroné analogue incita le commandement allié, en mai 1940, à minimiser les possibilités qu'avaient les forces mécanisées allemandes si elles empruntaient cette voie d'invasion.

arrière-gardes, étaient en sécurité hors du saillant et installées sur une ligne redressée et raccourcie. L'avance alliée marquait un arrêt, moins en raison de la résistance de l'ennemi qu'à cause des difficultés d'approvisionnement rencontrées par les troupes alliées dans une zone dévastée. Dans ces conditions, une approche directe avait simplement obligé les Allemands à s'esquiver plus rapidement qu'on ne pouvait les poursuivre.

La dernière phase de l'offensive militaire ne présentait heureusement qu'une importance secondaire. Le coup moral que la surprise initiale du 8 août avait porté au commandement allemand fut complété sur un théâtre d'opérations lointain et rendu mortel par une approche indirecte : l'offensive des alliés à Salonique provoqua ce résultat. Choisissant un secteur où le terrain offrait des difficultés telles qu'il n'était que faiblement gardé, elle s'y ouvrit rapidement un chemin. Et l'ennemi, en raison de la lenteur de ses déplacements dans les montagnes, ne put amener assez rapidement ses réserves pour arrêter, sur son flanc, l'avance des alliés sur la ligne de moindre résistance. Leur armée coupée en deux tronçons, les Bulgares, las de la guerre, sollicitèrent un armistice. Ce succès, non seulement mettait hors de cause le principal soutien des Empires Centraux, mais il ouvrait aussi la voie à une irruption sur les arrières de l'Autriche.

Le danger se précisa lorsqu'une offensive italienne s'abattit sur le front autrichien moralement ébranlé, physiquement épuisé, et l'enfonça ; car, avec la prompte capitulation de l'Autriche, les alliés purent disposer de son territoire et de son réseau ferré comme bases d'opérations sur la porte de derrière de l'Allemagne. Au mois de septembre, le général von Gallwitz avait déclaré au Chancelier allemand que le jour où une pareille éventualité se produirait, elle serait « décisive ».

Cette menace et l'effet moral toujours grandissant du blocus – autre approche indirecte de grande stratégie – sur un peuple alors affamé et désespéré, devaient pousser finalement le gouvernement allemand à se rendre. Ils aiguillonnaient un coursier déjà en train de décamper, mais un coup de cravache le décida à filer : l'effondrement de la Bulgarie cingla d'autant plus vivement qu'arrivaient, au même moment, les premiers rapports sur la reprise de l'attaque frontale en France.

Le commandement suprême allemand perdit son sang-froid, pour une question de jours seulement, mais ce fut suffisant ; et lorsqu'il recouvra ses esprits, il était trop tard. Le 29 septembre, Hindenburg et Ludendorff se décidèrent brusquement à demander un armistice parce que, prétendaient-ils, l'effondrement bulgare bouleversait toutes leurs dispositions, des troupes primitivement destinées au front occidental « ayant dû être expédiées là-bas ». Pareille mesure avait « changé radicalement » la situation, en raison des attaques devant être lancées au même moment sur le front occidental ; car, « bien que celles-ci eussent été jusqu'à ce jour repoussées, il fallait compter avec le fait qu'elles continueraient ».

Cette réserve se rapporte à l'offensive générale de Foch. L'attaque américaine dans la Meuse-Argonne avait été engagée le 26 septembre ; mais, bien que gênante pour les Allemands, elle ne semblait pas véritablement menaçante. Or, le 29 au matin, Haig tombait sur la ligne Hindenburg et les premières nouvelles étaient inquiétantes.

Dans cette dangereuse conjoncture, le prince Max de Bade fut appelé au poste de chancelier pour entamer les négociations de paix. Sa réputation internationale de modération et de loyauté garantissait la bonne foi de son initiative. Pour marchander utilement et sans avouer une défaite, il avait besoin – et il le demandait – d'un répit de dix, huit, ou même quatre jours, avant d'en appeler à l'ennemi. Mais Hindenburg répéta simplement : « la gravité de la situation militaire ne souffre aucun délai » ; et il insistait pour « qu'une offre de paix fût expédiée sur-le-champ à nos ennemis ».

Ainsi, le 3 octobre, la demande des Allemands pour un

armistice immédiat partait vers le président Wilson : elle contenait un aveu manifeste de défaite devant l'opinion mondiale ; or, avant cela, le 1er octobre, le commandement suprême avait miné son propre front intérieur en communiquant cette même impression aux chefs de tous les partis politiques lors d'une réunion.

Des hommes tenus longtemps dans l'ignorance furent aveuglés par cette lumière soudaine. Toutes les forces latentes de discorde et de pacifisme en reçurent une formidable impulsion.

Au bout de quelques jours, le commandement suprême allemand retrouva un peu de sérénité ; il devint même optimiste en constatant que l'enfoncement de la ligne Hindenburg n'avait pas été suivi d'une véritable rupture de son front de combat. Il puisa de nouveaux encouragements dans les rapports annonçant que les attaques des alliés faisaient preuve d'un certain relâchement, particulièrement dans leur façon d'exploiter les occasions favorables. Ludendorff voulait toujours un armistice, mais seulement pour donner un repos à ses troupes et s'assurer une retraite sûre jusqu'à une ligne de défense plus courte, sur la frontière. Le 17 octobre, il eut même le sentiment de pouvoir se passer de repos, moins du fait d'un changement de situation que parce qu'il voyait celle-ci autrement. Elle n'avait jamais été aussi mauvaise qu'il se l'était figuré le 29 septembre. Mais son impression première avait eu le temps de se répandre dans les cercles politiques et le public de l'Allemagne, pareille en cela aux ondes circulaires qui s'étendent sur l'eau autour du point d'impact d'une pierre. Ce ne fut que plus tard que « le front de l'intérieur » commença à chanceler ; mais alors, il s'effondra plus vite que celui du champ de bataille.

Le 23 octobre, le président Wilson répondit à la requête allemande par une note qui, en fait, exigeait une capitulation sans conditions. Ludendorff désirait poursuivre la lutte dans l'espoir qu'une défensive heureuse sur la frontière allemande calmerait les ambitions des alliés. Mais la situation échappait désormais à son contrôle ; la volonté de la nation était brisée, et les avis du G.Q.G. ne trouvaient plus crédit. Le 26 octobre, il dut donner sa démission.

Puis, pendant trente-six heures, le chancelier demeura dans le coma sous l'effet d'une trop forte dose de soporifique. Lorsqu'il reparut, le 3 novembre au soir, non seulement la Turquie, mais aussi l'Autriche avaient capitulé. La porte de derrière était ouverte. Le lendemain, la révolution éclatait en Allemagne et se propageait à travers le pays, prenant de l'extension à mesure que les négociations traînaient en longueur par suite de la répugnance du Kaiser à abdiquer. Une seule chance restait encore : celle d'un compromis avec les révolutionnaires ; et, le 9 novembre, le prince Max remettait le pouvoir au socialiste Ebert. Les plénipotentiaires allemands réclamant l'armistice étaient déjà avec Foch. Le 11 novembre, à 5 heures du matin, ils en signèrent les conditions et, à 11 heures ce même jour, la guerre était terminée.

L'issue en avait été décidée, le 29 septembre, décidée dans l'esprit du commandement allemand. Ludendorff et ses associés craquèrent ce jour-là ; le bruit s'en alla faire écho à l'arrière et retentit dans l'Allemagne entière ; rien ne put l'arrêter ni l'étouffer. Le commandement pouvait retrouver son sang-froid, la situation militaire du moment s'améliorer, mais l'impression morale était, comme il en est toujours à la guerre, décisive.

Parmi les causes de la capitulation allemande, le blocus doit être considéré comme essentiel. Le seul fait de son existence est la meilleure réponse qu'on puisse donner à la question de savoir si sans la révolution, les armées allemandes auraient pu tenir ferme sur leurs propres frontières. Car, en admettant que les Allemands, soulevés dans un effort suprême pour défendre le sol de la patrie, eussent réussi à contenir les armées alliées, la fin ne pouvait être que retardée en raison de l'étreinte que permettait la maîtrise de la mer, cette arme historique de la Grande-Bretagne.

Mais pour avoir hâté la capitulation et empêché que la guerre ne continue en 1919, l'action militaire se place au premier rang. Cette conclusion n'implique pas que, au moment de l'armistice, la puissance militaire de l'Allemagne fût détruite, ou ses armées battues d'une manière décisive, ni qu'on ait fait une concession en accordant l'armistice. En étudiant les annales des derniers « Cent jours », on constate une fois de plus l'exactitude de la leçon, vieille comme le monde : le véritable but de la guerre est l'esprit des chefs ennemis, et non le corps de leurs soldats ; la balance entre la défaite et la victoire oscille sous l'effet des impressions mentales et, indirectement seulement, sous les coups physiques. Ce fut le traumatisme de la surprise et le sentiment de son impuissance à parer des mouvements stratégiques potentiels qui, plus que les pertes de prisonniers, de canons et de terrain, ébranlèrent les nerfs de Ludendorff.

TROISIÈME PARTIE

# LA STRATÉGIE AU COURS DE LA SECONDE GUERRE MONDIALE

## 15

## La stratégie de Hitler

Le cours des campagnes de Hitler, avant et après le déclenchement du conflit de 1939, confirme de la manière la plus éclatante la valeur de la méthode exposée dans les premières parties du présent ouvrage. Au cours de la première période, Hitler donna une nouvelle extension à la stratégie de l'approche indirecte, du double point de vue psychologique et logistique et simultanément sur le forum et le champ de bataille. Plus tard, il offrit à ses adversaires de multiples occasions d'exploiter contre lui cette même approche indirecte.

Il est sage, à la guerre, de ne pas sous-estimer l'adversaire. Il est également important de comprendre ses méthodes et de savoir comment fonctionne son cerveau. Une telle intelligence est la base nécessaire d'un travail efficace pour prévoir et contrer ses manœuvres. À plusieurs reprises, les puissances pacifiques ont souffert d'avoir « manqué le coche », et ceci par leur lenteur à deviner quel serait le coup suivant porté par Hitler. Un État tirerait profit à inclure dans les conseils de son gouvernement, un « département de l'ennemi » qui couvrirait tous les domaines de la guerre et étudierait, du point de vue ennemi, les problèmes qu'elle pose ; de telle sorte qu'il serait possible de prévoir avec succès ce que cet ennemi aimerait entreprendre selon toute vraisemblance.

Rien ne paraîtra plus étrange à l'historien futur que l'échec des gouvernements des démocraties lorsqu'ils voulurent connaître les objectifs de Hitler. Jamais, en effet, un homme d'une telle ambition n'a dévoilé avec moins d'obscurités à la fois le processus général et les méthodes particulières qu'il entendait utiliser pour atteindre ce but. *Mein Kampf* et ses discours, ainsi que d'autres faits, dispensèrent d'abondantes lumières sur le sens général et le rythme de son action. Si cette autorévélation, étonnamment claire, de la façon dont travaillait son esprit, prouve sans équivoque que sa réussite n'est pas un produit du hasard, ni de l'opportunisme, elle confirme également son aphorisme selon lequel « les hommes sont des idiots ». Napoléon lui-même ne manifesta jamais un tel mépris, ni pour ses adversaires, ni pour les risques qu'on peut courir en dévoilant ses intentions. L'apparente insouciance de Hitler montre combien les hommes sont aveugles à ce qui est juste sous leurs yeux, qu'on peut souvent trouver la meilleure protection du secret dans la plus grande franchise et que, dans certains cas, l'approche la plus directe peut devenir la moins attendue ; et, souvent, que l'art du secret repose sur le fait d'être très ouvert sur le plus grand nombre de sujets, alors que l'existence de certains autres, qui importent réellement, n'est même pas soupçonnée.

Lawrence d'Arabie a noté que Lénine fut le seul homme qui ait conçu, exécuté et consolidé une révolution. Cette observation s'applique également à Hitler, en ajoutant toutefois qu'il a fini par détruire lui-même sa révolution. Il est évident aussi qu'il a étudié avec profit les méthodes de la révolution bolchevique, et qu'il leur conféra non seulement une puissance accrue, mais de l'extension. C'est également à Lénine qu'est dû l'aphorisme selon lequel « la plus saine stratégie consiste à différer les opérations jusqu'à ce que la désintégration morale de l'ennemi permette de lui asséner le coup mortel à la fois plus commodément et avec plus de possibilités ». Et ces propos rappellent ceux de Hitler, disant : « Notre véritable guerre sera livrée en réalité avant que commencent les opérations militaires. » Dans la relation que Rauschning fit d'une discussion sur ce sujet, et rapportée dans *Hitler m'a dit*, nous lisons : « Comment obtenir l'effondrement de l'ennemi avant que la guerre éclate, voilà le problème qui m'intéresse. Quiconque a connu l'expérience de la guerre sur le front ne peut que souhaiter diminuer autant qu'il est possible l'effusion de sang. »

En concentrant son esprit sur ce problème, Hitler s'écartait de la pensée militaire allemande orthodoxe qui, fascinée depuis un siècle par la bataille, avait entraîné la plupart des autres nations sur la même voie étroite de la théorie militaire. Adoptant comme maître Clausewitz, le philosophe de la guerre, ces théoriciens acceptèrent aveuglément des aphorismes non digérés, tels que : « Le dénouement sanglant de la crise, l'effort pour rechercher la destruction des forces armées ennemies, est le fils aîné de la guerre. » – « Seules, de grandes batailles générales peuvent donner de grands résultats. » – « Le sang est le prix de la victoire. » – « Ne nous parlez pas de généraux qui conquièrent sans verser le sang. » Clausewitz repoussait l'idée selon laquelle « il existe une méthode habile pour désarmer et soumettre l'ennemi sans grande effusion de sang, ce qui est la tendance fondamentale de l'art de la guerre ». Il la méprisait comme une notion due à l'imagination des « philanthropes », et ne tenait aucun compte de ce qu'elle pouvait être dictée par une saine appréciation de l'intérêt personnel et par le désir de trouver une issue bénéfique pour l'ensemble de la nation ; une issue à la guerre qui ne soit pas la simple décision d'une lutte entre gladiateurs. L'enseignement clausewitzien, reçu par des disciples aux idées courtes, incita les généraux à rechercher la bataille comme *première* situation au lieu de susciter les éléments d'une situation procurant des avantages substantiels. C'est pourquoi, entre 1914 et 1918, l'art de la guerre se réduisit au processus du massacre mutuel. Quelles que fussent ses limites intellectuelles, Hitler avait pourtant dépassé ces conceptions trop conventionnelles. Rauschning rapporte qu'il disait : « Les gens n'ont tué que lorsqu'ils ne pouvaient parvenir à leurs fins d'une autre manière... Il existe une stratégie élargie, conduite avec des armes intellectuelles... Pourquoi démoraliserais-je l'ennemi en utilisant les moyens militaires, si je peux obtenir ce résultat beaucoup mieux et plus économiquement par d'autres moyens ? » – « Notre stratégie consiste à détruire l'ennemi de l'intérieur, à le conquérir par lui-même. »

L'extension que Hitler donna, dans une nouvelle direction et dans un sens élargi, à la doctrine de guerre allemande peut être vue plus nettement en comparant sa théorie avec celle du général Ludendorff – qui avait dirigé l'effort de guerre allemand au cours de la dernière guerre, et qui fut l'un des premiers associés de Hitler pour le plan de 1923 ; projet qui échoua en visant la prise du pouvoir en Allemagne après « une marche sur Berlin ».

Après la création de l'état totalitaire et après avoir consacré presque vingt années de réflexion aux leçons du dernier conflit, Ludendorff formula ses conclusions sur « la guerre totale » de l'avenir. Il ouvrait sur une violente attaque des théories de Clausewitz, fondements de la doctrine allemande de 1914. Selon Ludendorff, leur erreur ne consistait pas en ce qu'elles allaient trop loin dans la voie de la violence illimitée, eu égard à son prix, mais en ce que, au contraire, elles n'allaient pas assez loin. Il critiquait Clausewitz parce qu'il accordait trop d'importance à la politique, et non parce qu'il lui en accordait trop peu. Comme typique de la pensée clausewitzienne, il citait cet aphorisme : « Le but politique constitue la *fin*, et la guerre est un moyen menant à cette fin ; et un moyen ne saurait jamais être conçu sans qu'existe une fin précise. » Selon Ludendorff, cette notion était périmée. Le principe totalitaire exigeait que, dans la guerre, une nation plaçât toute chose à son service exclusif et, dans la paix, au service de la prochaine guerre. La guerre était l'expression la plus haute du « vouloir vivre » national, et la politique devait donc être subordonnée à la conduite de la guerre.

En lisant l'ouvrage de Ludendorff, il est clair que la principale différence entre sa thèse et celle de Clausewitz tenait à ce que la première en était venue à penser la guerre comme un moyen au service d'une fin exclusive ou, tout au moins, à faire de la nation une armée considérée comme une fin en soi. Ceci n'était pas aussi novateur que Ludendorff semble l'avoir cru. Sparte essaya ce système, et succomba finalement à la paralysie qu'elle s'infligea elle-même. En se proposant de développer la nation en vue de la seule guerre et de créer une super-Sparte, le premier but de Ludendorff était de consolider « l'unité psychique du peuple ». À cet effet, il chercha à cultiver une religion du nationalisme selon laquelle toutes les femmes auraient accepté que leur rôle le plus noble consistât à enfanter des fils capables « de porter le fardeau de la guerre totale » ; selon laquelle, également, tous les hommes auraient développé leurs capacités pour la réalisation de ce dessein ; en bref, concevoir et être conçu pour l'abattoir. L'autre suggestion positive formulée par Ludendorff pour obtenir « l'unité psychique » n'aboutissait à rien de moins qu'à prescrire la suppression de quiconque exprimerait, ou même aurait simplement des vues contraires à celles du haut-commandement.

Ludendorff insistait sur une autre condition : la nécessité d'un système économique national autarcique et adapté aux exigences de la guerre totale. D'où il semble qu'il ait compris que la puissance militaire repose sur des fondements économiques. Pourtant, assez curieusement, lorsqu'il analyse les difficultés paralysantes suscitées par le blocus allié lors du premier conflit mondial, il ne voit pas que cette constatation devrait modifier son opinion selon laquelle le sort des guerres tiendrait aux seules batailles livrées par les forces armées. C'est pourquoi il consent à louer le vieux professeur de l'Allemagne : « Clausewitz n'a pensé qu'à l'anéantissement des armées ennemies par la bataille. » Dans la conception de Ludendorff, cela demeure un « principe immuable », tandis que selon la conception originale de Hitler, le véritable objectif d'un chef de guerre devrait être d'arracher la capitulation des armées ennemies sans livrer une seule bataille.

La description que fait Ludendorff du cours de la « prochaine guerre » n'aboutissait qu'à l'amplification des offensives qu'il avait lui-même montées en 1918, offensives aussi brillantes au démarrage qu'elles avaient été stériles dans leurs résultats. Pour lui, l'offensive demeurait un processus au cours duquel l'infanterie devait progresser avec l'aide de l'artillerie, des mitrailleuses, des mortiers et des tanks jusqu'à ce que « l'ennemi fût écrasé dans le combat corps à corps ». Toutes les manœuvres devaient conduire à la bataille, et la mécanisation ne servir qu'à accélérer la course à la bataille.

Ce n'est pas que Ludendorff vît aucune objection morale, ou même militaire, à pratiquer toujours plus largement cette forme de guerre. Il nota que les exigences de la guerre totale « ignoreraient toujours les vœux formulés en théorie pour abolir la guerre sous-marine sans restriction », alors que, dans l'avenir, « l'aviation coopérerait avec l'arme sous-marine pour couler tout bateau essayant d'atteindre les ports ennemis, même ceux qui navigueraient sous pavillon neutre ». En ce qui concerne les attaques directes contre la population civile, il déclarait qu'un jour viendrait où « des escadres de bombardiers seraient lancées sur elle, inexorablement et sans pitié ». Mais en ce qui concerne les objectifs militaires, pour lui fondamentaux, l'armée de l'air devait être utilisée en premier lieu pour contribuer à la défaite de l'armée adverse. Alors, seulement, on pourrait la lâcher sur le territoire ennemi.

S'il accueillait volontiers les armes et les matériels modernes, il aimait mieux les ajouter à son arsenal que les adapter à un grand modèle stratégique. Il ne s'était fait aucune idée claire, et ne paraissait pas la chercher, sur les relations entre les divers éléments de la guerre. Son message peut se résumer ainsi : multipliez autant que vous pouvez chaque sorte ou type de moyens de guerre, et vous arriverez quelque part ; mais où, il s'en souciait peu. Le seul point sur lequel il fût tout à fait clair était que « le commandant en chef militaire devait donner ses instructions aux chefs politiques, et ces derniers devaient les suivre pour le bien de la guerre ». En d'autres termes, les responsables de la politique nationale devraient donner au chef militaire un chèque en blanc tiré sur les ressources actuelles et la prospérité future de la nation.

Si nombreuses qu'aient pu être les idées communes à Ludendorff et à Hitler sur les concepts de race, d'État et sur le droit de l'Allemagne à dominer le monde, leurs divergences l'étaient presque autant, et singulièrement en ce qui concerne les méthodes.

Alors que Ludendorff exigeait, chose absurde, que la stratégie contrôlât la politique – ce qui revient à dire que l'outil choisit lui-même son propre travail – Hitler résolvait le problème en associant les deux fonctions en une seule personne. Il bénéficia du même avantage qu'Alexandre et César dans l'Antiquité, Frédéric le Grand et Napoléon dans les temps modernes. Ce qui lui donnait la possibilité de préparer et de développer les moyens en fonction de la fin qu'il se proposait, et d'une manière telle qu'aucun autre stratège ne pouvait l'imiter. En outre, il comprit très tôt que le soldat, par profession, n'est guère préparé à reconnaître que l'arme militaire n'est que l'un des moyens mis au service de la guerre : l'une des armes parmi l'assortiment à la disposition de la grande stratégie.

Alors que de multiples causes peuvent inciter un État à entrer en guerre, l'objet fondamental de la guerre se résume en ceci qu'elle assure la continuation de la politique de cet État, face à la détermination de l'État adverse engagé dans une politique contraire. L'origine des conflits doit être recherchée dans la volonté humaine. Si un État veut obtenir par la guerre ce qu'il convoite, il doit en effet peser sur la volonté de son adversaire et l'incliner ainsi à se faire le complice de sa politique. Cette transformation étant réalisée, le principe militaire préconisant « la destruction des forces armées principales par la bataille », le principe que les disciples de Clausewitz haussèrent à un rang prééminent, est remis à la place qu'il mérite parmi les autres instruments de la grande stratégie ; ces derniers englobant toutes les formes accessoires de l'action militaire comme la pression économique, la propagande et la diplomatie. Au lieu d'attribuer une importance excessive à un moyen unique que les circonstances peuvent rendre inefficace, il est plus sage de retenir et de combiner tous ceux qui semblent les mieux adaptés à la situation, de meilleur rendement et plus économiques ; c'est-à-dire capables d'abattre la volonté adverse au meilleur prix, et en hypothéquant le moins possible les projets normalement établis pour l'après-guerre. La victoire la plus décisive demeure en effet sans valeur pour une nation si celle-ci s'est saignée à blanc pour l'arracher.

L'objet de la grande stratégie consistera donc à déceler et à atteindre le « talon d'Achille » de ce qui compose la puissance de guerre du gouvernement adverse. Et, à son tour, la stratégie cherchera le défaut de la cuirasse ennemie et le percera. Appliquer le poids de sa propre force là où l'adversaire est particulièrement fort, c'est s'affaiblir soi-même d'une manière disproportionnée à l'effet escompté. Si l'on veut que le coup agisse avec son plein effet, il faut l'asséner sur un point faible.

Ainsi, désarmer l'ennemi est plus rentable et plus économique que d'essayer de le détruire en de durs combats. La méthode qui consiste à l'assommer évite non seulement les dépenses excessives qu'entraînerait l'effort nécessaire pour l'anéantir, mais élude le risque d'un résultat aléatoire.

Un stratège doit penser en termes de paralysie, et non de meurtre. Et même au niveau moins élevé de l'art de la guerre, un homme tué n'est qu'un homme en moins, tandis qu'un homme démoralisé véhicule les germes de la peur et est capable de répandre une épidémie de panique. Au niveau le plus élevé de l'art de la guerre, les impressions ressenties par l'esprit du chef adverse peuvent annuler la capacité de combat de ses troupes. Et, sur un plan plus élevé encore, les pressions psychologiques effectuées sur le gouvernement d'un pays peuvent suffire à tarir tous les moyens de guerre à leur source, de même qu'une épée tombe naturellement d'une main paralysée.

Revenons sur le point capital du chapitre initial : l'analyse de la guerre montre que, si la puissance nominale d'un pays est représentée par ses effectifs et l'ensemble de ses ressources, ce développement « musculaire » dépend de l'état de ses organes internes et de son système nerveux, de la stabilité de ses instruments de commandement et de contrôle, de son moral et de son potentiel. Une pression directe tend toujours à consolider et même à renforcer la résistance d'un adversaire, de même qu'une boule de neige fond d'autant plus difficilement qu'elle est plus compacte. En politique comme en stratégie ou, en d'autres termes, dans la stratégie des deux sphères diplomatique et militaire, l'approche indirecte est la voie la plus efficace pour déséquilibrer l'adversaire sur les plans physique et psychologique, de telle sorte qu'il devient possible de l'abattre.

Le véritable objet de la stratégie consiste donc à entamer les possibilités de résistance de l'ennemi. D'où cet autre axiome : afin de conquérir un objectif bien précis, il faut se fixer des objectifs de rechange. Une attaque visant un point ne doit le menacer qu'en étant capable de diverger sur un autre. Ainsi, grâce à cette souplesse dans le choix du but, le stratège peut atténuer le caractère aléatoire de l'action de guerre.

Par instinct, ou par réflexion, Hitler acquit une connaissance aiguë de ces vérités stratégiques que bien peu de soldats ont discernées. Il appliqua cette stratégie psychologique lors de la campagne politique qui lui permit de contrôler l'Allemagne, en exploitant les points faibles de la République de Weimar ; spéculant sur les faiblesses humaines, jouant alternativement des intérêts capitalistes et socialistes, et des uns contre les autres, il approcha progressivement du but, par étapes successives et actions indirectes.

Une fois maître de l'Allemagne, en 1933, il donna à ce processus complexe une large extension. Ayant, en 1932, négocié un pacte de non-agression de dix ans avec la Pologne et couvert ainsi son flanc oriental, il rejeta en 1935 les limitations imposées à l'armement de l'Allemagne par le Traité de Versailles ; et, en 1936, il osa réoccuper militairement la Rhénanie. La même année, il commença une « guerre camouflée » en soutenant, avec l'Italie, la tentative faite par le général Franco pour renverser le gouvernement républicain espagnol. Ceci constituait une approche indirecte sur les arrières stratégiques de la France et de la Grande-Bretagne et créait une diversion dans le domaine de la grande stratégie. Ayant ainsi affaibli leurs positions à l'ouest, et s'étant lui-même couvert face à l'ouest en fortifiant la Rhénanie, il était désormais en mesure de se tourner vers l'est et d'entreprendre des manœuvres qui, dans leurs conséquences lointaines, furent des coups indirects portés dans les fondations stratégiques des puissances occidentales.

En mars 1938, il pénétra en Autriche, menaçant ainsi le flanc de la Tchécoslovaquie tandis qu'il brisait la ceinture que la France avait bouclée autour de l'Allemagne après la première guerre mondiale. En septembre 1938, à Munich, non seulement il obtint le retour des Sudètes, mais il paralysa stratégiquement la Tchécoslovaquie. En mars 1939, il occupa ce pays préalablement paralysé et, du même coup, enveloppait le flanc de la Pologne.

Grâce à cette série de manœuvres exécutées sans effusion de sang, par des « marches pacifiques » et sous le couvert d'une propagande assez adroite pour paraître plausible, non seulement il avait ruiné la domination française en Europe centrale et brisé l'encerclement stratégique de l'Allemagne, mais il avait renversé la situation en sa faveur. Ce processus fut l'équivalent moderne, sur une plus large échelle et à un plan plus élevé, de l'art de manœuvrer pour s'établir sur une bonne position avant de livrer bataille. Grâce à lui, la force de l'Allemagne s'était accrue : directement, par le progrès considérable de ses armements, et indirectement, par la perte de puissance subie par ses principaux ennemis potentiels auxquels il enlevait leurs alliés et dont il coupait ainsi les racines stratégiques.

Ainsi, au printemps 1939, Hitler avait bien moins de motifs pour redouter la lutte ouverte. Et, en ce moment critique, il fut aidé par une fausse manœuvre britannique : la garantie brusquement offerte à la Pologne et à la Roumanie, chacune d'entre elles étant stratégiquement isolée, ne possédant aucune garantie de sécurité du côté de la Russie, non plus que des puissances qui pouvaient les soutenir effectivement. Un faux pas de cette importance renversait, de la manière la plus soudaine, la politique d'apaisement et d'abandon pratiquée jusqu'alors. Intervenant à ce moment, ces garanties semblaient un acte de provocation. Par leur point d'application, en des pays inaccessibles aux forces britanniques et françaises, elles suscitaient des tentations presque irrésistibles. En outre, les puissances occidentales minaient les bases essentielles du seul type de stratégie que leur permettaient des moyens désormais inférieurs à ceux de Hitler. Au lieu de se trouver en mesure de repousser l'agression en présentant à l'ouest un front solide, elles offraient à Hitler la possibilité de rompre un front très fragile et de s'assurer un triomphe initial.

Si l'on en croit Rauschning, Hitler s'est toujours proposé de frapper par surprise les pays isolés ou affaiblis, tout en faisant porter à ses adversaires le principal fardeau de l'attaque ; il montrait plus de respect authentique pour la puissance de la défensive moderne que n'importe lequel d'entre les soldats ou politiques alliés. Ainsi, l'occasion lui était donnée d'opérer sans difficultés majeures, comme il le souhaitait. Et, en de telles circonstances, ses principes stratégiques lui conseillaient d'obtenir immédiatement la conclusion d'un pacte avec la Russie, pacte lui garantissant la neutralité de cette dernière. Une fois ce but atteint, Hitler était fin prêt. Si les alliés lui déclaraient la guerre pour tenir leurs obligations, ils perdaient automatiquement les avantages conférés par la défensive et s'engageaient dans la stratégie offensive qu'impliquait une telle politique ; et ceci sans en posséder les moyens et dans les conditions les plus défavorables. S'ils butaient simplement sur la ligne Siegfried et s'y arrêtaient, ils trahiraient leur impuissance et perdraient tout prestige. S'ils poussaient leur attaque, ils ne feraient qu'accumuler les pertes, affaiblissant ainsi leurs propres chances de résister lorsque Hitler, libéré de l'est, se tournerait vers l'ouest.

La seule voie qu'ils auraient pu emprunter pour se tirer de ce mauvais pas, et sans permettre à Hitler de conserver sa liberté d'action, consistait à adopter la politique de « sanctions », le boycott économique et diplomatique s'ajoutant à la fourniture d'armes aux victimes de l'agression. Cette méthode aurait été tout aussi bénéfique pour la Pologne, tout en faisant moins de mal au prestige et aux desseins des alliés qu'une déclaration de guerre décidée dans de telles conditions.

De fait, l'offensive française lancée sur la ligne Siegfried ne l'entama pas, mais la façon dont elle fut conduite fut des plus dommageables au prestige allié. Comparée aux rapides succès allemands en Pologne, elle eut pour résultat d'augmenter, chez les neutres, la crainte de l'Allemagne tout en minant leur confiance dans les alliés ; et ceci plus qu'un compromis n'aurait pu le faire.

Désormais, Hitler était en mesure de consolider ses gains militaires et d'exploiter ses avantages politiques, couvert à l'ouest par ses fortifications que les alliés, se portant au secours de la Pologne, étaient manifestement incapables de forcer. Il aurait pu se maintenir dans cette défensive jusqu'à ce que les peuples français et anglais fussent excédés de la guerre et de cette farce. Mais les hommes d'État alliés furent conduits à se prononcer pour l'offensive bien avant qu'ils aient eu les moyens de traduire ces mots en actes authentiques. Ils réussirent parfaitement à provoquer des situations dans lesquelles ils étaient incapables de se mouvoir. Ils donnèrent ainsi à Hitler l'occasion de les prévenir en étendant le conflit. Tandis que bien des gens en Angleterre et en France songeaient à utiliser les petits États voisins de l'Allemagne pour se frayer un chemin sur ses flancs, Hitler tourna le flanc des alliés en n'envahissant pas moins de cinq d'entre eux, montrant ainsi la caractéristique de tout agresseur : son manque total de scrupules.

Au cours des premiers mois de la guerre, Hitler avait favorisé la neutralité de la Norvège, qui couvrait son flanc et sa route maritime vers le fer suédois, route qui passait par le port norvégien de Narvik. Ce fut seulement lorsque les alliés trahirent, de plus en plus ouvertement, leur intention de contrôler à ses dépens les eaux et les ports norvégiens qu'il songea à une opération préventive pour occuper ce pays. En vérité, cette conception n'était pas nouvelle chez lui. Déjà, en 1934, il avait dit à Rauschning et à bien d'autres comment il s'emparerait par surprise des principaux ports de la péninsule scandinave ; et ceci par une série d'opérations simultanées montées en petites expéditions amphibies couvertes par l'aviation. Sur l'objectif même, la voie lui serait ouverte par ses partisans, et la manœuvre s'effectuerait sous le prétexte qu'il devait protéger ces régions de l'invasion projetée par d'autres puissances. Et « l'artiste de guerre » précisait : « Ce sera une entreprise osée mais intéressante, et jamais tentée encore dans l'histoire universelle. »

Cette remarquable conception fut concrétisée par le plan qu'il exécuta le 9 avril 1940, et qui réussit au-delà de toute espérance. Bien qu'il eût prévu que ses opérations dussent échouer en plusieurs points, tout en escomptant bien le succès pour la majorité des points stratégiques qu'il visait, il s'empara de tous sans le moindre échec, et bien qu'il ait visé un point aussi au nord que l'était Narvik.

Une victoire aussi étonnamment facile frustra les alliés, d'une manière non moins aisée, de leur contre-invasion tentée en Norvège ; elle incita tout naturellement Hitler à frapper le coup qu'il avait déjà préparé, le plus important à ses yeux. Dans les années précédentes, en discutant des circonstances dans lesquelles il courrait les risques d'une grande guerre, il avait dit son intention de demeurer sur la défensive à l'ouest et de laisser l'ennemi faire le premier pas offensif ; sur quoi il se précipiterait sur la Scandinavie et les Pays-Bas, consoliderait sa position stratégique, puis offrirait la paix aux Puissances Occidentales. « Si elles n'en veulent pas, elles pourront essayer de me jeter dehors. En tout cas, elles devront porter le principal fardeau de l'attaque. » Mais, maintenant, les circonstances étaient différentes. Après la conquête de la Pologne, il avait proposé la paix, qui avait été repoussée par les alliés. À la suite de cette rebuffade, il avait décidé de forcer la France à la paix, et avait transféré ses armées vers l'ouest en vue d'une offensive d'automne. Le scepticisme de ses généraux, qui ne croyaient pas avoir les moyens suffisants pour écraser les armées franco-britanniques, s'ajouta au mauvais temps pour que l'exécution de cette offensive fût différée. Mais son impatience crût avec la stagnation, tandis que le triomphe norvégien acquis en dépit des conseils de prudence de ses généraux ne permit plus à ces derniers de retenir Hitler plus longtemps.

Longtemps auparavant, discutant de la possibilité d'une telle offensive, il avait déclaré : « Je manœuvrerai la France par l'extérieur de sa ligne Maginot et sans perdre un seul soldat. » Compte tenu de l'exagération, car ses pertes furent très faibles comparativement à ses gains, ce fut bien ce qu'il accomplit en mai 1940. Selon le plan initial, l'effort principal devait être fait par l'aile droite, avec le Groupe d'Armées von Bock. Mais, au début de 1940, ce plan fut radicalement changé, et le centre de gravité déplacé compte tenu des arguments développés par le général von Manstein, chef d'état-major du Groupe d'Armées von Rundstedt : il préconisait une percée à travers les Ardennes, percée qui offrait les meilleures chances de succès, étant recherchée sur la ligne de moindre attente.

Le trait le plus caractéristique de la campagne à l'ouest fut le soin avec lequel le commandement allemand chercha à éviter tout assaut direct, et l'emploi qu'il fit constamment de l'approche indirecte en dépit de la supériorité fournie à l'attaque par les moyens modernes. Il ne tenta pas de forcer la ligne Maginot ; mais par une offensive-appât sur deux petits pays neutres, la Hollande et la Belgique, il réussit à attirer les alliés hors de leurs défenses de la frontière belge. Puis, lorsqu'ils furent profondément enfoncés en Belgique, leur avance étant délibérément négligée par l'aviation allemande, il les attaqua par derrière en assenant le coup sur l'aile découverte du dispositif offensif français.

Ce coup mortel fut porté par un élément d'attaque ne constituant qu'une fraction de l'armée allemande, fraction petite mais composée de divisions blindées. Le commandement allemand, perspicace, avait compris que, pour avoir quelque chance de succès rapides, il devait compter plus sur la mécanisation que sur les effets de masse. Et son fer de lance était si mince que les généraux allemands ne croyaient guère au succès ; celui-ci fut dû surtout à la présomption du commandement français, qui voulut appliquer des accords militaires imprudemment conclus : il consacra en effet la quasi-totalité de son aile gauche à une avance massive à travers la Belgique où il rechercha la bataille, tandis que quelques divisions de seconde qualité devaient tenir le secteur où se trouvait le pivot de manœuvre, face aux Ardennes – zone boisée et accidentée présumée imperméable aux divisions mécanisées. Au contraire, les Allemands, exploitant toutes les possibilités offertes par la surprise, montrèrent qu'ils avaient compris la leçon souvent enseignée naguère, et selon laquelle les obstacles naturels sont moins efficaces pour assurer une solide défensive que les talents de l'homme.

Il est évident, également, que la rapidité de l'avance allemande au-delà de Sedan bénéficia du fait qu'elle menaçait des objectifs alternatifs, maintenant ainsi les Français dans le doute quant à sa direction effective ; au début, on ne sut si l'ennemi marchait sur Paris ou sur les arrières des armées enfoncées en Belgique ; puis, lorsque les divisions blindées allemandes obliquèrent vers l'ouest, si elles se dirigeaient sur Amiens ou sur Lille. S'enveloppant de brouillard, d'abord sur une direction puis sur l'autre, elles atteignirent rapidement les côtes de la Manche.

La tactique des armées allemandes s'accordait parfaitement avec leur stratégie ; évitant les assauts frontaux, elles cherchaient toujours les points faibles par où elles pouvaient s'infiltrer et exploiter sur la ligne de moindre résistance. Tandis que les hommes d'État alliés, congénitalement incapables de comprendre l'art de la guerre moderne, exigeaient que leurs armées refoulent l'invasion par des « assauts furieux et répétés », les blindés allemands enroulaient et dépassaient sans les attaquer les bouchons d'infanterie paralysés. (Les troupes alliées auraient pu tenir, sans doute, si on ne leur avait pas imposé de rejeter l'idée de défensive sur un front continu ; rien ne pouvait être plus inefficace que leurs tentatives de contre-attaques.) Tandis que les chefs alliés pensaient à préparer la bataille, les jeunes chefs allemands cherchaient à l'éliminer en obtenant la paralysie stratégique de leurs adversaires, utilisant à cet effet les blindés, les bombardiers en piqué et les parachutistes qui répandaient la confusion et désorganisaient les communications. Le résultat fut tel qu'il appelle un commentaire ironique sur l'assertion du field-marshal Ironside, selon lequel les généraux adverses devaient être handicapés par le fait qu'aucun d'entre eux n'avait dépassé le grade de capitaine au cours de la Première Guerre mondiale. Huit ans plus tôt, Hitler avait critiqué des généraux allemands, les disant « aveugles aux nouveautés et aux choses surprenantes », et dénonçant leur imagination stérile qui les laissait « prisonniers des détails de leur savoir technique ». Et pourtant, quelques-uns d'entre eux prouvèrent qu'ils possédaient des dons exceptionnels pour apprécier les idées neuves.

Mais l'exploitation des possibilités offertes par les nouvelles armes, la tactique et la stratégie nouvelles, n'explique pas à elle seule les victoires fulgurantes des Allemands. En effet, dans l'art de la guerre selon Hitler, l'approche indirecte fut introduite dans des domaines plus vastes et avec une plus grande portée. C'est sur ce point qu'il tira la leçon des techniques révolutionnaires bolcheviques, et précisément lorsque la nouvelle armée allemande tirait profit, elle, des techniques de la guerre mécanisée récemment élaborées par les Britanniques. Hitler l'ignorait-il ou non, mais les principes de base, dans les deux domaines précités, peuvent être retrouvés dans les techniques de la guerre pratiquée par les Mongols avec Gengis Khan.

Pour frayer la voie à son offensive, Hitler chercha des sympathisants influents dans les autres pays ; ces éléments, qui sapaient la résistance de ces pays, distrayaient leur attention et se tenaient prêts à constituer de nouveaux gouvernements assez complaisants pour aider Hitler à atteindre ses objectifs. La corruption n'était pas nécessaire : il spéculait sur l'ambition personnelle, sur les inclinations autoritaristes et sur l'esprit partisan pour recruter ses agents dans les classes dirigeantes. Puis, pour lui ouvrir la route au moment qu'il avait choisi, il projetait d'utiliser l'infiltration de troupes d'assaut qui franchiraient la frontière avant la déclaration de guerre, camouflées en voyageurs de commerce ou en vacanciers, et qui endosseraient même l'uniforme ennemi si nécessaire. Leur rôle consistait à saboter les communications, à répandre de fausses nouvelles et, si possible, à enlever les dirigeants du pays adverse. Cette avant-garde camouflée serait alors relayée par les troupes aéroportées.

Dans cette forme de guerre qu'il imaginait, les avances frontales devaient être soit du bluff, soit de simples promenades. Le rôle principal devait toujours être tenu par l'attaque sur les arrières sous l'une de ses multiples formes. Il répugnait aux assauts et aux charges à la baïonnette – l'A.B.C. du soldat traditionnel. Et son art de la guerre pouvait se formuler par un double D : démoralisation et désorganisation. Par-dessus tout, la guerre devait être menée en suggestionnant l'adversaire : avec des mots de préférence aux armes, et la propagande substituée aux projectiles. De même que, naguère, un tir d'artillerie écrasait les défenses ennemies avant le débouché de l'infanterie, de même le bombardement moral devait être désormais utilisé. Tous les types de munitions seraient employés, mais plus particulièrement la propagande révolutionnaire : « En dépit des leçons de la guerre, les généraux veulent se comporter en chevaliers. Ils pensent que la guerre doit être conduite comme un tournoi du Moyen Âge. Je n'ai pas l'emploi de chevaliers. J'ai besoin de révolutionnaires. »

Le but de la guerre étant d'amener l'adversaire à capituler, si la volonté de résistance de ce dernier pouvait être paralysée, le tuer était superflu ; et d'autant plus que les efforts dépensés pour le tuer étaient une manière aussi pénible que coûteuse d'atteindre le but. La méthode indirecte consistant à injecter des germes dans le corps de la nation ennemie afin de produire la fièvre dans sa volonté de combattre était, et de loin, un procédé plus efficace.

Telles étaient la théorie de la guerre élaborée par Hitler, et ses armes psychologiques. Ceux qui prétendaient s'opposer à lui auraient pu tenter de les comprendre. La valeur de leurs applications au domaine militaire était certaine. Paralyser le système nerveux militaire de l'ennemi constitue une forme d'opération plus économique que de tailler dans sa chair. La valeur de leurs applications au domaine politique était assez prouvée quant à leurs effets, mais non quant à leur contenu. La question demeure pendante de savoir si Hitler aurait réussi uniquement en démoralisant de cette manière la résistance adverse ou en utilisant les effets foudroyants du nouveau type d'armée appliquant de nouveaux procédés d'attaque. Dans le cas de la France, la supériorité des techniques militaires allemandes suffisait à obtenir son effondrement, indépendamment même d'une dégradation ou d'une grave perturbation de la volonté nationale.

Une force peut toujours dominer une autre force, pour peu qu'elle montre une supériorité adéquate de valeurs ou d'audace. Par contre, elle ne peut vaincre les idées qui sont invulnérables parce qu'intangibles et qui, grâce à leurs effets de pénétration psychologique et à leur solidité, ont défié les nombreux fanatiques de la force. Nul parmi ces derniers, sans doute, ne fut aussi attentif à la puissance de l'idéologie que Hitler. Mais l'extension croissante qu'il dut consentir aux effets de la force brute à mesure que sa puissance augmentait montra qu'il avait surestimé la valeur de sa technique politique en adaptant l'idéologie à ses desseins pratiques. Car les idées qui ne procèdent pas de l'expérience authentique n'ont qu'une force de persuasion très relative, et reculent très rapidement.

Hitler fit faire de nouveaux progrès à l'art de l'offensive stratégique. Il se rendit maître, et mieux que n'importe lequel d'entre ses adversaires, de la première étape de la grande stratégie, celle qui consiste à développer et à coordonner toutes les formes d'activités de guerre, et tous les instruments que l'on peut utiliser pour opérer contre la volonté ennemie. Mais, comme Napoléon, il aboutit à de fausses conceptions sur le plan le plus élevé de la grande stratégie, celui qui intéresse la conduite générale de la guerre et qui donne des vues sur l'état de paix qui doit la suivre. Pour obtenir effectivement cela, un homme doit être plus qu'un stratège ; il doit être à la fois un chef et un philosophe. Tandis que la stratégie est aux antipodes de la moralité, puisqu'elle use largement de l'art de tromper, la grande stratégie tend à s'accorder avec la morale : elle intervient en effet comme un principe directeur en ne perdant jamais de vue le but ultime de ses efforts. En cherchant à prouver combien leur agression était irrésistible, les Allemands affaiblissaient leur défense en différents domaines : stratégique, économique, et, surtout, psychologique. Comme leurs armées, répandues sur toute l'Europe, apportèrent la misère sans assurer la paix, elles diffusèrent le virus du ressentiment à partir duquel devait se développer la résistance à l'idéologie qu'elles véhiculaient. Et leurs propres troupes furent de plus en plus sensibles à ces germes à force d'être exposées au contact des peuples occupés et affectées par les sentiments qu'elles inspiraient ; ce qui affaiblit l'enthousiasme belliqueux que Hitler avait continûment stimulé et accrut leur aspiration à retrouver leur foyer. Le sentiment d'être privé d'amitié renforce les effets de la dispersion et de l'isolement, et ouvre la voie à la lassitude de la guerre comme aux idéologies adverses. En donnant de l'extension à son offensive, Hitler offrit, à ceux de ses adversaires qui tenaient encore, l'occasion de lutter pour prendre un jour avantage sur lui, avantage qui aurait pu être accru plus rapidement s'ils avaient eu une conception moins étriquée de la grande stratégie. Mais, même sans cela, les occasions ne pouvaient que croître aussi longtemps que la Grande-Bretagne demeurait invincible. Pour imposer sa paix, il avait besoin d'une victoire totale qu'il ne pouvait obtenir sans conquérir la Grande-Bretagne ; et plus il avançait, plus il accroissait le nombre et la gravité de ses propres problèmes en cherchant à maintenir les autres peuples dans la sujétion. Chaque étape vers l'avant accrut les chances et les dangers d'un échec. Le problème de la Grande-Bretagne était plus simple, quoique bien difficile ; elle devait tenir bon jusqu'à ce que Hitler fît un faux pas irréparable, comme Napoléon. Heureusement pour elle, il le fit très tôt, avant que l'usure britannique eût atteint un seuil critique. Et le faux pas devint irréparable parce que son flair pour la stratégie offensive n'était pas équilibré par un don égal pour la stratégie défensive. L'immensité de ses succès initiaux le conduisit à croire, comme Napoléon, que l'offensive offrait des solutions à tous les problèmes.

# 16

## La course vers la victoire de Hitler

La conquête de la Pologne par les Allemands en 1939, et l'invasion de l'Europe occidentale qui la suivit, en 1940, demeureront dans l'histoire militaire comme l'éclatante démonstration de ce que vaut la théorie de la guerre rapide mécanisée. Cette théorie avait été élaborée en Grande-Bretagne, puis adoptée par les Allemands, en grande partie grâce aux efforts du général Guderian, le créateur de l'armée blindée allemande. Bien que les généraux allemands plus anciens aient considéré la nouvelle technique d'un œil sceptique, et aient alloué à son développement des moyens plus limités que le souhaitaient ses initiateurs, cette arme fut suffisante pour apporter de rapides victoires dès le début. Non seulement la nouvelle technique révolutionna l'art de la guerre, mais elle changea le cours de l'histoire universelle : car les effets désastreux des victoires hitlériennes sur la position de l'Europe occidentale et son prestige dans le monde ne purent être compensés par la défaite finale de l'Allemagne. En outre, l'effort immense que l'Amérique fut amenée à consentir pour abattre Hitler aboutit à une nouvelle répartition de la puissance mondiale dans l'hémisphère occidental. L'ascension de la Russie dans le continent eurasiatique en fut une autre conséquence, et qui ouvrit une nouvelle ère.

Les campagnes qui amenèrent cette double révolution

– dans l'art de la guerre et dans l'équilibre des puissances mondiales – constituèrent également des exemples très significatifs de la stratégie de l'approche indirecte. En second lieu, l'analyse des opérations menées à l'ouest révèle que le nouveau type d'armées mécanisées n'aurait pas vaincu aussi aisément si elles n'avaient été employées dans le cadre d'une telle stratégie. Et les effets furent d'ailleurs réciproques : la mobilité et la souplesse des unités mécanisées dotèrent l'approche indirecte de potentialités accrues.

Malheureusement pour elle, la Pologne permit la démonstration parfaite de cette combinaison idéale. Ses frontières avec l'Allemagne se développaient sur 1 250 milles et s'étaient même accrues de 500 milles après l'occupation de la Tchécoslovaquie par les Allemands. Il en résulta que le flanc sud de la Pologne fut aussi exposé à l'invasion que l'était son flanc nord, face à la Prusse-Orientale. La Pologne occidentale formait ainsi un saillant entre les deux mâchoires de l'Allemagne.

Le danger fut aggravé par la façon dont les armées polonaises furent déployées, leurs gros profondément engagés dans le saillant. Le désir, bien naturel, de couvrir les principaux secteurs industriels polonais implantés à l'ouest de la Vistule, fut dangereusement exalté par la fierté nationale et la confiance excessive des militaires.

L'armée polonaise du temps de paix était numériquement aussi forte que l'armée française, et n'était pas tellement inférieure à celle de l'Allemagne. Elle comprenait 30 divisions d'infanterie et 12 brigades de cavalerie. Mais les ressources industrielles de la Pologne étaient insuffisantes pour alimenter les ressources démographiques et même pour fournir, dans une proportion adéquate, l'équipement de ses unités d'active. En mobilisant, elle pouvait seulement accroître d'un tiers le nombre de ses divisions blindées et motorisées, alors que l'Allemagne pouvait plus que doubler les siennes, sauf toutefois en ce qui concernait les divisions blindées et motorisées, mais cette exception, du côté allemand, était compensée par l'absence presque totale de telles unités dans l'armée polonaise.

C'était là le véritable point noir : les plaines polonaises offraient en effet un terrain particulièrement propice à une invasion rapide, encore que moins facile que celui offert par la France, étant donné la rareté des bonnes routes en Pologne et le grand nombre d'itinéraires difficiles, de lacs et de forêts dans certaines zones. Mais l'époque choisie pour l'invasion réduisit ces inconvénients.

La configuration « enveloppée » de la Pologne invitait les Allemands à utiliser une stratégie d'approche indirecte, au sens physique des termes. Mais les effets en furent encore amplifiés par la façon dont ils en usèrent.

Au nord, l'invasion fut conduite par le Groupe d'Armées Bock comprenant la 3e Armée (aux ordres de Küchler) et la 4e Armée (Kluge). La première attaqua en direction du sud en partant de la Prusse Orientale, tandis que la seconde poussa vers l'est, à travers le corridor polonais pour faire sa jonction avec Küchler afin d'envelopper l'aile droite polonaise.

Le rôle essentiel était confié au Groupe d'Armées Rundstedt, au sud. Il était presque deux fois plus fort en infanterie et plus encore en blindés. Il comprenait la 8e Armée (Blaskowitz), la 10e (Reichenau), et la 14e (List). Blaskowitz, à l'aile gauche, devait marcher sur le grand centre manufacturier de Lodz et participer ainsi à l'isolement des armées polonaises du saillant de Poznan tout en couvrant le flanc de Reichenau. À l'aile droite, List devait pousser sur Cracovie et, simultanément, tourner le flanc polonais des Carpates, utilisant un corps blindé pour franchir des passes montagneuses. Toutefois, le coup décisif devait être porté au centre, par Reichenau, auquel était attribué, à cet effet, le gros des forces blindées.

L'invasion débuta le 1er septembre 1939. Et, le 3, lorsque la Grande-Bretagne et la France entrèrent en guerre comme l'exigeaient les garanties données à la Pologne, l'avance de Kluge avait déjà coupé le corridor et atteint la basse Vistule, tandis que la pression de Küchler, à partir de la Prusse-Orientale, s'accentuait vers la Narew. Fait plus important : les forces blindées de Reichenau avaient pénétré jusqu'à la Warta et forcé le passage, tandis que l'armée de List convergeait, de ses deux ailes, sur Cracovie. Le 4 septembre le fer de lance de Reichenau avait franchi la Pilica, à 50 milles au-delà de la frontière, et, deux jours après, son aile gauche était bien au-delà de Tomaszow tandis que son aile droite avait pénétré dans Kielce.

Le commandant en chef des armées allemandes, Brauchitsch, ordonna de poursuivre la progression droit vers l'est, au-delà de la Vistule. Mais Rundstedt et son chef d'état-major, Manstein, prirent l'initiative de varianter le plan lorsqu'ils jugèrent, d'ailleurs correctement, que les principales armées polonaises se trouvaient toujours à l'ouest de la Vistule et pouvaient y être prises au piège. L'aile gauche de Reichenau, conduite par un corps blindé, fut dirigée vers le nord, sur les arrières de l'importante concentration de forces polonaises massées autour de Lodz, et elle reçut l'ordre de tenir une position bloquant les issues de la Bzura, entre Lodz et Varsovie. Étant inattendue, cette conversion vers le nord rencontra peu d'opposition ; et il en résulta que les forces polonaises, ainsi rassemblées, furent interceptées avant d'avoir pu se replier derrière la Vistule.

L'avantage acquis par les Allemands grâce à leur pénétration stratégique profonde – opérée sur la ligne de moindre attente et sur la ligne de moindre résistance – s'accrut du bénéfice procuré par la défense tactique. Afin de couronner leur victoire, ils devaient au moins tenir le terrain ; et, devant les furieux assauts d'une armée combattant à front renversé, coupée de ses bases, dont les approvisionnements s'épuisaient, et qui se sentait de plus en plus comprimée à l'est, sur les flancs et les arrières, par les avances convergentes de Blaskowitz et de Kluge. Bien qu'ils se soient battus avec acharnement et avec un courage qui impressionna leurs adversaires, les Polonais ne réussirent qu'en très petit nombre à rompre l'encerclement et à rejoindre finalement la garnison de Varsovie.

Le 10 septembre, le commandant en chef polonais, le maréchal Smigly-Rydz, donna l'ordre de retraite générale, vers le sud-est de la Pologne, aux forces qui lui restaient. Il espérait encore organiser une défense sur un front relativement étroit et prolonger la résistance ; mais cet espoir fut déçu. En effet, l'encerclement à l'ouest de la Vistule fut renforcé ; et les Allemands étaient sur le point de pénétrer profondément dans les régions à l'est de la Vistule, et d'exécuter une manœuvre en tenaille encore plus ample, puisqu'elle débordait d'éventuelles lignes de défense sur le San et le Bug.

La ligne du Bug, loin en arrière, fut atteinte et tournée par une remarquable approche indirecte. Au début de l'invasion, le Corps Blindé de Guderian avait été le fer de lance de la 4e Armée de Kluge lors de la traversée du corridor de Dantzig, dans le nord-ouest, qui avait permis d'atteindre la Prusse Orientale isolée. Forçant l'allure à travers cette province allemande, il déboucha à l'extrême gauche, sur le flanc est de la 3e Armée de Küchler et fit face au sud. Franchissant la Narew le 9 septembre, Guderian poussa vers le sud et atteignit Brest-Litovsk, sur le Bug, le 14 septembre, après un mouvement de 100 milles vers la base du grand saillant polonais. Puis, ses têtes de colonnes avancèrent encore de 40 milles, vers Wlodawa, afin de faire leur jonction avec la branche sud de la tenaille constituée par le Corps Blindé de Kleist qui s'approchait. De cette façon, le 17 septembre, au moment que les Russes franchissaient la frontière orientale, la destruction des forces polonaises était certaine.

Neuf mois plus tard, la triomphale campagne des Allemands à l'ouest ne présenta pas les caractères d'une approche indirecte aussi marquée matériellement, mais plutôt ceux d'une approche indirecte psychologique. Elle fut inspirée par l'idée de rompre l'équilibre de l'adversaire en usant d'une combinaison de procédés : en réussissant à obtenir la surprise par le choix de la direction, du moment et de la méthode, ceci étant précédé par une diversion exemplaire et suivi de l'exploitation la plus rapide menée sur la ligne de moindre résistance et atteignant la portée la plus longue. En outre, et par-dessus tout, le succès tint à l'utilisation d'un appât et d'un piège permettant d'obtenir des effets analogues à ceux d'une prise de jiu-jitsu.

Au début d'octobre 1939, après avoir conquis la Pologne, Hitler donna ses premières instructions pour l'offensive à l'ouest. S'il se confirmait que la Grande-Bretagne et la France ne consentiraient pas à faire la paix, il entrerait en action à une date prochaine – « parce qu'une longue période d'attente » pouvait « renforcer la puissance militaire de nos ennemis à un degré croissant », ce qui inciterait les neutres à pencher du côté des alliés. Dans une telle perspective, le temps travaillait contre l'Allemagne. Hitler redoutait que, s'il attendait ainsi que le lui conseillait son entourage militaire, le progrès de leur armement conférât aux alliés une supériorité définitive ; en outre, une guerre longue tarirait les ressources limitées de l'Allemagne, qui serait ainsi exposée à une attaque mortelle sur ses arrières de la part de la Russie. Il sentait bien, en effet, que son pacte avec Staline ne garantissait pas la neutralité de la Russie plus longtemps que cela ne conviendrait aux desseins de Staline. Les craintes de Hitler l'incitèrent donc à contraindre la France à faire la paix après une offensive déclenchée au plus tôt, et il pensait que la défaite de la France amènerait la Grande-Bretagne à résipiscence.

Hitler reconnaissait que, à ce moment-là, il disposait de la force et du matériel lui permettant de battre la France, l'Allemagne possédant la supériorité en armement moderne. « L'arme blindée et l'aviation ont atteint, actuellement, une valeur technique qu'aucune autre puissance ne connaît, et non seulement comme armes d'attaque mais aussi comme armes défensives. Leurs possibilités stratégiques en opération sont fondées sur une organisation et un commandement expérimenté, meilleurs que ceux de tout autre pays. » Tout en avouant la supériorité française dans l'armement classique, en particulier en artillerie lourde, il déclarait : « Ces armes n'ont aucune influence décisive dans la guerre de mouvement. » Grâce à sa supériorité technique en armement moderne, il pouvait également compenser la supériorité des Français en effectifs de soldats mobilisables.

Les chefs de l'armée allemande partageaient les craintes de Hitler quant aux échéances lointaines, mais non ses espoirs à court terme. Leurs forces n'étaient pas assez puissantes, selon eux, pour battre les Français ; ils estimaient plus sage de se maintenir sur la défensive en attendant que la France et la Grande-Bretagne inclinassent peu à peu à la paix ; ou bien, ils proposaient de tenter une offensive qui offrirait l'occasion de riposter en contre-attaquant.

Mais Hitler repoussa leurs objections. L'offensive fut fixée à la seconde semaine de novembre, puis différée de trois jours, compte tenu des prévisions météorologiques défavorables et de la situation des transports par voie ferrée. D'autres reports, de courte durée, se répétèrent – onze en tout – jusqu'au milieu de janvier ; après quoi, un long intervalle jusqu'en mai. À cette époque, un nouvel ordre d'alerte fut lancé et, cette fois, confirmé.

Mais entre-temps le plan avait subi une radicale transformation. Le plan établi à l'origine par l'état-major général sous la direction de Halder projetait une attaque principale à travers la Belgique centrale, comme en 1914. Elle devait être exécutée par le Groupe d'Armées « B » aux ordres de Bock, tandis que le Groupe d'Armées « A », aux ordres de Rundstedt, devait lancer une attaque secondaire sur la gauche, à travers la région accidentée et boisée des Ardennes. Aucun résultat spectaculaire n'étant escompté dans les Ardennes, toutes les divisions blindées étaient attribuées à Bock, l'état-major général considérant les Ardennes comme un terrain trop difficile pour une action blindée.

Mais le chef d'état-major de Rundstedt, Manstein, trouva ce plan trop timoré et répétant trop fidèlement celui de 1914, puisqu'il adoptait comme axe d'effort celui que prévoyaient les alliés et pour lequel ils s'étaient préparés. Autre argument invoqué par Manstein : sur cet axe, on se heurterait à l'armée britannique, adversaire plus tenace que les Français. Et, troisième argument selon lui : même si cette opération réussissait, elle ne ferait que repousser frontalement les alliés jusqu'à la côte flamande. Elle n'amènerait pas les résultats décisifs d'une approche indirecte coupant les communications et la ligne de retraite des alliés en Belgique.

Manstein proposa que le centre de gravité fût déplacé de la droite vers le centre, et l'effort principal prononcé à travers les Ardennes, sur la ligne de moindre attente. En dépit des difficultés dues au terrain, il considérait que les unités blindées pouvaient être mises en œuvre efficacement ; et ses vues furent appuyées par l'expert, Guderian.

L'audace de cette nouvelle conception séduisit Hitler. Mais la décision de modifier le plan original ne fut prise qu'après un incident extraordinaire : le 10 janvier, un officier d'état-major, transportant en avion des documents relatifs au plan, se perdit dans la tempête de neige, en allant de Munster à Bonn, et atterrit par erreur en territoire belge. Le haut-commandement allemand redouta, naturellement, que cet officier n'ait pas pu détruire les documents (et, de fait, il ne parvint pas à les brûler). Même dans ces conditions, le commandant en chef et le chef d'état-major général hésitèrent à modifier leur plan aussi radicalement que le souhaitait Manstein. Leur résistance ne fut vaincue que sur l'intervention personnelle de Manstein qui, passant par-dessus ses supérieurs, fut reçu par Hitler en personne et obtint son appui décisif pour le projet hétérodoxe.

Pendant ce temps, de fausses alertes avaient conduit les alliés à dévoiler leur jeu et leur intention de pénétrer en force en Belgique. Cette indiscrétion ne fit que renforcer l'opinion de ceux qui réclamaient la modification du plan selon les vues de Manstein.

À la lumière des événements ultérieurs, il est évident que le plan primitif n'aurait certainement pas permis d'obtenir un résultat aussi décisif que la défaite de la France. En effet, l'avance directe des Allemands aurait buté droit sur la partie la plus solide et la mieux équipée du front des armées franco-britanniques ; et ils auraient dû s'ouvrir un chemin dans une région coupée d'obstacles : fleuves, canaux et grandes villes. Les Ardennes pouvaient paraître plus malsaines ; mais si les Allemands parvenaient à franchir à toute vitesse cette ceinture forestière et accidentée de la Belgique méridionale avant que le haut-commandement français sentît le danger, les plaines de France parfaitement « roulantes » s'ouvriraient devant eux, terrain idéal pour une vaste opération de blindés.

Manstein avait également deviné le penchant des alliés pour une avance en Belgique, et il comptait tirer un avantage supplémentaire d'un tel mouvement. Ses calculs furent exacts. Selon le plan établi par le général commandant en chef, Gamelin, l'aile gauche alliée, renforcée, devait foncer en Belgique dès le déclenchement de l'invasion allemande et pousser vers l'est, jusqu'à la Dyle, et même au-delà si possible. Ce plan « D » fut aussi fatal aux Français que l'avait été le Plan XVII en 1914. Il faisait précisément le jeu des Allemands en permettant à leur offensive d'adopter la forme et d'avoir les effets d'une contre-attaque de flanc. Plus loin les alliés s'enfonceraient en Belgique, plus il serait facile à l'opération allemande des Ardennes d'atteindre les arrières des alliés et de les couper de leur aile droite.

L'issue fatale était d'autant plus certaine que Gamelin engagea le gros de ses forces mobiles dans l'opération de Belgique, et ne confia qu'à un mince rideau de divisions de médiocre valeur la garde de la charnière de sa manœuvre, face aux débouchés des Ardennes présumées infranchissables. La charnière enfoncée, Gamelin était non seulement déséquilibré, mais il ne possédait plus que de très faibles chances de redresser la situation, puisque les forces les plus capables de la rétablir et de colmater la brèche étaient profondément engagées en Belgique. En les poussant aussi rapidement en avant, il avait gravement compromis sa souplesse stratégique.

La menace sur la charnière fut masquée, sur le moment, par les premiers coups portés par les Allemands dans les Pays-Bas, et assénés d'une manière telle qu'ils firent très efficacement diversion. L'armée hollandaise fut jetée dans la plus grande confusion par un coup de main aéroporté sur ses arrières, opération combinée avec un violent assaut frontal, et elle capitula le cinquième jour. Ses positions avancées enfoncées le second jour, l'armée belge se replia sur la ligne Anvers-Namur où les Britanniques et les Français la rejoignirent.

À l'aube du 10 mai, en Hollande, les unités aéroportées allemandes effectuèrent par surprise un coup de main sur la capitale, La Haye, et sur Rotterdam, nœud de communications de tout le pays ; et ceci fut exécuté simultanément avec l'attaque des défenses frontalières, à 100 milles plus à l'est. La confusion et la peur engendrées par ce coup double appliqué sur le front et sur les arrières furent accrues par la menace permanente due à l'ubiquité de la Luftwaffe. Exploitant le désordre, une division blindée allemande s'engouffra dans une brèche ouverte dans le flanc sud, et elle fit sa jonction avec les troupes aéroportées à Rotterdam, le troisième jour. Bien que stratégiquement sur la défensive, les Hollandais furent contraints de se muer en attaquants sur le plan tactique ; et ils furent battus au cours d'assauts pour lesquels ils n'étaient vraiment pas équipés. Le cinquième jour, et bien que son front principal fût toujours intact, la Hollande capitula.

L'invasion physiquement directe de la Belgique eut un caractère d'approche indirecte du point de vue psychologique, et ceci grâce au choc initial qui ouvrit la voie aux envahisseurs. L'attaque principale, exécutée par la puissante 6e Armée de Reichenau, devait franchir un barrage formidable avant de pouvoir se déployer ; et 500 hommes des unités aéroportées lui furent seulement consentis pour coopérer à cette attaque. Ils furent chargés d'enlever deux ponts sur le canal Albert et le fort d'Eben Emael, le fort le plus moderne de Belgique, qui flanquait cette ligne d'eau frontière. Et pourtant, le rôle de ce mince détachement fut décisif pour l'issue de toute l'affaire. L'approche de la frontière belge, à cet endroit, devait en effet s'effectuer à travers une avancée de territoire hollandais – l'appendice de Maëstricht – et, avant que les Allemands eussent franchi cette frontière, les gardes frontières belges du canal Albert auraient eu tout le temps d'être alertés et de faire sauter les ponts.

Les troupes aéroportées, larguées silencieusement dans la nuit, constituaient un nouveau procédé pour s'emparer de ces ponts intacts, clés de l'invasion. Le fort d'Eben Emael fut paralysé par un maigre détachement de moins de 80 hommes qui atterrirent sur ses coupoles et y tinrent enfermée la garnison de 1 200 hommes, pendant vingt-quatre heures, jusqu'à ce que les troupes allemandes plus importantes fussent en mesure d'enlever le fort et de déboucher dans la plaine au-delà des ponts. Devant cette menace, les armées belges durent battre en retraite vers la Dyle que les Français et les Britanniques venaient juste d'atteindre.

Les opérations effectuées par les troupes aéroportées en Hollande et en Belgique furent conçues par Hitler en personne, et l'audacieux général Student les exécuta avec un brio exceptionnel. Pendant ce temps, les unités blindées du Groupe d'Armées Rundstedt ayant traversé le Luxembourg et le Luxembourg belge, fonçaient vers la frontière française. Ses gros – 5 divisions blindées et 4 motorisées – étaient groupés aux ordres du général von Kleist, et leur fer de lance principal constitué par les trois divisions blindées du corps de Guderian. Après avoir traversé ces 70 milles d'Ardennes en balayant une faible opposition, il franchit la frontière française et surgit sur les rives de la Meuse à l'aube du quatrième jour de l'offensive.

Cela avait été une aventure bien téméraire que de lancer ainsi une masse de blindés et de véhicules à moteurs dans une région aussi difficile et considérée, pendant longtemps et par les stratèges classiques, comme « infranchissable » pour une offensive de grand style et, *a fortiori*, pour une opération de blindés. Mais cette opinion accrut les chances d'obtenir l'effet de surprise, les épaisses forêts contribuant à masquer l'avance et l'importance réelle de l'opération.

Mais l'effet de surprise passé, les blindés devaient franchir la barrière de la Meuse. Tout dépendait des délais de franchissement. Le chef d'état-major français, le général Doumenc, devait déclarer plus tard : « Créditant nos ennemis de nos propres manières de procéder, nous avions pensé qu'ils ne tenteraient pas de franchir la Meuse avant d'avoir mis en place une importante artillerie. Les cinq ou six jours qu'exigeait cette mise en place nous auraient fourni les délais nécessaires au renforcement de notre dispositif. »

Il est remarquable que les calculs de délais, effectués par les Français, correspondent exactement à ceux du haut-commandement allemand. Les chefs français avaient basé leurs plans sur cette supposition que l'attaque sur la Meuse ne devait pas être attendue avant le neuvième jour, échéance que les Allemands avaient admise initialement. Lors d'un *Kriegspiel*, en février, Guderian avait proposé que les forces blindées attaquent la Meuse le plus tôt possible, sans attendre l'arrivée de la masse d'infanterie et d'artillerie : proposition sévèrement critiquée par Halder qui considérait que le neuvième ou le dixième jour constitueraient l'échéance la plus brève à laquelle on pouvait fixer un tel assaut. En mars, lors d'une conférence, Hitler demanda à Guderian quelle suite il entendait donner au cours des opérations après la conquête d'une tête de pont. À quoi Guderian répondit que cette dernière devait être exploitée immédiatement en poussant droit vers l'ouest, en direction d'Amiens et des ports de la Manche ; cette réponse amena des hochements de tête désapprobateurs dans l'assistance, mais Hitler l'approuva.

Lorsque le Corps de Guderian atteignit la Meuse près de Sedan, le 13 mai, il se lança à l'assaut sur la berge du fleuve l'après-midi du même jour et, au soir, le franchissement était réussi. L'une des plus petites têtes de colonnes, la 7e Panzer Division de Rommel, put franchir le fleuve le 13, à Dinant, 40 milles plus au nord ; elle créa ainsi une excellente diversion, et offrait en outre la possibilité de combiner ultérieurement des opérations de dislocation après pénétration du dispositif français.

L'après-midi du 14 mai, les trois divisions blindées de Guderian avaient en totalité franchi la Meuse et, après avoir repoussé une tardive contre-attaque française, elles opérèrent une soudaine conversion vers l'ouest. Le lendemain soir, elles avaient enfoncé la dernière ligne de défenses derrière la Meuse ; et les routes de l'ouest, conduisant aux côtes de la Manche, à 160 milles de là, étaient désormais ouvertes aux panzers.

Cette même nuit, le 15, Guderian reçut l'ordre de Kleist, plus prudent, de s'arrêter et de consolider les positions atteintes jusqu'à ce que l'infanterie pût le relever. Après une chaude discussion, l'ordre fut modifié, et Guderian reçut l'autorisation d'étendre sa tête de pont, mais sur une profondeur limitée. Interprétant cette autorisation selon ses vues, il poussa à 50 milles à l'ouest, jusqu'à l'Oise, au cours de la journée suivante ! Le reste des unités blindées le rejoignit, élargissant la brèche jusqu'à 60 milles et déversant son torrent sur les routes qui longeaient les arrières des armées alliées demeurées en Belgique.

Ce torrent fit d'autant plus aisément son chemin que le commandement français se montrait incapable de déterminer sur quelle direction la progression allait continuer. L'avantage propre à la percée de Sedan provenait de ce que, effectuée sur un axe central, elle pouvait être exploitée dans n'importe quelle direction et ouvrait sur des objectifs alternatifs. Le but ultime serait-il Paris ou les côtes de la Manche ? Tandis que l'avance semblait s'étendre en direction de l'ouest, elle parut d'abord devoir déboucher rapidement en direction du sud, vers Paris – et l'imagination française était particulièrement sensible à cette éventualité. La souplesse stratégique du plan allemand était accusée par la mobilité de l'instrument, et la combinaison de ces deux qualités permit de maintenir l'adversaire dans l'impossibilité de trancher le dilemme.

L'issue ne tint qu'au facteur temps, phase après phase. Les ripostes françaises tombèrent toutes dans le vide, leur exécution s'affirmant trop lente pour l'évolution accélérée de la situation. Et ceci était dû au fait que les Allemands manœuvraient plus rapidement que leurs adversaires – et le haut commandement allemand lui-même – ne l'avaient escompté. Formés aux méthodes compassées de la Première Guerre mondiale, les Français n'étaient pas intellectuellement préparés à ce rythme moderne des opérations auquel ils ne purent s'adapter et qui les paralysa. Leur faiblesse essentielle résidait non dans la quantité ou la qualité de leur matériel, mais dans leur *doctrine.* Leurs idées avaient moins progressé que celles de leurs adversaires depuis qu'on avait tiré les leçons du premier conflit mondial : ainsi qu'il advient fréquemment au cours de l'histoire, la victoire ne fait que renforcer le contentement de soi et fige les idées dans une orthodoxie qui conduit droit à la défaite lors du conflit suivant.

Du côté allemand, le haut commandement appréhendait encore les risques d'une stratégie prônant de telles pénétrations profondes exécutées par une poignée de divisions blindées. Hitler lui-même se montra très nerveux, et son anxiété pour le sort du flanc sud l'incita à freiner pendant deux jours la progression vers l'ouest, afin que la 12e Armée pût atteindre l'Aisne et constituer un bouclier de flanquement le long de cette rivière. Un tel retard altérait les plans allemands et aurait pu même les réduire à néant si l'état de paralysie des Français n'avait pas été aussi irrémédiable.

L'hésitation de Hitler en annonçait une autre, beaucoup plus coûteuse, la semaine suivante. Mais on avait gagné tellement de temps au cours des phases précédentes, et l'adversaire avait été tellement malmené, que la pause sur l'Oise n'eut pas de conséquences graves du côté allemand. Elle révélait pourtant, parmi les Allemands, des divergences significatives sur le sens du temps : le hiatus entre la nouvelle et l'ancienne écoles était encore plus net qu'entre les conceptions des Allemands et celles des Français.

En signe de protestation contre la halte du 17 mai, Guderian avait demandé à être relevé de son commandement. Mais il reprit bientôt son poste, et on lui notifia qu'il pouvait lancer une « forte reconnaissance », ce qu'il interpréta en poussant vers l'avant la totalité de ses moyens, et presque aussi énergiquement qu'il se l'était promis. Lorsque le frein se desserra, sa progression s'accéléra encore et, le 20 mai, il enlevait Amiens et atteignait la mer au-delà d'Abbeville, ayant ainsi coupé les communications des armées alliées demeurées en Belgique.

Le 22, après avoir dû accepter une nouvelle pause d'une journée ordonnée par l'échelon supérieur, il remonta vers le nord, vers les ports de la Manche et sur les arrières de l'armée britannique demeurée en Belgique devant l'avance frontale des fantassins de Bock. Au cours de sa progression vers le nord, sur la droite de Guderian, progressait le Corps Blindé de Reinhardt relevant du groupement Kleist. Le 22, Boulogne fut isolé par l'avance de Guderian, et Calais le lendemain : ce qui le menait à Gravelines, à environ 10 milles de Dunkerque. Les blindés de Reinhardt atteignaient alors la ligne de l'Aire-Saint-Omer-Gravelines et formèrent une tête de pont au-delà. Mais la poursuite en direction de Dunkerque – dernier port par lequel les Britanniques pouvaient encore s'échapper – fut stoppée le lendemain sur ordre de Hitler ; ce qui sauva l'armée britannique alors qu'elle ne pouvait plus échapper au sort des Belges et de la majeure partie des trois armées françaises de l'aile gauche. Deux jours après, l'interdiction fut levée et la progression reprit ; mais, entre-temps, la défense s'était durcie et renforcée, et le bouclier d'arrière-garde mis en place tint en respect les Allemands, assez longtemps pour permettre l'évacuation par mer de 224 000 soldats britanniques et de 114 000 alliés, en majorité Français. Ce qui n'empêcha d'ailleurs pas les Allemands de capturer un million de prisonniers en ne perdant eux-mêmes que 60 000 hommes ; et ce résultat pouvait être porté au crédit de leur vaste approche indirecte.

Les raisons motivant l'ordre d'arrêt donné par Hitler, arrêt fatal, ne seront jamais complètement éclaircies. Il déclara lui-même avoir craint que ses blindés s'enlisent dans le terrain marécageux des Flandres qui l'avait profondément impressionné lorsqu'il était caporal au cours de la Première Guerre mondiale. Un autre motif fut certainement son souci de disposer d'une arme blindée intacte afin de porter le coup de grâce aux Français. Enfin, troisième motif, il croyait, persuadé par Gœring, que l'aviation allemande suffirait à interdire l'évacuation par mer, à partir de Dunkerque, des armées anglaises prises au piège. Mais, en cherchant bien, on trouve que la cause essentielle de cet ordre fut une petite contre-attaque britannique, menée avec deux bataillons de chars, et lancée à Arras, le 21 mai, sur le flanc des Allemands poussant vers la mer. Cette contre-attaque spéculait sur les craintes éprouvées par Hitler et plusieurs membres du haut commandement au cours de la pénétration stratégique profonde, et elle ébranla leurs nerfs en un moment crucial. Une nouvelle fois, Kleist freina l'avance de Guderian. Kluge, le commandant d'armée directement supérieur à Kleist, inclinait à interdire toute nouvelle avance jusqu'à ce que la situation fût éclaircie à Arras. Et Rundstedt fut naturellement influencé par leur anxiété. Aussi, lorsque Hitler rendit visite à Rundstedt, au matin du 24 mai, il reçut confirmation de ses propres doutes et sa nervosité s'en accrut. Il donna l'ordre d'arrêter, aussitôt après la conférence. En cette circonstance, Brauchitsch et Halder étaient partisans de laisser l'avance des blindés se poursuivre ; mais, aux échelons intermédiaires entre Guderian et eux, Hitler trouva de nombreuses voix pour encourager sa tendance à la prudence.

La phase suivante – et la dernière – de la campagne débuta le 5 juin, le lendemain de l'entrée des Allemands à Dunkerque. Le prélude à la nouvelle offensive allemande fut lui-même étonnant par la manière dont les forces blindées allemandes, qui venaient justement d'attaquer préventivement en direction du nord-ouest, glissèrent promptement vers le sud pour asséner leur nouveau coup. Une telle rapidité dans la concentration sur une nouvelle direction apportait un nouveau témoignage en faveur de la révolution introduite dans la stratégie par la mobilité des unités mécanisées.

La nouvelle offensive fut lancée sur le nouveau front que le reliquat des armées françaises avait constitué sur la Somme et l'Aisne, front plus étendu que le front primitif alors que les moyens disponibles pour le tenir étaient beaucoup plus faibles. Les Français avaient en effet perdu 30 divisions, y compris tous les contingents alliés à l'exception toutefois de deux divisions britanniques. Weygand, qui avait remplacé Gamelin, avait rassemblé 66 divisions en tout, dont 17 dans la ligne Maginot, et il improvisa avec elles une ligne de défense sur la Somme et l'Aisne.

Au cours de ce second acte, le Groupe d'Armées Rundstedt joua encore le rôle décisif, bien que ce ne fût pas prévu par le plan. Six des dix divisions blindées allemandes étaient, à l'origine, attribuées à Bock. Mais le plan était souple, et la bataille prit une forme différente au cours de son développement, si bien que Bock opéra la diversion qui aida Rundstedt à intervenir d'une manière décisive. Cette variation de la forme prouva, une nouvelle fois, que l'arme blindée permettait d'adopter un style d'opérations *alternatives*.

Les armées de Bock attaquèrent le 5 juin, et Rundstedt seulement quatre jours plus tard, pendant lesquels il put remanier le dispositif de cette aile. L'effort principal, l'attaque de Bock, ne réussit pas aussi bien ni aussi profondément qu'à l'extrême droite où, au matin du troisième jour, la Panzer Division de Rommel força les défenses françaises.

Cette percée rapide fut rendue possible par un coup d'audace de Rommel ; coup d'audace que l'orthodoxie de ses adversaires ne leur permettait pas de prévoir, qu'il tenta et réussit alors que ce n'aurait été considéré comme pratiquement exécutable dans aucun exercice d'état-major. Dans son secteur, les Français avaient fait sauter tous les ponts sur la Somme, à l'exception de quelques ponts de chemin de fer permettant de soutenir, en la ravitaillant, la contre-offensive qu'ils avaient songé à monter. Il semble qu'ils aient cru n'endosser qu'un risque minime en conservant ces deux ponts et une simple voie ferrée courant, sur environ un mille, sur deux étroites digues dans des prairies marécageuses.

L'infanterie elle-même aurait marché sur une corde raide, si on lui avait demandé d'emprunter cet itinéraire. Mais, ayant enlevé les deux ponts avant l'aube et pris pied sur le plateau au-delà de la rivière, Rommel fit déposer les rails et les traverses ; il lança alors ses blindés et ses véhicules de transport sur cette « corde raide », sous les feux d'artillerie, et ceci sans autre incident que la panne d'un char arrêté à l'entrée de l'un des ponts pendant une demi-heure.

Au soir du premier jour, il avait pénétré de 8 milles dans le dispositif ennemi, de 20 milles le second jour, et, le troisième, il progressa encore de 30 milles, marchant rapidement en tous terrains, hors des itinéraires et contournant les nœuds routiers surveillés et défendus. Cette percée profonde fit voler en éclats la 10e Armée française, d'autres divisions allemandes s'engouffrant dans la brèche. Au soir du 8 juin, quatrième jour de l'offensive, Rommel atteignit la Seine au sud de Rouen après une avance foudroyante de 40 milles à travers une défense désorganisée et confuse qui s'était hâtivement renforcée aux approches de Rouen et de la Seine. Rommel put la franchir avant que les Français aient commencé à rassembler les moyens pour organiser la défense de ce large obstacle. Sa division effectua, le dixième jour, un mouvement tournant de 50 milles jusqu'à la côte qu'elle atteignit le soir du même jour, coupant ainsi la retraite à l'aile gauche de la 10e Armée – 5 divisions dont la 51e Highland. Enveloppées, elles durent se rendre le 12 juin, à Saint-Valéry.

Pendant ce temps, l'attaque principale contre son aile droite, sur la Somme, était tombée sur une plus forte résistance. Attaque en tenaille, elle fut effectuée par deux corps blindés aux ordres de Kleist à partir des têtes de pont établies sur la Somme de Péronne et d'Amiens. La branche droite de la tenaille, celle d'Amiens, rompit les défenses françaises le 8, et l'avance s'effectua vers le sud en direction de la basse Oise ; mais la branche gauche fut contenue au nord de Compiègne par une résistance tenace.

Comme le Groupe d'Armées Rundstedt, attaquant sur la ligne de l'Aisne, le 9 juin, y avait promptement enfoncé les défenses françaises, le commandement suprême allemand décida de retirer de l'ouest les deux corps blindés de Kleist, de les faire roquer vers l'est et de les engager dans la large brèche ouverte sur l'Aisne afin d'exploiter l'effondrement des Français en Champagne. Cette rapide manœuvre de rocade offre un nouvel exemple de la flexibilité et de la mobilité de l'arme blindée.

Le coup décisif fut assené, une fois encore, par Guderian ; et ce fut, une fois encore, une éclatante démonstration de la stratégie de pénétration profonde combinée avec l'approche indirecte. Guderian avait été promu au commandement du Groupement Blindé de Rundstedt, et ses deux corps furent réunis sur l'Aisne, près de Rethel, après avoir effectué un mouvement de 200 milles à partir du Pas-de-Calais. Après que l'infanterie de la 12e Armée eut conquis trois petites têtes de pont au-delà de l'Aisne de Chateau-Thierry, Guderian y infiltra sa division blindée de tête pendant la nuit. Elle déboucha le lendemain matin, le

10, et gagna rapidement le terrain libre en contournant les villages et les bois tenus par les Français. Les blindés français entrèrent en action, et une série de batailles de chars s'engagea ; mais une pénétration d'environ 20 milles était réalisée au terme de ces deux journées. Le troisième jour, l'aile droite de Guderian atteignait Châlons-sur-Marne et, le quatrième, Vitry-le-François, c'est-à-dire à environ 60 milles de la base de départ. Son aile gauche devait maintenant se porter à sa hauteur après avoir repoussé des contre-attaques de flanc. Puis, Guderian fonça à une vitesse toujours plus grande sur le plateau de Langres, qu'il traversa, loin sur les arrières de la ligne Maginot, se dirigeant à toute allure vers la frontière suisse. Chaumont fut atteint le cinquième jour, 14 juin, après un bond de 50 milles ; la Saône le 15, par un bond de même amplitude ; et, à l'aube du 17, la division de tête enlevait Pontarlier, à la frontière suisse, à 60 milles au-delà de la Saône. Ce dernier bond coupait les communications des importantes forces françaises qui tenaient encore la ligne Maginot, et les autres divisions de Guderian se tenaient prêtes à s'ébranler vers le nord de la Moselle pour leur couper la retraite. Mais, quelques heures auparavant, devant l'effondrement de ses armées, le gouvernement français avait décidé de capituler et de demander un armistice.

Pourtant, cette victoire stratégiquement décisive sur le continent fut rendue non décisive sur le plan de la grande stratégie par l'échec de la tentative faite par Hitler pour conquérir les îles Britanniques. Il payait ainsi la faute commise en donnant l'ordre d'arrêter l'avance allemande à Dunkerque. S'il avait empêché les forces britanniques de rembarquer, à l'unique endroit où elles pouvaient encore le faire, l'Angleterre elle-même eût été si peu défendue qu'il aurait pu s'en emparer même par une invasion hâtivement improvisée. Mais, ayant laissé passer sa dernière chance de prendre l'armée britannique au piège de Dunkerque, il ne pouvait plus espérer soumettre la Grande-Bretagne sans une invasion bien organisée et montée en force, invasion pour laquelle ni plan ni préparatifs n'avaient été commencés.

Les essais ultérieurs furent tentés trop tardivement, et ses offres de paix trop peu convaincantes. Lorsqu'il voulut conquérir la maîtrise de l'air au-dessus de la mer, ses approches furent repoussées au cours de la « bataille d'Angleterre », et le projet d'invasion remis à une échéance lointaine.

L'obstacle insulaire continua donc de le défier, couvert par le large fossé antichar que constituait la Manche ; et cet obstacle ne fit, par la suite, qu'accroître les difficultés qu'il rencontra pour réaliser ses rêves de domination absolue du continent. Échec qui lui fut fatal.

Sa course à la victoire se poursuivit l'année suivante – d'abord aux dépens des pays balkaniques, puis aux dépens de la Russie – jusqu'à ce qu'il fût mis en échec dans les immensités russes. Mais lui firent défaut les moyens qui lui auraient permis d'obtenir les résultats qu'il visait. En dépit de ses succès éclatants de 1941, son déclin peut être daté de son échec au cours de la « bataille d'Angleterre » ; et cet échec lui-même peut être imputé à ses tergiversations et à la pause qu'il décida devant Dunkerque, alors que la ville était à portée de sa main.

# 17

## Le déclin de Hitler

À la fin de juin 1940, l'Allemagne enjambait le continent européen comme la gigantesque statue de Colosse. Elle dominait la totalité de l'Europe de l'ouest, du centre et du sud-est, à l'exception des petites îles Britanniques sur la frange occidentale. Et, outre ce défi dressé au-delà de la mer, la seule limitation sérieuse apportée à sa suprématie tenait à l'existence de la Russie soviétique, ombre gênante sur le flanc nord-est. Hitler avait bénéficié d'une série de victoires qui semblaient lui promettre la domination absolue de l'Europe, sinon du Monde entier. Cinq ans plus tard, ce rêve d'une nuit d'été tournait au cauchemar.

Son déclin s'amorça sur le plan de la *grande stratégie*, et c'est à ce niveau que se situent ses fautes fatales. S'il avait su apaiser les craintes que suscitaient ses conquêtes, et rassurer les peuples voisins en les persuadant que « l'ordre nouveau » leur serait bénéfique, il aurait pu réussir là où Napoléon avait échoué, et faire l'unité de l'Europe sous la direction de l'Allemagne, union trop puissante pour que quiconque pût la rompre de l'extérieur. Mais faute d'en vouloir les moyens, la fin ne put être atteinte. Son approche politique avait été trop directe. S'il était assez habile pour créer des dissensions dans les pays qu'il menaçait, il ne l'était pas suffisamment pour désarmer toute l'opposition. Dans le binôme « national socialisme », l'excès du nationalisme annulait les bons effets que la référence au socialisme aurait pu produire sur les masses populaires des autres pays. La main de fer était trop peu cachée par un redoutable gant de velours. Esclave de ses propres conquêtes, ses tentatives de conciliation furent réticentes et peu convaincantes ; et ces erreurs s'additionnèrent dans la colonne débit de son bilan, au fur et à mesure que l'aventure s'éternisait.

Le premier échec – échec permanent – provint de son incapacité à soumettre la Grande-Bretagne ou à conclure la paix avec elle après l'effondrement des autres pays de l'ouest. Tant qu'elle résistait, la mainmise de Hitler sur l'ouest ne pouvait être absolument sûre, et sa domination devait être constamment remise en cause. D'ailleurs, à ce moment, l'Angleterre ne pouvait rien de plus que l'empêcher de cueillir les fruits de ses victoires. La combinaison de la résistance et des ingérences anglaises dans les entreprises hitlériennes pouvait bien réussir à entamer la volonté de l'Allemand et le conduire à marchander la paix par des concessions sans cesse accrues. Mais elle ne pouvait suffire à réduire sérieusement sa puissance et à l'expulser de ses conquêtes. Une telle possibilité ne se fit jour qu'en juin 1941, lorsqu'un Hitler déçu et inquiet dut se tourner vers l'est et attaquer la Russie soviétique.

Cette décision, qui lui fut fatale, marqua son abandon de l'approche indirecte en grande stratégie. Dans son impatience et son désir anxieux d'arracher la victoire, il fut rapidement amené à négliger l'approche indirecte, même en stratégie. Changement d'autant plus significatif qu'il avait toujours été attentif, jusqu'alors, à l'utiliser en toutes circonstances, et même pour aborder des obstacles relativement minces, comme celui dressé par la Grèce.

*La conquête des Balkans par les Allemands.*

Lorsque les Allemands envahirent la Grèce, en avril 1941, après le débarquement à Salonique d'une petite armée britannique de renfort, l'armée grecque était surtout déployée pour couvrir les cols qui débouchaient de Bulgarie où les forces allemandes étaient rassemblées. Mais l'avance attendue par la vallée de la Strouma masqua une autre manœuvre, moins directe. Les colonnes mécanisées allemandes obliquèrent vers l'ouest de la Strouma dans la vallée de Stroumitza, parallèle à la frontière ; et, franchissant les cols, elles pénétrèrent en Yougoslavie, au fond de la vallée du Vardar. Là, elles firent sauter le joint entre les armées grecques et yougoslaves, puis, exploitant la percée, poussèrent rapidement sur Salonique en descendant le Vardar ; cette manœuvre isolait une importante fraction de l'armée grecque stationnée en Thrace.

Les Allemands enchaînèrent sur ce succès, non par une avance directe vers le sud, de Salonique au-delà du mont Olympe où l'armée britannique avait pris position, mais par un autre mouvement tournant empruntant, plus à l'ouest, la trouée de Monastir. L'exploitation de cette avance en direction de la côte ouest de la Grèce isolait les divisions grecques d'Albanie, tournait le flanc des Britanniques et, par la menace d'un enveloppement sur les arrières, sur la ligne de retraite du reste des forces alliées, elle amena l'effondrement rapide de toute résistance en Grèce.

*L'invasion allemande en Russie.*

Au début de l'invasion de la Russie, les Allemands exploitèrent opérationnellement l'approche indirecte, obtenant des victoires spectaculaires favorisées d'ailleurs par les conditions géographiques. L'extension du front – 1 800 milles – et la rareté des obstacles naturels offraient à l'agresseur d'immenses avantages pour l'infiltration et la manœuvre. En dépit des dimensions colossales de l'Armée Rouge, le rapport entre ses forces et l'espace était si faible que les unités mécanisées allemandes purent trouver aisément les occasions de manœuvres indirectes sur les arrières de leur adversaire. En outre, les villes largement espacées, et où convergeaient routes et voies ferrées offraient à l'agresseur la possibilité de jouer sur des objectifs alternatifs et d'abuser l'ennemi sur la direction réellement menacée en le plaçant devant des dilemmes successifs.

Mais, ayant recueilli au début d'immenses succès, les Allemands perdirent les avantages acquis de cette manière en ne parvenant pas à se décider sur la direction qu'ils devaient retenir pour exploiter ces gains initiaux. Hitler et le commandement de l'armée de terre avaient des idées différentes sur les développements du plan de campagne et, en fait, ne parvinrent jamais à les concilier.

Hitler voulait que Leningrad fût retenu comme premier objectif, ce qui lui permettait de consolider son flanc sur la Baltique en s'appuyant sur la Finlande ; et il avait tendance à sous-estimer l'importance de Moscou. Mais, avec son sens aigu des données économiques, il voulait également s'emparer des richesses agricoles de l'Ukraine et de la région industrielle du bas Dniepr. Les deux objectifs étaient contradictoires et impliquaient des lignes d'opération tout à fait séparées et autonomes ; ce qui aboutissait à une situation qui ignorait la souplesse inhérente aux manœuvres conduites sur une seule ligne d'opérations centrales mais permettait de viser et de traiter alternativement des objectifs différents.

Brauchitsch et Halder voulaient concentrer leurs moyens sur l'axe d'effort les menant à Moscou ; non pas tant pour conquérir la capitale, mais parce qu'ils sentaient bien qu'opérer sur cette ligne offrait les meilleures chances de détruire la masse des armées russes qu'ils « comptaient rencontrer sur le chemin de Moscou ». Selon Hitler, cette conception comportait un risque : celui d'inciter les Russes à effectuer un mouvement de retraite générale vers l'est, et de les mettre ainsi hors de prise.

Comme Brauchitsch et Halder étaient d'accord avec lui pour ne pas courir ce risque et comme lui-même approuvait l'importance qu'ils conféraient à la destruction des forces principales ennemies – destruction obtenue dès le début des opérations par une *Kesselschlacht* (bataille d'encerclement) – ils repoussèrent le choix d'une décision portant sur les buts ultérieurs jusqu'à ce que la première phase de l'invasion fût achevée.

Brauchitsch ayant tendance à vouloir éviter les ennuis par des concessions à Hitler, était tout à fait capable de se précipiter vers des maux plus graves en fin de compte. Dans ce cas précis, en repoussant à une date ultérieure le problème du choix d'un objectif, il se préparait de graves ennuis pour le milieu de la campagne.

Toutefois, au cours de la première phase, on se mit d'accord sur un principe : le centre de gravité des forces engagées devait être dans le secteur du groupe d'armées Bock, juste au nord des marais du Pripet et sur la route de Minsk à Moscou. C'est là que la majeure partie des unités blindées furent engagées. Au début, la progression du Groupe d'Armées Leeb, à partir de sa position avancée de Prusse Orientale et à travers les pays baltes contribua à masquer le coup plus dangereux porté par son voisin, le Groupe d'Armées Bock. En outre, la poussée du Groupe d'Armées Rundstedt, à l'autre flanc de Bock et au sud des marais du Pripet, tint le commandement soviétique dans l'incertitude sur la principale ligne d'opérations des envahisseurs.

Dans le secteur de Bock, le plan prévoyait de prendre au piège la masse des armées adverses grâce à une double manœuvre d'encerclement exécutée avec les groupements blindés de Guderian et de Hoth, chacun d'eux marchant à l'une des ailes et convergeant sur Minsk pour repartir ensuite de l'avant ; pendant ce temps, les corps d'infanterie des 4$^{e}$ et 9$^{e}$ Armées devaient exécuter des opérations en tenaille à l'intérieur de la poche créée par les blindés, opérations autour et derrière Bialystok.

L'invasion commença le 22 juin – la veille de la date anniversaire de l'invasion de Napoléon. Les pinces blindées de Guderian et de Hoth effectuèrent deux profondes incisions et firent leur jonction le sixième jour à Minsk, c'est-à-dire à 200 milles de la frontière. Derrière eux, les tenailles de l'infanterie se refermèrent à Slonim, mais un peu trop tard pour capturer le gros des armées russes faisant retraite de la poche de Bialystok. Une seconde tentative d'encerclement exécutée près de Minsk eut plus de succès, et près de 300 000 hommes furent capturés bien que de forts détachements aient pu échapper avant que l'encerclement fût achevé. L'importance de la victoire souleva une vague d'optimisme, même parmi les généraux qui avaient marqué quelque appréhension lorsque Hitler avait décidé d'envahir la Russie. Le 3 juillet, Halder notait : « Il n'est sans doute pas exagéré d'affirmer que la campagne contre la Russie a été gagnée en quatorze jours. »

Mais le déroulement des opérations venait précisément de subir une entorse grave et de mauvais augure. En effet, les unités blindées avaient reçu l'ordre de s'arrêter jusqu'à ce que l'encerclement fût vraiment parfait, alors que, dans le plan initial, elles devaient pousser sans attendre au-delà de Minsk ne laissant que le minimum d'éléments en soutien de l'infanterie chargée de compléter l'encerclement.

Le temps perdu fut cependant regagné par l'action audacieuse de Guderian qui parvint à franchir la large coupure du Dniepr sans attendre l'arrivée de la masse d'infanterie de la 4e Armée – et avant que les Russes rameutent leurs renforts. Réunissant ses forces sous le couvert de la nuit et derrière un large rideau, il passa, le 10 juillet, en trois points qui n'étaient pas gardés. De là, il poussa sur Smolensk qu'il atteignit le 16. Les envahisseurs avaient désormais pénétré de plus de 400 milles en territoire russe, et

Moscou n'était plus qu'à 200 milles. Pour une avance aussi profonde, le train avait été vraiment très rapide.

Avec l'arrivée de Hoth au nord de Smolensk, un nouvel encerclement fut amorcé pour isoler les importantes armées russes se trouvant entre le Dniepr et la Desna et qui avaient été débordées par les pointes des blindés. Le piège fut sur le point de se fermer, mais un terrain difficile et des itinéraires peu viables ralentirent le mouvement, et les Russes purent s'échapper en grande partie ; ce qui n'empêcha d'ailleurs pas que 180 000 d'entre eux fussent capturés dans la zone de Smolensk.

Guderian sentait toute l'importance qu'il y avait à talonner les Russes sans leur laisser le temps de se ressaisir. Il était convaincu qu'il pouvait les prendre s'il ne perdait pas de temps et que, ayant ainsi assené un coup sur le centre nerveux de la puissance stalinienne, la résistance des Russes pouvait être paralysée. Hoth partageait ses vues et Bock les endossait.

Mais Hitler considérait que le moment était venu de réaliser enfin sa conception initiale et d'adopter Leningrad et l'Ukraine comme objectifs principaux. En jugeant leur importance supérieure à celle de Moscou, il ne pensait pas seulement aux conséquences économiques et politiques, mais également aux critiques qui tendaient à se formuler parmi les généraux. Il semble qu'il ait imaginé une manœuvre du type Cannes, mais à une plus grande échelle ; manœuvre qui, profitant de ce que la menace sur Moscou attirerait les réserves russes dans ce secteur, permettrait ainsi aux ailes allemandes d'atteindre plus facilement leurs objectifs latéraux, Leningrad et l'Ukraine. Ensuite, de ces deux positions de flanc, ses armées pouvaient converger sur Moscou qui tomberait comme un fruit mûr. Cette conception était habile autant qu'ambitieuse. En réalité, elle ne tenait pas compte du facteur temps, la résistance russe se révélant plus tenace et le temps plus mauvais qu'on s'y était attendu. Ces projets ne furent pas approuvés par tous, par suite des divergences d'opinions entre les généraux : chacun tendait, naturellement, à ne penser qu'à son propre secteur et à réclamer que la préférence lui fût accordée. Cette tendance accentuait les dangers de très graves divergences stratégiques pour la seconde phase du projet.

Le 19 juillet, Hitler diffusa ses directives pour cette seconde phase afin que les opérations de nettoyage entre le Dniepr et la Desna fussent immédiatement achevées. Une partie des forces mobiles de Bock devait faire mouvement vers le sud pour aider Rundstedt à détruire les armées russes qui lui étaient opposées, tandis que l'autre fraction devait aider Leeb, au nord, dans l'attaque de Leningrad et couper les communications de cette ville avec Moscou. Avec ses seules troupes à pied, Bock devait poursuivre comme il le pourrait son avance frontale en direction de Moscou.

Une nouvelle fois, Brauchitsch temporisa au lieu d'insister pour l'adoption d'un autre plan. Il invoqua la nécessité, avant le démarrage des opérations, de faire bénéficier les forces blindées d'une pause pour se remettre en condition. Hitler accepta cette proposition. Pendant ce temps, les discussions reprirent sur le déroulement ultérieur des opérations, et elles continuèrent même après que les blindés eurent repris leur progression. Le 21 août, repoussant les arguments de Brauchitsch et de Halder qui préconisaient de faire effort sur Moscou, Hitler lança une nouvelle directive qui reprenait les termes de la première, sortie le mois précédent, à ceci près toutefois qu'une importance moins grande était attribuée à Leningrad alors qu'une plus grande était conférée à l'enveloppement et à l'anéantissement des armées ennemies de la zone de Kiev, sur le front de Rundstedt. Après cela, Bock aurait repris son avance sur Moscou, tandis que Rundstedt pousserait vers le sud et couperait les Russes de leur pétrole du Caucase.

Pendant cette longue période de discussions, des changements survenus dans la situation avaient confirmé Hitler dans sa décision. La 6e Armée de Reichenau, à l'aile gauche de Rundstedt, avait été bloquée devant Kiev ; et les importantes forces russes qui avaient été refoulées à l'extrémité est des marais du Pripet continuaient de menacer son flanc gauche et le flanc droit de Bock. D'autre part, le groupement blindé de Kleist avait obtenu un brillant succès par un mouvement oblique. Exploitant à la fin de juillet une percée locale à Belaya-Tserkov, au sud de Kiev, Kleist fit une conversion vers le sud, dans le couloir entre Bug et Dniepr. Non seulement ce coup indirect ouvrait la route de l'Ukraine, mais il menaçait les arrières des armées russes qui faisaient face aux Roumains près de la mer Noire. Vers la mi-août, les Allemands atteignirent les portes de Nikolaiev et de Kherson, à l'embouchure des deux grands fleuves. Bien qu'une partie des armées russes menacées aient pu s'échapper avant que la nasse fût refermée, la percée profonde ainsi réussie par Kleist aboutit à la désagrégation de toute la résistance russe dans le sud.

Cette combinaison d'événements offrait la possibilité, si Kleist marchait vers le nord et si une partie importante du front de Bock s'engageait vers le sud, de monter une double attaque de flanc qui, non seulement aurait abattu l'ultime résistance des Russes autour de Kiev, mais les aurait également poussés dans la nasse ; et, de cette façon, aurait été éliminé le danger qu'une avance sur Moscou pût être gênée par une contre-offensive déclenchée à partir des régions sud du Dniepr. La somme de ces bénéfices possibles agit d'une manière déterminante sur l'obstination mise par Hitler à monter l'opération de Kiev préalablement à la marche sur Moscou.

Il n'était d'ailleurs pas le seul à penser ainsi. Il était naturel que Rundstedt accueillît avec empressement l'idée d'un renfort venant du nord pour l'aider à résoudre le problème ardu qui se posait sur son propre front ; il était naturel également qu'il appréciât beaucoup l'idée d'une victoire obtenue par un vaste encerclement, rêve de l'homme de guerre.

Stratégiquement, il y avait beaucoup à dire sur l'idée de

favoriser l'aile sud, et de prévenir toute contre-attaque débouchant sur ce flanc par une opération préliminaire à la marche sur Moscou. Toutefois, la relative inertie des masses russes augmentait les avantages d'une stratégie basée sur le transfert, d'un secteur à un autre, du centre de gravité des forces mobiles allemandes, et ceci afin d'obtenir des résultats décisifs successivement. Mais les délais nécessaires à une telle procédure furent trop courts dans la réalité ; et d'autant plus courts que l'armée allemande n'était pas préparée à une campagne d'hiver.

La *Kesselschlacht* de Kiev fut, en soi, une grande victoire, la plus importante obtenue jusqu'alors par les Allemands. Tandis que les armées de fantassins de Reichenau et de Weichs attaquaient les Russes frontalement, le coup était porté sur leurs arrières par Guderian, tandis que Kleist assénait le sien en remontant de l'embouchure du Dniepr. Les deux groupements blindés firent leur jonction à 150 milles à l'est de Kiev, fermant ainsi la nasse dans le dos des Russes. Cette fois, peu d'entre eux échappèrent, et le total des prisonniers s'éleva à plus de 600 000. Mais la bataille s'acheva tardivement en septembre, les mauvaises routes et le mauvais temps ayant ralenti la cadence de la manœuvre d'encerclement.

Ainsi, la décision de faire effort pour vaincre en Ukraine venait de livrer à Hitler son « objectif primaire », Leningrad n'étant plus que secondaire, bien que les deux aient été visés simultanément. Des moyens appliqués pour faire effort sur cette direction divergente suffirent pour obtenir l'enveloppement de Leningrad, mais non pour battre d'une manière décisive les armées russes de ce secteur. Les moyens des Allemands y avaient été réduits par Hitler lorsque, rejetant les projets de Brauchitsch et de Bock qui souhaitaient poursuivre au plus tôt leur effort sur Moscou, il s'était mis d'accord avec eux sur le plan consistant à conférer le rôle principal à l'axe d'effort sur Moscou dès que la bataille d'encerclement de Kiev aurait été menée à bonne fin.

L'issue triomphale de cette bataille eut un effet exaltant sur Hitler et ses généraux, l'unité de pensée se rétablissant dans l'optimisme comme dans l'acceptation de nouveaux efforts divergents. Hitler prit la décision de lancer une nouvelle attaque sur Moscou au cours de l'automne, et en prit une autre qui impliquait de futures complications et une entorse à la concentration des moyens. Il ne put résister, en effet, à la tentation d'exploiter la victoire acquise dans le sud, tout en visant toujours la prise de Moscou. À Rundstedt, il confia une nouvelle mission extrêmement ambitieuse puisqu'il s'agissait de nettoyer la côte de la mer Noire, de s'emparer du bassin industriel du Donetz et d'atteindre le Caucase.

La tardive opération sur Moscou fut lancée avec trois armées d'infanterie et trois groupements blindés dont l'un, celui de Guderian, était désormais constitué en armée blindée. Enfin, le 21 octobre, l'offensive se déclencha selon un plan d'opération en tenaille. Cette fois, l'encerclement fut parfait, et 600 000 Russes furent pris dans la nasse autour de Viazma. Mais tandis qu'ils étaient ainsi enveloppés, l'hiver s'était installé, et la tardive exploitation de la victoire s'enlisa dans la boue, sur la route de Moscou.

La plupart des chefs, aux échelons d'exécution, avaient hâte, maintenant, de s'arrêter et d'organiser une ligne solide permettant de tenir durant l'hiver. Ils se souvenaient de ce qu'il était advenu de l'armée de Napoléon, et nombreux furent ceux qui relurent le récit de Caulaincourt sur la campagne de 1812. Mais aux échelons les plus élevés – loin de la zone des combats et de la boue – de toutes autres vues prévalaient. Moscou exerçait une attraction magique qui induisait à un optimisme excessif sur les possibilités d'atteindre pratiquement ce but. Contrairement à ce qui fut communément affirmé, Hitler lui-même ne fut pas la cause déterminante de l'entêtement mis à soutenir cet effort. Dès le début, il avait considéré Moscou comme moins important que d'autres objectifs ; et bien qu'il eût approuvé l'opération tardive d'octobre sur cette direction, il en vint à éprouver de nouveaux doutes à son propos. Mais Bock était fasciné par Moscou, et son esprit obsédé par l'ambition de prendre cette ville fameuse. Il insista pour que l'offensive continuât, arguant que les deux adversaires étaient également proches de l'épuisement, et qu'une volonté supérieure déciderait seule de l'issue de la bataille. Brauchitsch et Halder étaient parmi ceux qui inclinaient le plus à partager les vues de Bock parce qu'ils avaient proposé, les premiers, que l'effort principal fût orienté vers cet objectif. Ayant incité Hitler à se lancer dans cette tentative, ils hésitaient à admettre ou à lui dire qu'elle ne pouvait plus réussir. Bien que Rundstedt et Leeb eussent déclaré tous les deux que l'offensive devait être arrêtée – et Rundstedt proposait même un repli jusqu'aux positions initiales, sur la frontière polonaise – leur opinion quant à l'issue immédiate eut moins d'influence car ils n'étaient pas directement concernés par l'offensive de Moscou.

Ainsi un nouvel effort fut demandé aux Allemands en novembre. Mais l'évidence des objectifs retenus et la convergence des attaques simplifièrent le problème posé aux Russes en leur permettant de concentrer à coup sûr leurs réserves et de faire échec à chaque développement dangereux des événements. Au début de décembre, l'offensive allemande piétina, puis fut suivie d'un repli précipité sous la pression des contre-attaques. Sur quoi, Hitler limogea Brauchitsch et assuma personnellement la direction de l'armée allemande. Grâce à cette mutation, il atteignait deux objectifs successifs et d'ordre personnel : il se ménageait une porte de sortie pour la responsabilité des échecs antérieurs, et il s'assurait des pouvoirs accrus pour l'avenir.

Dans le sud, le flux de l'invasion germanique atteignit son maximum le 23 novembre, lorsqu'elle pénétra dans Rostov, porte du Caucase sur le Don inférieur. Mais les troupes allemandes s'étaient épuisées dans la boue et, en moins d'une semaine, celles qui avaient atteint Rostov furent contraintes de se replier devant une contre-attaque de flanc lancée profondément sur leurs communications.

Un jugement porté sur l'échec enregistré par les Allemands dans leur campagne de 1941 donnerait ce verdict : défaite imputable à des causes normales. Leurs moyens furent dispersés sur des axes d'effort divergents, et ceci à la suite de désaccords intellectuels au sommet de la hiérarchie, mais également – et paradoxalement – à la suite des succès remportés initialement sur toutes les directions. Au lieu de ne retenir qu'une ligne d'opérations unique qui eût permis de traiter des objectifs successifs, les Allemands furent amenés à conserver plusieurs lignes d'opérations, chacune d'entre elles conduisant trop manifestement à un objectif unique que le défenseur pouvait plus facilement couvrir. En outre, dans chaque cas, la direction d'attaque devenait évidente pour les Russes dès que la poussée se révélait le simple prolongement, très précaire, de sa propre ligne de ravitaillement.

*La campagne de 1942 en Russie.*

En 1942, les Allemands ne disposaient plus des moyens qu'exigeaient les dimensions de l'offensive prévue l'année précédente. Mais Hitler ne voulait pas demeurer sur la défensive et se contenter de consolider ses conquêtes ainsi que certains de ses généraux le lui conseillaient ; par exemple, en se repliant sur la Pologne comme Rundstedt et Leeb l'avaient préconisé. Une telle solution, bien que saine du point de vue stratégique, aurait constitué l'aveu éclatant qu'il avait eu « les yeux plus gros que le ventre ». Poussé par son appétit insatiable, par le spectre d'une perte de prestige et par le sentiment instinctif que l'attaque était la seule manière convenable d'affronter les problèmes, Hitler chercha une solution offensive qui, avec des moyens limités, ne pouvait lui garantir que des résultats limités.

Manquant des moyens exigés pour une nouvelle offensive affectant la totalité du front, il décida de faire porter son effort sur le secteur sud, avec l'intention de conquérir le pétrole caucasien et, ce qui était encore plus important, de priver les Russes de cette source d'approvisionnement. Si cet objectif signifiait l'abandon forcé des tentatives renouvelées qu'il avait faites pour écraser les forces principales de l'ennemi, Hitler espérait réussir ainsi à miner progressivement et indirectement leur capacité de résistance, ces armées dépendant étroitement du Caucase pour leur ravitaillement en carburant. Calcul hardi et qui fut plus près de la réussite qu'on ne l'a cru généralement en le jugeant à la lumière du désastre final.

Le démarrage fut brillant et très favorisé par la façon dont il fixa l'attention des Russes grâce à des opérations engagées sur une ligne qui pouvait menacer alternativement des objectifs successifs. Mais, plus tard, cette entreprise souffrit beaucoup d'être dissociée en deux opérations visant simultanément deux objectifs différents. Ce fatal dualisme était dû aux divergences du commandement allemand. Halder, chef de l'état-major général, établit le plan primitif de l'opération en fixant comme but à atteindre la Volga autour de Stalingrad ; arrivé là, il voulait établir une barrière stratégique isolant les principales armées russes de leurs sources de carburant. Sans révéler le fond de sa pensée à Halder, Hitler avait eu primitivement l'intention de pousser directement sur le Caucase aussi rapidement que possible ; et il encouragea les chefs de cette opération à considérer cet objectif comme le principal. Il s'ensuivit que les efforts consacrés à la conquête de la position stratégique de Stalingrad en souffrirent. Puis, au cours d'une phase ultérieure, le sentiment d'être frustré de la ville portant le nom de Staline agit sur son esprit ; et tout fut sacrifié à une concentration trop directe qui se proposait un but trop direct : la ville imprenable.

Le débouché de l'offensive allemande de 1942 fut facilité par les Russes eux-mêmes qui firent le jeu de leurs adversaires en lançant leur offensive de printemps vers Kharkov. Offensive si directe qu'elle était vouée à l'échec, et si prolongée qu'elle tarit les réserves des Russes, tandis que le profond saillant qu'elle créait offrait au commandement adverse l'occasion de les surprendre dans une fâcheuse posture. C'est pourquoi l'offensive allemande qui suivit, fin juin, eut des résultats identiques à ceux d'une contre-offensive lancée sur un adversaire ayant commis une grossière erreur et engagé trop témérairement.

L'axe d'effort initial des Allemands était parallèle à celui de la poussée russe ; mais dirigé en sens inverse. Partie du secteur de Koursk, au nord de Kharkov, l'opération débordait le flanc du saillant russe et franchit rapidement 120 milles jusqu'au Don supérieur, près de Voronej, nœud des principales voies ferrées de Moscou au Caucase. En bloquant les routes près de Voronej, la concentration russe facilita le coup asséné par les Allemands, de tout leur poids, en direction du sud-est ; attaque qui leur permit de forcer le couloir entre Don et Donetz. Cette manœuvre fut aidée également par le mouvement de levier que les Allemands pouvaient prononcer indirectement avec le coin qu'ils avaient préalablement enfoncé dans le flanc sud du saillant russe de Kharkov.

Sous cette action en tenaille, la résistance russe s'effondra, et les forces mécanisées allemandes pénétrèrent de plus en plus facilement dans le couloir Don-Donetz, leurs flancs couverts par ces deux fleuves. En moins d'un mois, elles atteignirent l'autre extrémité du couloir et traversèrent le Don inférieur au nord de Rostov. Ceci ouvrait la route du Caucase pétrolifère et porta la campagne à son point critique. Il semblait que les Russes devaient être paralysés en étant coupés de leurs sources de carburant et que la mobilité des Allemands en était désormais garantie. La façon dont ils avaient manœuvré leur avait octroyé de brillants succès.

Mais, au cours de leur progression ultérieure au-delà du Don, les Allemands perdirent les bénéfices stratégiques qu'ils venaient d'acquérir. Prudemment, ils avaient manœuvré en demeurant concentrés sur le plan stratégique, et fait effort sur un axe qui permettait d'atteindre divers objectifs alternatifs. Ils plaçaient ainsi leurs adversaires constamment devant un dilemme, tout en se réservant la possibilité d'appliquer toute leur masse sur le point du front ennemi où apparaissait une faille. Après avoir franchi le Don, les Allemands furent pourtant conduits à diviser leurs forces sur des lignes divergentes, une partie poussant en direction du sud, vers le Caucase, tandis que l'autre poussait sur Stalingrad, à l'est.

L'effondrement russe dans le couloir Don-Donetz fut si radical que Stalingrad et la Volga auraient pu être atteints et contrôlés aisément en juillet, si la 4e Armée blindée, progressant dans cette direction, n'avait été détournée vers le sud pour aider la 1re Armée blindée à franchir le Don inférieur afin d'atteindre le Caucase. Cette aide n'était pas nécessaire puisque, au moment que la 4e Armée blindée obliquait une nouvelle fois vers le nord, les armées russes du secteur de Stalingrad avaient commencé à se rassembler. Il était plus facile pour les Russes de renforcer ce secteur que celui du Caucase, car il était plus proche du front central et plus accessible, par voies ferrées et routières, aux mouvements des réserves. Les échecs successifs que connurent les Allemands commençaient à conférer une importance psychologique à Stalingrad – importance renforcée par le nom, et qui en vint à excéder la valeur stratégique de la ville. L'attention des Allemands s'hypnotisa et leurs efforts se concentrèrent de plus en plus sur la prise de la ville ; et ceci aux dépens des chances qu'ils avaient d'achever la conquête des champs pétrolifères du Caucase. C'est ainsi que la 1re Armée blindée fut peu à peu retirée du Caucase pour renforcer les forces d'assaut lancées sur Stalingrad. Et ces prélèvements de moyens ne reçurent aucune compensation.

Après que la première poussée sur Stalingrad eut échoué, de peu, le renforcement des moyens allemands fut contrebalancé par celui des Russes devant une telle approche directe. Ainsi, la propre concentration offensive des Allemands devint proportionnellement moins puissante, et c'était le prix stratégique qu'ils payaient pour avoir négligé les possibilités qui leur avaient été offertes d'opérer des diversions. Et plus ils convergeaient vers la ville, plus s'amenuisaient leurs possibilités de manœuvre tactique, les effets étant analogues à ceux d'un levier perdant son point d'appui.

En revanche, la réduction du front facilitait au défenseur le jeu de ses réserves locales qu'il pouvait transférer en n'importe quel point de l'arc de cercle qu'il tenait. À plusieurs reprises, les Allemands parvinrent à percer les défenses autour de Stalingrad, mais la brèche fut colmatée chaque fois ; somme d'expériences qui suggère l'axiome suivant : un raccourcissement du front avantage toujours la défense.

Évidemment, les pertes de l'attaquant commencèrent à s'accumuler dans la mesure même où ses possibilités de manœuvre diminuaient. Chaque pas en avant coûtait plus, et pour un profit moindre. Ce processus d'usure indiquait, d'une manière évidente, que les Allemands allaient tomber à un niveau de potentiel matériel plus bas que celui dont ils avaient bénéficié en 1941. La première chute qui se manifesta fut celle de leur potentiel blindé. Le nombre des chars qu'ils purent engager dans chaque affaire devint de plus en plus réduit. Puis leur supériorité aérienne commença à vaciller ; et le déclin de ces deux armes maîtresses chargea l'infanterie allemande d'un fardeau de plus en plus lourd. Naturellement, le coût de chaque succès partiel obtenu par des assauts massifs d'infanterie fut bientôt exorbitant.

Les conséquences de ce surmenage tactique étaient des plus dangereuses pour les envahisseurs stratégiquement trop étendus. Aussi lorsque Halder, chef de l'état-major général, proposa sagement de réduire les pertes en s'arrêtant temporairement pour tenir une ligne de défense solide durant l'hiver, ses conseils furent rejetés par Hitler qui le remplaça par Zeitzler, moins ancien et plus ardent. L'appât de Stalingrad était trop tentant pour Hitler, comme Moscou l'automne précédent ; et une fois encore, il trouva des soldats prêts à nourrir ses espérances. Mais cette fois, les conséquences furent plus graves. Les armées attaquant Stalingrad s'étaient engagées si profondément et sur un front si étroit qu'elles étaient elles-mêmes exposées à l'encerclement.

Le danger se précisa en novembre, quand la contre-offensive russe déboucha. Les assaillants étaient mûrs pour la défaite, tant sur le plan moral que sur le plan stratégique. La riposte elle-même, déjà très indirecte au sens physique de l'approche, fut fatale aux Allemands grâce à l'effet de tremplin que cette forme d'opération, la contre-offensive, développe tout naturellement. Les Russes profitèrent également de ce que leurs coups furent appliqués directement sur les secteurs tenus par les contingents roumains et italiens utilisés par Hitler pour couvrir le flanc très étiré de son dispositif. Le résultat fut que les Russes tronçonnèrent une grande partie des armées adverses et firent, pour la première fois, une grande quantité de prisonniers.

Leur voie partiellement déblayée, les Russes exploitèrent alors leur succès par une série de coups dirigés vers le sud et menaçant les arrières et les communications des armées allemandes du Caucase. Le danger auquel ces dernières étaient exposées s'explique très simplement : elles se trouvaient à plus de 400 milles de Rostov, au moment – janvier 1943 – où la poussée russe le long du Don était parvenue jusqu'à moins de 40 milles de Rostov, goulot d'étranglement des communications des armées allemandes du Caucase. Bien que les Allemands aient pu maintenir ouvertes les mâchoires de la tenaille, et ceci assez longtemps pour se replier graduellement sans être coupés, ils furent contraints, non seulement d'abandonner le Caucase, mais aussi d'évacuer le bassin industriel du Donetz sous la pression de l'enveloppement.

En février, la retraite allemande s'accéléra brusquement, et les Russes, en les talonnant, atteignirent et franchirent la base de départ d'où leurs adversaires avaient lancé leur offensive d'été. Ils reprirent Kharkov et approchèrent du Dniepr. Mais, fin février, les Allemands ripostèrent par une contre-attaque qui reprit Kharkov et rompit provisoirement l'équilibre des Russes. Comme les Allemands au cours de l'été, les Russes étaient épuisés par la poursuite exténuant leurs moyens de ravitaillement, tandis que les Allemands avaient repris de nouvelles forces en se repliant sur leurs bases et leurs sources de renforts.

Cette contre-attaque de Kharkov est un des exemples les plus éloquents de la forme défensive-offensive de la stratégie de l'approche indirecte : elle recourt à un appât grâce auquel on leurre l'adversaire tout en l'attirant dans un piège – dans le cas particulier, un piège de dimensions peu communes. Le plan de cette contre-attaque fut préparé et exécuté par Manstein qui, lorsqu'il était chef d'état-major du Groupe d'Armées de Rundstedt, avait conçu, dans le premier hiver de la guerre, ce plan de la manœuvre des Ardennes qui avait amené l'effondrement des Français en mai 1940. Considéré comme le meilleur stratège par la plupart de ses pairs, il n'avait pourtant pas la faveur de Hitler. Mais, lorsque l'Armée de Paulus capitula à Stalingrad en novembre 1942, Hitler avait confié à Manstein le commandement du Groupe d'Armées du Don avec mission de prévenir le désastre. Bien qu'il fût trop tard pour redresser la situation à Stalingrad, Manstein s'efforça de contenir les Russes et de les empêcher, assez longtemps, de couper le goulet de Rostov afin de sauver les armées du Caucase : il organisa donc une position défensive sur le Mius, entre la mer d'Azov et le Donetz.

Mais les Russes venaient de rompre, au nord du Donetz, le front tenu par les armées italienne et hongroise ; et par la brèche de 200 milles entre le Donetz et Voronej, ils déferlaient vers l'ouest, débordant le flanc de Manstein. Franchissant le Donetz loin de ses arrières, ils reprirent Kharkov et poussèrent en direction du sud-est, vers le grand coude du Dniepr, zone dont dépendait Manstein pour ses ravitaillements ; et, le 21 février, une avant-garde russe arriva en vue de Zaporoje, sur le coude du fleuve, avant qu'il eût achevé de déplacer son P.C. Dans cette situation critique, Manstein témoigna d'un sang-froid extraordinaire. Il venait de refuser de risquer ses maigres réserves pour reprendre Kharkov par un coup direct, ainsi que l'exigeait Hitler ; et, maintenant, il repoussait la tentation de les engager dans une défense directe de la ligne du Dniepr. Il avait noté, en effet, que la progression des Russes vers le sud-ouest lui offrait une magnifique occasion de leur porter un coup direct capable de les disloquer ; et il voulait les laisser s'engager plus profondément en dépit du péril qui menaçait ses propres bases.

Pendant ce temps, il regroupa ses moyens et, rameutant du Mius ses trois corps blindés bien fatigués, il s'établit à front renversé, face au nord-ouest. Le 26, il était paré pour l'attaque, et la lança sur le flanc et les arrières des armées russes. Ainsi cette opération prit la forme d'un coup asséné sur le pivot du dispositif offensif adverse, comme à Sedan en 1940. En moins d'une semaine, les armées russes qui progressaient vers le sud-ouest battaient en retraite et, dans la plus grande confusion, repassaient le Donetz après avoir perdu plus de 600 chars et un millier de canons. Manstein poursuivit son effort, obliqua vers le nord, sur les arrières de l'aile russe qui marchait vers l'ouest à partir de Kharkov et de Bielgorod. À leur tour, ces armées russes désorganisées durent battre en retraite en abandonnant les deux villes. Le succès de ces deux approches indirectes successives fut une magistrale réussite des troupes de Manstein opposées aux divisions russes dans un rapport de forces qu'on peut évaluer à un contre huit. Étant donné ce déséquilibre extrême des moyens engagés, la manœuvre de Manstein ne pouvait avoir le caractère décisif qu'avait possédé celle de Sedan.

Les réserves allemandes étaient encore plus limitées que celles des Russes, et elles s'étaient sérieusement fatiguées au cours de deux années d'offensives, tandis qu'une masse de divisions fraîches récemment mises sur pied par les Russes devenait disponible. Aussi, bien que la contre-attaque de Kharkov paralysât temporairement la menace des Russes, la balance des forces penchait désormais, et très nettement, au profit de ces derniers.

*La guerre dans le Pacifique.*

Depuis 1931, les Japonais avaient étendu leurs têtes de pont sur le continent asiatique aux dépens des Chinois affaiblis par des dissensions internes, et au détriment des intérêts américains et britanniques dans cette sphère d'influence. Au cours de cette année-là, ils avaient envahi la Mandchourie, convertie depuis en État satellite du Japon. En 1932, ils envahirent la Chine proprement dite, mais leurs efforts pour contrôler cet immense territoire s'enlisèrent dans les difficultés de la guérilla. Aussi cherchèrent-ils une solution à ce problème en continuant à s'étendre vers le sud, espérant ainsi couper les Chinois de leurs sources de ravitaillement extérieures. Après la défaite des Français devant Hitler, les Japonais mirent à profit leur isolement en Indochine pour les contraindre, sous la menace, à accepter la « protection » des troupes d'occupation nippones.

Le président Roosevelt répliqua, le 24 juillet 1941, en demandant le retrait des troupes japonaises d'Indochine ; et, pour appuyer cette demande, il donna l'ordre, le 26, de bloquer tous les avoirs japonais aux U.S.A. et de mettre l'embargo sur le pétrole. M. Churchill agit en même temps, et deux jours après, le gouvernement hollandais réfugié à Londres fut amené à prendre des mesures identiques : ceci signifiait, comme le nota M. Churchill que « le Japon était coupé de ses approvisionnements vitaux en pétrole ».

Au cours des discussions préliminaires, on avait toujours admis qu'une telle riposte paralysant le Japon l'amènerait à engager le combat, seule solution au dilemme : ou l'effondrement ou l'abandon de sa politique. Il est remarquable qu'il différa son attaque de plus de quatre mois, et qu'il essaya de négocier la levée de l'embargo sur le pétrole. Le gouvernement des U.S.A. refusa de céder jusqu'à ce que le Japon consentît à se retirer non seulement de l'Indochine, mais de la Chine. Aucun gouvernement, et à fortiori celui du Japon, ne pouvait céder devant des conditions aussi humiliantes et accepter une telle perte de face. C'est pourquoi on put s'attendre à ce que la guerre éclatât à n'importe quel moment dans le Pacifique à partir de la dernière semaine de juillet. Dans ces circonstances, Américains et Britanniques furent heureux d'obtenir ce délai de grâce de quatre mois avant l'assaut japonais. Mais en réalité, la préparation de la défense en tira peu de profit.

Au matin du 7 décembre 1941, une escadre Japonaise comprenant 6 porte-avions attaqua Pearl Harbor, base navale américaine des Hawaï. L'attaque fut lancée sans déclaration de guerre préalable, selon le précédent de Port-Arthur qui avait ouvert, naguère, le conflit russo-japonais.

Jusqu'au début de 1941, le plan de guerre japonais, pour le cas de conflit avec les U.S.A., consistait à lancer la flotte principale dans le Pacifique sud et, simultanément, à attaquer les Philippines ; ce qui permettrait de rencontrer et forcer au combat les Américains se portant au secours de leurs garnisons des Philippines à travers le Pacifique. Les Américains s'attendaient à ce que les Japonais exécutent cette manœuvre, et l'exactitude de ce calcul semblait être confirmée par la récente occupation de l'Indochine. Mais, dans l'intervalle, l'amiral Yamamoto avait conçu un nouveau plan comportant l'attaque-surprise de Pearl Harbor. La force d'assaut effectua son approche par un détour vers les Kouriles, et descendit du nord sur les Hawaï sans être découverte ; elle lança son attaque avant l'aube, avec 360 avions décollant des porte-avions à 300 milles environ de Pearl Harbor. Quatre bâtiments de ligne sur les huit dont disposaient les Américains furent coulés, et les autres gravement endommagés. En un peu plus d'une heure, les Japonais s'étaient assuré la maîtrise du Pacifique.

Cette affaire ouvrait la voie à une invasion aéroportée de la Malaisie et de l'archipel malais. Tandis que la principale force d'assaut japonaise avait fait mouvement en direction du nord-est vers les Hawaï, d'autres escadres avaient escorté les convois de troupes destinés au Pacifique sud. Les débarquements commencèrent dans la péninsule malaise et aux Philippines presque simultanément avec l'attaque aérienne de Pearl Harbor. Singapour, la grande base navale britannique, était l'objectif visé en Malaisie, mais aucune attaque ne fut tentée par la mer, opération que la garnison attendait plus particulièrement. L'approche fut des plus indirectes. Tandis que des débarquements s'effectuaient en deux points de la côte orientale de la péninsule malaise afin de prendre les terrains d'aviation et de faire diversion, les forces principales furent débarquées non loin de la frontière siamoise, à quelque 500 milles au nord de Singapour. À partir de ces plages de débarquement à l'extrême nord-est, les Japonais descendirent la péninsule le long de la côte *ouest* tournant ainsi successivement toutes les lignes de défense sur lesquelles les Britanniques avaient pensé les arrêter. Les Japonais profitaient ainsi, non seulement du choix de cet itinéraire inattendu et difficile, mais des occasions d'infiltrations également inattendues offertes très souvent par l'épaisse végétation. À la fin de janvier, après une retraite presque ininterrompue de six semaines, les Britanniques furent contraints de se replier du continent dans l'île de Singapour. Dans la nuit du 8 février, les Japonais lancèrent leur assaut à travers le détroit large d'un mille, débarquèrent en de nombreux endroits et s'infiltrèrent progressivement sur un large front.

Les défenseurs étaient au moins deux fois plus nombreux que les assaillants ; mais ces derniers étaient constitués de troupes d'élite, bien instruites en vue des opérations dans la jungle et les régions difficiles, alors que les Britanniques, très hétérogènes et de médiocre qualité pour la plupart, étaient incapables de monter une riposte en temps utile bien que le cours de la campagne eût pu leur enseigner la vulnérabilité particulière de leurs flancs. Déjà lourd en soi, ce handicap était accru par l'absence de couverture aérienne, alors que l'aviation japonaise constituait une menace constante au-dessus des têtes. Les défenseurs furent bientôt bousculés, déséquilibrés, et les tentatives qu'ils firent pour se rétablir furent entravées par la confusion régnant sur leurs arrières. Au lieu de s'appuyer sur une base solide, ils avaient dans le dos une ville grouillante de populations très mélangées, menacée de disette, et dont le ravitaillement en eau pouvait être coupé ; et, derrière tout cela, un ennemi possédant la maîtrise de la mer. Ce fond de tableau était encore obscurci par la vue des lourds nuages de fumée montrant des réservoirs de pétrole en flammes : vision démoralisante imputable aux autorités locales qui avaient donné l'ordre de détruire les stocks, témoignant ainsi d'une étrange psychologie stratégique. Le 15 février, les défenseurs capitulèrent.

Dans la principale île des Philippines, Luçon, le débarquement initial fut effectué au nord de Manille, et rapidement suivi d'un second sur les arrières de la capitale. Sous les effets de ces coups convergents, les forces américaines évacuèrent la plus grande partie de l'île et se replièrent dans la petite péninsule de Bataan, avant la fin de décembre. Là, au contraire, ils n'eurent à s'opposer qu'à un assaut frontal exécuté sur un front étroit et solide, et ils parvinrent à tenir jusqu'en avril avant d'être finalement submergés.

Longtemps avant ces événements, et même avant la chute de Singapour, le flux de l'expansion japonaise s'étendit à travers l'archipel malais. Le 24 janvier, les Japonais débarquèrent à Bornéo, aux Célèbes et en Nouvelle-Guinée. Trois semaines plus tard, ils se lancèrent à l'assaut de Java, cœur des Indes néerlandaises, après avoir isolé l'île par des opérations couvrant les flancs de l'attaque. Et, moins de trois semaines après, la totalité de l'île tomba entre leurs mains comme un fruit mûr. Mais le coup qui semblait devoir être asséné sous peu à l'Australie, ne fut pas porté. Le principal effort japonais était désormais dirigé tout à fait à l'opposé, vers l'ouest, et visait la conquête de la Birmanie. L'avance directe, mais sur un large front, à partir du Siam et vers Rangoon, constituait une approche indirecte du principal objectif sur le continent asiatique considéré comme un tout, à savoir la destruction des forces de résistance chinoises. Car Rangoon était le port par où les ravitaillements et équipements anglo-américains parvenaient à la Chine en empruntant la route de Birmanie. En même temps, cette manœuvre était particulièrement destinée à parachever la conquête des issues occidentales du Pacifique, et à établir une solide barrière sur les principaux itinéraires que toute offensive anglo-américaine devrait nécessairement emprunter. Le 8 mars, Rangoon tomba et, moins de deux mois après, les forces britanniques étaient chassées de Birmanie et se repliaient sur l'Inde, à travers la montagne. Ainsi, les Japonais s'étaient assuré une position de couverture si naturellement forte que tout essai de reconquête ultérieur devait être très handicapé et contraint d'adopter un rythme excessivement lent.

Bien des jours passèrent avant que les alliés aient pu mettre sur pied des moyens suffisants pour reprendre les conquêtes japonaises, en commençant par la frange orientale ; là, l'Australie indemne offrait aux alliés une vaste base toute proche de la chaîne des avant-postes japonais.

En août 1942, le général MacArthur entama sa série de manœuvres par l'attaque de Guadalcanal, l'île la plus méridionale et la plus proche des îles Salomon. Sa reconquête demanda six mois. Puis l'île suivante, New Georgia, la plus importante du groupe après Guadalcanal, ne fut pas enlevée avant la fin de juin 1943, sa reconquête exigeant plus de trois mois de combats.

Pendant ce temps, les forces australiennes avaient lancé une offensive en partant de la tête de pont conservée au sud-est de la grande île de Nouvelle-Guinée. Mais les opérations se déroulèrent lentement et péniblement, dans des conditions difficiles et devant un ennemi qui se battait avec la plus grande opiniâtreté. Près d'une année s'écoula avant que la reconquête de l'extrémité sud-est de la Nouvelle-Guinée fût achevée par la prise de Lae en septembre 1943.

Il semblait donc que le retour aux Philippines et, de là, la marche sur le Japon, dût être une interminable aventure. Mais, dans l'automne 1943, la situation s'améliora avec l'adoption d'une méthode de débordement qui n'était qu'une variété de la stratégie d'approche indirecte. L'avance amphibie négligea successivement un certain nombre d'îles dans les archipels excentriques, laissant leurs garnisons japonaises isolées et coupées de leurs sources de ravitaillement, dans la situation d'un internement stratégique.

En octobre 1944, un bond plus important porta les Américains dans les Philippines. Il fut précédé par une grande attaque de l'aviation sur les ports et les aérodromes de Luçon et de Mindanao, principales îles au nord-est et au sud de l'archipel philippin. Ces attaques tendaient naturellement à faire croire aux Japonais qu'un débarquement s'effectuerait sur l'un ou l'autre de ces points, tout en les maintenant dans l'incertitude sur le véritable objectif. Puis l'armada du général MacArthur surgit devant l'île de Leyte, à mi-chemin entre les deux principales îles, et ses forces y débarquèrent. Cette attaque enfonçait un coin, non seulement dans le cœur des Philippines, mais également, et à une autre échelle, un coin stratégique entre le Japon et la plus grande partie de ses conquêtes dans le Pacifique, dans les Indes orientales néerlandaises.

Inévitablement, une seconde période s'écoula avant que les Américains aient pu suffisamment renforcer leurs troupes pour étendre leur offensive et achever la conquête des Philippines. Mais la victoire ultime était assurée grâce à leur méthode : celle-ci consistait à combiner des actions de tronçonnement ou de « fendeurs de bûches » avec l'enveloppement d'un réseau aéronaval isolant les îles pendant qu'on procédait à leur conquête. En outre, les Américains possédaient désormais une position assez proche du Japon lui-même pour pouvoir le soumettre à une offensive aérienne soutenue et puissante. Débordant Formose, le bond suivant les porta dans l'île d'Okinawa dans l'archipel des Riou-Kiou, à mi-distance entre Formose et le Japon.

L'un des traits remarquables de cette dernière opération fut la manière selon laquelle chaque manœuvre de débordement fut exécutée : elle réservait le choix d'objectifs alternatifs, permettant ainsi de leurrer l'ennemi sur le véritable objectif, et d'exploiter la faiblesse inhérente à son dispositif largement étalé. Ainsi, par son caractère stratégique indirect, chaque manœuvre voyait ses résultats multipliés.

Le flux de l'expansion nippone s'était étendu trop loin pour durer longtemps. Il en résultait que les armées japonaises étant dangereusement dispersées par petits paquets, les Américains pourraient les isoler en détail, l'un après l'autre, dès que la modification à leur profit de la balance des forces navales et aériennes autoriserait des manœuvres amphibies contre ces détachements isolés.

Les conséquences de l'agression se retournaient contre l'agresseur. La riposte témoignait d'ailleurs de l'erreur commise par ce dernier croyant que « l'attaque est la meilleure défense ». Le résultat des opérations trop bien réussies au début du conflit fut de distendre et d'amenuiser, en chaque point tenu, la capacité défensive du Japon : et ceci au-delà de toute limite compatible avec la sûreté. L'offensive allemande eut les mêmes conséquences fatales.

*La guerre en Méditerranée.*

Les premières campagnes en Méditerranée tournèrent autour des tentatives italo-allemandes pour conquérir l'Égypte et le canal de Suez. Leur cours illustre d'une manière saisissante les conséquences de l'extension et de la dispersion stratégiques, qu'elles soient longitudinales ou latérales. Il comporte également de nombreux enseignements sur la valeur de l'approche indirecte.

L'avance du maréchal Graziani, de la Libye sur l'Égypte, commença en septembre 1940. Selon toute probabilité, elle devait réussir à coup sûr, étant donné la supériorité numérique considérable de son armée sur les forces britanniques disponibles pour défendre l'Égypte. Mais l'armée de Graziani n'avait qu'une faible mobilité, et le handicap qu'une mécanisation aussi limitée imposait à la manœuvre – la surprise devenant difficile – était aggravé par l'inefficacité administrative. Après une avance de 70 milles à travers le désert occidental, les Italiens s'arrêtèrent à Sidi Barrani et s'y incrustèrent pendant quelques mois.

Le commandant en chef britannique pour le Moyen-Orient, le général Wavell, décida de tenter une attaque par surprise avec la Western Desert Force – l'embryon de la future 8e Armée – aux ordres du général O'Connor ; opération conçue comme un raid monté avec des moyens puissants plutôt que comme une offensive : non pas une percée suivie d'une exploitation, mais un gros coup de main de va-et-vient. Deux divisions seulement étaient disponibles, la 7e Division blindée et la 4e Division indienne. Cette dernière, après l'opération, devait être ramenée sur le Nil puis envoyée au Soudan afin de contribuer à contenir les Italiens en Érythrée et en Abyssinie.

Pourtant, le « raid » tourna en victoire décisive, grâce à la paralysie et à la dislocation consécutives à l'effet de surprise causé par le mouvement du général O'Connor à travers le désert, sur les arrières ennemis ; approche indirecte sur les deux plans physique et psychologique. Le coup fut asséné le 9 décembre. Une grande partie de l'armée de Graziani fut cernée, et 35 000 Italiens capturés, tandis que le reste ne put se mettre à l'abri derrière ses frontières qu'après une retraite tournant à la panique d'un véritable troupeau. Cette frontière fortifiée fut submergée par la 7e Division blindée continuant la poursuite ; et les forces italiennes survivantes, qui s'étaient repliées sur Bardia, furent momentanément coupées de leur base par un nouveau mouvement d'encerclement.

Toute la campagne se serait achevée à ce stade, si le haut-commandement n'avait pas insisté pour retirer la 4e Division indienne conformément au plan initial. Privée ainsi de ses soutiens, la 7e Division blindée fut naturellement incapable d'enfoncer les défenses de Bardia ; et plusieurs semaines s'écoulèrent avant qu'une division fraîche, la 6e Australienne, transférée de Palestine, pût intervenir comme un « ouvre-boîte ». En effet, Bardia fut enlevée le 3 janvier, avec 40 000 prisonniers. Tobrouk tomba le 22, avec 25 000 prisonniers.

Les survivants de l'armée Graziani battirent en retraite au-delà de Benghazi, vers Tripoli ; mais ils furent interceptés par une poursuite en approche indirecte, l'une des manœuvres les plus audacieuses et les plus brillantes de toute la guerre. La 7e Division blindée se jeta dans le désert pour atteindre la mer au sud de Benghazi, le 5 février. Ses échelons de tête couvrirent 170 milles en trente-six heures, dans une région difficile et pratiquement inconnue. Tandis qu'un détachement, aux ordres du colonel Combe, barrait à Beda Fomm la ligne de retraite des ennemis, un autre détachement – la 4e Brigade blindée du général Caunter – les talonna jusqu'à leur reddition. Les deux détachements ne comptaient à eux deux que 3 000 hommes environ ; mais l'audace dont ils témoignèrent en se jetant ainsi par le travers d'un ennemi bien supérieur en nombre permit de capturer 21 000 prisonniers.

Lancées comme elles l'étaient après cette extraordinaire conquête de la Cyrénaïque, ces troupes pouvaient difficilement être empêchées de pousser sur Tripoli. Les Italiens qui y restaient, outre qu'ils étaient trop mal préparés et équipés pour résister à une attaque de blindés, se montraient durement affectés par le sort de leur armée principale. O'Connor, pressé d'exploiter sa victoire de Beda Fomm, était assuré de pouvoir exécuter un nouveau bond vers l'avant après une halte très courte pour se recompléter. Mais le gouvernement britannique ordonna un temps d'arrêt, afin de regrouper les moyens nécessaires à la malheureuse expédition de Grèce. Wavell reçut des instructions pour ne maintenir que le minimum de forces en Cyrénaïque. O'Connor revint en Égypte, et sa conquête fut confiée à d'autres mains, moins habiles que les siennes. Dans cette conjoncture, les premiers éléments de l'Afrika Korps de Rommel arrivèrent à Tripoli ; trop tard pour sauver les Italiens du désastre, mais assez tôt toutefois pour prolonger la campagne d'Afrique du Nord de deux années, période au cours de laquelle les positions britanniques en Égypte furent mises en sérieux danger.

Avec des moyens à peine équivalents à ceux d'une division, Rommel riposta à la fin de mars. Par des mouvements effectués très rapidement de nuit sur le flanc et les arrières de ses adversaires, il bouscula leur dispositif avancé et, par une menace d'encerclement, amena leurs gros à capituler à Mekili. La surprise totale de cette avance conféra un caractère indirect à son approche au cours de ses diverses phases, et ceci dans un style des plus efficaces. En moins d'une quinzaine de jours, il balaya les Anglais de toute la Cyrénaïque, à l'exception d'un détachement isolé qui se réfugia dans Tobrouk et qui y demeura comme une écharde au flanc de Rommel. Pendant ce temps, ce dernier atteignait la frontière ; mais ayant ainsi étiré à l'excès ses lignes de ravitaillement, il dut s'arrêter.

En juin, les Britanniques, ayant reçu des renforts, reprirent l'offensive sur la frontière libyenne, offensive qui n'était qu'une poussée sur un large front et qu'ils avaient baptisée assez archaïquement « Hache de guerre ». Rommel la disloqua et, renversant les rôles, riposta par une habile contre-attaque blindée tournant très largement leur flanc par le désert.

En novembre, les Anglais montèrent une offensive plus importante. Entre-temps, Wavell avait été remplacé comme commandant en chef par le général Auchinleck, et les forces de la frontière libyenne constituées en 8$^{e}$ Armée aux ordres du général Cunningham. L'offensive démarra le 18, avec une marche de flanc dans le désert qui plaça les Britanniques à portée des arrières de Rommel. Mais ils perdirent le bénéfice stratégique de cette approche indirecte en pratiquant une tactique directe ; ils tentèrent d'écraser les blindés allemands au cours de batailles frontales, partout où ils les rencontrèrent, ce qui faisait le jeu de Rommel.

Devant la supériorité numérique et la mobilité également supérieure des unités mécanisées britanniques, les Allemands pratiquèrent une habile tactique d'approche indirecte : ils attirèrent les blindés anglais dans des pièges où ils alignaient leurs propres chars armés du meurtrier canon de 88 mm. Rommel prouva ainsi brillamment l'efficacité de la méthode défensive-offensive, et celle du procédé consistant à appâter l'ennemi dans la guerre mécanisée moderne ; il amena ses adversaires à rompre leur épée sur son bouclier avant d'assener à son tour son coup. Non seulement les Britanniques perdirent ainsi leurs avantages stratégiques, mais ils entamèrent leur supériorité numérique en chars. La 8e Armée perdit son équilibre à la fois physique et psychologique et, le 23 novembre, Cunningham dut arrêter son offensive, et se replier au-delà de la frontière afin de se réorganiser.

Le lendemain, jugeant la situation mûre pour un coup d'audace, Rommel engagea ses forces mobiles dans une manœuvre enveloppante sur le flanc par lequel la 8e Armée s'appuyait au désert et, au-delà de la frontière, sur ses communications. L'Allemand surgit brusquement dans la zone des arrières britanniques, semant désordre et panique. Le résultat aurait pu être décisif si la décision de poursuivre la retraite avait été retenue, comme le voulait Cunningham. Mais Auchinleck, venu d'un coup d'aile sur le terrain à ce moment crucial, insista pour que l'on continuât à se battre et, de retour au Caire deux jours après, il désigna Ritchie pour remplacer Cunningham. L'intervention d'Auchinleck fit sortir la victoire de la défaite, car il maintint les survivants de la 8e Armée sur la position avancée atteinte par le raid de Rommel. Et les Anglais eurent la chance que ce dernier n'ait pas vu, au cours de son avance vers la frontière, deux immenses dépôts de munitions sur lesquels reposait toute l'avance britannique. Ainsi Rommel manqua l'occasion de les enlever, mais ils furent surtout préservés par la maîtrise de l'air dont bénéficiaient les Britanniques.

L'avance profonde de Rommel n'avait échoué que de très peu, et pourtant il allait payer très cher cet échec. En effet, tandis que ses trois divisions (deux allemandes et une italienne) opéraient au-delà de la frontière, très loin de leurs soutiens laissés derrière elles, les débris des forces britanniques qu'ils avaient négligés sur leurs arrières au cours de leur avance avaient pu recouvrer leurs esprits, reprendre leur offensive, et faire leur jonction avec la garnison de Tobrouk avant que Rommel ait pu faire appel à ses propres unités non mobiles. Tout ceci démontre quels sont les risques courus dans ce type d'opération, raid stratégique exécuté avec une fraction seulement d'une armée s'appuyant sur un pivot de manœuvre trop fragile pour prolonger sa résistance. Bien qu'il reprît provisoirement l'avantage après plusieurs jours de durs combats et de manœuvres à courte portée, ce ne fut qu'un piètre succès. Ses pertes furent plus lourdes qu'au cours de la phase initiale et portaient également sur un nombre de chars supérieur à ce que ses moyens limités pouvaient tolérer ; inconvénient d'autant plus grave que les Britanniques allaient bientôt disposer de renforts importants. Le 6 décembre, Rommel dut arrêter la bataille autour de Tobrouk et battre en retraite, d'abord vers Gazala, puis sur la frontière de Tripolitaine.

Dès lors, il revint à la méthode de défensive-offensive et en tira des succès éclatants. Lorsque les Anglais lancèrent leur attaque, le 27 décembre, il tint en échec leurs unités blindées en tournant leur flanc et en les contraignant à combattre à front renversé, puis, finalement, en les encerclant. La rupture d'équilibre subie ainsi par la force blindée britannique au cours de cette bataille fut suivie, la semaine suivante, par l'arrivée d'un important convoi qui apportait à Rommel les premiers renforts d'importance qu'il eût reçus depuis la mi-novembre. Il voulut tirer parti immédiatement du fait que les Anglais s'étaient beaucoup étirés au cours de leur avance. Alors que ces derniers l'imaginaient toujours épuisé, il leur porta par surprise une contre-attaque qui rompit leur front ; puis il exploita le désordre qui en résulta en les attaquant d'une manière indirecte sur leur flanc, du côté du désert, et en marchant sur leur base de Benghazi, puis sur Gazala. Il reprit ainsi plus de la moitié du terrain conquis par les Anglais.

Pendant trois mois, le front se stabilisa sur la position de Gazala. Mais le dispositif linéaire de la 8e Armée convenait mieux à une future offensive à laquelle elle aurait pu offrir une base de départ, qu'à une défensive bien conçue. En mai, Rommel fit mouvement le premier et, par une ample manœuvre de flanc exécutée avec ses blindés au cours de la nuit du 26, il rompit l'équilibre de la 8e Armée. Toutefois, il fut arrêté avant d'avoir pu atteindre la côte et encercler les forces britanniques qui tenaient la ligne de Gazala. Sur quoi, il adopta une position défensive, adossé aux champs de mines des Anglais – ce qui incita ces derniers à croire qu'il était acculé et qu'il serait bientôt amené à capituler. Mais leurs contre-manœuvres furent trop directes, et ils tombèrent dans les pièges défensifs improvisés rapidement par Rommel à la suite de son échec. Avec ses réserves dispersées et dépensées, la 8e Armée fut incapable de s'opposer au nouveau mouvement tournant de Rommel sur son flanc, et elle fut battue. Elle se replia en partie sur la frontière, en partie dans Tobrouk. Les blindés de Rommel dépassèrent rapidement Tobrouk comme s'ils voulaient forcer la frontière, puis, virant brusquement, ils attaquèrent Tobrouk à revers avant que la garnison ait pu s'organiser. Ce fut un chef-d'œuvre d'approche indirecte, physiquement et psychologiquement. Enfonçant les défenses à l'un de leurs points faibles, les Allemands submergèrent la garnison et la capturèrent en totalité, en même temps que d'abondants stocks de ravitaillement et des véhicules de transport leur donnant ainsi les moyens de poursuivre leur propre avance.

Puis Rommel, chassant ce qui subsistait de la 8e Armée à travers le désert occidental, s'approcha dangereusement de la vallée du Nil, la principale artère de l'Égypte. S'il s'en était emparé, ainsi que du canal de Suez, toutes les positions anglaises dans le Moyen-Orient auraient été perdues. Dans cette crise, Auchinleck intervint en prenant personnellement en charge la 8e Armée battue et en la ralliant pour tenir, à El-Alamein, la position barrant le goulet désertique qui débouchait sur le Nil. Les forces de Rommel, faibles numériquement et fatiguées par cette longue poursuite, y furent tenues en échec par une résistance aussi tenace qu'inattendue et organisée sur de nouvelles lignes de défense. Lorsque Rommel chercha à les enfoncer par des assauts sur divers points, Auchinleck riposta de manière indirecte et, bien qu'il échouât à le rejeter, il l'ébranla suffisamment pour que les Allemands ne puissent atteindre leur objectif.

Bientôt des renforts arrivèrent d'Angleterre. M. Churchill demanda aux Anglais de reprendre l'offensive sans délai ; mais Auchinleck insista, plus sagement, pour attendre que les troupes fraîchement débarquées fussent acclimatées tactiquement aux conditions du combat dans le désert. Il fut remplacé par Alexander comme commandant en chef dans le Moyen-Orient, et Montgomery prit le commandement de la 8e Armée.

Cependant, Rommel attaqua le premier, fin août ; mais il fut encore tenu en échec par la nouvelle tactique défensive des Britanniques. Les unités blindées allemandes avaient été incitées à traverser les champs de mines couvrant la moitié sud du front anglais – secteur qui n'était pas autrement défendu – tandis que le gros de l'infanterie britannique tenait les solides positions du secteur nord. Rommel fut ainsi conduit à attaquer le principal corps blindé des Anglais sur le terrain que ces derniers avaient choisi, et il perdit de nombreux chars dans ces vains assauts. Tandis qu'il était ainsi fixé entre cette position de flanquement et les champs de mines, une autre division blindée, la 7e, tourna son flanc sud. Et si le filet ne fut pas jeté assez rapidement pour lui interdire tout repli, Rommel avait néanmoins perdu l'initiative.

Ce changement devint définitif dès que les moyens de Montgomery s'accrurent. Après une longue pause rendue nécessaire pour sa remise en condition – interruption plus longue que celle naguère demandée par Auchinleck – la 8e Armée déclencha son offensive dans la dernière semaine d'octobre. Elle bénéficiait désormais de considérables supériorités en aviation, en artillerie et en chars. Pourtant, même dans ces conditions, la lutte fut acharnée pendant toute une semaine, le front exigu ne permettant pas de monter d'amples manœuvres. Mais les forces de Rommel, outre qu'elles étaient épuisées, se voyaient menacées de paralysie par les sous-marins qui coulaient, en Méditerranée, les pétroliers les ravitaillant en carburant. Cela décida de l'issue de la bataille, et lorsque l'effondrement se dessina, à l'extrême pointe du combat, les Allemands furent incapables, par la suite, de se rétablir avant d'avoir repris contact avec leurs bases de ravitaillement.

Au début de la bataille, Rommel, malade, avait dû partir pour Vienne. Mais il était revenu. Jugeant la situation, il projeta de replier son armée jusqu'au Fuka, position située à 60 milles à l'ouest d'El-Alamein ; et cette marche arrière avait détraqué la machine de combat mise au point par Montgomery. Mais l'intention de Rommel fut déjouée par Hitler qui insista pour qu'aucun pouce de terrain ne fût cédé. De telle sorte que la retraite ne fut que différée jusqu'à la défaite suivante. Mais Rommel l'exécuta avec sa célérité et son coup d'œil habituels, abandonnant ses troupes les moins mobiles et les moins entraînées, y compris le gros des Italiens ; afin de pouvoir tirer de ce mauvais pas ses troupes d'élites, il utilisa tous les moyens de transport motorisés disponibles.

Toute chance de le prendre à revers était perdue, car la

poursuite ne fut pas assez indirecte et n'emprunta pas une trajectoire enveloppante d'assez grand rayon. En premier lieu, elle obliqua vers la mer trop tôt pour capturer le gros des forces battant en retraite par la route côtière. Puis un mouvement de conversion à longue portée, à « Charing Cross » près de Marsa-Matruh (120 milles à l'ouest d'El-Alamein), ne parvint pas à lui couper la retraite faute de carburant et pour avoir été ralenti par une pluie torrentielle. Un mouvement plus vaste à travers le désert et exécuté sur une plus grande profondeur aurait pu éviter cette région pluvieuse. Mais un facteur intervint principalement pour faire manquer l'occasion : la plus grande partie des moyens de transport, dans les trois divisions blindées, avait été attribuée au ravitaillement en munitions et ceci aux dépens du ravitaillement en carburant qui, immédiatement disponible sur roues, aurait permis la poursuite.

Dès que Rommel eut glissé entre les mâchoires de ses poursuivants blindés, il ne s'arrêta pas avant d'avoir atteint sa position favorite près d'El-Agheila, à l'autre extrémité de la Cyrénaïque et à 700 milles d'El-Alamein. Au cours de cette retraite de quinze jours, il avait déjoué ses poursuivants et abandonné très peu de prisonniers et de matériel. Des attaques aériennes auraient pu accroître les chances de désorganiser son armée lorsqu'elle retraitait aux environs de Benghazi ; mais ceci n'aurait été possible qu'en utilisant les aérodromes avant qu'ils soient couverts par l'avance britannique ; et si les chefs de l'aviation consentaient volontiers à prendre ce risque, le commandement terrestre s'y refusait. Les contre-attaques lancées par Rommel pour retarder ses poursuivants avaient naguère laissé une profonde impression. Mais, cette fois-ci, son adversaire était trop fort pour qu'il pût riposter de cette manière, et même pour qu'il pût espérer tenir longtemps sur la position d'El-Agheila.

Une pause de trois semaines fut nécessaire avant que la 8e Armée, en parfaite possession de ses moyens, reprît l'offensive contre El-Agheila. Comme l'offensive démarrait,

Rommel commença à s'esquiver ; et bien qu'une manœuvre de flanc parvînt à le couper de son arrière-garde, il réussit à se frayer une route avant que le « barrage stratégique » fût solidement établi. Rommel s'arrêta de nouveau sur la position de Bouérat, à 200 milles plus en arrière ; il put y tenir trois semaines, mais lorsque la 8e Armée s'approcha et déclencha sa nouvelle offensive, à la mi-janvier, il se replia encore. Cette fois, il effectua une retraite presque continue de 350 milles au-delà de Tripoli, vers la ligne Mareth, à l'intérieur du territoire tunisien. Il prit cette décision, non seulement en tenant compte de la faiblesse de ses moyens et de la perte des pétroliers qui devaient le ravitailler, mais à cause de la situation nouvelle créée par le débarquement anglo-américain de novembre au Maroc et en Algérie.

Cet événement avait immédiatement suivi l'offensive d'El-Alamein, à quelque 2 500 milles de ce dernier point, à l'autre extrémité de l'Afrique du Nord. C'était une approche indirecte à longue portée sur les arrières libyens de Rommel, et qui menaçait sa position à proximité du delta du Nil. Dans sa sphère propre, son succès fut proportionné à son caractère indirect. Dans sa conception primitive, le débarquement allié ne devait s'effectuer que sur la côte atlantique du Maroc ; ce qui n'aurait abouti qu'à une avance frontale laissant aux forces françaises la possibilité de résister efficacement. Le mouvement serait en effet parti d'un point situé à 1 200 milles de Bizerte, clé de tout le théâtre d'opérations d'Afrique du Nord, si bien que les Allemands auraient eu le temps et les possibilités de soutenir la résistance française à l'invasion alliée. Heureusement pour les projets alliés, d'autres débarquements venant s'ajouter au plan furent exécutés sur la côte méditerranéenne, près d'Oran et d'Alger. La diplomatie américaine fraya la voie à ces débarquements en obtenant la complicité ou l'acquiescement de nombreuses autorités françaises.

Ces derniers débarquements intervinrent d'une manière décisive sur les arrières des forces françaises tenant la côte orientale où la résistance initiale s'était révélée comme devant être plus opiniâtre.

Les débarquements près d'Alger réduisaient la distance de Bizerte à environ 400 milles. À ce moment, des unités motorisées auraient pu foncer sur Bizerte et Tunis sans rencontrer d'autre difficulté que celles des routes de montagne. Des débarquements par mer ou aéroportés n'auraient rencontré aucune opposition. Mais les autorités navales hésitaient à tenter même de petits débarquements si loin et sans couverture aérienne ; et la progression par voie de terre fut trop timorée. Pendant ce temps, la réaction des Allemands fut prompte, bien que les débarquements les eussent surpris. Le troisième jour après l'événement, ils dirigèrent des troupes sur Tunis en utilisant tous les avions de transport de troupes et les petits bateaux dont ils purent disposer. Et quoique faibles numériquement, ces troupes suffirent à tenir en échec les unités de débarquement de la 1re Armée alliée qui marchaient vers Tunis, et ceci pendant deux semaines et demie après le débarquement initial.

Cet échec eut pour conséquence un temps mort qui dura cinq mois dans l'arc montagneux couvrant Bizerte et Tunis. Néanmoins, à long terme, cet échec tourna à l'avantage des alliés. Car il encouragea l'ennemi à pousser toujours plus de renforts par mer vers la Tunisie ; et les alliés interceptèrent leur ravitaillement en renforçant leur blocus maritime et en leur coupant du même coup toute retraite. Paradoxalement, Hitler fut amené finalement à engager plus de moyens pour se maintenir en Tunisie qu'il n'en avait consenti pour conquérir l'Égypte. En drainant ainsi tant de réserves allemandes et italiennes au-delà de la Méditerranée et en les enfournant dans la nasse, il facilitait la tâche future des alliés lors de l'invasion projetée de l'Europe. Ainsi, pour Hitler, l'Afrique du Nord joua un rôle d'appât et de piège stratégiques comme l'Espagne pour Napoléon ; et ceci, dans les deux cas, en conjonction avec leur invasion de la Russie. Hitler fut si bien écartelé entre l'Afrique et la

Russie, que ces deux objectifs intervinrent comme les deux termes d'un dilemme, et l'effort qu'ils lui imposèrent précipita son effondrement comme, jadis, celui de Napoléon.

La campagne de 1943 en Tunisie fut ouverte, cependant, par une contre-attaque allemande qui secoua rudement les alliés. Elle intervint au moment où les deux armées – la 1re venant de l'ouest et la 8e venant de l'est – paraissaient devoir saisir les forces de l'Axe entre leurs mâchoires. Le commandement de l'Axe voulut prévenir ce danger en brisant les deux branches de la tenaille, et les conditions exigées par ce dessein étaient effectivement plus propices que la situation le laissait croire. Les renforts expédiés à Tunis avaient été organisés en une armée, aux ordres du général von Arnim ; et, de ce fait, les débris de l'Armée Rommel se voyaient insuffler une énergie nouvelle, en hommes et en matériel, au fur et à mesure qu'ils retraitaient vers l'ouest et qu'ils approchaient des ports par où parvenaient les approvisionnements. Profitant d'une situation qui lui était temporairement favorable, Rommel se proposa d'exploiter les possibilités offertes par les « lignes intérieures », à la manière de Napoléon, et d'utiliser sa position centrale entre les deux armées alliées convergeant l'une vers l'autre pour les attaquer successivement, les refouler et les écarter ainsi l'une de l'autre. S'il parvenait à rejeter les Anglo-Américains de la 1re Armée qui le menaçaient dans le dos, il aurait les mains libres ensuite pour frapper la 8e Armée britannique qui approchait de ses lignes de ravitaillement dangereusement étirées.

Le projet contenait de brillantes promesses, mais son exécution souffrit d'un lourd handicap : elle impliquait l'emploi de moyens qui, en grande partie, ne dépendaient pas directement du commandement de Rommel. Ainsi, lorsque l'opération démarra, l'Armée d'Arnim était indépendante et même les vétérans de la 2e Panzer Division, chargés de l'effort principal, avaient été placés sous les ordres de von Arnim lorsqu'elle avait été repliée pour garder la ligne de retraite et de ravitaillement de Rommel.

Le 2e Corps américain (qui comprenait une division française) servit de première cible à la contre-attaque. Son front s'étendait sur 90 milles, articulé autour de trois routes qui, à travers les montagnes, descendaient vers la mer ; ses éléments de tête tenaient les cols près de Gafsa, Faïd et Fondouk. Les passes étaient si étroites que ceux qui les gardaient se sentaient en sûreté.

Mais, à la fin de janvier, la 21e Panzer Division bondit brusquement sur le col de Faïd et submergea la garnison française avant l'arrivée des soutiens américains. Cette affaire incita le commandement allié à penser qu'une autre attaque, plus importante, aurait lieu, mais sur un autre point. Considérant l'affaire de Faïd comme une diversion, il présuma que le prochain coup s'appliquerait sur Fondouk et, ainsi que le général Bradley l'a noté dans ses mémoires, « cette opinion tourna à l'acte de foi aux conséquences presque fatales ».

Le 14 février, l'attaque réelle déboucha sous la forme d'un nouveau bond effectué à partir du col de Faïd. L'adjoint d'Arnim, Ziegler, la commandait. S'élançant dans le moment où les blindés américains se portaient à sa rencontre, la 21e Panzer Division fixa les Américains de front, tourna leur flanc gauche et manœuvra autour de leur flanc droit pour les prendre par derrière. Plus d'une centaine de leurs chars furent détruits. Rommel ordonna à Ziegler de marcher pendant la nuit et d'exploiter son succès au maximum ; mais Ziegler attendit quarante-huit heures avant de recevoir l'autorisation d'Arnim et de pousser jusqu'à 25 milles de là, à Sbeitla, où les Américains s'étaient ralliés après leur défaite. À ce moment, il lui était encore possible de les rejeter plus loin, en dépit des combats devenus plus durs et bien que les Américains se fussent portés au col de Kasserine. Pendant ce temps, Rommel ayant prélevé un détachement blindé sur la ligne Mareth, se portait plus au sud, par Gafsa ; à la suite de ce mouvement de 50 milles, le 17, les aérodromes américains de Thelepte, bien au sud-ouest de Kasserine, tombaient entre ses mains.

Alexander, qui venait de prendre le commandement des deux armées alliées et entrait en scène, notait dans un message : « J'ai trouvé une situation encore plus critique que je le pensais ; et une inspection dans le secteur de Kasserine m'a montré que, dans la confusion de la retraite, Américains, Français et Britanniques se sont emmêlés d'une manière inextricable, qu'aucun plan de défense coordonnée n'a été établi, et qu'aucune organisation du commandement précise et cohérente n'existe. » Alexander poursuivait en disant que si Rommel « parvenait à enfoncer notre mince position en rideau sur la Dorsale Ouest » – la ligne des montagnes suivante – « sa marche vers l'ouest ne rencontrerait que peu d'obstacles naturels »... notre front de Tunisie serait rompu, ce qui nous conduirait à un repli, sinon à un désastre. »

En face, Rommel voulait exploiter la confusion et la panique par une manœuvre combinée exécutée avec tous les moyens mécanisés disponibles et, par Tebessa (40 milles au-delà de la Dorsale Ouest), marcher sur les principales communications des alliés avec leurs bases d'Algérie. Des reconnaissances aériennes rapportèrent que les dépôts alliés de Tebessa brûlaient déjà. Mais Arnim ne voulant pas s'embarquer dans une telle aventure, Rommel en désespoir de cause en appela à Mussolini. Les heures passaient, et il fallut attendre le 19 pour que le signal lui parvînt de Rome, autorisant la continuation du mouvement et en chargeant Rommel, avec cette restriction toutefois : cette manœuvre devait s'effectuer en direction du *nord*, vers Thala, et non vers le *nord-ouest*, vers Tebessa, comme Rommel l'avait proposé. Selon ce dernier, cette modification témoignait d'une incroyable étroitesse d'esprit et de vues bien courtes, l'affaire étant montée « beaucoup trop près du front, et nous obligeant à nous porter là où pouvaient intervenir de fortes réserves ennemies ».

L'issue justifia amplement le jugement de Rommel. Le coup fut en effet porté là où Alexander l'attendait, et où il s'était préparé à le recevoir. Il avait ordonné au commandant de l'armée de « concentrer ses blindés pour assurer la défense de Thala », et les réserves britanniques furent rameutées du nord vers ce secteur. Il est donc évident que les alliés auraient été déséquilibrés une nouvelle fois si Rommel avait été autorisé à manœuvrer comme il l'entendait.

Les Américains s'étaient également installés en force sur la direction d'approche de Thala, et tinrent si opiniâtrement le col de Kasserine que les Allemands ne purent passer jusqu'au soir du 20. Le lendemain, ils pénétrèrent dans Thala, épuisés ; et ils en furent rejetés par les réserves anglaises qui arrivaient à ce moment-là. Ainsi, le 22, Rommel ayant compris que sa chance était passée, arrêta l'attaque et entama un repli échelonné. Le lendemain, mais beaucoup trop tard, un nouvel ordre arriva de Rome plaçant toutes les forces de l'Axe aux ordres de Rommel.

L'analyse de cette contre-offensive comporte une excellente leçon sur l'approche indirecte. Elle montre clairement comment les pertes de temps annulent les avantages acquis et la nécessité, dans toute manœuvre physiquement indirecte, de manœuvrer assez largement pour maintenir le doute sur l'objectif effectivement visé.

Une autre conséquence malheureuse de ce retard à mettre aux ordres de Rommel, les forces combinées de l'Axe fut qu'il ne put empêcher en temps utile une attaque qu'Arnim avait montée dans le nord contre les positions alliées devant Tunis. Cette approche trop directe fut en soi un coûteux échec, et elle retarda la mise à la disposition de Rommel des divisions qui lui étaient nécessaires pour porter le prochain coup qu'il destinait à Montgomery.

Ces délais bouleversèrent ses plans. Jusqu'au 26 février, Montgomery n'avait poussé qu'une seule division en avant, jusqu'à la ligne Mareth. Son état-major s'appliquait fébrilement à rétablir l'équilibre des forces avant que l'attaque survînt. Le 6 mars, quand Rommel attaqua, Montgomery avait quadruplé ses moyens et, outre ses 400 chars, il disposait désormais de plus de 500 canons antichars ; de telle sorte que s'évanouissait l'avantage dont bénéficiait jusqu'alors Rommel de pouvoir attaquer du fort au faible. L'attaque piétina en effet et, dans l'après-midi, les Allemands avaient perdu 50 chars, ce qui les handicapa sérieusement dans la phase ultérieure de la campagne. En outre, ils perdirent Rommel qui, malade et frustré de la victoire, avait été rappelé en Europe.

Le 17 mars, l'offensive alliée démarra avec une attaque des Américains du 2e Corps, désormais aux ordres du général Patton. Elle visait la ligne de retraite de l'Afrika Korps sur Tunis, et se proposait également de soulager ce front. Mais la progression fut trop lente et timorée, et l'avance stoppée finalement dans les cols des montagnes couvrant les approches de la bande côtière. Ce succès défensif incita les Allemands à tenter une autre offensive, mais elle ne parvint pas à forcer les défenses américaines. La perte de 40 chars environ, non seulement émoussa le tranchant de l'attaque, mais aggrava l'infériorité des Allemands en blindés ; et elle affaiblissait leur capacité de résistance devant l'avance de Montgomery.

Pour arracher la victoire finale, les alliés comptaient plus sur les offensives irraisonnées des Allemands que sur les résultats de leurs propres attaques. Leurs chances de renverser la situation se précisèrent quand les Allemands se furent étirés au cours de leur offensive. Plus tard, ces derniers auraient toujours pu remettre en cause l'issue du combat, mais pour y parvenir, ils usèrent en vaines tentatives les moyens qui leur restaient.

L'attaque de la 8e Armée sur la ligne Mareth fut lancée dans la nuit du 20 mars. L'effort principal, frontal, visait à enfoncer les défenses proches de la mer, puis à engouffrer les divisions blindées dans la brèche. En même temps, le Corps néo-zélandais effectuait un large mouvement débordant en direction d'El-Hamma, sur les arrières ennemis ; mouvement qui visait les réserves adverses stationnées dans ce secteur. L'assaut frontal ne parvint pas à créer la brèche escomptée ; et, après trois jours de combat, Montgomery modifia ses plans et envoya la 1re Division blindée à la suite des Néo-Zélandais sur les arrières adverses. Ce rapide transfert de sa « cavalerie » de la droite à la gauche reproduit, à une plus grande échelle, la manœuvre de Marlborough à Ramillies, chef-d'œuvre historique de souplesse tactique. Mais les blindés chargèrent dans une vallée défendue par des canons antichars en batterie sur ses flancs ; et cette opération aurait pu tourner au désastre, si une tempête de sable n'était intervenue à cet instant. Mais, même dans ces conditions, les assauts britanniques furent repoussés par les défenses allemandes d'El-Hamma. Et, bien que, devant cette menace sur ses communications, l'ennemi abandonnât la ligne Mareth, il pouvait encore maintenir ouverte la porte par laquelle il se replia sans autres pertes.

Les Allemands s'arrêtèrent à 10 milles environ derrière El-Hamma, sur l'Ouadi Akarit qui constituait une position de front étroit entre les collines et le golfe de Gabès. Les Américains, frappant vers le sud au-delà d'El-Guettar, avaient immédiatement tenté de battre l'ennemi sur cette position et de tomber dans son dos tandis qu'il était fixé par la 8e Armée ; mais ils furent de nouveau repoussés sans avoir pu déboucher de la zone montagneuse. Puis, dans les premières heures du 6 avril, la 8e Armée attaqua l'Ouadi Akarit en profitant de la couverture offerte par l'obscurité. Cette innovation tactique permit de pénétrer dans le dispositif adverse, mais l'exploitation échoua dès qu'il fit jour. Mais sur trois divisions blindées allemandes, bien amaigries, deux étaient désormais employées à contenir les Américains, et cette résistance ne pouvait se prolonger avec de tels moyens. Aussi, la nuit suivante, les Allemands rompirent le combat et se replièrent en hâte sur Tunis, le long de la côte.

Pour leur couper la retraite un nouvel essai fut tenté par le 9e Corps qui força la passe de Fondouk, le 8 avril, et atteignit la mer sur les arrières des Allemands. Après que l'infanterie eut échoué à ouvrir la voie aux blindés, le jour suivant, ces derniers réussirent à percer en chargeant audacieusement à travers un champ de mines, et au prix de lourdes pertes ; mais réalisée trop tard, cette percée ne permit pas d'encercler l'ennemi se repliant le long de la côte. En quelques jours, les deux armées ennemies avaient fait leur jonction et pouvaient offrir une résistance unie sur l'arc des montagnes couvrant Tunis ; et il semblait qu'elles pouvaient soit prolonger cette résistance, soit utiliser l'espace de manœuvre gagné en se repliant rapidement pour évacuer leurs forces sur la Sicile.

La retraite de la Panzer Armée Afrika de Rommel, retraite de 2 000 milles d'El-Alamein à Tunis, demeurera dans l'histoire militaire comme l'une des plus remarquables performances de son espèce ; et particulièrement pour ses premières et dernières phases. De la ligne Mareth à Tunis elle devait franchir un long couloir bordé de lignes ennemies, et continuellement exposée au danger d'une brusque interception. Si l'on ne trouve rien, dans les époques récentes, qui ressemble à cet exploit rappelant Xénophon, on trouve par contre, au cours du même hiver, une retraite comparable par les risques courus encore qu'elle ne le soit pas par sa longueur, et exécutée dans des conditions encore plus difficiles : il s'agit du repli du Groupe d'Armées Kleist, exécuté depuis le cœur du Caucase jusqu'au goulet de Rostov, sous la menace permanente d'une attaque de flanc des armées russes qui le pressaient à partir du Don.

Un tel doublé prouve la grande capacité de résistance inhérente à la défensive moderne lorsqu'elle est correctement exploitée. En outre, les limites évidentes de l'attaque sur les arrières renforcent les enseignements des expériences passées selon lesquels le succès offensif requiert quelque chose d'autre que le caractère indirect de l'approche au sens géographique du terme. Dans chacun de ces deux cas, une part importante des moyens de l'attaquant réussirent bien à accrocher les arrières des armées battant en retraite, mais non pas à fermer complètement la nasse. La ligne sur laquelle se manifestait le danger semblait toujours assez normale et attendue pour que le parti défensif demeurât capable de jouer avec bonheur ses atouts défensifs et de parer la menace. Le caractère indirect doit intervenir également dans le domaine psychologique pour que l'équilibre de l'adversaire soit rompu, et pour que soient remplies les conditions qu'exige toute victoire décisive.

La promptitude de son repli à partir de l'Ouadi Akarit et le succès obtenu en éludant les tentatives d'interception alliées, offraient au commandement suprême allemand la chance d'évacuer ses armées sur la Sicile, s'il en avait accepté l'éventualité. Un arrêt d'une quinzaine de jours au moins était inévitable avant que les armées alliées pussent monter une offensive sérieuse sur le nouvel arc défensif ennemi s'étendant d'Enfidaville, au sud de Tunis, au cap Serrat, à l'ouest de Bizerte. En outre, le temps brumeux qui apparut à ce moment aurait facilité le camouflage des opérations d'embarquement et de transport, si bien qu'une importante fraction des armées de Tunisie aurait réussi à s'échapper par mer et par air.

Mais le commandement suprême allemand préféra essayer de prolonger la campagne d'Afrique plutôt que de se replier sur ses bases, les côtes de l'Europe méridionale. Même en Tunisie, il tenta de tenir un front beaucoup trop étendu eu égard aux moyens qu'il pouvait lui consacrer – un périmètre de 100 milles – avec l'espoir de couvrir simultanément Tunis et Bizerte. Écartelé entre ces deux « termes du dilemme », il offrit ainsi aux alliés l'occasion idéale d'exploiter les avantages offerts par les objectifs alternatifs.

Avant d'abattre son jeu, Alexander remit ses cartes en ordre. Il fit monter le 2$^{e}$ Corps américain du sud vers la côte nord, le transférant ainsi de l'aile droite à l'aile gauche, face à Bizerte. Il fit également glisser le 9$^{e}$ Corps vers le nord, et l'inséra au centre, entre le 5$^{e}$ Corps et le 19$^{e}$ Corps français qui s'appuyait ainsi à la 8$^{e}$ Armée constituant l'aile droite alliée.

L'offensive se déclencha le 20 avril, avec la 8e Armée attaquant le flanc gauche de l'ennemi. Mais dans le couloir côtier, très étroit au-delà d'Enfidaville, sa progression se ralentit, et elle dut s'arrêter le 23. Le 21 avril, le 5e Corps attaqua à partir du centre gauche, à travers les collines permettant de déboucher sur Tunis. Le lendemain, le 9e Corps attaqua à partir du centre droit, près de Goubellat, en voulant exploiter une percée effectuée par les blindés. Mais on ne put rompre les défenses adverses, bien que l'effort accompli ait affaibli sérieusement ce qui subsistait des unités blindées ennemies. Une pause d'une quinzaine de jours suivit sur la plus grande partie du front ; mais, dans le nord, les Américains et le Corps français continuaient à pénétrer progressivement dans le dispositif adverse, ce qui les amena à moins de 20 milles de Bizerte.

Pendant ce temps, Alexander aménagea son dispositif. Ne laissant qu'un rideau de forces au centre droit, près de Goubellat, il dirigea le gros du 9e Corps vers le centre gauche, le concentra derrière le 5e Corps et le renforça avec 2 divisions d'élite de la 8e Armée – la 7e Division blindée et la 4e Division indienne. En même temps, un plan de feinte fut élaboré pour camoufler ces déplacements de forces et pour persuader l'ennemi de ce que la prochaine attaque déboucherait dans le sud. Les résultats de ce plan furent renforcés par la réputation de la 8e Armée et de Montgomery, si bien que von Arnim maintint une fraction disproportionnée de ses moyens dans le sud. Mais Arnim avait peu de chances de deviner cette feinte ou de remanier son dispositif après le débouché de l'attaque, étant donné la maîtrise de l'air que possédaient les alliés. Ils utilisèrent d'ailleurs cette énorme supériorité aérienne pour balayer le ciel des quelques avions ennemis qui s'y risquaient, et pour paralyser tous les mouvements de troupes et transports de ravitaillement sur les routes.

L'attaque du 9e Corps aux ordres du général Horrocks démarra, massive au plus haut degré, dans les toutes premières heures du 6 mai, sous un ciel sans lune et à la clarté des seules étoiles. Elle fut précédée et couverte par une intense préparation d'artillerie, 600 pièces tirant sur un front de moins de 2 milles, dans la vallée de la Medjerda conduisant à Tunis. Peu après l'aube, l'aviation enchaîna sur ce bombardement en déversant une terrifiante quantité de bombes. Les défenseurs ainsi paralysés furent submergés par l'infanterie de la 4e Division indienne et la 4e Division britannique. Ces défenses étaient non seulement trop étirées et trop faibles, mais manquaient de profondeur. Les chars des 6e et 7e Divisions blindées s'engouffrèrent dans la brèche, mais perdirent du temps à réduire les petites poches où les Allemands continuaient de résister. À la tombée de la nuit, ils n'avaient progressé que de quelques milles au-delà de la trouée et se trouvaient toujours à environ 15 milles de Tunis. Le lendemain matin, on constata cependant que l'armée adverse, en tant qu'elle formait un tout, demeurait paralysée par le choc que lui avait infligé l'aviation et par la surprise stratégique ; et elle l'était au point qu'elle ne pouvait répliquer par aucune contre-mesure tactique. L'après-midi, les éléments de tête des divisions blindées britanniques s'infiltrèrent dans Tunis. Puis la 6e obliqua vers le sud, et la 7e vers le nord, afin d'accroître l'effet de dislocation. Presque simultanément, les Américains et les Français pénétrèrent dans Bizerte. La résistance ennemie s'effondra dramatiquement dans la moitié nord du front.

Dans le sud, l'ennemi aurait encore pu se replier dans la péninsule du cap Bon et y offrir une résistance prolongée. Mais cette possibilité lui fut refusée par la rapidité avec laquelle la 6e Division blindée se plaça sur les arrières adverses et coupa la péninsule. L'effondrement devint général, et plus de 250 000 hommes furent pris.

Le commandement ennemi avait été déséquilibré et son instrument de combat détraqué par la combinaison des actions aériennes au-dessus de sa tête et des coups blindés dans son dos. La désintégration des moyens de commandement fut la première cause du désastre, et la rupture des communications aggrava les effets démoralisants du manque de réserves et de la carence des ravitaillements.

Un autre facteur intervint : les bases allemandes étaient toutes proches du front enfoncé. La rapide pénétration jusqu'à ces bases abattit le moral autant qu'elle interrompit le fonctionnement du système administratif. Non seulement elle sema la panique parmi le personnel de ces bases – toujours plus sensible à la démoralisation que les troupes combattantes – mais elle souleva une vague de peur qui s'étendit rapidement. La perte de ses bases accentua chez l'ennemi la sensation déprimante de se battre le dos à la mer, et à une mer dominée par l'aviation et la marine alliées. Il faut remarquer combien le plan d'opérations d'Alexander se rapproche étroitement du schéma de la classique bataille napoléonienne – de même que la bataille de la Marne en 1914 – bien que cette ressemblance n'ait pas été préméditée. Selon ce schéma, l'ennemi était fixé et attaqué de front tandis qu'une manœuvre était montée sur l'un de ses flancs. Sans être décisive en soi, cette manœuvre créait l'occasion propice à l'application d'un coup décisif : la menace d'enveloppement obligeait en effet l'ennemi à distendre son front pour lui faire face, et faisait ainsi apparaître un joint, nécessairement un point faible, sur lequel le coup décisif était asséné.

Bien qu'handicapé par l'absence d'un flanc découvert, Alexander obtint la victoire en conférant au schéma un plus grand développement interne, en combinant souplesse et habileté. Comme nous l'avons vu, il attira d'abord l'attention et les moyens des ennemis sur leur flanc gauche ; puis il les pressa fortement sur leur droite et leur centre droit, enchaînant sur ces attaques avec l'effort principal dirigé sur leur centre gauche. Lorsqu'ils tentèrent de s'opposer à cet essai de percée, il exploita finalement cette frustration à son propre avantage en feignant de vouloir peser de tout son poids sur leur gauche alors que, en réalité, il l'appliquait sur la droite de leur centre, là où son précédent effort leur avait donné à penser qu'ils étaient suffisamment forts.

Les multiples procédés de diversion conférèrent à sa concentration finale les meilleurs effets de masse, tandis qu'il exploitait toutes les possibilités d'objectifs alternatifs offertes par la situation.

Il m'a semblé utile d'analyser d'une manière plus détaillée les phases ultimes de la campagne d'Afrique ; elles sont en effet riches d'enseignements, tant dans les domaines logistiques que psychologiques de la stratégie. En particulier, elles proposent une leçon concrète sur les subtilités et les variétés de l'approche indirecte.

## 18

# La chute de Hitler

Après le désastre de Stalingrad et la retraite du Caucase, tout espoir d'une victoire décisive sur les Russes était perdu pour les Allemands. L'expérience de 1941 et 1942 avait indiqué les bornes que ne pouvait pas franchir une stratégie offensive conduite dans un espace illimité avec des moyens limités. À partir de 1943, les forces de l'Allemagne ne firent que s'amenuiser, alors que celles de la Russie croissaient d'une manière continue. Mais, tandis que le rapport des forces rendait vaine pour les Allemands toute stratégie offensive, le rapport entre leurs moyens et l'espace latéral rendait précaire toute défense statique. Si les Allemands voulaient adopter la défensive dans de telles conditions, il leur fallait sacrifier une grande partie des territoires conquis afin de pouvoir pratiquer la défense élastique ; et celle-ci impliquait une série de manœuvres en retraite permettant de se retirer avant de recevoir l'attaque ennemie. La nécessité de céder du terrain s'appliquait également à une stratégie défensive-offensive visant à susciter les occasions de riposter victorieusement aux coups adverses.

Même en 1943, de bonnes raisons existaient pour adopter une ligne de conduite fondée sur la défensive mobile. L'expérience avait montré que, dans la défensive, les Allemands pouvaient compter infliger aux Russes attaquants des pertes hors de proportion avec les leurs. Si les chefs russes étaient devenus d'habiles manœuvriers, et si les larges espaces leur offraient des possibilités de manœuvres, d'autres facteurs pourtant les incitaient à de coûteux efforts. Les Russes étaient naturellement impatients d'expulser les envahisseurs, et leurs chefs militaires voulaient prouver leur détermination devant Staline. Aussi était-il aisé de les inciter à lancer des assauts directs et réitérés. L'opinion commune à tous les stratèges allemands était que, s'ils mettaient en œuvre un plan judicieux de défensive élastique, il n'était pas trop tard pour épuiser les forces de la Russie et abattre sa volonté de lutte. Un tel plan aurait pu, selon eux, engendrer des occasions de contre-attaques capables de retourner la situation.

Mais Hitler était trop imbu de l'esprit offensif pour prêter l'oreille à de tels conseils. Il croyait fermement que l'attaque est la meilleure forme de défense, et la résistance rigide et sans espoir de recul la meilleure forme de défense après l'attaque. Obsédé par cette notion, il repoussa même tout projet tendant à développer une aviation d'interception capable d'interdire le ciel allemand aux offensives des bombardiers alliés, offensives qui allaient en s'amplifiant ; et il ne revint sur sa décision qu'en juin 1944, lorsqu'il fut trop tard. De même, quand ses conseillers insistaient sur l'amenuisement des réserves allemandes et sur les dangers de vouloir tenir envers et contre tout sur la ligne atteinte par la campagne d'hiver, Hitler rejetait leurs arguments en faveur d'un repli sur la ligne du Dniepr ; et il déclarait que le problème pouvait et devait être résolu en reprenant l'offensive au cours de l'été 1943.

Notons ici que, en mars, après sa riposte très indirecte à Kharkov, Manstein proposa à Hitler un plan rééditant cette attaque, mais d'une manière plus concertée et en recourant à un appât piégé. Dans le secteur du Mius, entre Donetz et mer d'Azov, le front allemand formait un saillant très profondément avancé. Très probablement, l'offensive russe de printemps le prendrait comme objectif. Aussi, Manstein suggérait-il d'alléger les moyens consacrés à la défense de ce saillant, de les replier devant l'attaque russe afin de les consacrer à une contre-offensive exécutée avec tous les moyens disponibles ; cette riposte aurait été lancée dans la région de Kiev, sur le flanc nord de l'ennemi, afin d'enrouler tout le front des Russes dans le sud et d'encercler leurs armées.

Mais ce plan était trop audacieux pour Hitler : il ne pouvait consentir à abandonner le bassin du Donetz et ses ressources minières et industrielles. Aussi, une autre solution fut retenue : elle consistait à tenter d'attirer les Russes et de les disloquer avant le démarrage de leur offensive de printemps. Il s'agissait de les chasser du large saillant qui, autour de Koursk, s'enfonçait dans le front allemand entre Bielgorod et Orel. La 4e Armée blindée du Groupe d'Armées « Sud » de Manstein (précédemment Groupe d'Armées « Don ») devait constituer la branche droite de la pince, tandis que la 9e Armée du Groupe d'Armées « Centre » (Kluge) formerait la branche gauche. Manstein insista pour que, si ce plan était adopté, l'affaire fût jouée au début de mai, dès que la boue du printemps commencerait à sécher, et avant que les Russes pussent rassembler leurs forces. Mais Model, commandant la 9e Armée, déclara que l'offensive devait attendre l'arrivée de renforts blindés plus importants ; et Hitler, tenant compte de cet argument, différa l'offensive jusqu'en juin, puis jusqu'au 5 juillet. Ceci est un exemple très significatif de l'antagonisme existant entre les deux facteurs *temps* et *moyens* ; et le résultat constitue une leçon sur la façon dont un accroissement des moyens peut s'avérer moins efficace qu'un raccourcissement des délais, lorsqu'on veut obtenir un effet de surprise.

Les jours s'écoulant, Hitler lui-même vint à douter de ce projet, mais ne put se résoudre à admettre la nécessité de retenir la retraite stratégique comme autre possibilité. Aussi se rendit-il à contrecœur aux arguments pro-offensifs de Zeitzler (le successeur de Halder), imbu de l'idée qu'il fallait absolument prendre l'initiative en attaquant afin de devancer l'attaque russe.

Cette fois, le commandement russe, plus judicieusement, retarda sa propre offensive jusqu'à ce que les Allemands s'ébranlent ; les Russes conférèrent ainsi une grande extension à la méthode de l'appât qui s'était montré si souvent féconde dans le domaine tactique. Décelant les préparatifs des Allemands et devinant leurs intentions, ils équipèrent le saillant menacé avec des champs de mines posées sur une grande profondeur et retirèrent le gros de leurs forces en arrière de ces défenses. Ainsi, non seulement l'offensive allemande ne réussit pas à attirer les Russes dans la nasse, mais elle s'y engouffra elle-même. La branche droite de la tenaille ne fit que des progrès très moyens, enfonçant les deux premières positions ennemies et écrasant une importante fraction des blindés russes de ce secteur ; mais la branche gauche, celle de Model, fut repoussée dès le début. Ces vains efforts avaient fait sortir les Allemands de leurs défenses et les plaçaient dans une situation beaucoup plus aventurée qu'auparavant, et très exposée à la puissante riposte que les russes assénèrent alors. Elle disloqua le front allemand, au nord d'Orel, et produisit une situation de crise temporaire. Manstein reçut l'ordre de stopper sa propre attaque et d'envoyer plusieurs de ses divisions blindées au secours de Kluge, ce qui permit aux Russes d'enfoncer un secteur affaibli de son propre front. L'ensemble des opérations offre une remarquable analogie avec la défense élastique et les contre-manœuvres de Pétain, au cours de la seconde bataille de la Marne, opérations qui marquèrent le tournant décisif du premier conflit mondial.

Bien que les Allemands aient pu se rétablir à temps et enrayer la poursuite – ainsi qu'ils l'avaient déjà fait, précisément, au nord de la Marne, en 1918 – les Russes purent amplifier cet effet de levier. Le schéma et la cadence de leurs opérations ressemblèrent de plus en plus à ceux de la contre-offensive alliée de 1918 sur le front occidental : une série de coups portés alternativement en des points différents, chacun de ces efforts étant temporairement suspendu lorsque la puissance de l'attaque diminuait devant une résistance affermie, chacun visant à frayer la voie au suivant, et tous étant suffisamment rapprochés dans le temps et l'espace pour s'appuyer. Ceci conduisit le commandement allemand, comme en 1918, à engager ses maigres réserves dans les secteurs attaqués ; simultanément, la capacité de mouvement de ces réserves était entamée et elles ne pouvaient plus intervenir en temps utile dans les secteurs menacés ou sur le point d'être attaqués. Leur liberté d'action était paralysée, tandis que leur potentiel diminuait graduellement.

Voilà la méthode normale pour une armée possédant la supériorité globale de moyens, ce qui fut le cas pour les armées alliées sur le front occidental en 1918, comme pour l'Armée Rouge en 1943. Cette méthode convient le mieux lorsque les communications latérales ne sont pas assez libres pour permettre à l'attaquant d'exploiter un succès local en lançant très rapidement toute la puissance de ses réserves d'un secteur à un autre. Comme elle implique chaque fois la rupture sur un nouveau front, le coût de la méthode « large » peut être plus élevé que celui de la méthode « profonde », et les résultats de la première sont moins rapidement décisifs. Mais les effets sont cumulatifs si le rapport des forces est tel que le parti assaillant puisse entretenir l'attaque.

En septembre 1943, l'avance russe atteignit le Dniepr en divers points, sur une grande partie du fleuve s'étendant de son grand coude à Kiev. Les Allemands évacuèrent la tête de pont qu'ils avaient conservée dans le Kouban, à l'extrémité ouest du Caucase ; ils replièrent ces unités à travers la Crimée afin de renforcer, bien tardivement, le secteur sud de leur front principal, entre le coude du Dniepr et la mer. Mais les Russes enfoncèrent ce front avant l'arrivée des renforts et, dans la confusion qui en résulta, ils atteignirent le cours inférieur du Dniepr, isolant ainsi la Crimée. Puis, en octobre, les Russes réussirent à franchir le Dniepr, juste au nord du coude, et s'engouffrèrent en masse dans la position du saillant. Les Allemands réussirent à conjurer le désastre que les communiqués alliés annoncèrent prématurément, mais leur position était dans l'ensemble singulièrement entamée.

Pour s'accrocher ainsi au secteur sud du saillant du Dniepr, Hitler invoquait la nécessité de conserver la région de Nikopol, importante réserve de manganèse indispensable à ses industries d'armement. Les exigences de l'économie étaient donc en conflit avec la stratégie, et les Allemands payèrent au prix fort les efforts tentés par Hitler pour conserver ce manganèse. Lorsqu'une défensive supporte une tension aussi continue et étendue dans l'espace que celle-ci tendait à le devenir, le risque existe toujours qu'une affaire locale puisse tourner au désastre général. Chaque fois que les Allemands furent liés à la défense d'un point déterminé par les ordres de Hitler, ils risquaient de le payer par un effondrement. Plus le défenseur est faible, plus il lui est essentiel d'adopter une défense mobile ; et, d'autre part, plus il est aisé au parti le plus fort d'utiliser pleinement l'espace et de s'octroyer des avantages décisifs en recourant aux manœuvres de débordement.

Au début d'octobre, les Russes avaient conquis deux autres têtes de pont au-delà du Dniepr ; l'une au nord et l'autre au sud de Kiev. La première fut progressivement élargie jusqu'à offrir un large tremplin à une attaque lancée un mois plus tard. Elle aboutit à la prise de Kiev et permit une rapide exploitation en direction de l'ouest. En une semaine à peine, l'avance du général Vatoutine atteignit les nœuds de communications de Jitomir et de Korosten, à environ 80 milles au-delà du Dniepr.

Cependant, et bien qu'il ne disposât d'aucune réserve, Manstein tenta de redresser cette dangereuse situation. Sa prompte retraite, en trompant les Russes, lui permit de lancer une contre-attaque de flanc ; et, pour l'exécuter, l'un des plus dynamiques parmi les jeunes généraux, Manteuffel, rameuta tous les blindés dispersés qu'il put trouver.

Bien que faible par les moyens engagés, l'opération vit la puissance de ses effets accrue grâce à l'extension excessive des Russes et à son propre caractère indirect ; et les Russes furent rejetés des deux points, deux pivots de manœuvre, qu'ils avaient atteints.

Manstein tenta alors d'exploiter l'occasion favorable en montant une ample contre-offensive avec les renforts en provenance de l'ouest. Mais le facteur temps déjoua ses projets car, dans l'intervalle, les armées de Vatoutine avaient retrouvé leur équilibre. Bien que la poussée de Manstein les menaçât de flanc et les contraignît à se replier en abandonnant une grande partie du terrain conquis à l'ouest du Dniepr, cette contre-offensive ne fut jamais aussi dangereuse qu'elle parut au premier abord ; et, début décembre, elle s'enlisa dans la boue. En outre, en dépensant ainsi les renforts qu'il avait reçus, Manstein n'avait plus les moyens, désormais, de contrer les prochaines manœuvres russes, puisque Hitler rejetait, une nouvelle fois, ses arguments en faveur d'un repli de grande amplitude.

Dans la nuit de Noël, Vatoutine attaqua encore à partir du large saillant de Kiev où il était comprimé. Lançant son attaque sous le couvert d'un brouillard matinal, Vatoutine reprit Jitomir et Korosten en moins d'une semaine et, le 4 janvier, franchit la frontière polonaise d'avant-guerre. Une avance à main gauche atteignit la ligne du Bug près de Vinnitza, menaçant ainsi la principale voie ferrée latérale allant de Varsovie à Odessa. Là, Manstein hasarda une nouvelle riposte, mais Vatoutine était assez fort pour la parer. En outre, les Russes profitèrent de l'entêtement avec lequel Hitler s'accrochait à la ligne du Dniepr, en aval de Kiev. Combinant son mouvement avec Koniev qui opérait sur l'autre flanc, Vatoutine coupa le saillant de Korsun par une manœuvre en tenaille et captura dix divisions ennemies, bien que certaines d'entre elles aient rompu le combat en dépit des ordres de Hitler qui leur enjoignaient de tenir sur place.

Ce coup ouvrit une brèche dans le front allemand, facilitant ainsi de nouvelles avances russes. Les autres armées russes, en Ukraine, adoptaient maintenant le rythme des coups alternatifs et des avances aux effets de levier. Sur leur flanc nord, les Allemands devaient abandonner Luck et Rovno, et, sur le flanc sud, le saillant de Nikopol avec ses réserves de manganèse.

Le 4 mars, une nouvelle manœuvre combinée fut montée par le maréchal Joukov qui avait succédé à Vatoutine tombé malade. Attaquant à partir de Chepetovka, Joukov progressa de 30 milles au cours des premières vingt-quatre heures, et il atteignait la voie ferrée Odessa-Varsovie deux jours plus tard. Ce mouvement débordait la ligne défensive du Bug. Près de la mer Noire, Malinovsky avançait et atteignait Nikolaïev. Entre ces deux pointes, Koniev attaqua à partir d'Ouman, atteignit le Bug le 12 mars, le Dniestr le 18, qu'il franchit le lendemain. La rapidité avec laquelle ces larges coupures furent franchies ajoutait un nouvel exploit à l'histoire de la guerre. Puis Joukov reprit sa progression, à partir de la région de Tarnopol et vers les débouchés des Carpathes.

Réagissant immédiatement à cette menace, les Allemands occupèrent la Hongrie, mesure nécessaire pour garder la chaîne des Carpathes. Il leur fallait conserver cette barrière, non seulement pour s'opposer à une irruption russe dans les plaines de l'Europe centrale, mais parce qu'elle constituait le pivot de toute la défense des Balkans.

Prolongées au sud par les Alpes de Transylvanie, les Carpathes formaient une ligne de défense naturelle d'une grande efficacité. Dans une perspective stratégique, son développement apparent était diminué par le petit nombre de ses cols, ce qui facilitait l'économie des forces. Entre la mer Noire et l'extrémité des montagnes, près de Focsani, il fallait compter 120 milles à vol d'oiseau, mais la moitié orientale de cette étendue plate était occupée par le delta du Danube et une série de lacs, si bien que l'aire dangereuse était réduite aux 60 milles de la trouée de Galatz.

Au début d'avril, il sembla que les Allemands devaient bientôt se replier sur cette ligne arrière. Les armées de Koniev franchirent le Pruth, pénétrèrent en Roumanie, tandis que, plus au sud, les Allemands étaient rejetés d'Odessa. La Crimée fut également reprise par deux mouvements convergents, et les armées ennemies qui y avaient été laissées, submergées. Mais les Allemands réussirent à tenir en échec la poussée des Russes au-delà du Pruth et à leur interdire de pénétrer profondément en Roumanie, couvrant ainsi les sources de ravitaillement en pétrole. Ce succès fut la cause de leur chute cinq mois plus tard : il incita Hitler à maintenir ses armées dans une situation précaire, trop exposées à l'est des montagnes et de la trouée de Galatz.

Plus au nord, les Allemands réussirent également à contrecarrer l'effort de Joukov qui voulait forcer les cols des Carpathes, au sud-ouest de Tarnopol ; mais leur riposte s'essouffla bientôt.

Toujours plus au nord, près de la Baltique, une offensive russe exécutée au milieu de janvier avait libéré Leningrad de l'étreinte ennemie et fut exploitée en direction de l'ouest. Mais les Allemands purent se replier en ordre sur une ligne plus courte et plus directe allant de Narva jusqu'au-delà de Pskov. Son développement n'excédait pas 120 milles, dont 90 constitués par deux grands lacs. Entre Pskov et les marais du Pripet, le front ennemi s'appuyait à deux bastions, les villes de Vitebsk et d'Orcha. Les Russes les avaient approchées à la fin de septembre, mais la position ennemie s'y était montrée assez solide pour défier les assauts directs et les manœuvres de débordement. Elles constituèrent une barrière efficace pendant neuf mois, jusqu'en juillet 1944.

En résumé, fin avril, le front russe était temporairement stabilisé. L'Armée Rouge avait conquis de vastes territoires particulièrement dans le sud ; mais généralement les Allemands avaient pu éluder la prise des manœuvres en tenaille montées par les Russes et éviter le désastre qui, fréquemment, avait paru imminent. Le nombre total des prisonniers n'était pas tellement élevé, comparativement à l'avance russe ; mais les armées allemandes avaient supporté des diminutions qui, en s'accumulant, entraînaient des effets seconds beaucoup plus graves. En outre, Hitler prouva qu'il perdait le sens des réalités en relevant Manstein de son commandement, soulignant ainsi que la résistance pied à pied lui semblait toujours plus nécessaire que les manœuvres habiles.

L'effort imposé aux Allemands s'était aggravé, depuis plus de neuf mois, à la suite de l'invasion anglo-américaine en Europe méridionale. Dans cette région, la conquête de la Sicile avait été suivie par la capitulation de l'Italie, au début de septembre 1943. L'effondrement du partenaire italien créait un vide dans les murailles sud de la « forteresse Europe » ; et bien que réduit par la forme péninsulaire de l'Italie, ce vide était assez important pour contraindre l'Allemagne à distraire une sérieuse fraction de ses moyens afin de le combler. En outre, elle devait accroître les moyens propres à assurer sa couverture dans les Balkans.

L'effondrement italien entraîna d'autres conséquences fâcheuses pour l'Allemagne exposée désormais à une aggravation des attaques aériennes menées par les bombardiers alliés sur une plus vaste échelle, l'aviation bénéficiant de l'accroissement général des moyens de guerre américains.

L'offensive aérienne visant le potentiel industriel allemand peut être considérée comme une approche indirecte au niveau de la grande stratégie : elle ruinait en effet l'équilibre de la production des moyens de guerre pris globalement. Si la stratégie de bombardement avait été mieux définie en recevant pour but la désorganisation des ravitaillements et non la destruction de vastes zones surpeuplées, elle aurait pu paralyser plus rapidement la résistance allemande. Mais bien que la plupart de ses actions aient été mal orientées, elle obtint des effets de paralysie partielle. En outre, sur le plan militaire, la désorganisation des communications intervint comme un facteur capital dans la réduction de la mobilité allemande désormais incapable de contrer l'avance des armées alliées.

Le succès de l'invasion alliée en Sicile, en juillet, dut beaucoup au fait que la nasse retenant les armées ennemies de Tunisie était solidement fermée, ce qui permit de disposer immédiatement des moyens nécessaires pour renforcer la défense de la Sicile. L'impression produite par la situation en Tunisie contribua à démoraliser les troupes italiennes de Sicile, et ébranla les fondations du régime mussolinien en Italie. Redoutant l'effondrement ou la capitulation de l'Italie et craignant que les troupes qui seraient envoyées dans le sud fussent finalement gaspillées en vain, les Allemands refusèrent aux Italiens de renforcer la défense de la Sicile. Compte tenu de toutes ces données, les alliés auraient pu regretter de n'avoir pas exécuté le mouvement sur la Sicile alors que l'attention des ennemis était fixée sur la situation de leurs troupes en Tunisie, troupes qu'ils devaient soutenir par la mer. En effet, même tentée dans des conditions aussi favorables, la conquête de la Sicile ne fut pas aisée. En effet, là, s'ils manquaient de moyens, les Allemands ne se battaient plus sur un territoire trop excentrique qu'on pût isoler grâce à la maîtrise de la mer exploitée dans sa nouvelle forme aéronavale.

Cependant, les alliés bénéficiaient toujours de nombreuses possibilités de diversion grâce à leur puissance amphibie et à un vaste échiquier stratégique, l'immense développement de la conquête allemande, en Europe méridionale, s'étendant des Pyrénées à la Macédoine. Leur principal atout stratégique était la possibilité de choisir parmi différents objectifs alternatifs. Leur concentration en Afrique du Nord française menaçait également la Sicile et la Sardaigne. Si leur axe d'effort principal visait le flanc ouest de l'Italie, il pouvait également être exploité par une menace alternative et, de fait, double sur les régions industrielles de l'Italie du Nord ou sur les bases allemandes du sud de la France. Si cet axe devait passer par l'Adriatique, on pouvait lui donner pour objectif soit l'Italie du Nord, soit l'ouest des Balkans. Si l'on adoptait pour axe d'effort la mer Égée, on menaçait à la fois les bases allemandes de Grèce et de Yougoslavie, ou la Bulgarie et la Roumanie.

Les renseignements obtenus ultérieurement confirmèrent que les avantages conférés aux alliés par cette stratégie axiale combinée avec les plans de feintes divisèrent les esprits dans le commandement de l'Axe ; ils furent conduits à attendre l'invasion aussi bien en Sardaigne ou en Grèce qu'en Sicile ; ils pensaient même qu'elle pouvait affecter le continent italien ou la France méridionale. Leurs appréhensions furent encore accrues par le fait que les reconnaissances aériennes signalèrent l'apparition de bateaux alliés en divers points de la Méditerranée.

Les débarquements en Sicile, le 10 juillet, bénéficiaient donc de cette large répartition des bâtiments le long d'une ligne côtière de 70 milles. Comme les débarquements sur un large front – quoique dans une moindre mesure – de la presqu'île de Gallipoli, en 1915, ceux-ci tendaient à maintenir l'adversaire dans le doute quant au point principalement visé et, du même coup, à retarder ses contre-manœuvres pendant la phase la plus critique. Cette situation équivoque facilita d'une manière déconcertante la rapide avance de la 8ᵉ Armée le long de la côte orientale, mouvement qui aida beaucoup à faire perdre pied à l'adversaire. Effet de surprise d'autant plus considérable que les dispositions de l'ennemi étaient basées sur une idée erronée : selon lui, le débarquement principal devait avoir lieu à l'extrémité occidentale de la Sicile, cette région étant plus proche des bases alliées d'Afrique du Nord et équipée de nombreux ports. Aussi, le fait que l'opération fut montée directement contre l'angle sud-est de la Sicile permit d'en obtenir les résultats d'une approche indirecte stratégique. En moins de quatre jours, Montgomery avait progressé de 40 milles le long de la côte est, et se trouvait presque à mi-chemin du détroit de Messine – passage vital – lorsqu'il fut arrêté dans les faubourgs de Catane.

Un résultat identique fut obtenu par la 7e Armée Américaine du général Patton qui, après avoir renforcé sa tête de pont sur la gauche de Montgomery, fit porter brusquement tout son poids en direction de l'ouest, puis obliqua vers le nord, sur Palerme. La dislocation générale fut amenée par les manœuvres des alliés menaçant simultanément les objectifs alternatifs de Palerme et de Messine.

La résistance des armées italiennes s'effondra très tôt ; et cet événement se répercuta jusqu'en Italie, où il causa la chute de Mussolini.

Cet effondrement fit porter tout le fardeau de la défense en Sicile sur les épaules des soldats allemands qui ne constituaient que deux pauvres divisions de récupération qu'une troisième rejoignit ultérieurement. Elles devaient contenir une invasion lancée avec plus de sept divisions au début, et qui allaient devenir bientôt douze. Et pourtant, ce petit noyau de défenseurs privés même d'appui aérien, réussit à retarder les alliés dans leur conquête de la Sicile pendant plus d'un mois ; puis ces trois divisions parvinrent à traverser le détroit de Messine et, sous la protection de la *Flak*, à rejoindre la botte italienne. L'explication de ce fait réside, non seulement dans la ténacité des combattants allemands, mais surtout dans le caractère de plus en plus direct de la progression alliée, et dans la nature du pays.

Après la prise de Palerme et le nettoyage de la Sicile occidentale, l'Armée de Patton avait obliqué vers l'est pour exécuter une attaque convergente sur Messine en coopération avec Montgomery. Cette extrémité nord-est de l'île formait un triangle montagneux. L'ennemi put en tirer profit, non seulement dans la mesure où le terrain favorisait la défense, mais aussi parce que sa retraite même vers le sommet du triangle lui permettait de raccourcir son front. Ainsi, la densité défensive de ses moyens croissait à chaque étape de son repli, tandis que les armées alliées étaient de plus en plus gênées pour engager la totalité de leurs moyens, supérieurs à ceux de l'ennemi. Ce qui constitue une leçon importante, quoique négative, sur le problème de l'approche stratégique. Et d'autres enseignements pourront être tirés de la phase ultérieure.

*L'invasion de l'Italie.*

En occupant la Sicile, les alliés s'assuraient en Europe une tête de pont qui pouvait aisément devenir un tremplin. Sa possession leur permettait de porter leurs coups près du continent et d'intensifier leur concentration tout en menaçant divers points du déploiement ennemi. Ils avaient le choix pour agir. À côté de l'action la plus directe et la plus naturelle, contre l'orteil de l'Italie, ils pouvaient bondir sur son tibia ou sur la Sardaigne, ou encore sur le talon de la botte. Cette dernière solution était hors de portée de l'aviation d'appui, mais pour cette raison, ainsi que quelqu'un le suggéra à l'époque, elle aurait constitué l'opération la moins attendue par l'adversaire. Jusqu'alors les opérations des alliés avaient été, en effet, toujours confinées fort soigneusement dans les limites tracées par la couverture aérienne ; si bien qu'une entorse à la règle aurait surpris l'ennemi. Les débarquements étant achevés, le talon offrait la voie la plus favorable à une avance rapide des unités mécanisées. En outre, ce talon permettait de menacer aussi bien les Balkans que l'Italie centrale, posant ainsi un dilemme au commandement suprême allemand. Stratégiquement, le talon de l'Italie pouvait devenir, grâce aux effets meurtriers qu'on y pouvait obtenir, le « talon d'Achille » de l'Allemagne.

Cependant, le commandement allié décida de l'effort principal en fonction des limites de la couverture aérienne, mais au dernier moment, il improvisa un débarquement secondaire dans le talon. L'effort principal comportait un débarquement effectué sur l'orteil, par la 8e Armée ; puis un débarquement plus important à Salerne, au sud de

Naples, exécuté par la 5e Armée mixte anglo-américaine nouvellement formée dans ce dessein, et placée aux ordres du général Mark Clark.

Ces projets furent compromis, non seulement par le caractère direct de l'approche stratégique, mais par les hommes d'État alliés qui insistaient pour obtenir une capitulation sans conditions de l'Italie. De nombreux chefs italiens souhaitaient anxieusement la paix ; mais ils hésitaient à se prêter à une telle humiliation et à endosser la responsabilité de conclure une telle paix sans garantie. Il fallut le désastre de Sicile et la menace planant sur la péninsule italienne pour les décider à se débarrasser de Mussolini, et à prendre l'initiative de négociations de paix qui demandèrent bien du temps pour aboutir. Ce qui valut aux Allemands un délai de grâce de plus d'un mois pour mettre au point leurs contre-manœuvres.

Le franchissement du détroit de Messine eut lieu le 9 septembre, et le débarquement sur l'orteil fut précédé par un terrible bombardement, d'ailleurs inutile puisque la seule division allemande se trouvant dans la région avait fait mouvement vers le nord quelques jours auparavant. Aussi, lorsque les armées d'invasion pénétrèrent plus avant, elles ne rencontrèrent qu'une faible opposition ; mais leur progression fut ralentie par la nature difficile du terrain et leur excessive prudence. Cette opération se révéla donc d'une médiocre utilité pour faciliter le débarquement principal à Salerne qui eut lieu le 9 septembre, alors que l'annonce de la capitulation de l'Italie était prévue pour l'après-midi. Elle n'affecta pas les unités allemandes implantées en cet endroit et, à la suite de leur contre-attaque, la situation demeura critique pendant six jours.

L'explication de ces événements a été fournie ultérieurement par le général Mark Clark : « Les Allemands pouvaient voir, d'après l'énoncé même du problème, qu'un autre débarquement se préparait. Ils pouvaient également présumer qu'il *devait nécessairement* avoir lieu dans les limites de la couverture aérienne. À ce moment-là, l'aviation opérait à partir de la Sicile, et cette limite maximum passait approximativement par Naples. Donc, ils se concentrèrent dans la zone Salerne-Naples, et nous nous heurtâmes aux gros de leurs forces. »

Les mots soulignés possèdent une résonance particulière : ils montrent que l'ennemi tenait compte de la forte probabilité existant alors pour que le plan allié respectât les limitations imposées par certaines données. L'événement montra que les résultats étaient eux-mêmes limités lorsqu'on adoptait la voie ne réservant que la surprise minimum. Pour s'être présentés là où l'adversaire les attendait, les alliés subirent un échec coûteux, tant en vies humaines qu'en temps perdu ; et ils frisèrent un désastre qui ne fut évité que de très peu. Salerne démontra une fois de plus la valeur de l'une des leçons de l'histoire, leçon selon laquelle rien n'est plus risqué pour une armée que de faire effort sur le point où l'ennemi peut raisonnablement compter la voir venir et où, en conséquence, il peut concentrer ses moyens pour lui faire face. À cette époque le commandant en chef allemand, le feld-maréchal Kesselring ne disposait que de sept divisions pour défendre tout le sud et le centre de la péninsule italienne, tout en devant, en outre, contenir et désarmer les unités de son ex-alliée.

Contrastant avec le débarquement principal de Salerne, le débarquement secondaire dans le talon de la botte italienne ne rencontra aucune opposition et permit de conquérir deux excellents ports, Tarente et Brindisi. Il ouvrait ainsi la voie à l'approche du nœud ferroviaire de Foggia et des aérodromes des environs, et ceci en remontant la côte. À ce moment, les forces adverses occupant toute la zone comprise entre Tarente et Foggia se bornaient à une seule division parachutiste allemande, et encore était-elle sérieusement diminuée.

Mais les forces de débarquement ne comportaient que la 1re Division aéroportée britannique que l'on avait « mise sur pied de fantassin » pour cette mission. Elle avait été enlevée en toute hâte de ses cantonnements de repos, en Tunisie, et avait franchi si rapidement la mer et sur un si petit nombre de bateaux, qu'elle arriva sans chars, sans artillerie (à l'exception d'un obusier) et presque sans aucun moyen de transport motorisé. Bref, elle manquait de tout ce qui était indispensable pour exploiter la situation propice qu'elle avait créée. Une quinzaine de jours après, une autre petite force de débarquement comprenant une brigade blindée fut déposée à Bari, le port le plus proche de la côte orientale. Elle poussa vers le nord sans rencontrer d'opposition et occupa Foggia. Les unités allemandes, faisant face à la 5e Armée dans les montagnes et gardant la route de Naples, commencèrent à se replier dès que cette avance indirecte en provenance du « talon » eut pénétré assez profondément pour créer une menace potentielle sur les arrières de leur aile. Le 1er octobre – trois semaines après le débarquement – les alliés entrèrent dans Naples. Mais, dans l'intervalle, les Allemands réagirent devant la menace, et plus promptement que les alliés ne s'y attendaient : ils consolidèrent leurs positions dans le reste de la péninsule, dispersèrent les unités italiennes et annulèrent ainsi la plupart des conséquences de la capitulation italienne.

Les armées alliées furent donc réduites à se frayer la voie dans la péninsule comme un piston dans un cylindre, et contre une compression de plus en plus forte. Au début les Allemands n'avaient espéré rien d'autre qu'imposer un bref ralentissement à la marche des alliés sur Rome, et ils projetaient de les attendre dans le nord. Mais ils furent incités à pousser des renforts vers le sud, pour aider Kesselring, lorsqu'ils constatèrent les difficultés des alliés dues à l'étroitesse du front et à la nature du terrain, et lorsqu'ils virent à quel point leurs adversaires avaient gaspillé la souplesse de leurs moyens amphibies en les engageant tous dans cet effort à but restreint.

L'avance de la 5e Armée fut temporairement arrêtée sur la ligne du Volturno, à 20 milles au-delà de Naples, puis définitivement sur la ligne du Garigliano, devant Cassino. Les assauts successifs de novembre et décembre ne parvinrent pas à forcer le barrage. Entre-temps, l'avance de la 8e Armée, le long de la côte orientale, avait été tenue en échec sur le Sangro, puis bloquée aussitôt cette ligne franchie. À la fin de l'année, les alliés n'avaient progressé que de 70 milles au-delà de Salerne, et cela en quatre mois. La plus grande partie de ce terrain avait été conquise en septembre et depuis le rythme de la progression s'était affaibli graduellement au point de devenir une « marche au centimètre ». L'invasion s'était ralentie jusqu'à se transformer en processus de grignotement.

À la lumière d'une longue expérience, une telle tactique réussit parfois, mais le plus souvent elle n'apporte que des déceptions ; et cette campagne ne fit pas exception à la règle. Elle démontra à nouveau que l'attaque directe sur des fronts étroits n'amène généralement que des résultats négatifs. Même une grosse supériorité de moyens suffit rarement si elle ne dispose pas d'un espace de manœuvre, ce qui suppose un front relativement étendu. La péninsule italienne a à peine 100 milles de largeur, et la plus grande partie de cet espace est occupée par une chaîne de montagnes. Lorsque le commandement suprême allemand décida de doubler sa mise dans le sud, la réalisation d'une défensive raisonnablement dense aboutit nécessairement à paralyser stratégiquement l'avance des alliés le long de la jambe italienne.

Au début de 1944, les alliés montèrent une nouvelle manœuvre amphibie sur la côte et les arrières de l'ennemi. Le 22 janvier, un élément assurant la couverture de flanc aborda près d'Anzio, à 25 milles au sud de Rome. Deux bataillons allemands tenaient seuls ce secteur, et une rapide pénétration à l'intérieur des terres aurait permis d'enlever les monts Albains couvrant les avancées de Rome, et même Rome elle-même. Mais le plan allié avait été basé sur l'hypothèse que l'ennemi riposterait immédiatement au débarquement ; de telle sorte qu'il fallait d'abord consolider la tête de pont, tandis que les forces principales, dans le sud, devaient profiter de l'affaiblissement escompté des moyens adverses tenant cette région. Mais l'ennemi ne réagit pas comme on s'y attendait.

Lorsque l'absence de toute opposition près d'Anzio devint évidente, Alexander voulut accélérer le mouvement vers l'intérieur ; mais le commandant local freina de lui-même : son exécution timorée ne permit pas de tenter la moindre avance sérieuse avant une bonne semaine. Kesselring eut donc le temps de pousser en scène ses réserves, tout en faisant échec à l'avance des forces principales alliées dans le secteur de Cassino. Le 3 février, treizième jour après le débarquement, les Allemands amorcèrent contre la tête de pont d'Anzio une puissante contre-offensive qui, à son tour, échoua. Mais les alliés furent comprimés dans une étroite et précaire tête de pont qui avait toutes les apparences d'un « camp d'internement » à grande échelle mais très incommode – nous avons vu que les Allemands avaient ainsi baptisé la tête de pont alliée à Salonique au cours du premier conflit mondial. Mais ceux qui se rappelaient comment cette plaisanterie avait tourné en 1918, et que le débouché des alliés, à partir de Salonique, avait amorcé le processus de l'effondrement allemand, trouvaient quelque réconfort à citer le proverbe : « Rira bien qui rira le dernier. »

L'offensive en Italie fut répétée en mai, sur une grande échelle, et elle s'insérait dans un plan plus vaste. Elle constituait en effet l'opération liminaire du « grand dessein » allié : l'offensive décisive contre l'Allemagne. Moins d'un mois après, l'invasion de la France à travers la Manche était effectuée par les armées alliées rassemblées dans le sud de l'Angleterre ; et les deux opérations furent précédées, puis accompagnées, par une terrible offensive aérienne destinée à étrangler les lignes de ravitaillement ennemies.

La première phase du plan Alexander comportait une nouvelle attaque de chaque côté de Cassino où les précédentes offensives avaient été bloquées. Pour en améliorer les résultats, la 8e Armée du général Leese étendit son front et fit roquer ses unités du secteur de l'Adriatique pour faire effort sur le secteur ouest de la ligne Gustave ; cette action devait être concertée avec celle de la 5e Armée du général Clark. L'attaque démarra le 11 mai à 23 heures, juste avant le lever de la lune, et visait particulièrement les débouchés des montagnes par où passait la barrière fortifiée ennemie qui interdisait l'entrée de l'étroite vallée du Liri.

L'attaque du débouché le plus oriental, Monte Cairo, fit peu de progrès durant plusieurs jours de combats acharnés ; mais, entre Cassino et la mer, des coins furent enfoncés dans la ligne Gustave en plusieurs points. La pénétration la plus intéressante fut celle du Corps Expéditionnaire Français aux ordres du général Juin, qui utilisa ses spécialistes du combat de montagne pour emprunter un itinéraire difficile dans les monts Aurunci, et qui eut ainsi tout le bénéfice de la surprise. Cette percée de 6 milles effectuée en trois jours, par Monte Majo jusqu'aux hauteurs dominant la vallée du Liri, fit l'effet d'un levier qui contraignit l'ennemi à lâcher prise sur la ligne Gustave. Cette action facilita le travail des Britanniques de la 8e Armée : ils purent s'engager dans la vallée et déborder Cassino qui tomba le 18, jour de l'Ascension. Elle aida également la progression des Américains le long de la côte. Puis, le 23, le détachement allié d'Anzio attaqua à partir de la tête de pont où les forces d'investissement allemandes avaient été diminuées pour fournir des renforts dans le sud ; et la manœuvre alliée avait été judicieusement calculée dans le temps pour exploiter cet affaiblissement. Le troisième jour, la défense des Allemands craque sous la pression et, lorsque la rupture fut consommée, ils se trouvèrent trop à court de réserves pour entraver la poursuite engagée en direction des monts Albains et sur les communications de leurs principales armées du sud.

Simultanément avec l'affaire d'Anzio, la 8e Armée lança un assaut sur la dernière position allemande dans la vallée du Liri. Le Corps canadien l'enfonça le premier jour et, le lendemain, il devint évident que les Allemands se repliaient partout. Leur retraite s'accéléra dès que la menace venant d'Anzio se précisa. En quelques jours, leur ligne de retraite directe sur Rome passant par la route n° 6 étant coupée, les Allemands durent bifurquer vers le nord-est par de difficiles routes de montagnes où les colonnes battant en retraite étaient plus exposées au martèlement de l'aviation.

Bien qu'une fraction considérable de l'armée menacée ait réussi à échapper au piège de cette manœuvre en tenaille, la dernière chance accordée aux Allemands de couvrir Rome s'envolait. Le général Alexander transféra le maximum de moyens à l'aile gauche, devant l'autre armée allemande ; et, en une semaine de combats acharnés, il put mettre la main sur les monts Albains. Cette ligne de partage des eaux d'importance stratégique étant conquise, les armées alliées dévalèrent rapidement dans la campagne romaine et prirent la ville dans la matinée du 5 juin. Elles avaient enfin enlevé l'enjeu qui leur avait semblé à portée de la main neuf mois plus tôt, lorsque le gouvernement italien capitulait.

*L'invasion de la France.*

Le lendemain de la prise de Rome, ce fut le débarquement en Normandie, l'événement le plus dramatique et le plus décisif de la guerre. Le franchissement de la Manche par les forces expéditionnaires anglo-américaines basées en Angleterre avait été différé par suite du mauvais temps. Il débuta alors que le vent était encore assez violent pour faire courir des risques à l'opération et pour la déconseiller. La décision prise par le général Eisenhower d'assumer ces risques fut justifiée par la suite des événements, et elle contribua à procurer l'effet de surprise.

Les débarquements alliés s'effectuèrent dans la matinée du 6 juin, dans la baie de Seine et entre Caen et Cherbourg. Ils furent immédiatement précédés par le largage d'importantes unités aéroportées aux deux ailes et sous le clair de lune.

L'invasion fut préparée par une offensive aérienne entretenue par la suite, d'une intensité sans précédent et appliquée plus spécialement sur les communications de l'ennemi. Elle visait à paralyser les déplacements de ses réserves vers les zones cruciales.

Bien que de nombreux facteurs eussent désigné ce secteur comme celui qui serait le plus vraisemblablement visé par le débarquement, les Allemands furent pris à contre-pied, la plupart de leurs réserves stationnant à l'est de la Seine. Cette surprise fut causée d'une part, par la médiocrité du plan d'implantation des unités et, d'autre part, par l'obstination avec laquelle les Allemands crurent que les alliés allaient, non seulement franchir directement la Manche, mais emprunter l'itinéraire le plus court. Les alliés désiraient toujours bénéficier au maximum de la couverture aérienne ; et ceci avait abouti, durant la campagne d'Italie, à les frustrer de leur objectif et à retarder leur avance. Mais, cette fois-ci, ils en tirèrent un avantage inattendu, leur adversaire les imaginant figés pour toujours dans cette attitude prudente. Cette erreur de calcul eut un résultat d'autant plus fatal que l'aviation alliée détruisit les ponts sur la Seine.

Exploitant les déductions faites d'après le stationnement des armées anglo-américaines en Angleterre avant l'invasion, et contrairement aux vues de son état-major militaire, Hitler avait commencé, en mars, à soupçonner que les alliés avaient l'intention de débarquer en Normandie. Rommel, responsable de la côte nord, en vint à partager cette opinion. Mais Rundstedt, commandant en chef du Front Ouest, pensait, lui, que les alliés débarqueraient dans le secteur le plus étroit de la Manche, entre Dieppe et Calais. Cette conviction s'appuyait non seulement sur la tendance des alliés à s'assurer la couverture aérienne maximum et sur les effets de leurs plans de feinte, mais plus encore sur ce que, selon lui, un tel axe d'attaque était théoriquement le meilleur puisqu'il menait à l'objectif par le plus court. C'était là un calcul bien caractéristique de l'orthodoxie stratégique. Et remarquons que ce raisonnement ne supposait pas, chez le commandement allié, une préférence pour la surprise, ni même la moindre tendance à éviter l'approche sur la direction la mieux défendue.

En réalité, le plan des envahisseurs avait d'autres ambitions que d'éviter les défenses les mieux organisées. En choisissant d'opérer en Normandie, le commandement allié adoptait une direction qui menaçait alternativement les grands ports du Havre et de Cherbourg, sur une ligne qui pouvait laisser les Allemands dans le doute, jusqu'au dernier moment, sur le véritable objectif, les balançant ainsi entre les deux termes d'un dilemme. Lorsqu'ils comprirent enfin que Cherbourg constituait l'objectif principal, ils durent franchir la Seine, barrière qui divisait leurs forces, et ils ne pouvaient, dès lors, déplacer leurs réserves vers les points critiques qu'au prix de longs détours. La manœuvre fut ralentie par l'intervention continuelle de l'aviation alliée. En outre, lorsque les renforts atteignaient le champ de bataille, ils tendaient à y arriver dans le secteur le plus éloigné de Cherbourg, celui de Caen ; et, là, l'implantation britannique constituait non seulement un danger en soi, mais un bouclier couvrant l'extension des opérations américaines plus à l'ouest, dans la presqu'île du Cotentin. Ce double résultat et cette menace alternative eurent une influence décisive sur l'issue de l'invasion considérée dans son ensemble.

L'immense armada réussit à franchir la Manche sans intervention adverse, et les plages de débarquement furent conquises plus aisément qu'on n'y comptait, sauf là où l'aile gauche américaine atterrit, à l'est de l'estuaire de la Vire. Cette réussite peut être portée au crédit d'une planification et d'un matériel comportant de nombreuses innovations. Mais, même ainsi, la marge entre le succès et l'échec fut des plus restreintes quand on chercha à donner de la profondeur aux têtes de pont. Les envahisseurs ne parvinrent pas à contrôler Caen et Cherbourg. Heureusement, le front étendu de l'attaque se révéla un facteur de réussite en multipliant les chances de succès. La concentration naturellement réalisée par les Allemands en vue de conserver les deux villes, à chacune des ailes de leur dispositif, aboutit à affaiblir l'intervalle. Une rapide exploitation des débarquements intermédiaires effectués près d'Arromanches porta les Britanniques dans Bayeux et, à la fin de la semaine, l'extension de cette percée donna aux alliés, entre l'Orne et la Vire, une tête de pont large de presque 40 milles, et profonde de 5 à 12 milles. Ils avaient établi une autre tête de pont, mais plus petite, sur la côte est de la presqu'île du Cotentin. Le 12 juin, les Américains enlevèrent la ville clé de Carentan, si bien qu'une tête de pont continue et large de plus de 60 milles était conquise.

Le général Montgomery, qui commandait effectivement l'ensemble des armées d'invasion, sous les ordres d'Eisenhower, pouvait désormais conférer plus d'extension à ses manœuvres offensives.

La deuxième semaine fut marquée par une extension de la tête de pont sur le flanc ouest. Là, les Américains de la 1re Armée firent effort à la base de la presqu'île du Cotentin, tandis que la 2e Armée britannique, sur le flanc est, continuait à digérer le gros des renforts allemands, et tout particulièrement leurs divisions blindées, en maintenant sa pression dans la région de Caen. Sur le plan stratégique, cette menace de rupture à l'est exercée par les Anglais, constituait une approche indirecte qui favorisait les plans de Montgomery, plans prévoyant une rupture du front à l'extrémité ouest de la tête de pont.

Au cours de la troisième semaine, ayant isolé Cherbourg, les Américains remontèrent la presqu'île vers le nord et pénétrèrent dans le port par-derrière. Cherbourg fut pris le 27 juin, mais non sans que le port eût été rendu temporairement inutilisable. Autour de Caen, les coups assenés par les Anglais furent amortis par la tactique défensive d'un ennemi fort habile et opérant dans une région propice à la défense élastique. Mais la menace ainsi prononcée par les Anglais continua de peser en retenant l'attention du commandement allemand et en lui interdisant le libre jeu de ses réserves.

Sous la couverture de cette pression continue, la structuration des forces d'invasion s'effectua à un rythme remarquablement rapide. Elle fut facilitée par la mise en place de ports artificiels qui durent supporter le mauvais temps et qui contribuèrent, eux aussi, à surprendre un adversaire dont les calculs ne cessaient d'être déjoués.

*Les Russes déferlent en Pologne.*

Enchaînant sur une offensive préliminaire menée sur le front de Finlande, la campagne d'été de l'Armée Rouge débuta le 23 juin, le lendemain du troisième anniversaire de l'invasion de la Russie par Hitler. L'offensive fut déclenchée en Russie Blanche, au nord des marais du Pripet. En 1943, ce secteur avait été le plus difficile de tous, et les Allemands se croyaient fondés à lui accorder moins de renforts qu'au secteur plus ouvert compris entre les marais du Pripet et les Carpathes, et où ils pensaient que l'Armée Rouge répéterait ses opérations du printemps. Aussi les Allemands furent-ils encore une fois surpris à contre-pied.

Leur situation devint encore plus critique, Hitler ayant repoussé les arguments avancés par le commandement local pour un repli sur la ligne de la Bérésina, à 90 milles derrière le front du moment. Après un tel repli, effectué en temps utile, l'offensive russe serait tombée dans le vide.

Quand la croûte du front allemand fut percée, la progression russe s'accéléra brusquement. Vitebsk tomba le quatrième jour sous les attaques convergentes des Groupes d'Armées Bagramian et Tcherniakovsky qui enfoncèrent le front de la 3e Panzer Armée. Ceci ouvrit la voie à une avance vers le sud, par la grand-route Moscou-Minsk, et sur les arrières de la 4e Armée Allemande (Tippelskirch) qui avait amorti le choc de l'offensive russe sur son propre front en exécutant un pas en arrière jusqu'à la ligne du Dniepr. Pendant ce temps, le Groupe d'Armées Rokossovsky avait lancé un uppercut sur l'autre flanc du grand saillant allemand. Perçant juste au nord des marais du Pripet, il fit un bond de 20 milles et se posta sur les communications allemandes, au-delà de Minsk, isolant la ville qui tomba le 3 juillet.

Ces multiples coups indirects amenèrent l'effondrement généralisé de la défense allemande, et le nombre des prisonniers capturés fut le plus important jamais obtenu par les Russes au cours des ruptures antérieures. Après les premières semaines, le nombre des prisonniers diminua, bien que le rythme de l'avance ne se ralentît pas. Cet ensemble de faits est significatif. D'une part, il témoigne de l'habileté avec laquelle les généraux allemands surent sauver leurs troupes lorsque Hitler eut été contraint par les événements d'admettre qu'une retraite de grande amplitude était nécessaire. D'autre part, la vitesse et l'extension de la retraite et le grand nombre de centres urbains importants abandonnés sans combat indiquent l'habileté croissante des généraux russes qui surent décourager les résistances grâce à des approches indirectes.

Examinant le cours des opérations, on constate que, jour après jour, les avances russes menaçaient alternativement l'un ou l'autre d'un couple de grandes villes, puis les évitaient toutes les deux en forçant les faibles défenses établies dans les intervalles, et en pénétrant si profondément sur leurs arrières qu'ils provoquaient l'abandon de ces deux villes. Il faut noter également, que les deux principales avances connurent leur premier échec sérieux lorsqu'elles convergèrent respectivement sur Varsovie et Insterburg ; dans chacun de ces deux cas, leur progression avait été canalisée de telle sorte qu'elle tourna à l'approche directe.

En moins de quinze jours, l'Armée Rouge balaya l'ennemi de la Russie Blanche. Vers le milieu de juillet, elle avait conquis plus de la moitié de la Pologne du nord-est, s'était approchée de Brest-Litovsk et de Bialystok, avait enveloppé Vilna, franchi le Niémen et abordait les frontières de la Prusse Orientale. La vague avait déferlé et dépassé de plus de 200 milles le flanc du Groupe d'Armées Lindemann qui couvrait toujours les États Baltes sur un front établi entre Narva et Pskov, situation très inconfortable.

Le 14 juillet, les Russes lancèrent leur offensive attendue depuis longtemps au sud des marais du Pripet, sur le front établi entre Kovel et Tarnopol d'où les Allemands venaient précisément de commencer à se replier. En dix jours, les Russes atteignirent Lwow et Lublin, à 100 milles au sud-est de Varsovie. Les citadelles de Przemysl, Brest-Litovsk et Bialystok tombèrent au cours de la même semaine. Sur le flanc nord, l'avance russe dépassa Dvinsk, continua en direction de la côte balte derrière Riga, menaçant ainsi d'isoler les forces de Lindemann qui avait été étrangement lent à battre en retraite. Fin juillet, les Russes avaient atteint le golfe de Riga tandis que, au centre, ils pénétraient dans les faubourgs de Varsovie.

Mais l'événement montrait que les Allemands se remettaient du choc reçu, et qu'ils reprenaient le contrôle de la situation au fur et à mesure que leur retraite les mettait suffisamment à l'abri du danger immédiat, c'est-à-dire lorsqu'ils eurent atteint une ligne que leurs poursuivants ne pouvaient aborder sans se couper de leurs propres ravitaillements. D'autre part, la loi naturelle de l'extension stratégique excessive commençait à intervenir. Il fut bientôt évident que les Allemands demeuraient capables de tenir l'avance russe en échec, et que, avant de pouvoir renouveler leurs efforts, les Russes devraient consacrer du temps à la remise en ordre de leurs communications dans l'aire immense qu'ils avaient conquise.

Au début d'août, les contre-attaques allemandes ouvrirent à nouveau une ligne de retraite dans le nord et repoussèrent les Russes de Varsovie, les Allemands s'y montrant assez forts pour mater le soulèvement polonais qui s'était déclenché lorsque les Russes s'étaient approchés de la ville. Au sud de Varsovie, les Russes réussirent à établir une tête de pont au-delà de la Vistule, puis ils furent contenus. Et le mois d'août s'acheva sans bouleversement de la situation.

Cette pause temporaire fut interrompue par un changement de direction : une nouvelle manœuvre russe, dans le sud, sur le front roumain. Presque simultanément avec le démarrage de cette opération, la Roumanie annonça, le 23 août, qu'elle était prête à conclure la paix ; ce qui ouvrit la voie à une rapide avance des Russes qui, au-delà de Jassy, empruntèrent le couloir entre Prout et Sereth, vers la trouée de Galatz ; ce qui aida en outre l'Armée Rouge à encercler les forces allemandes demeurées en situation très exposée dans le saillant côtier à l'est du Prout. Dans leur dos, les Russes poursuivirent leur effort, enlevant Galatz et Focsani le 27 août, les terrains pétrolifères de Ploesti le 30, et pénétrant dans Bucarest le lendemain. Les chars avaient couvert 250 milles en douze jours.

Puis les armées russes se déployèrent vers le nord, l'ouest et le sud. Franchissant les Alpes de Transylvanie, elles débouchèrent en Hongrie, atteignirent les frontières de la Yougoslavie par une manœuvre visant l'interception des divisions allemandes implantées en Grèce, et poussèrent vers le sud, au-delà du Danube, forçant la Bulgarie à laquelle le gouvernement soviétique déclara la guerre.

*Au point mort en Italie.*

La chute de Rome ne fut pas suivie par un effondrement allemand aussi rapide qu'on l'avait prévu. Kesselring tira ses armées de la terrible situation dans laquelle elles se trouvaient ; il dirigea la retraite de main de maître, réussissant à infliger une série d'échecs aux alliés qui avançaient vers le nord. Sept semaines s'écoulèrent avant que les alliés pussent atteindre les faubourgs de Pise et de Florence, sur l'Arno, à 160 milles au nord de Rome. Trois autres semaines passèrent avant que Kesselring évacuât Florence et se repliât de l'Arno jusqu'à sa principale position défensive dans les montagnes, la Ligne Gothique.

Appréciant comme il convenait la nature de cette barrière formidable, le général Alexander conçut une nouvelle manœuvre sur une aile. Il transféra à nouveau le centre de gravité de la 8e Armée à l'aile de l'Adriatique ; puis il attaqua, fin août, le secteur côtier le plus à l'est de la Ligne Gothique, près de Pesaro, et l'enfonça en marchant sur Rimini.

Mais Kesselring sut parer le coup et fermer la porte ; et Alexander dut revenir à un procédé consistant à essayer de l'entrouvrir grâce à des attaques à effets de levier. Bien que son effort parvînt graduellement à lui frayer un chemin vers l'extrémité orientale de la vallée du Pô, cette plaine était coupée de vignobles et la nature de son sol était telle qu'elle se transformait en bourbier à la moindre pluie ; si bien qu'elle se prêtait mal à une rapide exploitation de la brèche. Les pluies d'automne vinrent soulager les unités allemandes épuisées et qui étaient à la veille de s'effondrer. Un nouveau point mort suivit, qui se prolongea jusqu'au printemps.

Une partie des moyens d'Alexander avait été prélevé au profit de l'invasion de la France méridionale, en août. En réalité, cette diversion eut peu d'effet sur la bataille principale livrée dans le nord de la France, et dont l'issue s'était décidée une quinzaine de jours avant que s'effectuât le débarquement du sud. En outre, elle privait Alexander des moyens lui assurant la marge de supériorité qui, vraisemblablement, eût été décisive pour l'issue de la bataille d'Italie. Mais, comme il advient fréquemment, les inconvénients furent compensés par des avantages. Dans la mesure, en effet, où l'offensive d'automne d'Alexander tourna en opérations locales indécises, celles-ci empêchèrent les Allemands de se replier sur les contreforts des Alpes où ils auraient été assez forts pour tenir efficacement, et ceci à une époque où leur retraite aurait été favorisée par les conditions météorologiques.

Au début de 1945, quatre divisions furent retirées à Kesselring au profit du front ouest ; et Hitler n'en continua pas moins à interdire tout repli immédiat sur les Alpes. Pourtant, les ressources matérielles des Allemands s'amenuisaient continûment. Au printemps, ils manquèrent d'aviation, de blindés, de moyens de transport et de carburant, en d'autres termes de tout ce qui était nécessaire à une prompte retraite sur la barrière alpine. Lorsque les armées alliées reprirent l'offensive, en avril, et enfoncèrent le front ténu des Allemands, elles purent pousser très rapidement sur les arrières ennemis et s'y déployer pour bloquer toutes les issues, si bien que les Allemands se désagrégèrent dans la confusion.

Ce triomphe final fut la récompense méritée par les efforts prolongés des armées alliées en Italie, et il effaça le souvenir de nombreuses déceptions. La façon dont l'effondrement ennemi en Italie précéda celui de leurs armées sur le théâtre d'opérations principal, rappelle la manière dont l'armée alliée « internée » stratégiquement en Macédoine rompit l'investissement en amenant ainsi la fin du premier conflit mondial. Mais cette fois, l'effondrement général de l'ennemi fut la conséquence des opérations plus décisives menées sur le théâtre d'opérations principal. Là, en effet, la phase capitale avait commencé en août 1944, après la rupture du front de Normandie.

*La percée en Normandie.*

Juillet vit des combats acharnés en Normandie, combats apportant de médiocres résultats au prix de lourdes pertes. Mais les Allemands ne pouvaient supporter une telle saignée aussi facilement que les alliés dont les moyens s'accroissaient continuellement, derrière leur front presque statique.

Le 3 juillet, l'armée américaine, regroupée après la prise de Cherbourg, commença à exécuter la percée vers le sud, à la base du Cotentin. Mais les assaillants étaient toujours gênés par l'insuffisance de l'espace de manœuvre, et leur progression fut lente. Le 8, la 2e Armée britannique du général Dempsey pénétra dans Caen, mais elle fut stoppée lorsqu'elle voulut franchir l'Orne. Puis une série d'attaques de flanc furent enrayées. Le 18, une opération plus ambitieuse – « Opération Goodwood » – fut engagée par une phalange de trois divisions blindées articulées l'une derrière l'autre. Lancées d'une base de départ au nord-est de Caen, elles empruntèrent l'étroite brèche qu'avait créée un terrible bombardement d'aviation sur un front de 3 milles, et forcèrent les défenses sur les arrières de Caen. Une percée s'annonçait donc ; mais le rythme en fut trop lent et les chefs subordonnés hésitèrent trop à déborder, en les négligeant, les villages tenus par les Allemands qui furent prompts à tendre un rideau de chars et de canons antichars sur le chemin des attaquants. Après cette occasion manquée, de nouvelles attaques britanniques et canadiennes firent peu de progrès. Mais elles servirent à retenir l'attention de l'ennemi et à fixer ses meilleures troupes dans le secteur de Caen où sept divisions blindées, sur les neuf dont il disposait, furent engagées.

À l'extrémité ouest de la tête de pont de Normandie, les forces américaines du général Bradley avancèrent leur front de 5 à 8 milles durant les trois premières semaines de juillet. Pendant ce temps, la 3e Armée américaine du général Patton avait été transportée d'Angleterre en Normandie, en vue d'une affaire plus importante.

Cette « Opération Cobra » démarra le 25 juillet, initialement avec six divisions sur un front de 4 milles, et précédée par un bombardement d'aviation encore plus puissant que celui de « Goodwood ». Le terrain fut tellement bouleversé qu'il aida les défenseurs dispersés et ahuris à freiner l'avance américaine. Au cours des deux premiers jours, on couvrit 5 milles seulement ; puis la brèche fut élargie et la progression s'accéléra en direction du sud-ouest de la presqu'île. La rupture décisive eut lieu le 31 juillet ; elle fut favorisée par le soudain transfert, la veille, de la 2e Armée britannique de l'est de l'Orne au secteur centre, au sud de Bayeux, en vue d'une attaque sur Caumont. Tandis que l'ennemi renforçait cet endroit menacé avec toutes les unités qu'il pouvait prélever de Caen, les Américains poussèrent le battant de la porte à Avranches, près de la côte ouest de la presqu'île de Cherbourg.

S'engouffrant dans la brèche, les chars de Patton firent irruption vers le sud, puis vers l'ouest, enlevant rapidement la plus grande partie de la Bretagne. Puis, il se tourna vers l'est et balaya les régions au nord de la Loire, en direction du Mans et de Chartres. Le front de 70 milles de la tête de pont avait été brusquement converti en un front potentiel de 400 milles. L'espace était trop étendu, avec les moyens dont il disposait, pour que l'ennemi pût s'opposer à cette avance qui débordait, en les négligeant, tous les nœuds routiers où il tentait de s'accrocher.

Pour ce torrent qui déferlait, un danger demeurait : l'ennemi pouvait contre-attaquer au goulot d'étranglement d'Avranches par lequel passaient les ravitaillements alliés. Sur l'insistance de Hitler en personne, les Allemands tentèrent une telle opération dans la nuit du 6 août, engageant à cet effet quatre divisions blindées en direction de l'ouest. La ligne d'approche, choisie sur la carte par Hitler à son P.C. du front oriental, était trop directe, et l'attaque donna du front dans le bouclier de couverture mis en place par les Américains. Ainsi que le nota Bradley : « Si l'ennemi avait fait glisser ses panzer de quelques milliers de mètres vers le sud, il aurait obtenu la rupture à Avranches le jour même. » Une fois mise en échec, l'attaque allemande fut définitivement écrasée par la prompte intervention de l'aviation. Et le coup ayant échoué, ses conséquences devinrent fatales aux Allemands, leur centre de gravité étant attiré vers l'ouest au moment précis où les blindés américains s'enfonçaient vers l'est, sur leurs arrières. L'aile gauche américaine roulait vers le nord, vers Argentan, pour effectuer une manœuvre en tenaille combinée avec la 1re Armée canadienne du général Crerar qui poussait de Caen sur Falaise. Bien que les mâchoires de la tenaille ne se fussent pas refermées assez tôt pour intercepter la totalité des deux armées qu'elles enveloppaient, 50 000 Allemands furent capturés et 10 000 cadavres relevés sur le champ de bataille, tandis que les divisions qui s'étaient échappées avaient été durement secouées. L'état de leurs véhicules était encore pire que celui des hommes, à la suite des bombardements aériens incessants subis dans un espace qui se réduisait de jour en jour. Leurs pertes dans la poche de Falaise privèrent les Allemands des moyens et de la capacité de manœuvre nécessaires pour interdire aux alliés leur progression vers l'est, vers la Seine et au-delà.

Chaque fois que l'ennemi évita un piège, il tomba dans un autre, encore plus efficace. Et, chaque fois, son flanc fut tourné et ses arrières de plus en plus menacés par le mouvement des blindés de Patton, à l'aile droite des alliés. En négligeant et en débordant les résistances rencontrées sur leur chemin, leur vitesse de progression permit d'obtenir un débordement stratégique permanent des gros des armées allemandes [1].

L'espace et la vitesse avaient été la double clé avec lesquelles les armées alliées avaient ouvert les portes de l'ouest. La manœuvre triomphait là où les assauts avaient été constamment repoussés. Dès que l'espace illimité fut assuré à la manœuvre, la mobilité mécanisée avait été capable d'exploiter l'énorme supériorité en moyens des alliés.

---

1. Comme il forçait de vitesse pour franchir la Seine en amont de Paris, le général Wood, qui commandait la division de tête de Patton m'envoya un bref récit des événements survenus depuis la percée d'Avranches, en faisant remarquer « qu'il montrait ce qui peut être obtenu en observant les principes... 1) De l'audace ; 2) Approche indirecte ».

La rapidité de cette manœuvre de large débordement, et les résultats non moins rapides qui amenèrent l'effondrement général de la situation allemande en France, montrent l'inutilité du levier supplémentaire que l'on mit en œuvre, le 15 août, avec le débarquement de la 7ᵉ Armée américano-française du général Patch dans le sud de la France. Cette invasion fut une promenade, les Allemands ayant dû dégarnir la Riviera de tous leurs moyens, à l'exception de quatre divisions de qualité inférieure. La progression vers l'intérieur du pays et la remontée de la vallée du Rhône posèrent plus de problèmes de ravitaillement que de problèmes tactiques. Marseille fut occupée le 23 août, et une pointe poussée dans les montagnes livra Grenoble le même jour.

Le 19 août, les Forces Françaises de l'Intérieur avaient commencé à se soulever dans Paris ; et bien que leur situation demeurât critique pendant quelques jours, la balance fléchit en leur faveur lorsque les blindés alliés pénétrèrent dans la ville, le 25 août. Pendant ce temps, l'Armée de Patton fonçait vers la Marne, au nord-est de Paris.

L'événement important suivant fut l'exploitation exécutée par la 2ᵉ Armée britannique qui traversa la Seine à l'est de Rouen pour prendre au piège les débris de la 7ᵉ Armée allemande faisant toujours face, à l'ouest de Rouen, à la 1ʳᵉ Armée canadienne. Une grande partie des ennemis parvint à se glisser à temps au-delà de la Seine, mais pour retrouver devant elles les blindés alliés qui dans leur dos avaient coupé la retraite. Les têtes de colonnes de Dempsey atteignirent Amiens au matin du 31, ayant couvert 70 milles en deux jours et une nuit depuis la Seine. Franchissant la Somme, elles dépassèrent rapidement Arras et Lille, atteignant la frontière belge sur les arrières de la 15ᵉ Armée allemande stationnée sur les côtes du Pas-de-Calais. À l'est, la 1ʳᵉ Armée américaine de Hodge avait atteint également la frontière belge à Hirson.

Plus à l'est encore, l'Armée Patton effectua une avance encore plus foudroyante à travers la Champagne et au-delà de Verdun, jusqu'à la Moselle entre Metz et Thionville, à proximité de la frontière allemande. Mais elle commençait à perdre de sa puissance par suite des difficultés de ravitaillement en carburant ; bientôt les têtes de colonnes blindées durent s'arrêter faute d'essence, et alors que leurs possibilités stratégiques devenaient plus grandes de jour en jour ; elles étaient arrivées à 80 milles à peine du Rhin. Lorsqu'elles eurent reçu assez de carburant pour reprendre leur progression, l'opposition de l'adversaire s'était renforcée. L'opération de Patton avait amené une issue décisive dans la bataille de France, mais la situation du ravitaillement ne permit pas de livrer la bataille d'Allemagne d'une manière aussi large. La loi stratégique du déploiement excessif se vérifiait une nouvelle fois, et imposait un ralentissement. Dans ce secteur, la remise en ordre exigea de longs délais, si bien que Patton se trouva réduit à une approche directe de Metz, puis à une bataille frontale et à des combats rapprochés pour enlever cette célèbre ville forte ; et ceci parce que la manœuvre de débordement avait échoué.

Dans les premiers jours de septembre, la cadence s'accéléra à l'aile gauche, et il semblait qu'une occasion de prompte victoire s'y dessinait. Les colonnes blindées anglaises entrèrent dans Bruxelles le 3 septembre, dans Anvers le 4, puis en Hollande. Grâce à cette manœuvre de grande amplitude, Montgomery avait isolé les troupes allemandes demeurées en Normandie et dans le Pas-de-Calais, et qui constituaient leur principale force dans l'ouest. La 1re Armée U.S. occupa Namur, et franchit la Meuse à Dinant et Givet.

En cette période de crise, le commandement des armées allemandes du front ouest fut confié au général Model qui avait acquis, en Russie, la réputation de savoir « gratter des réserves n'importe où et n'importe quand ». Il allait répéter ce miracle et sur une plus vaste échelle. Un calcul élémentaire indiquait que, ayant perdu plus d'un demi-million de prisonniers au cours de la campagne de France, les Allemands n'avaient aucune chance de récupérer assez de réserves pour garder leurs propres frontières ; ils ne pouvaient en effet fournir la densité de troupes nécessaire à la défense d'une zone ayant 500 milles de développement, entre la Suisse et la mer du Nord. Mais, de fait, ils réussirent une étonnante performance qui allait prolonger la guerre de huit mois.

Pour ce redressement, ils furent grandement aidés par les difficultés de ravitaillement rencontrées par les alliés ; elles imposèrent à ces derniers un dispositif d'attaque très léger qui pouvait être aisément tenu en échec par une défensive improvisée et capable, en outre, de gêner leurs préparatifs en vue de puissantes attaques. Les difficultés logistiques étaient dues en partie à l'ampleur de l'avance alliée et en partie à la stratégie des Allemands qui laissèrent des garnisons derrière eux, dans les principaux ports français. Le fait que les alliés ne purent utiliser Dunkerque, Calais, Boulogne, Le Havre, les grands ports de Bretagne, freina indirectement leur offensive. Et bien qu'ils aient pris le grand port d'Anvers dans de bonnes conditions, l'ennemi maintenait son emprise sur l'estuaire de l'Escaut, leur interdisant ainsi toute utilisation du port.

Avant la percée en Normandie, leurs convois de ravitaillement ne devaient parcourir qu'une distance inférieure à 20 milles à partir des bases. Désormais, il leur fallait couvrir près de 300 milles. Le fardeau reposa presque entièrement sur les transports automobiles, puisque le réseau ferré français avait été détruit par les attaques aériennes préliminaires. Les bombardements s'étaient révélés très utiles en étouffant dans l'œuf les contre-mesures projetées par les Allemands pour repousser l'invasion ; mais ils intervinrent comme un boomerang quand les alliés voulurent donner de l'efficacité à leur poursuite.

À la mi-septembre, une opération audacieuse fut tentée pour abattre la résistance opiniâtre des Allemands : trois divisions aéroportées furent larguées derrière le flanc droit de l'ennemi en Hollande, afin d'ouvrir la voie à une nouvelle attaque de la 2$^{e}$ Armée britannique sur le Rhin inférieur et au-delà. Les unités aéroportées ainsi larguées en vagues successives sur une zone de 60 milles derrière le front allemand conquirent une tête de pont qui englobait quatre des points de passage obligés sur les obstacles coupant l'intervalle : les passages du canal Wilhelmine à Eindhoven, de la Meuse à Grave, du Waal et du Lek (les deux bras du Rhin) à Nimègue et Arnhem respectivement. Sur ces quatre points, trois furent conservés et permirent le passage. Mais une hésitation sur le troisième fit échouer la consolidation du quatrième devant la prompte réaction des Allemands.

Cet échec interdit tout débouché au-delà des coupures, et amena le sacrifice de la 1ère Division Aéroportée à Arnhem. Mais avoir la possibilité de tourner les lignes de défense du Rhin constituait un enjeu stratégique qui justifiait cette entreprise et l'audace exceptionnelle d'une opération exigeant le largage des unités aéroportées si loin derrière le front. La 1re Division Aéroportée se maintint sur sa position isolée pendant dix jours, au lieu des deux jours qui constituaient le maximum qu'on lui avait demandé. Mais les chances de réussite furent perdues parce que l'on choisit quatre zones de largage échelonnées en ligne droite, sur un axe qui trahissait trop nettement la direction d'attaque attribuée à la 2e Armée.

La trop grande évidence du but visé simplifia le problème posé à l'adversaire qui put ainsi concentrer toutes ses réserves disponibles sur le dernier point de passage obligé, et y écraser les unités aéroportées britanniques avant que les échelons de tête de la 2e Armée aient pu les relever. La nature du terrain hollandais et le grand nombre des canaux aidèrent les Allemands à bloquer l'avance britannique, et, en outre, les vastes manœuvres manquaient qui auraient pu masquer le caractère direct de l'approche et détourner l'attention des Allemands.

*La Bataille pour le Rhin.*

Avec l'échec de l'affaire d'Arnhem, l'espoir d'une prompte victoire s'envolait. Les alliés en furent réduits à réorganiser leurs moyens le long de la frontière allemande afin de préparer une offensive délibérément conçue comme une attaque en masse. Cette remise en ordre demandait du temps, mais le commandement allié aggrava son propre handicap en concentrant ses moyens pour tenter d'abord de forcer la porte de l'Allemagne à Aix-la-Chapelle, au lieu de nettoyer les rives de l'Escaut, ce qui aurait ménagé une nouvelle ligne de ravitaillement. L'avance américaine sur Aix-la-Chapelle s'effectua d'une manière trop directe, et l'avance fut une nouvelle fois bloquée.

Sur le reste du Front Ouest, les efforts des armées alliées, en septembre et octobre, n'apportèrent que de faibles résultats. Pendant ce temps, la défense allemande se renforçait continuellement grâce à des réserves rameutées de partout et avec des unités de formation récente, parmi lesquelles celles qui avaient réussi à échapper à la campagne de France. Bientôt la remise en ordre des Allemands le long de la frontière s'effectua plus vite que celle des alliés, et malgré la grande infériorité des Allemands en moyens matériels. L'estuaire de l'Escaut ne fut pas dégagé avant le début de novembre.

À la mi-novembre, une offensive générale fut déclenchée par les six armées alliées du Front Ouest. Elle n'apporta que de médiocres résultats, et coûta cher. Et ces efforts répétés épuisaient les unités d'attaque.

Des divergences apparurent entre les points de vue respectifs des généraux anglais et américains quant au schéma de base de cette offensive. Les Britanniques voulaient lancer une opération concentrée, tandis que les Américains préféraient tâter les défenses allemandes sur un très large front. Après l'échec de l'offensive, les Britanniques critiquèrent le plan, naturellement, à cause de la dispersion des efforts qu'il impliquait. Mais une analyse plus serrée des opérations montre que l'erreur principale de ce plan était simplement son manque d'originalité. Bien que l'offensive ait été ample si l'on considère la répartition des tâches entre plusieurs armées, elle était étroitement concentrée dans le secteur de chacune d'entre elles. Dans chaque cas, l'effort offensif porta sur la direction que le défenseur pouvait présumer comme étant la plus normale. En effet, les attaques furent dirigées sur les points donnant naturellement accès en Allemagne. En outre, les attaques principales furent lancées en terrain plat facilement immergé durant l'hiver.

À la mi-décembre, les Allemands infligeaient un sérieux coup aux armées et aux peuples alliés, en déclenchant une contre-offensive. Ils avaient pu contenir l'offensive alliée et la ralentir sans engager dans cette affaire leurs propres réserves mobiles. Ainsi, alors que les chances d'une percée américaine s'évanouissaient, les risques d'une sérieuse riposte allemande devenaient plus évidents ; et risques d'autant plus grands, que l'on savait que les Allemands avaient retiré la plupart de leurs divisions blindées au cours du mois d'octobre afin de les équiper de nouveaux chars. Mais leurs espérances de victoire tendaient à aveugler les alliés sur les possibilités de contre-attaques ennemies, si bien que celles-ci eurent tout le bénéfice de la surprise.

Le meilleur moment pour lancer une contre-offensive importante, ou une petite contre-attaque, est habituellement lorsque l'adversaire attaquant a entièrement engagé ses propres moyens sans avoir pour autant atteint ses objectifs. En cet instant, ses troupes souffrent de la réaction naturelle due à tout effort prolongé, et le commandement dispose de relativement peu de réserves pour parer une contre-manœuvre, surtout quand celle-ci se développe sur une direction différente.

Le commandement allemand sut résoudre à son avantage le problème posé par le choix du terrain le plus favorable ; et ceci d'une manière toute différente de celle qu'imaginait l'adversaire. Il choisit pour théâtre de sa contre-offensive la région accidentée et boisée des Ardennes : considérée généralement comme une région difficile, une offensive de grand style ne devait pas, selon les alliés orthodoxes, y être à prévoir. En outre, les forêts permettaient de camoufler une concentration massive de moyens, et les hauts du terrain, plus secs, étaient praticables à la manœuvre des chars. Ainsi les Allemands pouvaient espérer gagner sur les deux tableaux.

Pour eux, le danger le plus redoutable venait de la puissance aérienne alliée. Model énonçait ainsi le problème : « L'ennemi n° 1 est l'aviation adverse qui, par suite de sa supériorité absolue, tentera de détruire nos échelons d'attaque et notre artillerie avec ses bombardiers de combat et des tapis de bombes, rendant ainsi impossible toute manœuvre sur les arrières. » Aussi les Allemands déclenchèrent-ils leur opération lorsque les prévisions météorologiques eurent annoncé un plafond bas ; et, pendant les trois premiers jours, le brouillard et la pluie tinrent l'aviation alliée clouée au sol. Ainsi, le mauvais temps lui-même tournait au bénéfice des Allemands.

Les Allemands exploitèrent tous les avantages qu'ils pouvaient s'assurer. Ils jouaient gros jeu avec des fonds très limités. Ils savaient qu'ils tentaient un coup désespéré et qu'ils hasardaient leurs derniers atouts. La force d'attaque comprenait les 5e et 6e Armées blindées auxquelles avait été attribué le gros des chars qu'ils avaient pu récupérer et rassembler.

Une offensive dans les Ardennes était téméraire : ce haut plateau était coupé de vallées encaissées dans lesquelles les routes passaient par des goulots d'étranglement où une avance de blindés pouvait être aisément bloquée. Le commandement allemand aurait pu pallier cet inconvénient en utilisant des unités parachutistes pour s'emparer des défilés. Mais il avait laissé péricliter cette arme spécialisée dont la technique était devenue assez sommaire depuis les opérations de Crète, en mars 1941. Quelques poignées de parachutistes seulement furent engagées.

Le but de la contre-offensive était lointain : il s'agissait, grâce à une approche indirecte, de percer jusqu'à Anvers, d'isoler le groupe d'armées britanniques des Américains et de ses ravitaillements puis d'écraser ce groupe d'armées ainsi enveloppé. La 5e Armée blindée, aux ordres de Manteuffel, devait rompre le front américain dans les Ardennes, obliquer vers l'ouest, puis rouler vers le nord en franchissant la Meuse et atteindre Anvers en passant par Namur. Tout en progressant, elle devait établir une barrière défensive en flanc-garde, afin de prévenir toute intervention des armées américaines qui pourraient déboucher du sud. La 6e Armée blindée, aux ordres d'un chef SS, Sepp Dietrich, devait attaquer en direction du nord-ouest, sur un axe oblique, se porter sur Anvers par Liège, et créer une barrière stratégique par le travers des arrières anglais et des armées américaines les plus au nord.

Bénéficiant de l'effet de surprise, la contre-offensive allemande fit de dangereux progrès au cours des premiers jours, jetant la confusion et semant la peur chez les alliés. L'avance la plus profonde fut celle de la 5e Armée blindée de Manteuffel. Mais on avait perdu du temps ainsi que d'excellentes occasions, le carburant venant à manquer à la suite des interventions de l'aviation alliée ; et le mouvement n'atteignit pas la Meuse bien que, en plusieurs points, il en fût terriblement près. Cet échec était imputable, pour beaucoup, à la ténacité des détachements américains qui, débordés et isolés, tinrent bon en plusieurs des plus importants défilés des Ardennes ; il était dû également à la rapidité avec laquelle Montgomery, ayant pris en main la situation à l'aile nord, jeta ses réserves vers le sud pour interdire à l'ennemi le franchissement de la Meuse.

Au cours de la phase suivante, lorsque les alliés eurent concentré leurs moyens et tentèrent de cisailler la grande poche créée dans leur front, les Allemands menèrent à bien une habile retraite qui leur permit d'échapper au piège qui se préparait. À les en croire du moins, leur contre-offensive s'avéra une bonne opération : bien qu'elle n'eût pas atteint ses objectifs, elle avait déjoué les préparatifs des alliés et leur avait infligé des pertes, et ceci pour un prix fort modéré eu égard aux résultats sauf, pourtant, au cours de la dernière phase, quand Hitler arrêta le mouvement de retraite.

Mais, dans la perspective de la situation globale, cette contre-offensive fut une opération fatale. Les Allemands y dépensèrent plus de moyens qu'ils ne pouvaient se le permettre dans les circonstances difficiles qu'ils traversaient alors. Ce gaspillage leur enlevait la possibilité de prolonger toute résistance devant une nouvelle offensive alliée. Les troupes allemandes prirent conscience qu'elles ne pouvaient plus, désormais, renverser la situation et l'échec brisa d'autant mieux leurs espoirs que ces derniers avaient été plus vastes. Bref, elle fut la déclaration de faillite de l'Allemagne. Et, dès cet instant, il devint impossible de cacher à l'armée et au peuple allemands qu'ils touchaient au terme de leurs possibilités et qu'ils se sacrifiaient dans un combat ne débouchant sur rien.

*La phase finale.*

Du mois d'août à la fin de l'année, le front principal des Russes demeura statique, au milieu de la Pologne, tandis que leurs armées rétablissaient leurs communications sur tout le territoire que leur marée d'été avait balayé, et qu'elles se reconstituaient. Un effort tenté au cours de l'automne pour forcer l'étroite porte de la Prusse-Orientale ne parvint pas à entamer les défenses allemandes.

Pendant ce temps, les armées de l'aile gauche russe, partant de Roumanie et de Bulgarie, avaient graduellement poussé à travers la Hongrie et la Yougoslavie en exécutant une vaste manœuvre de flanc. Manœuvre de grande stratégie – avec des objectifs à long terme – aussi bien que de stratégie. Elle fut ralentie par la lourde tâche que représentait la prise en charge et le contrôle des pays qu'elle traversait, et par la rareté des communications dans ces régions. Mais, en s'accentuant, ce mouvement circulaire engendra tout naturellement une convergence stratégique croissante vers l'objectif commun ; et l'extension de leurs armées, ainsi absorbées par la lutte contre cette approche visant la porte latérale, empêchait les Allemands de tenir leurs Fronts de l'Ouest et de l'Est comme il aurait fallu.

À la mi-janvier, les armées de Koniev lancèrent une grande offensive sur le front allemand dans le sud de la Pologne à partir de la tête de pont qu'elles possédaient sur la Vistule près de Sandomir. Après avoir rompu les défenses ennemies et créé une menace de flanc sur le secteur central, les armées de Joukov bondirent en avant à partir de leurs têtes de pont au plus près de Varsovie. Au cours de la première semaine, l'offensive balaya tout devant elle et parvint presque aussi loin, dans les dures conditions de l'hiver, que l'offensive d'été au cours d'une période équivalente.

Derrière le front, en Pologne occidentale, la plus grande partie du pays était aussi perméable aux Russes qu'elle était difficile à défendre pour les Allemands ; ceux-ci se trouvaient dans la situation inverse de celle qu'ils avaient connue lors de leur attaque de 1939. La nature du terrain favorisait un assaillant mobile, et particulièrement si une supériorité de moyens lui permettait d'exploiter les possibilités de manœuvre offertes par les larges espaces. Mais, cette fois, la puissance et la mobilité manquèrent aux Allemands, eux-mêmes sur la défensive.

Au cours de la seconde semaine, la cadence des progrès russes fut soutenue et le nombre de prisonniers s'accrut ; ce qui indiquait que leurs têtes de colonnes devançaient toutes les tardives tentatives du commandement allemand pour mener à bien un repli général. L'évacuation hâtive des populations civiles de certaines grandes villes frontalières allemandes fut le signe éclatant que la vitesse et la puissance de l'avance russe avaient, une fois de plus, déjoué les calculs du commandement allemand et avaient enlevé toutes les positions intermédiaires qu'il s'était proposé de tenir.

Traversant les vastes espaces compris entre Cracovie et Lodz, les armées de Koniev franchirent la frontière ouest de la Pologne et pénétrèrent en Silésie. Cracovie et Lodz tombèrent toutes deux le 19 janvier, cette dernière par l'avance du flanc de Joukov. Le 23, Koniev atteignit l'Oder au-dessus de Breslau, sur un front de 40 milles, et s'assura plusieurs points de passage sur le fleuve. Au cours de cette avance rapide, il occupa les importantes régions industrielles de la Haute-Silésie, atteignant ainsi la production de guerre allemande. Mais les Allemands se regroupèrent en force derrière l'Oder, et ils réussirent à ralentir l'élargissement des têtes de pont au-delà du fleuve.

À l'aile droite russe, les armées de Rokossovsky bondirent à partir de la Narew, au nord-est de Varsovie, et appliquèrent un uppercut sur la Prusse-Orientale. Perçant cette frontière à son extrémité ouest, ils dépassèrent le fameux champ de bataille de Tannenberg – théâtre du grand désastre russe de 1914 – et atteignirent la Baltique, le 26, à l'est de Dantzig. La plupart des forces allemandes de Prusse-Orientale étaient isolées, puis furent investies dans Königsberg par la suite.

Pendant ce temps, au centre du dispositif russe, Joukov avait poussé en direction du nord-ouest, vers Torun et Poznan, nœuds de communications. Dépassant ces deux villes en les négligeant, il fonça sur la frontière allemande, et les laissa comme deux îlots isolés par le flux. La frontière fut franchie le 29, puis Joukov poussa en direction de l'Oder qui, à cet endroit, coulait beaucoup plus à l'ouest qu'en Silésie. Comme son objectif normal était Berlin, à 50 milles à peine au-delà de l'Oder, il rencontra naturellement une résistance accrue. Bien que ses chars atteignissent l'Oder près de Kustrin, le 31, il se passa quelque temps avant qu'il pût franchir le fleuve sur un large front, et une série de tentatives faites pour forcer le passage échouèrent.

Les armées de Koniev voulurent agir comme des leviers sur leurs flancs ; elles poussèrent en direction du nord-ouest en descendant le long de l'Oder, mais elles furent arrêtées sur la Neisse qui permettait aux Allemands d'installer une ligne défensive.

La loi de l'extension excessive du dispositif joua une fois encore, et les Russes furent contenus sur le Front Oriental jusqu'à ce que l'issue de la lutte se décidât finalement sur le Front Ouest.

Tandis que les Russes se battaient sur l'Oder, les armées d'Eisenhower lançaient une nouvelle grande offensive au début de février, s'efforçant d'envelopper et de détruire les armées allemandes à l'ouest du Rhin avant qu'elles aient pu se replier derrière le fleuve. L'attaque fut menée au début par la 1re Armée canadienne (et britannique) sur l'aile gauche ; elle remonta la rive ouest du Rhin pour prendre de flanc les forces allemandes qui faisaient face aux 9e et 1re Armées américaines à l'ouest de Cologne. Mais l'offensive ennemie des Ardennes avait retardé cette attaque, et elle ne fut pas lancée avant que le sol n'ait dégelé ; et ce retard favorisa la résistance des Allemands. Ils firent face à cette situation critique en ouvrant les digues de la Roer, ce qui retarda l'attaque américaine qui ne put franchir cette ligne d'eau qu'une quinzaine de jours plus tard. Et, même alors, elle se heurta à une violente opposition. Aussi les Américains n'entrèrent-ils pas dans Cologne avant le 5 mars. Les Allemands avaient ainsi gagné les délais nécessaires à l'évacuation de leurs troupes épuisées et de leur matériel au-delà du Rhin.

Mais ils avaient été conduits à engager une forte proportion de leurs moyens dans le combat contre l'aile gauche alliée. La faiblesse consécutive de leur propre aile gauche offrit une bonne occasion aux 1re et 3e Armées américaines : la droite de la 1re Armée força la ligne du Rhin à Bonn, et un détachement put s'emparer par surprise d'un pont demeuré intact sur le fleuve, à Remagen. Eisenhower n'exploita pas immédiatement cette brèche inespérée qui lui aurait permis de transférer ses réserves et de réajuster ses plans en vue de la phase suivante, phase qui allait être décisive. Mais la menace de Remagen intervint fort utilement comme un abcès de fixation pour les maigres réserves allemandes. Un bénéfice plus important fut acquis par la 3e Armée qui perça dans l'Eifel (continuation des Ardennes en Allemagne). La 4e Division blindée – encore une fois fer de lance, comme lors de la percée de Normandie – s'engouffra à toute vitesse vers le Rhin de Coblence. Puis Patton fit obliquer ses forces vers le sud, pénétrant dans le Palatinat au-delà de la basse Moselle, et balaya la rive ouest du Rhin sur les arrières des forces allemandes qui faisaient face à la 7e Armée de Patch. Grâce à cette opération, il les coupait du Rhin, raflait un nombre considérable de prisonniers et s'assurait pour lui-même, et sans opposition, le passage du Rhin lorsqu'il se retourna vers l'est. Ce franchissement réussit dans la nuit du 22, entre Mayence et Worms ; et il fut promptement exploité par une avance profonde en Bavière du Nord. Ce mouvement débordait le front allemand en entier et enlevait à l'adversaire la possibilité, si souvent évoquée, de tenter un repli général vers le refuge qu'ils auraient pu trouver dans leurs fameuses montagnes du sud.

Dans la nuit du 23, l'assaut prévu sur le Rhin fut exécuté, très loin en aval, près de la frontière hollandaise, par le Groupe d'Armées Montgomery. Le grand fleuve fut franchi en quatre points au cours de la nuit et, au matin, deux divisions aéroportées furent larguées au-delà afin de détruire les forces qui s'opposaient à l'élargissement des nouvelles têtes de pont. La résistance allemande commençait à craquer un peu partout, et ces craquements s'amplifièrent jusqu'à l'effondrement général.

Mais, même dans de telles conditions, l'issue n'intervint qu'un mois plus tard ; ce qui était dû, non à une sérieuse opposition des armées allemandes taillées en pièces – sauf en quelques points dans l'extrême nord et sud – mais aux problèmes que posait aux alliés leur propre ravitaillement au fur et à mesure qu'ils progressaient au-delà du Rhin ; les obstructions réalisées par leur aviation bloquaient les itinéraires par des amoncellements de ruines, toutes causes auxquelles s'ajoutaient les incidences de données politiques complexes.

L'issue militaire apparut finalement lorsque le Rhin fut franchi, et bien longtemps avant qu'on pût apprécier seulement l'échéance exacte à laquelle l'armée allemande, distendue à l'excès, céderait comme un morceau d'élastique.

Son front immense s'était bien contracté sous les pressions exercées de toutes parts par les manœuvres convergeant vers le centre, mais ses dimensions demeuraient hors de proportion avec l'aire affectée par ces pressions ; et il fallut consentir des pertes excessives pour appliquer la stratégie de défense rigide inspirée par Hitler. Le stupide entêtement qu'il manifestait dans la défensive contrastait étonnamment avec l'habile souplesse des méthodes offensives qu'il avait utilisées antérieurement, avant que les fumées de la victoire l'aient intoxiqué.

Si l'on tient compte de l'amenuisement des effectifs des Allemands et de leurs ressources matérielles, il paraît presque miraculeux que leur résistance ait pu se prolonger aussi longtemps alors qu'elle s'appliquait sur une ligne très longue autour du pays, presque une circonférence. Ce succès était dû en partie à un extraordinaire pouvoir d'endurance, et fut favorisé par le caractère inadmissible des exigences alliées concernant une « capitulation sans conditions » ; celle-ci peut être considérée comme une approche trop directe au niveau de la grande stratégie. Mais, pardessus tout, cette résistance prolongée prouve la puissance considérable de toute défensive moderne. Selon les calculs militaires orthodoxes, les forces allemandes n'étaient pas capables de résister, même une semaine, à la puissance d'une attaque qu'elles défièrent pourtant pendant plusieurs mois. Lorsque les Allemands avaient pu tenir un front raisonnablement proportionné à leurs moyens, ils avaient souvent repoussé les attaques montées dans un rapport de forces de six contre un, et parfois de douze contre un. Ce fut l'espace qui les vainquit.

Si les adversaires de l'Allemagne avaient pris conscience des conditions qu'allait connaître leur avance, et s'ils s'étaient eux-mêmes préparés à riposter à l'agression en tirant l'avantage maximum de la défensive, le monde aurait pu être préservé d'une tragédie et d'un immense chaos.

Longtemps auparavant, un fameux boxeur, Jem Mace, résumait ainsi son expérience du ring : « Laissez-les venir à vous, et ils se frapperont eux-mêmes. » Kid Mac Coy formula plus tard la même idée : « Incitez votre homme à attaquer, faites en sorte qu'il soit occupé des deux mains, et que l'une de vos mains soit libre. »

La vérité exprimée par la maxime de Jem Mace constitue la plus remarquable leçon de tactique enseignée sur les champs de bataille d'Afrique, de Russie et d'Europe occidentale. En acquérant l'expérience, les chefs militaires les plus habiles cherchent à exploiter la puissance de la défensive, même dans l'offensive.

Et ce fut également la leçon essentielle sous-jacente à la guerre considérée globalement. L'Allemagne alla chercher très loin sa propre défaite. Et sans ce qu'elle fit dans ce sens, ses adversaires auraient eu beaucoup plus de mal pour l'abattre. Son approche directe du problème posé par la victoire fournit la solution indirecte au problème des alliés. Ses frustrations et son expansion excessive aidèrent considérablement les alliés à abréger la guerre. Mais si les nations alliées avaient compris les conditions fondamentales de l'art de la guerre et, tout d'abord, si elles ne s'étaient pas préparées à se battre selon des procédés conventionnels, la guerre eût été plus courte et les dévastations moins étendues.

QUATRIÈME PARTIE

# LES BASES DE LA STRATÉGIE ET DE LA GRANDE STRATÉGIE

# 19

## Théorie de la stratégie

Les conclusions d'une analyse historique étant tirées, il semble intéressant maintenant d'élaborer sur de nouvelles bases le nouveau cadre de la pensée stratégique.

Soyons clairs en premier lieu sur ce qu'est la stratégie. Dans son monumental ouvrage, *De la guerre*, Clausewitz la définit comme « l'art d'utiliser les batailles comme moyen pour atteindre le but de la guerre. En d'autres termes, la stratégie établit le plan de guerre, précise le développement prévisible des différentes campagnes qui composent la guerre, et détermine les batailles qu'il y aura à livrer au cours de chacune de ces campagnes ».

L'un des défauts de cette définition est qu'elle introduit la pensée dans la sphère de la politique ou de la plus haute conduite de la guerre ; et celles-ci ressortissent au domaine des responsabilités du gouvernement et non à celui des chefs militaires utilisés par le pouvoir comme agents chargés de diriger l'exécution des opérations.

Un autre défaut tient à ce que cette définition restreint le sens de « stratégie » à la simple utilisation des batailles ; ce qui impliquerait que la bataille constitue l'unique moyen grâce auquel on peut atteindre la fin proposée à la stratégie. Ce qui a permis aux disciples les plus superficiels de Clausewitz de confondre moyens et fin, et de conclure que, dans la guerre, toutes les autres considérations doivent être subordonnées à la recherche de la bataille apportant la décision par les armes.

*Rapports de la stratégie et de la politique.*

Préciser ce qui différencie la stratégie de la politique ne poserait pas de problème délicat si les deux fonctions étaient normalement remplies par une seule et même personne comme ce fut le cas pour Frédéric II et Napoléon. Mais de tels soldats assumant tous les pouvoirs furent rares dans les temps modernes et ont disparu, au moins provisoirement, au cours du XIXe siècle, ce qui eut des effets cachés mais pernicieux. En effet, cela encouragea les hommes de guerre à prétendre, d'une manière abusive, que la politique devait être subordonnée à la conduite des opérations ; et, tout spécialement dans les pays démocratiques, cette prétention incita l'homme d'État à sortir des limites de son domaine propre et à intervenir dans l'emploi de l'outil militaire.

Moltke proposa une définition plus claire et plus judicieuse de la stratégie, « adaptation pratique des moyens mis à la disposition du général pour atteindre l'objet visé ».

Cette définition fixe les responsabilités du commandant en chef devant le gouvernement qu'il sert : elles résident dans la mise en œuvre, selon ce qui sert au mieux les intérêts de la haute politique de guerre, des forces armées qui lui sont confiées sur le théâtre d'opérations qu'on lui a assigné. S'il estime que les moyens ainsi alloués sont insuffisants pour la mission qu'on lui a fixée, il est en droit de le faire remarquer ; et si son opinion n'est pas prise en considération, il peut refuser le commandement ou se démettre. Mais il sort des limites strictes de ses attributions s'il essaie d'imposer à son gouvernement la valeur des moyens qui, selon lui, devraient être mis à sa disposition.

D'un autre côté, le gouvernement, qui formule la politique de guerre et qui doit l'accorder à des conditions variant fréquemment au cours du conflit, peut à bon droit intervenir dans la stratégie d'une campagne : non pas simplement en remplaçant un chef militaire qui a perdu sa confiance, mais aussi en modifiant l'objet qu'il s'est fixé pour tenir compte des nécessités de sa politique de guerre.

S'il ne doit pas gêner le chef militaire en se mêlant du maniement de son outil, il doit par contre lui fixer sans ambiguïté la nature de sa mission. Ainsi, l'objet de la stratégie ne consiste pas nécessairement à rechercher d'une manière simpliste l'anéantissement de la puissance militaire ennemie : lorsqu'un gouvernement juge que l'adversaire bénéficie de la supériorité militaire globale ou sur un théâtre d'opérations particulier, il peut sagement décider de pratiquer une stratégie à but limité.

Il peut vouloir attendre que le rapport des forces soit modifié à son profit par l'intervention d'alliés ou par le transfert de moyens prélevés sur un autre théâtre d'opérations. Il peut vouloir attendre, ou même limiter définitivement ses efforts militaires en escomptant une issue favorable d'une action économique ou navale. Il peut juger que la destruction de la puissance militaire ennemie est une tâche qui excède irrémédiablement ses propres possibilités ou qui ne mérite pas cet effort, et que l'objet de sa politique de guerre peut être atteint en s'emparant de territoires qu'il pourra soit conserver, soit utiliser comme monnaie d'échange lors des négociations de paix.

Une telle politique s'est trouvée plus souvent vérifiée par les réalités de l'histoire que l'opinion militaire ne l'a cru jusqu'à maintenant ; et, de fait, elle est moins une politique de faiblesse que l'imaginent certains apologistes de la guerre. Par exemple, elle est consubstantielle à l'histoire de l'Empire britannique, et elle joua à maintes reprises le rôle d'une bouée de sauvetage pour les alliés de la Grande-Bretagne à laquelle elle fut toujours bénéfique. Toutefois, si inconsciemment qu'elle ait été pratiquée, on peut se demander si cette politique militaire « conservatrice » ne mérite pas une place dans la théorie de la conduite de la guerre.

La raison la plus banale qui invite à adopter une stratégie à but limité est celle qui préconise d'attendre un renversement du rapport des forces ; modification souvent recherchée et obtenue par l'épuisement des moyens adverses, l'ennemi étant plus affaibli par des piqûres d'épingle que par de grands coups aux résultats aléatoires. La condition primordiale exigée par cette stratégie est que l'épuisement de l'ennemi soit supérieur à celui de nos propres forces, et que la différence soit considérable. Cet objectif peut être atteint en détruisant les approvisionnements de l'adversaire par des raids ; ou par des attaques locales qui permettent d'anéantir certaines fractions de ses moyens ou de leur infliger des pertes disproportionnées ; en l'incitant à lancer des attaques stériles, en le contraignant à adopter un dispositif trop étendu pour ses forces ; ou, ce qui n'est pas le moins important, en usant son énergie morale et physique.

Cette définition plus juste éclaire le problème posé par l'autonomie d'un général déterminant lui-même sa stratégie dans les limites de son théâtre d'opérations. Si le gouvernement a opté pour une grande stratégie « fabienne » ou à but limité, le général qui cherche à détruire la puissance militaire adverse, ne serait-ce qu'à l'intérieur de son domaine stratégique, peut faire plus de mal que de bien à la politique de guerre de son gouvernement. Généralement, une politique de guerre à but limité impose une stratégie à but également limité, et un but décisif ne doit être recherché qu'avec l'approbation du gouvernement qui peut, seul, décider si le jeu vaut la chandelle.

Nous pouvons maintenant donner une définition plus concise de la stratégie : *art de distribuer et de mettre en œuvre les moyens militaires pour accomplir les fins de la politique.* Car la stratégie ne traite pas simplement des mouvements des armées – ainsi que l'on définit souvent son rôle – mais également de leurs effets. Lorsque la mise en œuvre de l'instrument militaire aboutit à un combat effectif, les dispositions préalables prises pour une telle action et pour la diriger ressortissent à ce qu'on nomme *tactique*. Ces deux catégories, bien que commodes à distinguer dans la discussion, ne peuvent jamais être réellement isolées dans des compartiments bien séparés, chacune d'elles influant non seulement sur l'autre mais débouchant dans l'autre.

*Haute ou grande stratégie.*

De même que la tactique est une application de la stratégie à un niveau inférieur, la stratégie est une application de la « grande stratégie » à un niveau moins élevé. Pratiquement synonyme de la politique qui guide la conduite de la guerre, mais distincte de la politique plus fondamentale qui doit déterminer son objet, l'expression « grande stratégie » sert à exprimer l'idée de « politique en cours d'exécution ». Le rôle de la grande stratégie consiste en effet à coordonner et diriger toutes les ressources de la nation ou d'une coalition afin d'atteindre l'objet politique de la guerre, but défini par la politique fondamentale.

La grande stratégie doit simultanément calculer et développer les ressources économiques et humaines des nations afin de soutenir les unités combattantes. De même, pour les ressources morales, car fortifier le caractère et la volonté des hommes est souvent aussi important que de posséder les formes plus concrètes de la puissance. La grande stratégie doit aussi organiser et répartir les rôles et la puissance entre les diverses Forces Armées, et entre celles-ci et l'industrie. Toutefois, la puissance de combat ne constitue que l'un des instruments de la grande stratégie qui doit tenir compte de la force des pressions financières, des pressions diplomatiques, des pressions commerciales et des pressions morales (qui ne sont pas les moindres) et s'en servir pour affaiblir la volonté adverse. Une bonne cause est une épée aussi bien qu'une armure. Et l'attitude chevaleresque peut constituer l'une des armes les plus efficaces pour affaiblir la volonté de résistance adverse, aussi bien qu'un moyen pour accroître nos forces morales.

Mieux encore : si l'horizon de la stratégie est borné par la guerre, la grande stratégie regarde au-delà de la guerre, vers la paix qui doit lui succéder. Elle ne doit pas se contenter de combiner les divers instruments de guerre, mais en réglementer l'emploi afin d'éviter ce qui pourrait porter préjudice à la future paix qui doit être solide et prospère. Le déplorable état de paix, dont pâtissent les deux partis à la suite de la plupart des guerres, peut être dû au fait que, contrairement à la stratégie, l'aire de la grande stratégie demeure, pour sa plus grande part, *terra incognita* qui attend d'être explorée et comprise.

*Stratégie pure ou militaire.*

Ayant déblayé le terrain, nous pouvons ébaucher notre conception de la stratégie, « *l'art du général* », avec ses propres éléments et sur ses bases spécifiques.

Le succès de la stratégie dépend d'abord et principalement d'une saine *appréciation et d'une adéquation de la fin et des moyens*. La fin doit être proportionnée à l'ensemble des moyens ; et ces derniers, utilisés pour parvenir à chacune des fins intermédiaires qui contribuent à l'obtention de la fin ultime, doivent être proportionnés à la valeur et aux exigences de cette fin intermédiaire, que celle-ci soit la conquête d'un objectif ou une contribution au plan d'ensemble. Un excès peut être aussi préjudiciable qu'une carence.

Un ajustement exact établirait une parfaite *économie des forces* dans le sens le plus profond de ce terme militaire si souvent mal compris. Mais, en raison de la nature et du caractère aléatoire de la guerre, incertitude aggravée par le manque d'études scientifiques, même les plus grands dons militaires ne sauraient faire trouver un ajustement rigoureux ; et le succès repose sur l'approximation la plus satisfaisante de la vérité.

Cette relativité est inhérente à la guerre parce que, quelle que soit l'étendue de notre savoir dans la science de la guerre, la maîtrise dépend finalement de l'art avec lequel on applique ce savoir. L'art peut non seulement rapprocher la fin des moyens, mais en conférant une plus grande valeur aux moyens, autoriser la fin à être plus ambitieuse.

Tout ceci complique singulièrement les calculs et les prévisions, car nul ne peut évaluer exactement la puissance du génie ou de la stupidité de l'homme, ni son impuissance à vouloir.

*Éléments et conditions.*

Toutefois, en stratégie, le calcul est plus simple et une approximation satisfaisante de la vérité plus probable qu'en tactique. En effet, à la guerre, la principale inconnue demeure la volonté de l'homme : elle se manifeste devant les obstacles et les résistances, et la plupart de ces derniers se révèlent au niveau de la tactique. La stratégie n'a pas à vaincre de résistance, sauf celle que lui oppose la nature. *Son dessein est de réduire les possibilités de résistance*, et elle cherche à l'accomplir en exploitant les deux éléments, *mouvement* et *surprise*.

Le mouvement relève de la sphère physique ; il dépend du calcul des conditions de temps, des données topographiques et de la capacité de transport. (Et par capacité de transport, il faut entendre à la fois les moyens et les quantités voulus pour déplacer et entretenir les forces.)

La surprise ressortit au domaine de la psychologie ; elle implique des calculs plus difficiles que ceux intervenant dans la sphère physique, et portant sur les multiples conditions qui affectent le vouloir de l'adversaire et qui varient dans chaque cas particulier.

Bien que la stratégie puisse se proposer d'exploiter le

mouvement plutôt que la surprise – ou inversement – les deux éléments réagissent l'un sur l'autre. Le mouvement engendre la surprise, et la surprise donne de l'impulsion au mouvement. Car un mouvement qui s'accélère ou change de direction provoque inévitablement, à un certain degré, un effet de surprise, même s'il n'est pas secret. Et, d'autre part, la surprise aplanit le chemin au mouvement en gênant les contre-mesures de l'ennemi et ses contre-mouvements.

En ce qui concerne les relations de la stratégie et de la tactique, si la frontière entre les deux domaines demeure souvent très floue au cours de l'exécution, et s'il est malaisé de décider exactement où finit un mouvement stratégique et où commence un mouvement tactique, les deux sont cependant bien distincts au niveau de leur conception. La tactique concerne le domaine du combat et le couvre. Non seulement la stratégie s'arrête aux frontières de ce domaine, mais son but est précisément de réduire ces combats aux proportions les plus faibles possibles.

*But de la stratégie.*

L'énoncé précédent peut être contesté par ceux qui pensent que la destruction des forces armées ennemies est le seul but raisonnable de la guerre ; par ceux qui soutiennent que le seul but de la stratégie doit être la bataille, et qui sont obsédés par la maxime clausewitzienne selon laquelle « le sang est le prix de la victoire ». Et pourtant, si l'on voulait concéder ce point et répondre à ses partisans sur leur propre terrain, la valeur de notre énoncé n'en demeurerait pas moins incontestable. Car, même si la bataille décisive était le but choisi, le but de la stratégie devrait être de préparer cette bataille dans les conditions les plus avantageuses. Et plus ces circonstances seront avantageuses, moins le combat le sera proportionnellement.

C'est pourquoi la perfection stratégique serait de parvenir à une issue décisive sans livrer de combats sérieux. Ainsi que nous l'avons vu, l'histoire offre des exemples où, favorisée par de bonnes conditions, la stratégie a produit un tel résultat. Parmi ces exemples, nous avons noté la campagne d'Ilerda de César, la campagne de Preston de Cromwell, la campagne d'Ulm de Napoléon, l'encerclement de l'armée de Mac-Mahon par Moltke en 1870, et l'encerclement des Turcs par Allenby dans les collines de Samarie, en 1918. Et l'exemple récent le plus frappant et le plus catastrophique a été fourni par la façon dont, en 1940, les Allemands isolèrent l'aile gauche alliée en Belgique et l'enveloppèrent après que Guderian eut percé leur centre par surprise, à Sedan, provoquant ainsi l'effondrement général des armées alliées sur le continent.

Si des cas se sont présentés où la destruction des forces armées ennemies fut obtenue économiquement en les désarmant après leur capitulation, une telle « destruction » peut ne pas être essentielle à la décision, non plus que pour atteindre le but de la guerre. Dans le cas où un État vise, non à conquérir autrui mais à préserver sa sécurité, le but est atteint si la menace est détournée, si l'ennemi est conduit à abandonner ses projets.

La défaite subie par Bélisaire à Sura, pour avoir lâché les rênes à ses troupes qui désiraient une « victoire décisive » bien que les Perses eussent abandonné leur projet d'invasion de la Syrie, offre un exemple assez clair des efforts et des risques superflus. Par contre, la manière dont il repoussa leur dernière invasion, la plus dangereuse, et les balaya de Syrie, offre peut-être l'exemple le plus frappant de la manière d'enlever la décision – et il faut comprendre ici : atteindre l'objet national – par la stratégie pure. Dans ce cas, l'action psychologique se montra si efficace que l'ennemi abandonna son projet sans que la moindre action physique fût nécessaire.

Mais, si des victoires semblables, sans effusion de sang, demeurent l'exception, non seulement leur rareté n'affecte pas leur valeur, mais elle l'exalte ; elles donnent en effet une indication sur les possibilités latentes de la stratégie et de la grande stratégie. En dépit de nombreux siècles d'expérience belliqueuse, nous avons à peine commencé à défricher le domaine de la guerre psychologique.

Après une étude approfondie de la guerre, Clausewitz fut amené à conclure que « toute action militaire est pénétrée par des forces intelligentes et par leurs effets ». Toutefois, les nations en guerre sont marquées ou gouvernées par leurs passions, et ceci suffit à rendre contestable une telle conclusion. Au lieu d'user de leur intelligence, elles ont souvent choisi de donner de la tête sur le mur le plus proche.

Il appartient normalement au gouvernement, responsable de la grande stratégie au cours d'une guerre, de décider quelle stratégie doit y contribuer pour obtenir une décision ou militaire ou autre. De même que les moyens militaires ne représentent qu'une des manières de parvenir à la fin fixée par la grande stratégie, de même la bataille n'est que l'un des moyens parmi d'autres pour atteindre la fin de la stratégie. Si les conditions sont favorables, ce moyen, la bataille, est le plus rapide à fournir des résultats ; mais, dans le cas contraire, c'est folie que d'y recourir.

Supposons un stratège chargé de rechercher une décision militaire. Sa responsabilité consiste à tâcher de l'obtenir dans les conditions les plus avantageuses afin d'amener les résultats les plus bénéfiques. Donc, *son véritable but ne sera pas tant de rechercher la bataille que de chercher à créer une situation stratégique si avantageuse que, si elle n'amène pas d'elle-même la décision, sa continuation par une bataille sera assurée d'obtenir cette décision*. En d'autres termes, la dislocation est le but de la stratégie. Ses suites peuvent être la décomposition de l'ennemi ou sa rupture plus facile au cours de la bataille. La décomposition peut impliquer, dans une certaine mesure, des combats ; mais ces combats n'auront pas le caractère d'une bataille.

*L'action stratégique.*

Comment la dislocation stratégique se produit-elle ? Dans la sphère physique ou « logistique », elle est le résultat d'un mouvement qui :

*a)* perturbe le dispositif ennemi et, en l'obligeant à un brusque changement de front, disloque la répartition et l'organisation de ses forces ;

*b)* divise les forces de l'ennemi ;

*c)* met en péril ses approvisionnements ;

*d)* menace l'itinéraire ou les itinéraires par lesquels il pourrait, en cas de besoin, opérer une retraite et se rétablir sur sa base ou son territoire national.

Une dislocation peut se produire par l'un de ces effets mais, le plus souvent, elle résulte de plusieurs. En fait, la discrimination est difficile parce qu'un mouvement dirigé sur les arrières de l'ennemi tend à combiner ces effets. Toutefois, leur influence respective varie et a varié au cours de l'histoire, en fonction de la taille des armées et de la complexité de leur organisation. Avec des armées vivant sur le pays, tirant leur approvisionnement des ressources locales par pillage ou réquisition, la ligne de communication n'a qu'une importance négligeable. Et, même à un stade plus élevé du progrès militaire, plus une armée est petite, moins elle dépend d'une ligne de communication pour ses ravitaillements. Plus une armée est importante et plus son organisation est complexe, plus rapides et plus sérieux seront les effets d'une menace sur ses lignes de communication.

Lorsque les armées ne furent pas aussi dépendantes de telles lignes, la stratégie fut embarrassée et l'issue tactique de la bataille joua un plus grand rôle. Néanmoins, même avec un tel handicap, des stratèges habiles ont fréquemment obtenu un avantage décisif avant la bataille en menaçant la ligne de retraite de l'ennemi, l'équilibre de son dispositif ou ses approvisionnements locaux.

Pour être efficace, une menace de ce genre doit généralement viser un point plus proche de l'armée ennemie, dans le temps et l'espace, qu'une menace sur ses communications ; c'est pourquoi dans l'art de la guerre primitif il est souvent malaisé de distinguer la manœuvre stratégique de la manœuvre tactique.

Dans le domaine psychologique, la dislocation résulte de l'impression produite sur l'esprit du chef par les effets physiques que nous avons énoncés. L'impression s'accentue considérablement si la prise de conscience de sa position désavantageuse est *soudaine*, et s'il se sent incapable de contrer le mouvement de l'ennemi. *La dislocation psychologique procède essentiellement du sentiment d'être pris au piège*. Aussi a-t-elle fréquemment eu pour cause un mouvement matériel sur les arrières de l'ennemi. Tout comme un individu, une armée ne peut efficacement se défendre contre un coup qu'on lui porte dans le dos sans se retourner pour se servir de ses armes face à cet agresseur. « Se retourner » déséquilibre temporairement une armée comme un individu ; et avec une armée, la période d'instabilité est inévitablement plus longue. En conséquence, le cerveau est beaucoup plus sensible à toute menace dirigée dans le dos.

Par contre, marcher droit sur un adversaire consolide son équilibre physique et psychologique et, en le consolidant, accroît sa capacité de résistance. Dans le cas d'une armée, une telle avance directe refoule l'ennemi sur ses arrières, ses réserves, ses approvisionnements et ses renforts ; bien que les moyens du front primitif soient aspirés vers l'arrière et que ce front s'amincisse, de nouvelles forces s'ajoutent à celles des arrières. Au mieux, une telle manière de faire parvient à fatiguer l'ennemi plutôt qu'à produire le choc qui l'ébranle.

Ainsi, un mouvement tournant le front ennemi et dirigé contre ses arrières vise à éviter toute résistance, non seulement dans le cours de son exécution, mais également à son terme. Au sens le plus profond, il adopte la *ligne de moindre résistance*. Son équivalent, dans le domaine psychologique, est l'action que l'on attend le moins, ou *ligne de moindre attente*. Ce sont comme les deux faces d'une même pièce de monnaie ; et apprécier leur valeur, c'est approfondir notre compréhension de la stratégie. Si nous suivons en effet ce qui nous paraît être, de toute évidence, la ligne de moindre résistance, il est probable que notre adversaire en pense tout autant et s'y attend ; dès lors, cette ligne ne sera plus, effectivement, la véritable ligne de moindre résistance.

En étudiant l'aspect physique, nous ne devons jamais perdre de vue l'aspect psychologique et, seule, la combinaison de ces deux aspects produit la véritable stratégie d'approche indirecte calculée pour rompre l'équilibre de l'adversaire.

Le simple fait de marcher indirectement sur l'ennemi et sur les arrières de son dispositif ne constitue pas une approche indirecte stratégique. L'art stratégique n'est pas aussi simple. Une telle approche pourra débuter en étant indirecte par rapport au front ennemi ; mais le caractère direct que peut prendre ensuite l'avance vers ses arrières peut inciter cet ennemi à modifier son dispositif, de sorte que l'attaquant se trouvera bientôt effectuer une approche directe du nouveau front.

Étant donné le risque de voir l'ennemi réussir un pareil changement de front, il est habituellement nécessaire que le mouvement visant sa dislocation soit précédé par un ou plusieurs mouvements qui peuvent être définis par le terme « distraction », ce mot étant pris dans son sens littéral de « séparer d'un ensemble ».

Le but de cette « distraction » est de *priver l'ennemi de sa liberté d'action*, et elle doit se faire sentir dans les deux domaines physique et psychologique. Dans le domaine physique, elle produira une dispersion de ses moyens ou leur diversion vers des buts stériles ; de telle sorte que, étant trop largement répartis et trop engagés ailleurs, ils ne pourront plus intervenir avec la puissance suffisante pour peser d'une manière décisive sur l'issue de la manœuvre projetée par l'attaquant. Dans la sphère psychologique, on cherche un résultat identique en spéculant sur les craintes du commandement adverse et en le trompant. Stonewall Jackson exprimait bien cela dans son axiome stratégique : « Mystifier, induire en erreur et surprendre. » Car mystifier et induire en erreur constituent la « distraction », tandis que la surprise est la cause essentielle de la « dislocation ». C'est la « distraction » de l'esprit du chef qui amène la distraction de ses moyens. La perte de sa liberté d'action est la conséquence de la perte de sa liberté de concevoir. Une appréciation plus exacte de la manière dont le psychologique imprègne et domine le domaine physique possède elle-même une valeur indirecte. Elle nous met en garde, en effet, contre le caractère fallacieux et la vanité des tentatives faites pour formuler les analyses et les théories stratégiques en termes de mathématiques. Traiter la stratégie en données quantitatives, comme si le résultat tenait simplement à une concentration supérieure de moyens effectuée sur un point bien choisi, est aussi erroné que de raisonner géométriquement dans ce domaine, c'est-à-dire en termes de lignes et d'angles.

Encore plus éloignée des réalités – et dans la pratique cela conduit à l'échec – est la tendance de certains ouvrages classiques à traiter de la guerre comme si elle était principalement une affaire de concentration supérieure de forces. Dans sa célèbre définition de l'économie des forces, Foch écrit qu'elle est l'art d'appliquer *toutes* les ressources en un lieu et à un moment donnés ; d'y utiliser *toutes* les troupes, et de faire en sorte que ces troupes opèrent en liaison permanente les unes avec les autres, au lieu de les diviser et de fixer une seule et invariable mission à chacune de leurs fractions. Ensuite, un résultat ayant été obtenu, elle est l'art de disposer les troupes de telle manière qu'elles puissent converger et agir de nouveau sur un nouvel objectif unique.

Il eût été plus exact, et plus réaliste, de dire qu'une armée devait toujours être articulée de telle sorte que tous ses éléments puissent s'aider mutuellement, et agir d'une manière combinée afin de réaliser la plus forte concentration *possible* en un endroit, tandis que le minimum de moyens *nécessaires* serait consenti en d'autres points pour faciliter la réussite de cette concentration principale.

Concentrer *tous* les moyens est un idéal hors d'atteinte et dangereux comme tout ce qui est exagéré. En outre, dans la pratique, le « minimum nécessaire » peut constituer une plus importante fraction du total que le « maximum possible ». Il serait même plus vrai de dire que, plus importants sont les moyens utilisés effectivement pour *distraire* l'ennemi, plus grandes sont les chances que la concentration atteigne son but. Sinon, cette dernière peut s'attaquer à un objectif trop ferme pour être brisé.

Un poids supérieur appliqué à l'endroit jugé décisif ne suffit pas, à moins que l'adversaire ne puisse pas renforcer *en temps utile* ce point attaqué. Il suffit rarement, à moins que, sur ce point, non seulement l'ennemi soit plus faible quantitativement mais qu'il ait été affaibli moralement. Napoléon connut quelques-uns de ses plus graves échecs pour avoir négligé cette précaution ; et la nécessité d'obtenir la « distraction » s'est accrue avec la puissance retardatrice des armements défensifs.

### *Les bases de la stratégie.*

Une vérité plus profonde, que Foch et les autres disciples de Clausewitz n'ont pas totalement perçue, est qu'une dualité se manifeste dans chaque problème et dans chaque principe de guerre. Ils présentent deux faces, comme une pièce de monnaie. D'où la nécessité de trouver des compromis correctement calculés afin de réconcilier ces contraires. Ceci est la conséquence inévitable du fait que la guerre, affaire jouée entre deux partis, impose que l'on se garde en même temps que l'on frappe. Et, en corollaire, afin de le frapper efficacement, il faut surprendre l'ennemi hors de sa garde. La concentration efficace ne peut être obtenue que lorsque les forces adverses sont dispersées ; et, habituellement, afin de trouver une telle dispersion devant soi, on doit répartir très largement ses propres forces. Ainsi, par un apparent paradoxe, la véritable concentration est le fruit de la dispersion.

Autre conséquence de l'existence de deux partis opposés : pour conquérir un objectif, on doit se fixer des *objectifs alternatifs*. Là réside la différence avec la doctrine simpliste du XIX^e siècle, celle de Foch et de ses pareils ; et ce contraste vaut dans le domaine pratique comme pour la théorie. Car, si l'ennemi connaît avec certitude le point que vous avez choisi pour objectif, il possède les meilleures chances de se tenir sur ses gardes et de trouver la parade à vos armes. Mais si vous adoptez un axe d'effort qui menace des objectifs alternatifs, vous distrayez son esprit et ses moyens. Ceci, en outre, constitue la méthode la plus économique pour *distraire* l'ennemi : elle vous permet de garder disponible la plus grande partie de vos moyens sur votre ligne d'opération réelle ; et vous conciliez ainsi la plus forte concentration possible avec la dispersion inévitable.

L'absence de toute alternative est contraire à la vraie nature de la guerre. Elle pèche contre les lumières que Bourcet répandit au XVIII^e siècle en disant d'une manière très profonde que « tout plan de campagne doit avoir plusieurs branches, et doit avoir été si bien médité que l'une ou l'autre de ces dites branches ne peut manquer de conduire au succès ». Leçon que suivit son héritier militaire, le jeune Napoléon Bonaparte qui cherchait toujours, comme il disait, à « faire son thème de deux façons ». Soixante-dix années plus tard, Sherman tirait une nouvelle fois la leçon de l'expérience et émettait sa fameuse maxime sur la nécessité « de placer l'ennemi sur les cornes d'un dilemme ». Pour tout problème posé par l'existence d'une force d'opposition, qui ne peut être maîtrisé, on doit prévoir des solutions alternatives et s'y préparer. La faculté d'adaptation est la loi qui régit la survie dans la guerre comme dans la vie courante, la guerre n'étant qu'une forme concentrée de la lutte de l'homme et de son environnement.

Pour demeurer pratiques, disons que tout plan doit tenir compte de l'aptitude de l'ennemi à le déjouer. Le meilleur moyen de surmonter cette obstruction consiste à élaborer un plan qui puisse être aisément varianté en fonction des circonstances. Pour conserver une telle faculté d'adaptation tout en gardant l'initiative, la meilleure façon consiste à opérer sur une ligne offrant des objectifs alternatifs. Vous placez ainsi l'ennemi « sur les cornes d'un dilemme », ce qui vous garantit le gain d'au moins l'un de ces objectifs – le plus souvent le moins bien gardé – et vous réserve la possibilité d'enlever le second après le premier.

Dans le domaine tactique, l'ennemi prend généralement ses dispositions en fonction de la nature du terrain ; trouver un choix d'objectifs tactiques réservant ce dilemme peut être plus difficile que dans le domaine stratégique, où l'ennemi doit normalement couvrir des centres ferroviaires ou industriels. Mais vous pouvez obtenir un avantage analogue en adaptant votre axe d'effort au caractère et à la valeur de la résistance qu'il rencontre, et en exploitant toute faiblesse qui se révèle. Un plan, comme un arbre, doit posséder des branches si l'on veut qu'il porte fruits ; un plan ne comportant qu'un but unique se révélera aussi stérile qu'une perche.

*Couper les lignes de communications.*

En élaborant le plan d'une opération visant les communications de l'ennemi, que ce soit par une manœuvre tournant son flanc ou par l'exploitation rapide d'une brèche dans son front, une question se pose : quel est le point le plus prometteur où l'effet doit être recherché ? Doit-on porter le coup sur les arrières immédiats de l'armée adverse, ou bien plus loin derrière ?

Lorsque j'étudiai ce problème à l'époque où l'on expérimentait les premières unités mécaniques qui venaient d'être créées, et que la question de leur emploi stratégique se posait, je demandai conseil à l'analyse des raids de cavalerie du passé ; et, tout spécialement, aux guerres les plus récentes survenues depuis l'apparition des chemins de fer. Si de tels raids de cavalerie avaient offert des possibilités plus limitées que celles apparemment promises par une profonde pénétration stratégique de forces mécanisées, cette différence se voyait amplifiée plutôt que diminuée par la portée des preuves qu'ils produisaient. Après les corrections indispensables, les conclusions ci-après peuvent être admises :

En général, plus près de l'armée se produit la rupture des communications, plus l'effet est *immédiat* ; et plus elle est proche de la base, plus l'effet est *important*. Dans chaque cas, les effets se font sentir plus rapidement et plus profondément sur une armée en mouvement et en train d'exécuter une opération que sur une armée en stationnement. Le choix de la direction d'une attaque mobile dépend beaucoup de la position stratégique et des conditions d'approvisionnement des armées ennemies ; c'est-à-dire du nombre de leurs lignes de ravitaillement, de la possibilité d'adopter des lignes de ravitaillement alternatives, des quantités d'approvisionnements stockées habituellement dans les dépôts avancés au plus près du front. Après examen, ces facteurs doivent être étudiés de nouveau à la lumière de *l'accessibilité* des divers objectifs possibles, c'est-à-dire en tenant compte de la distance, des obstacles naturels et de l'opposition que l'on peut s'attendre à rencontrer. En général, plus la distance à couvrir est longue, plus forte est la proportion d'obstacles naturels, mais moins élevée la valeur de l'opposition.

Ainsi, à moins que les obstacles naturels ne soient très sévères ou que l'ennemi n'ait acquis une indépendance insolite vis-à-vis de ses bases, on attendra plus de succès et plus d'effets d'une rupture de ses communications opérée aussi loin ou profondément que possible sur ses arrières.

Autre considération : si un coup porté au plus près de l'armée ennemie sur ses arrières peut affecter plus gravement les esprits dans les rangs des combattants, un coup porté loin derrière elle tend à produire plus d'effet sur l'esprit du chef adverse lui-même.

Dans le passé, les raids de cavalerie ont souvent manqué leur but pour n'avoir pas prêté une attention suffisante à l'aspect destructeur et démolisseur de leur mission. Il en résulta que la valeur possible de raids rapides sur les communications a été indûment dépréciée. On doit bien comprendre que le courant de ravitaillement peut être interrompu, non seulement par les destructions effectuées sur les itinéraires, mais par la menace ou l'exécution d'une interception des trains et convois. Les possibilités de cette forme d'interruption se sont accrues avec l'apparition des unités mécanisées, par suite de leur souplesse et de leur aptitude à manœuvrer en tous terrains.

Ces conclusions furent confirmées par l'expérience de la Seconde Guerre mondiale ; et, singulièrement, par l'effet paralysant et les résultats catastrophiques obtenus, dans les domaines physiques et psychologiques, par les unités blindées de Guderian roulant loin devant les gros des armées allemandes. Ces unités coupèrent les communications des armées alliées là où elles traversaient la ligne de la Somme, à Amiens et Abbeville, c'est-à-dire loin en arrière.

*La méthode de progression.*

Jusqu'à la fin du XVIIIe siècle, la marche en ordre physiquement concentré était de règle ; tant sur le plan stratégique (*vers* le champ de bataille) que sur le plan tactique (*sur* le champ de bataille). Puis, Napoléon exploita les idées de Bourcet et le nouveau système divisionnaire, et il introduisit le mouvement stratégique *articulé*, l'armée se déplaçant non plus en bloc, mais par fractions indépendantes les unes des autres. Mais, en général, l'avance tactique s'exécuta toujours en ordre concentré.

Vers la fin du XIXe siècle, avec le progrès des armes à feu, les mouvements tactiques s'effectuèrent en ordre dispersé, c'est-à-dire par petits éléments séparés afin de diminuer les effets du feu. Par contre, la progression stratégique était redevenue concentrée, évolution due en partie à l'influence du chemin de fer et aux masses croissantes des armées et, en partie, à l'incompréhension de la méthode napoléonienne.

Un retour à la marche stratégique en ordre articulé était indispensable pour renouveler l'art et les résultats de la stratégie. En outre, de nouveaux facteurs – puissance aérienne et puissance des motorisés – intervenaient pour orienter l'évolution future vers une *marche stratégique en ordre dispersé*. Les dangers des attaques aériennes, le souci de tromper l'adversaire et le besoin de tirer le maximum de la mobilité mécanisée, donnèrent à penser que les unités se déplaçant ne devaient pas seulement être articulées aussi largement que cela était compatible avec la nécessité d'agir d'une manière coordonnée et combinée, mais qu'elles devaient être aussi dispersées que l'autorisait leur cohésion. Ceci est devenu essentiel avec les armes atomiques. Les progrès de la radio sont intervenus au bon moment pour permettre de concilier dispersion et commandement des unités.

Au lieu de nous en tenir à l'idée un peu simpliste d'une opération concentrée exécutée par une armée concentrée, nous pourrions, en fonction des circonstances, choisir entre les variantes ci-après :

1° Progression en ordre dispersé visant un but unique concentré, c'est-à-dire un seul objectif.

2° Progression en ordre dispersé visant une série de buts concentrée, c'est-à-dire des objectifs successifs.

(Chacune de ces deux solutions exige des manœuvres préliminaires afin de distraire l'attention des forces adverses, à moins que la possibilité d'adopter des objectifs alternatifs nous autorise à présumer qu'un tel effet de distraction sera produit tout simplement par la perplexité de l'ennemi.)

3° Progression en ordre dispersé visant un but réparti, c'est-à-dire simultanément un certain nombre d'objectifs (avec les données récentes de la guerre, *l'effet cumulatif* des succès partiels, ou même de simples menaces prononcées sur un certain nombre de points, peut être plus important que le succès complet obtenu en un seul point).

L'efficacité des armées dépend du développement de ces nouvelles méthodes ; méthodes visant à couvrir et à contrôler des zones plutôt qu'à s'emparer de lignes, à paralyser l'action de l'ennemi (objet pratique) plutôt qu'à écraser ses forces (objet théorique). La fluidité des moyens peut réussir là où leur concentration entraîne simplement une dangereuse rigidité.

# 20

# L'essence de la stratégie et de la tactique

Ce bref chapitre se propose d'extraire de l'histoire des guerres quelques vérités d'expérience qui paraissent si universelles et fondamentales qu'on peut les baptiser axiomes.

Ce sont des conseils pratiques et non des principes abstraits. Lorsqu'il nous laissa ses maximes, Napoléon avait compris que, seule, la pratique est utile. Mais la tendance moderne serait de chercher des principes pouvant se formuler en un seul mot, mot qui en exige ensuite plusieurs milliers d'autres pour être entendu. Même ainsi formulés, ces « principes » demeurent tellement abstraits qu'ils signifient une chose différente pour chacun, et que leur valeur dépend de l'intelligence que chacun possède de la guerre. Et plus on s'entête à chercher de telles abstractions tyranniques, plus elles semblent un mirage hors d'atteinte et sans autre utilité que celle d'exercices intellectuels.

Les principes de la guerre – et non le principe unique – peuvent être condensés en un seul mot : « concentration ». Plus exactement, ceci exige d'être complété, et il faut dire : « concentration de la force contre la faiblesse ». Et pour que ceci ait quelque valeur, il faut expliquer que la concentration de la force contre la faiblesse dépend de la dispersion de la force adverse ; et celle-ci, à son tour, est produite par une distribution de votre propre force donnant toutes les apparences et même un effet partiel de dispersion. Votre dispersion, sa dispersion, votre concentration : telle est la série, et chaque terme est une conséquence du précédent. L'authentique concentration est le fruit d'une dispersion calculée.

Nous trouvons ici un principe fondamental dont la compréhension permet d'éviter une erreur capitale (et la plus courante) : celle consistant à donner à notre adversaire la liberté et le temps de se concentrer pour faire face à notre concentration. Mais connaître le principe n'aide pas beaucoup l'exécution pratique. Les axiomes mentionnés ci-dessous, qui sont formulés ici comme des maximes, ne sauraient être condensés en un seul mot ; mais ils peuvent être formulés dans le minimum de termes nécessaires pour servir dans la pratique. Ils sont huit en tout, dont six sont positifs et deux négatifs ; et ils s'appliquent à la tactique comme à la stratégie, à moins d'indication contraire.

*Principes positifs.*

1° *Ajustez votre fin à vos moyens*. Pour déterminer votre objet, une vue claire et le froid calcul doivent prévaloir. C'est folie que d'avoir les yeux plus grands que le ventre, et le commencement de la sagesse militaire réside dans le discernement du possible. Aussi, apprenez à considérer les faits en face, sans jamais vous contenter d'un acte de foi : il vous faudra une ample provision de foi – celle qui peut faire réussir ce qui semblait impossible – dès que l'action sera commencée. La confiance est comme le courant d'une batterie d'accus : évitez de l'épuiser en vains efforts ; et rappelez-vous que votre propre confiance persévérante ne servira de rien si les plaques de votre batterie, ces hommes sur lesquels repose votre entreprise, ont été détruites.

2° *Conservez toujours votre objet présent à l'esprit* tout en adaptant votre plan aux circonstances. Sachez qu'il existe plus d'une voie pour atteindre un objet, mais prenez garde que tout objectif intermédiaire réagit sur l'objet. Et en considérant les objectifs possibles, pesez et comparez les possibilités que vous avez de les atteindre avec leur utilité par rapport à l'objet s'ils sont atteints. Manquer une occasion accessoire est fâcheux, mais continuer à viser l'inutile est pire.

3° *Choisissez la ligne (ou le développement) de moindre attente* ; essayez de vous mettre vous-même à la place de l'ennemi, et pensez au cours des événements que, selon toute probabilité, il a le moins de chances de prévoir ou de parer.

4° *Exploitez la ligne de moindre résistance,* aussi longtemps qu'elle peut vous conduire a tout objectif pouvant contribuer à la conquête de votre objet. (En tactique, cette maxime s'applique à l'emploi de vos réserves ; en stratégie, à l'exploitation de tout succès tactique.)

5° *Adoptez une ligne d'opération procurant des objectifs alternatifs*. Ainsi vous placerez votre adversaire sur « les cornes d'un dilemme », ce qui vous donne une chance d'atteindre au moins un des objectifs – le plus mal gardé – et peut vous permettre ensuite de conquérir l'autre après ce premier.

Les objectifs alternatifs vous permettent de saisir l'occasion de conquérir *un* objectif ; à moins que l'ennemi soit irrémédiablement inférieur, ne retenir qu'un objectif unique, c'est la certitude que vous ne l'obtiendrez pas, puisque l'ennemi ne demeurera pas longtemps perplexe quant à votre but. Il n'est pas d'erreur plus commune que de confondre l'adoption d'une ligne d'opération unique, ce qui est généralement sage, avec le choix d'un objectif unique, ce qui est généralement simpliste. (Si cette maxime concerne principalement la stratégie, elle doit s'appliquer à la tactique lorsque cela est possible, et gouverner par exemple la tactique d'infiltration.)

6° *Assurez-vous de la souplesse, à la fois, du plan et du dispositif qui doivent pouvoir s'adapter aux circonstances*. Votre plan devra prévoir la phase suivante et la préparer pour le cas d'un succès ou celui d'un échec, ou pour le cas d'un succès partiel, ce qui est d'ailleurs l'éventualité la plus courante à la guerre. Vos dispositions (ou formations) doivent être telles qu'elles permettent l'exploitation ou l'adaptation dans les délais les plus brefs.

*Principes négatifs.*

7° *Ne jetez pas tout le poids de vos moyens dans une affaire quand votre adversaire est en garde*, parce qu'il est bien placé pour parer ou éviter ce coup. L'expérience historique enseigne que, sauf devant un adversaire très inférieur, aucun coup ne peut être efficace tant que la capacité de résistance de l'ennemi ou son aptitude à l'éluder ne sont pas paralysées. C'est pourquoi aucun chef ne lancera une véritable attaque sur un adversaire en position sans s'être assuré qu'une telle paralysie a été amorcée. Elle est le résultat de la *désorganisation* de l'ennemi et de son équivalent moral, la *démoralisation*.

8° *Ne renouvelez pas une attaque sur la même ligne (ou dans la même forme) après qu'elle a échoué une première fois*. Un simple renforcement des moyens globaux n'est pas une modification suffisante, car il est probable que l'ennemi se sera renforcé lui aussi dans l'intervalle. Il est même très probable que le succès obtenu en vous repoussant aura exalté son moral.

La vérité capitale que recouvrent ces maximes est que, pour obtenir la victoire, deux problèmes majeurs doivent être résolus : celui de la *dislocation* et celui de *l'exploitation*. L'un précède et l'autre suit le coup que l'on assène et qui, en comparaison, n'est qu'un acte simple. Vous ne pouvez frapper efficacement l'ennemi avant d'avoir, en premier lieu, suscité l'occasion favorable ; vous ne pouvez rendre décisif l'effet de ce coup, sans exploiter la nouvelle occasion ainsi créée et avant que l'ennemi ne s'en remette.

L'importance de ces deux problèmes n'a jamais été correctement évaluée, et ceci explique pourquoi la guerre demeure habituellement indécise. L'instruction des armées est tournée en priorité vers l'accroissement du rendement dans l'exécution de l'*attaque*. Cette attention prêtée à la seule technique tactique tend à masquer l'élément psychologique. Elle renforce le culte de ce qui est orthodoxe plutôt que celui de la surprise. Elle engendre des chefs bien trop timides pour rien faire qui contredise les prescriptions du règlement, et qui en oublient la nécessité d'inciter l'ennemi à commettre des fautes. Le résultat est que leurs plans n'aboutissent à aucun résultat. Car, dans la guerre, c'est en contraignant à commettre des fautes que le fléau de la balance a le plus souvent penché.

Ici et là, un chef s'est moqué de ce qui semblait orthodoxe, et il a trouvé dans l'inattendu la clé d'une décision, à moins que la fortune ait été décidément contre lui. Car la chance ne peut jamais être retranchée de la guerre depuis que la guerre fait partie de la vie. C'est pourquoi ce qui est inattendu ne garantit pas la victoire ; mais il offre les meilleures chances de vaincre.

21

## Objet national et but militaire

Lorsqu'on aborde la notion de « l'objectif » dans la guerre, il est essentiel d'effacer toute ambiguïté ; l'esprit ne doit pas perdre de vue la distinction entre l'objectif politique et l'objectif militaire, les deux étant différents, quoique non indépendants l'un de l'autre. Car les nations ne se lancent pas dans la guerre pour l'amour de la guerre, mais pour poursuivre une politique. L'objectif militaire est seulement le moyen au service d'une fin politique. Aussi, l'objectif militaire doit-il être commandé par l'objectif politique, étant entendu qu'une condition de base est respectée : la politique ne doit pas exiger ce qui est militairement – c'est-à-dire, pratiquement – impossible.

Aussi, toute étude du problème doit-elle s'ouvrir et s'achever sur le problème de la politique.

Bien que d'usage courant, le terme « objectif » n'est pas bon. Il possède un double sens, physique et géographique, et introduit la confusion dans la pensée. Il serait préférable de parler de « l'objet » lorsqu'on traite des grands desseins de la politique, et de « but militaire » lorsqu'il s'agit de la manière dont les forces armées sont mises au service de la politique.

L'objet de la guerre est une meilleure situation de paix, même si cette appréciation qualitative vous est personnelle. C'est pourquoi il est capital de conduire la guerre en ne cessant de considérer la paix que vous voulez obtenir. Ceci concerne aussi bien les nations agressives et expansionnistes que les nations pacifiques qui ne combattent que pour leur sauvegarde, bien que ce qu'elles entendent par une meilleure situation de paix soit très différent pour les unes et les autres.

L'histoire montre que remporter une victoire militaire n'équivaut pas, en soi, à atteindre l'objet de la politique. Mais dans la mesure où la réflexion sur la guerre devint le fait des militaires professionnels, elle tendit tout naturellement à perdre de vue l'objet national fondamental et à l'identifier avec le but militaire. En conséquence, chaque fois que la guerre a éclaté, la politique fut trop souvent gouvernée par le but militaire, et celui-ci considéré comme une fin en soi au lieu de demeurer un simple moyen au service de la fin.

Mais ces néfastes effets devinrent encore plus graves. Car, en perdant de vue la relation exacte entre l'objet et le but militaire, entre la politique et la stratégie, le but militaire a subi une distorsion et s'est simplifié à l'excès.

Pour acquérir une véritable intelligence de ce problème, complexe par nature, il faut d'abord savoir dans quel contexte la pensée militaire a traité ce thème au cours des deux derniers siècles, et l'évolution des conceptions.

Pendant plus d'un siècle, le premier canon de la doctrine militaire proclama que « la destruction des principales armées ennemies sur le champ de bataille » constituait le seul but de guerre authentique. Ceci était universellement accepté, consacré par tous les manuels militaires, et enseigné dans tous les collèges d'état-major. Si un homme d'État osait douter que cette affirmation s'accordât en toutes circonstances avec l'objet national, il était regardé comme un blasphémateur des saintes écritures, comme on peut le constater en compulsant les rapports officiels et les mémoires des chefs militaires, tout particulièrement pendant et après la première guerre mondiale.

Une règle aussi absolue aurait bien surpris les grands

chefs et les professeurs ou théoriciens de la guerre antérieurs au XIXe siècle. Ils avaient reconnu, en effet, la nécessité pratique d'adapter rationnellement les buts aux limitations de la force et à la politique.

*L'influence de Clausewitz.*

La règle prit cette rigidité dogmatique surtout sous l'influence posthume de Clausewitz et de son œuvre qui marqua l'esprit des hommes de guerre prussiens – et tout particulièrement Moltke – et, plus encore, par suite du retentissement des victoires de 1866 et 1870 dans toutes les armées du monde qui copièrent le système prussien sur plus d'un point. Ceci est d'une importance capitale pour étudier ses théories.

Comme il arrive fréquemment, les disciples de Clausewitz tirèrent de son enseignement les conclusions extrêmes que leur maître n'avait nullement envisagées.

Être mal compris est le lot commun de la plupart des prophètes et des penseurs, et ceci dans tous les domaines. Des disciples dévots mais inintelligents ont toujours fait plus de tort à une conception originale que ses adversaires aveugles. On doit admettre, toutefois, que Clausewitz invitait aux interprétations erronées plus que la plupart. Ayant étudié Kant, mais de seconde main, il avait acquis un mode d'expression philosophique sans avoir pour autant les dons d'un véritable philosophe. Sa théorie de la guerre fut formulée d'une manière trop abstraite et trop complexe pour le cerveau du soldat moyen, tourné essentiellement vers le concret et incapable de suivre le développement d'un propos qui, souvent, s'écartait de la direction qu'il semblait adopter initialement. Impressionnés, mais leurrés, ils se laissèrent prendre à ses phrases, ne retinrent que leur signification superficielle et non le cours plus profond de la pensée clausewitzienne.

La plus importante contribution de Clausewitz à la théorie de la guerre fut l'accent porté sur les facteurs psychologiques. S'élevant contre l'école de la stratégie géométrique alors à la mode, il montra que l'esprit humain est infiniment plus important que les lignes et les angles opérationnels. Il émit des vues très perspicaces sur les effets du danger et de la fatigue, sur la valeur de l'audace et de la froide détermination.

Pourtant, ce furent bien ses erreurs qui marquèrent le plus profondément le cours ultérieur de l'histoire.

Il avait été trop continental pour comprendre l'importance de la puissance maritime. Et ses vues furent courtes, si l'on songe à l'ère mécanique, lorsqu'il dit sa « conviction que la supériorité numérique devient de jour en jour plus décisive ». Un tel aphorisme renforçait l'instinct conservateur des hommes de guerre peu accessibles aux possibilités recélées par la forme moderne de supériorité qu'allait offrir l'invention mécanique. Il donnait également une vive impulsion à l'extension universelle et permanente du système de la conscription, procédé simpliste pour procurer les effectifs les plus nombreux. Ce qui signifiait, en négligeant les conséquences psychologiques, que les armées devenaient de plus en plus vulnérables à la panique et capables de brusques effondrements. La méthode antérieure, bien que non systématique, tendait à garantir pour le moins que les armées fussent composées de bons « animaux de combat ».

Clausewitz n'apporta aucune contribution nouvelle ou remarquable aux idées tactiques et stratégiques. Il fut un penseur qui *codifia*, plutôt qu'un esprit *créateur* ou *dynamique*. Il n'eut pas, sur l'art de la guerre, une influence révolutionnaire équivalente à celle produite au XVIII^e^ siècle par le « système divisionnaire » et, au XX^e^, par la mobilité blindée. Mais, en cherchant à formuler l'expérience des guerres napoléoniennes, il mit l'accent sur certains caractères rétrogrades, favorisant ainsi ce qu'on pourrait appeler une « *révolution à rebours* », conduisant à un art de la guerre *tribal*.

*La théorie clausewitzienne du but militaire.*

En définissant le but militaire, Clausewitz fut entraîné par sa passion pour la logique pure :

« Le but de toute action de guerre est de désarmer l'ennemi, et nous allons montrer que ceci, *au moins en théorie*, est indispensable. Si notre adversaire doit être amené à se soumettre à notre volonté, nous devons le placer dans une situation qui lui sera plus intolérable que le sacrifice que nous exigeons de lui. Naturellement le désavantage de sa position ne doit pas être d'une nature transitoire, au moins en apparence, sinon l'ennemi, au lieu de céder, tiendra avec l'espoir que la situation évoluera en sa faveur. Tout changement dans sa position qui résulte de la continuation de la guerre doit donc être une évolution vers une situation pire. »

« La plus mauvaise situation dans laquelle un belligérant puisse être placé est celle où il est totalement désarmé. Si donc l'ennemi doit être réduit à se soumettre... il doit être ou positivement désarmé ou placé dans une position telle qu'il est menacé de l'être. De tout ceci, il suit que le désarmement complet ou la défaite de l'ennemi... doit toujours être le but de la guerre. »

L'influence de Kant peut être décelée dans le dualisme de la pensée de Clausewitz. Il croit en un monde (militairement) parfait d'idéaux, tout en sachant devoir affronter un monde temporel, concret, dans lequel ces idéaux ne peuvent être atteints que très imparfaitement. Il était capable, en effet, de distinguer un idéal militaire de ce qu'il décrivait comme une « modification de la réalité ». Il écrivait : « Raisonnant dans l'abstrait, l'esprit ne peut s'arrêter lorsqu'il approche un extrême... Mais tout prend une forme différente lorsque nous passons des abstractions à la réalité. » « Cet objet de la guerre, dans l'abstrait... le désarmement de l'ennemi, est rarement atteint dans la pratique, et n'est pas une condition nécessaire pour obtenir la paix. »

La tendance de Clausewitz à aller aux extrêmes se manifeste également dans son exposé sur la bataille considérée comme un moyen au service de la fin que la guerre se propose. Il ouvre le débat par cette assertion catégorique : « Il n'existe qu'un seul moyen, c'est le combat. » Ce qu'il justifie en une longue argumentation démontrant que, dans toutes les formes de l'activité militaire, « l'idée du combat doit être nécessairement à la base ». Ayant prouvé laborieusement ce que la plupart des gens accepteraient volontiers sans contestation, Clausewitz dit que « l'objet de la guerre n'est pas toujours la destruction des armées ennemies... cet objet peut être souvent atteint, et aussi bien, sans que le moindre combat ait lieu ».

En outre, Clausewitz déclare que « les dimensions de nos propres forces militaires doivent être toujours, *ceteris paribus*, d'autant plus considérables que le but visé est la destruction de la puissance ennemie. Le danger réside en ceci : la plus grande efficacité que nous recherchons dépend de nous-mêmes, et c'est pourquoi elle entraîne les pires conséquences dans le cas où la victoire nous échappe ».

De sa propre bouche, Clausewitz prononce ici un verdict prophétique sur le retentissement de sa théorie chez ceux qui la suivirent au cours des deux dernières guerres mondiales. Car c'était bien l'aspect idéal et non l'aspect pratique de son enseignement relatif à la bataille qui lui avait survécu. Il contribua à accentuer la déviation en arguant que c'est uniquement pour éluder les risques de la bataille que « tous les autres moyens sont utilisés ». Et il cristallisait cette erreur dans l'esprit de ses élèves en insistant sur l'idéal abstrait.

Pas un lecteur sur cent n'était capable de comprendre la subtilité de sa logique ou de maintenir un rigoureux équilibre dans une telle jonglerie philosophique. Mais chacun pouvait retenir des phrases aussi ronflantes que celles-ci :

« Nous ne disposons que d'un seul moyen à la guerre : la bataille. »

« La solution sanglante de la crise, l'effort pour détruire les armées ennemies, voilà le fils aîné de la guerre. »

« Seules, de grandes batailles générales peuvent produire de grands résultats. »

« Ne nous parlez pas de ces généraux qui conquièrent sans effusion de sang. »

En répétant de telles phrases, Clausewitz privait de prolongements sa philosophie, toujours floue, et n'en tirait rien de plus qu'une chanson de marche, une *Marseillaise* prussienne qui échauffait le sang et intoxiquait l'esprit. En se transmettant aux successeurs, elle s'affirma comme une doctrine convenable, certes, pour former des caporaux, mais non des généraux. Car, en présentant la bataille comme la seule « activité authentique de la guerre », il arrachait ses lauriers à la stratégie et réduisait l'art de la guerre à la machinerie d'un abattoir. En outre, il incitait les généraux à rechercher la bataille comme la *première* éventualité, au lieu de susciter une occasion *avantageuse*.

Clausewitz contribuait à la décadence ultérieure de l'art du chef en écrivant cette phrase si souvent citée :

« Des philanthropes peuvent facilement imaginer qu'il existe une habile méthode pour désarmer et soumettre l'ennemi sans grande effusion de sang, et que cette méthode est précisément ce vers quoi tend essentiellement l'art de la guerre... c'est une erreur qui doit être extirpée. »

Écrivant cela, il est certain qu'il ne s'est pas arrêté à réfléchir sur le fait que ce qu'il dénigrait ainsi fut toujours considéré comme le but principal du commandement par tous les maîtres de l'art de la guerre, y compris Napoléon.

C'est pourquoi depuis lors, la phrase de Clausewitz fut citée par les hommes de guerre peu avares de sang versé pour excuser, et même justifier, les vies humaines gaspillées dans de stériles assauts lancés tête baissée.

Le danger fut encore amplifié par le fait qu'il insistait constamment sur l'importance décisive de la supériorité *numérique*. Avec une plus grande pénétration, il nota dans un passage de son œuvre que la *surprise* est « à la base de toutes les entreprises, car sans elle la supériorité au point décisif n'est absolument pas concevable ». Mais, frappés par l'accent mis encore plus fréquemment sur le « nombre », ses disciples en vinrent à considérer les plus grandes masses comme la seule recette de victoire.

*La théorie clausewitzienne de l'objet.*

Encore plus désastreux furent les effets de son exposé théorique exaltant l'idée de guerre « absolue » ; il proclamait que la route menant à la victoire passait par l'emploi sans restriction de la force. C'est pourquoi une doctrine qui débute en définissant la guerre comme « la continuation de la politique par d'autres moyens » aboutit à cette contradiction qui fait de la politique l'esclave de la stratégie et, mieux encore, de la mauvaise stratégie.

Par-dessus tout, ceci fut aggravé par son dicton proclamant que « introduire un principe de modération dans la philosophie de la guerre serait une absurdité. La guerre est un acte de violence poussé jusqu'à ses extrêmes limites ».

Cette déclaration a servi de base à l'extravagante absurdité de la guerre totale moderne. Son principe selon lequel la force doit être mise en œuvre sans restriction ni calcul du prix de revient ne convient qu'à une populace affolée par la haine. C'est la négation de l'art de l'homme d'État et de la stratégie intelligente qui doit chercher à servir les fins de la politique.

Si la guerre doit être la continuation de la politique, ainsi que Clauzewitz l'a déclaré ailleurs, elle doit être nécessairement conduite en ne perdant pas de vue le bénéfice de l'après-guerre. Un État qui dilapide ses forces jusqu'à épuisement mène à la banqueroute sa propre politique.

Clausewitz lui-même a qualifié son principe de la « force extrême » lorsqu'il admet que « l'objet politique, comme motif premier de la guerre, doit fournir le critère permettant de déterminer à la fois le but de la force militaire et la somme d'efforts qui doit être consentie ».

Plus significatif encore le passage dans lequel il remarquait que rechercher l'extrême, selon la logique, aboutirait à ce que « les moyens perdent tout rapport avec la fin, et, dans la plupart des cas, rechercher l'effort extrême conduit à la catastrophe, si redoutables sont les forces d'opposition que recèle en lui même un tel effort ».

Son ouvrage classique, *De la guerre*, fut le résultat de douze années de réflexion intense. Si son auteur avait vécu plus longtemps en méditant toujours sur la guerre, il aurait abouti à des conclusions plus raisonnables et plus claires. Au fur et à mesure qu'elle aurait progressé, sa réflexion l'eût conduit à voir différemment et avec plus de pénétration. Malheureusement, sa recherche fut interrompue, car il mourut du choléra en 1831. Ses écrits, publiés après sa mort par sa veuve, furent retrouvés en un certain nombre de paquets scellés portant cet avertissement prophétique :

« Si mon travail devait être interrompu par la mort, ce que l'on trouvera ici ne saurait être qu'une masse de conceptions non mises en forme... autorisant des interprétations erronées à l'infini. »

Bien des maux auraient été évités sans cette fatale épidémie de choléra. Car des indications significatives suggèrent que, au cours de l'évolution graduelle de sa pensée, il avait atteint un stade où il était sur le point de rejeter son concept original de guerre « absolue » et de réviser sa théorie en fonction de données plus sensées. Mais la mort intervint.

En conséquence, la voie demeurait grande ouverte à « toutes les conceptions erronées », qu'il était loin de prévoir, car l'adoption universelle de cette théorie de la guerre illimitée conduirait à une destruction presque totale de la civilisation. Accepté sans discernement, l'enseignement de Clausewitz a largement influencé à la fois les origines et le caractère de la Première Guerre mondiale. C'est pourquoi il a mené, tout aussi logiquement, à la Deuxième Guerre mondiale.

*L'évolution de la théorie : après la Première Guerre mondiale.*

Le cours et les résultats de la Première Guerre mondiale offraient de nombreux motifs pour douter de la validité de la théorie de Clausewitz, au moins telle que l'interprétaient ses épigones. Sur terre, d'innombrables batailles avaient été livrées sans jamais produire les résultats décisifs qu'on en attendait. Mais les chefs responsables furent lents à adapter leur but aux circonstances, ou à développer de nouveaux moyens afin de mettre ce but plus à leur portée. Au lieu de poser le problème, ils recoururent à la théorie jusque dans ses extrêmes conduisant au suicide, drainant leurs propres forces au-delà de toute limite compatible avec leur sûreté, poursuivant un idéal de victoire totale procurée par la bataille, idéal jamais atteint.

Et que, finalement, un des adversaires s'effondrât, cela était plus imputable au vide de son estomac, vide obtenu par la pression économique de la puissance maritime, qu'au sang versé – bien que le sang répandu lors des stériles offensives allemandes de 1918 et la baisse du moral consécutive à leur évidente impuissance aient précipité l'effondrement. Si cela donna aux nations adverses *l'apparence* d'une victoire, leurs efforts pour la *gagner* furent payés d'un tel épuisement physique et moral que ces vainqueurs apparents furent incapables de consolider leur position acquise.

Il devenait évident que quelque chose n'allait pas dans la théorie ou, au moins, dans son application sur les plans de la tactique, de la stratégie ou de la politique. Les pertes considérables subies en poursuivant vainement un objectif « idéal », et l'épuisement subséquent des vainqueurs théoriques, indiquaient qu'il était nécessaire de procéder à une nouvelle étude du problème de l'objet et du but.

À côté de ces données négatives, plusieurs raisons positives incitaient à hâter cette nouvelle enquête. L'une d'entre elles était le rôle décisif joué par la puissance maritime qui, sans une seule bataille navale décisive, amena l'effondrement de l'ennemi par la pression économique. Ce qui autorisait à se demander si la Grande-Bretagne, en particulier, n'avait pas commis une faute majeure en abandonnant sa stratégie traditionnelle pour consacrer tellement d'efforts si terriblement coûteux et pendant si longtemps, à de vaines tentatives pour arracher une victoire décisive sur terre.

Deux autres raisons étaient fournies par des données récentes. Les progrès de l'aviation offraient la possibilité de frapper les centres économiques et moraux de l'adversaire sans devoir préalablement achever « la destruction des forces principales de l'ennemi sur le champ de bataille ». La puissance aérienne pouvait accomplir une fin directe par des moyens indirects, en escamotant toute opposition au lieu de la réduire. Au même moment, les progrès combinés du moteur à essence et du tracteur à chenille ouvraient la voie au progrès des unités terrestres mécanisées et de grande mobilité. Ceci à son tour découvrait de nouvelles possibilités, plus vastes : on pouvait obtenir l'effondrement des « armées principales de l'ennemi » sans livrer de batailles sérieuses, mais en coupant leurs lignes de communications et en disloquant leurs systèmes de liaison et de commandement, en les paralysant par le choc nerveux de pénétrations profondes effectuées sur leurs arrières. Les forces terrestres mécanisées de ce type pouvaient également permettre – comme la puissance aérienne, bien qu'à un degré moindre – de frapper directement le cœur et les centres nerveux du pays adverse.

Tandis que la mobilité aérienne pouvait asséner de tels coups sous forme d'approche indirecte dans les airs, la mobilité des chars pouvait les porter par une approche indirecte sur terre en évitant « l'obstacle » constitué par l'armée adverse. Pour illustrer ce point par une analogie empruntée au jeu d'échecs, disons que la mobilité aérienne introduisait le mouvement du cavalier et la mobilité du blindé, celui de la reine dans l'art de la guerre. Sans doute, cette analogie ne conserve pas leurs valeurs respectives, car l'aviation combine la capacité de saut du cavalier avec la souplesse des mouvements de la reine dans toutes les directions ; d'autre part, bien que ne pouvant l'enjamber, une force terrestre mécanisée pouvait conserver, en l'occupant, la case qu'elle avait conquise.

Ces récents progrès dans les airs et sur terre devaient nécessairement marquer profondément le *but militaire* et le choix des *objectifs* lors d'un conflit futur. Ils accroissaient les possibilités d'appliquer l'action militaire aux objectifs civils, économiques et moraux, tout en la rendant plus puissante dans ses effets. Ils augmentaient également la « portée » de l'action militaire sur les objectifs militaires, car il était plus facile de se rendre maître d'un « corps » adverse – comme celui d'une armée – en paralysant certains de ses organes vitaux que de le détruire physiquement et dans son ensemble après de durs combats. Annuler toute opposition en paralysant l'aptitude à s'opposer est beaucoup plus économique en moyens que de détruire positivement cette résistance, la destruction impliquant toujours un processus plus long et plus coûteux pour le vainqueur. La maîtrise de l'air ouvrait de nouveaux horizons à ceux qui voulaient paralyser toute opposition armée ; en outre, elle était apte à éviter l'opposition et à frapper les objectifs civils au cœur du pays ennemi.

L'avènement de cette mobilité que multipliait sa simultanéité dans les airs et sur terre, eut pour effet global d'accroître la puissance et l'importance de la stratégie relativement à la tactique. Les chefs des plus hauts échelons pouvaient prétendre désormais obtenir des résultats plus par le mouvement que par le combat, et ceci dans une plus large mesure que leurs prédécesseurs.

Si la valeur d'une victoire remportée au cours d'une bataille décisive ne pouvait certes disparaître, et si les chances de l'obtenir se voyaient accrues par les potentialités de la mobilité moderne, même une telle bataille devait peu ressembler à la bataille de forme traditionnelle. Elle devait rappeler la structure normale d'une manœuvre stratégique. Le mot « bataille » se révélait inadéquat pour désigner une telle opération *consécutive*.

Malheureusement, ceux qui se trouvaient à la tête des armées après la Première Guerre mondiale ne ressentirent que très tardivement le besoin de réviser la définition du but militaire, et d'aboutir à une définition qui tînt compte des modifications survenues dans les conditions et les instruments de la guerre.

Malheureusement encore, ceux qui se trouvaient alors à la tête des aviations se montraient trop exclusivement soucieux d'asseoir leur autonomie ; ils s'attachaient trop étroitement à exploiter les possibilités d'attaquer les objectifs civils, sans considération ni pour les limites de cette action, ni pour ses résultats fâcheux. Enthousiasmés tout naturellement par la jeune arme à laquelle ils appartenaient, ils affichaient une confiance excessive dans son aptitude à obtenir soit l'effondrement moral du peuple adverse soit les effets du blocus économique jusqu'alors privilège de la puissance navale, mais sous une forme intensifiée et plus rapidement décisive.

*La pratique, au cours de la Seconde Guerre mondiale.*

Lorsque la Seconde Guerre mondiale éclata, la poignée d'unités terrestres mécanisées récemment créées répondirent amplement à ce qu'on attendait d'elles ; elles obtinrent des résultats décisifs lorsqu'elles furent utilisées pour asséner des coups à longue portée sur des objectifs stratégiques.

Six divisions de ce type suffirent amplement à produire l'effondrement de la Pologne en quelques semaines. Et seulement dix divisions de ce type décidèrent virtuellement de ce qu'on appela la « campagne de France » avant que la masse d'infanterie de l'armée allemande fût même entrée en action ; et ceci devait amener presque inéluctablement l'effondrement de tous les pays occidentaux. Cette conquête de l'Ouest fut achevée par une campagne d'un mois à peine, la victoire étant acquise à un prix étonnamment modique. En vérité, au cours de la phase finale, « l'effusion de sang » fut minime, et même quasi nulle, si on la rapporte aux normes de Clausewitz.

Si cette prompte victoire fut obtenue par une action visant des objectifs militaires, elle le fut surtout par une action adoptant la forme « *manœuvre* », et plus stratégique que tactique.

En outre, les effets obtenus en coupant les communications des armées adverses et en disloquant leur système de commandement au cours de pénétrations profondes, peuvent malaisément être différenciés des effets concomitants sur le moral du peuple sérieusement ébranlé *et* sur l'organisation civique démantelée. Au moins partiellement, on peut les considérer comme une preuve de l'efficacité actuelle des opérations visant des objectifs civils.

La rapide conquête des Balkans, en 1941, appelle des réflexions similaires : elle démontra, une nouvelle fois, les effets paralysants des nouveaux instruments et de leurs applications stratégiques. Comparativement, la « bataille » perdait toute importance, et la « destruction » devenait de toute évidence un terme inadéquat pour définir la manière selon laquelle la décision avait été obtenue.

Quand l'invasion de la Russie commença, une méthode quelque peu différente fut essayée. De nombreux généraux allemands – particulièrement le chef de l'état-major général, Halder – se plaignaient de ce que Hitler avait tendance à fixer des objectifs économiques plutôt que militaires. Mais l'analyse des ordres d'opérations et de leurs propres aveux ne les décharge pas de toute responsabilité sur ce point. Si Hitler inclinait à penser que le but économique devait être plus payant, il est clair que, dans la période cruciale de la campagne de 1941, il se conforma aux préférences de l'état-major général en livrant des batailles. Et la recherche de ce but n'amena pas la décision, bien qu'elle aboutit à plusieurs grandes victoires au cours desquelles d'immenses armées ennemies furent anéanties.

La concentration des efforts sur des objectifs économiques aurait-elle été plus décisive ? La question demeure entière. Mais à la réflexion, quelques-uns des généraux allemands parmi les meilleurs considèrent qu'on laissa échapper la chance de battre la Russie soviétique parce qu'on chercha à gagner des batailles selon le style « classique » au lieu de pousser aussi rapidement que possible sur les objectifs politiques et économiques, Moscou et Leningrad ; ce que Guderian, le chef de file de la jeune école, celle de la guerre mobile mécanisée, souhaitait d'ailleurs que l'on fît. À cette question capitale, Hitler avait répondu comme l'école orthodoxe.

Dans la série des rapides conquêtes allemandes, l'aviation coopéra avec les unités mécanisées des armées de terre pour amener la paralysie et la désintégration morale de l'armée ennemie et de la nation derrière elle. Ses effets furent terrifiants et, il faut le reconnaître, aussi importants que ceux des unités blindées. Les deux armes sont inséparables dans toute évaluation des facteurs qui créèrent le nouveau style de la guerre-éclair – le *blitzkrieg*.

Plus tard, la contribution des aviations britannique et américaine aux victoires des armées de terre et des marines alliées fut encore plus importante. Ce fut surtout grâce à l'aviation que l'invasion du continent par les alliés fut possible, et c'est elle qui assura leur marche à la victoire. Grâce à son action sur les objectifs militaires – spécialement les communications – l'aviation paralysa l'aptitude des armées allemandes à déjouer les manœuvres alliées. Pourtant, l'état-major de l'Air ne montra jamais autant d'agressivité pour attaquer ce genre d'objectifs que pour lancer les opérations indépendantes sur les objectifs « civils » et sur les centres industriels du pays adverse. Son plan cherchait à combiner effet moral et effet économique direct sur la nation adverse, comptant ainsi que le résultat serait décisif, et plus rapidement décisif, que toute action entreprise en coopération contre les armées ennemies.

Bien que les états-majors aériens aient dénommé cette façon de procéder « bombardement stratégique », cette expression n'est pas adéquate : un tel but et une telle action ressortissent à la grande stratégie. Ils seraient plus correctement définis comme « bombardement industriel », termes qui recouvrent aussi bien l'action sur le moral que sur l'économie.

La part réelle de cette sorte de bombardement dans la contribution à la victoire finale est très difficilement appréciable en dépit des nombreuses enquêtes auxquelles il a prêté. Les estimations ont été obscurcies par des opinions partisanes, et autant par ceux qui penchaient pour le bombardement industriel que par ceux qui lui étaient opposés pour des motifs divers. Indépendamment de la confusion ainsi créée, un jugement correct est gêné et rendu presque impossible par la somme d'*impondérables* qui interviennent dans un tel rapport, somme plus importante que pour toute autre forme d'action militaire.

Mais, aurait-on une opinion raisonnablement favorable sur leurs effets, il semble à peu près certain que ces bombardements furent moins décisifs que l'action de l'aviation affectant des objectifs stratégiques militaires. Il est également certain que, au cours des différentes phases de la guerre, les résultats n'atteignirent jamais, et à beaucoup près, ce qu'attendaient de cette sorte d'action ceux qui l'avaient entreprise.

D'ailleurs, une chose est encore plus claire : ce sont les répercussions extrêmement préjudiciables du bombardement industriel sur la situation de l'après-guerre. Outre leur échelle immense, les destructions malaisément réparables eurent des conséquences moins prévisibles, mais probablement plus graves, sur le plan moral et social. Cette sorte d'action menace inévitablement les profondeurs de la vie civilisée dont les fondations sont assez fragiles. Ce danger est désormais immensément accru avec la menace de la bombe atomique.

Nous voici donc amenés à la différence fondamentale existant entre la stratégie et la grande stratégie. Tandis que la stratégie traite seulement le problème posé par le gain de la victoire militaire, la grande stratégie doit envisager des perspectives plus lointaines, car son problème consiste à gagner la paix. Dans un tel ordre d'idées, il ne s'agit pas de mettre la charrue devant les bœufs, mais de voir sans erreur où mènent les bœufs et où va la charrue.

L'action aérienne sur un objet d'abord « civil » se situe au niveau de la grande stratégie. Cet objet entre en ligne de compte à ce titre et, par sa nature même, il ne saurait être qu'un médiocre objectif. L'adopter comme but militaire serait peu raisonnable, même si son aptitude à fournir la décision dans un conflit pouvait être prouvée d'une manière indiscutable ou, pour le moins, mieux démontrée qu'elle ne le fut jusqu'à ce jour.

*Nouvelle révision de la théorie.*

Lorsque l'on essaie de réviser une théorie et de l'aménager pour la mieux équilibrer, une aide certaine est apportée par les études déjà faites sur le même sujet ; dans la mesure, évidemment, où l'on consent à reconsidérer ses conclusions antérieures. Autant que je le sache, je fus le premier, après 1914-18, à étudier la guerre en réexaminant les doctrines sur l'objectif dans la guerre qui prévalaient alors, doctrines qui dérivaient de Clausewitz. Après avoir abordé cette question dans un certain nombre d'articles publiés par des revues militaires, je la traitai plus complètement dans *Paris ou la guerre future*, paru en 1925.

Ce petit livre s'ouvrait en critiquant la manière dont le but orthodoxe, « la destruction des principales armées ennemies sur le champ de bataille », avait été recherché au cours du premier conflit mondial ; et je soulignais ses résultats indécis en dépit de l'épuisement des adversaires. Puis, j'en venais à plaider pour les avantages de « l'objectif moral », montrant : 1° comment des forces blindées pouvaient porter un coup décisif au talon d'Achille de l'armée ennemie, à savoir ses communications et ses organes de commandement constituant son système nerveux ; 2° comment l'aviation, tout en coopérant à cette action stratégique, pouvait également frapper directement le « système nerveux » d'une nation et les « centres civils statiques » de son industrie, et obtenir ainsi des effets décisifs.

L'état-major général prescrivait l'étude de cet ouvrage aux officiers de la première Force Mécanisée Expérimentale lorsqu'elle fut mise sur pied, deux ans après. L'état-major de l'Air l'utilisa également ; fait moins surprenant, car on manquait alors d'ouvrages sur la stratégie aérienne, et celui-ci s'accordait avec ses vues sur le sujet. Le chef d'état-major de l'Air en distribua des exemplaires à ses camarades !

Ce que je viens d'exposer n'est donc que la refonte, après mûre réflexion, de ce que j'écrivais il y a un quart de siècle, et un aveu de l'erreur partielle contenue dans ma thèse. Ceci montre comment, en voulant rétablir l'équilibre, on peut aller trop loin dans la direction opposée. Dans une lettre qu'il m'écrivit en 1928, T. E. Lawrence observait : « Le système logique de Clausewitz est trop complet. Il a égaré ses disciples, au moins ceux d'entre eux qui se battraient plus volontiers avec leurs bras qu'avec leurs jambes... Vous, actuellement, vous tentez (mais peu aidé par ceux dont l'affaire est de réfléchir sur leur métier) de rétablir l'équilibre après l'orgie de la dernière guerre. Lorsque vous réussirez (vers 1945), vos disciples ne respecteront pas la mesure de discrétion que vous vous êtes imposée, et il faudra qu'un stratège postérieur les ramène en arrière. Nous progressons ainsi : en arrière, puis en avant. »

En 1925, je m'étais moi-même trop avancé en plaidant

pour les avantages de l'attaque aérienne sur les objectifs civils, bien que j'aie justifié ce choix en insistant sur l'importance qu'il y avait à exécuter l'attaque en « infligeant le moins possible de dommages irrémédiables, car l'ennemi d'aujourd'hui est le client de demain et l'allié d'après-demain ». Mon opinion était alors qu'une « attaque aérienne décisive infligerait moins de dommage global et entamerait moins la capacité de récupération du pays vaincu » qu'une guerre prolongée du type existant alors.

Au cours de mes études ultérieures, j'en vins à admettre qu'une attaque aérienne lancée sur des centres industriels ne pouvait pas amener des résultats immédiatement décisifs, et qu'elle conduirait à une autre guerre d'usure nouvelle manière, peut être avec moins de morts, mais par contre avec plus de destructions que celle de 1914-18. Mais lorsqu'on commença à prêter attention à cette thèse, l'état-major de l'Air se montra beaucoup moins accueillant aux conclusions ainsi révisées qu'aux conclusions originelles ! Il conserva la foi dans une décision rapide ; et lorsque l'expérience de la guerre le contraignit à en douter, il se prit à croire en l'usure industrielle et avec une foi aussi ardente que celle de l'état-major général qui, au cours de la guerre précédente avait cru en l'usure du potentiel humain.

Néanmoins, les réticences et la reconnaissance des inconvénients liés au choix des usines civiles comme objectif n'impliquent pas pour autant qu'il faille revenir à la « bataille », comprise dans le vieux sens du terme. Les inconvénients de cette formule clausewitzienne sont devenus évidents au cours de la Première Guerre mondiale. Au contraire, la Seconde Guerre mondiale démontra les avantages et les neuves virtualités des actions indirectes, ou stratégiques, sur un objectif militaire ; et elle confirma amplement les prévisions établies dans ce domaine. Même dans le passé, de telles actions avaient été efficacement exploitées par quelques-uns des grands capitaines, en dépit des limitations imputables à leur instrument. Mais, désormais, avec les instruments modernes, ce type d'action se révélait de plus en plus décisif, en dépit de la force accrue de la résistance tactique. *En variantant la direction du coup et celle de la menace, la mobilité moderne produisait une souplesse qui « désarmait » une telle résistance.*

Le moment est venu de refondre la doctrine de l'objectif, ou du but militaire ; et ceci à la lumière de l'expérience récente et des données contemporaines. On devrait souhaiter qu'elle fût entreprise par un bureau commun, afin de parvenir à une solution qui soit agréée par tous, car les doctrines actuelles sont dangereusement discordantes.

Les grandes lignes d'une théorie révisée, accordée aux conditions présentes et à ce que nous savons, sont apparues, je l'espère, au cours de ce débat. L'idée-force est : « opération stratégique » plutôt que « bataille », vieux terme qui a survécu bien qu'inadéquat et sans utilité. Des batailles peuvent toujours survenir, mais elles ne doivent pas être considérées comme le but lui-même. Et, répétant une conclusion antérieure qui s'imposa vigoureusement au cours de la Seconde Guerre mondiale, « le véritable but n'est pas tant de chercher la bataille que de chercher une situation stratégique si avantageuse que, si elle n'amène pas d'elle-même la décision, sa continuation par une bataille produira certainement cette décision ».

# 22

## Grande stratégie

Cet ouvrage concerne la stratégie plutôt que la grande stratégie, ou politique de guerre. Traiter correctement un sujet aussi vaste exigerait, non seulement un ouvrage beaucoup plus important, mais un volume particulier ; car si la grande stratégie domine la stratégie, ses principes vont fréquemment à l'encontre de ceux qui prévalent dans le domaine de cette dernière. Toutefois, pour cette raison même, il est bon de donner ici un aperçu des conclusions plus approfondies auxquelles conduit l'étude de la grande stratégie.

L'objet de la guerre est d'obtenir une paix meilleure, même si cette paix n'est meilleure que selon votre point de vue personnel. C'est pourquoi il est essentiel de conduire la guerre en ne perdant jamais de vue quelle paix vous souhaitez obtenir. Ceci constitue la vérité sous-jacente à la définition que Clausewitz donne de la guerre, « continuation de la politique par d'autres moyens » : la prolongation de cette politique, à travers la guerre et vers la paix qui doit suivre, ne doit jamais quitter l'esprit. Un État qui dilapide ses forces jusqu'à épuisement mène à la ruine sa politique et son avenir même.

Si vous consacrez la totalité de vos efforts exclusivement à la recherche de la victoire et sans penser aux conséquences ultérieures, vous pouvez être trop épuisé pour tirer parti de la paix, et il est presque certain que cette paix sera une mauvaise paix portant déjà les germes d'un autre conflit. C'est la leçon dictée par une vaste expérience.

Ces risques sont d'ailleurs accrus dans une guerre de coalition. Dans ce cas, une victoire trop nette complique inévitablement le problème que pose un traité de paix équitable et sensé. Quand n'intervient plus le contrepoids d'une force adverse qui serait seule capable de modérer les appétits des vainqueurs, rien ne peut empêcher le conflit d'intérêts et les vues divergentes de diviser les partenaires de l'alliance. Les antagonismes peuvent alors s'accuser au point de transformer l'ancienne camaraderie de combat qui faisait front au danger commun, en mécontentement ou en hostilité déclarée. Ainsi ceux qui furent alliés au cours d'une guerre seront ennemis au cours de la suivante.

D'où une autre question, plus vaste. Les frictions qui se développent habituellement dans un système d'alliance, particulièrement lorsqu'il n'est équilibré par aucune autre force, constituent l'un des facteurs qui ont empêché de trouver une solution lors de nombreuses tentatives de fusion amorcées par les États au cours de l'histoire. Mais cette dernière nous enseigne que, pratiquement, l'échec de la fusion signifie la suprématie de l'un des partenaires de l'alliance. Et, bien que se manifeste une tendance naturelle à la fusion des petits groupes en groupements plus importants, forcer le cours naturel des choses entraîne habituellement la confusion et l'échec des plans qui se proposent de bâtir une semblable unité politique.

En outre, et si regrettable que cela puisse sembler à un idéaliste, l'expérience historique offre vraiment peu de raisons de croire que le progrès réel et la liberté qui le rend possible dépendent de l'unification. Là où, en effet, l'unification a montré qu'elle conduisait à l'unité des idées, cela tourne généralement à l'uniformité qui stérilise les sources de nouvelles idées. Et là où l'unification ne fut qu'une unité imposée du dehors ou par force, ce caractère artificiel conduit aux déchirements en passant par la discorde.

L'élan vital procède de la diversité qui favorise le progrès réel aussi longtemps que règne la tolérance mutuelle ; et cette dernière est fondée sur la certitude qu'abolir les différences est finalement plus nuisible que de les accepter. Pour cette raison, le genre de paix qui rend possible le progrès est mieux garanti par l'existence de ces contrepoids mutuels qui préservent l'équilibre des forces, que ce soit dans le domaine de la politique intérieure ou dans celui des relations internationales.

En politique intérieure, le système des deux partis, expérimenté depuis très longtemps en Angleterre, a démontré, en dépit de ses insuffisances théoriques, sa supériorité pratique sur toute autre forme de gouvernement. En politique internationale, « l'équilibre des puissances » fut une saine théorie aussi longtemps que cet équilibre put être maintenu. Mais la fréquence avec laquelle « l'équilibre des puissances » européennes fut rompu et dégénéra en conflits, a donné à penser qu'il devenait de plus en plus urgent de trouver une solution plus durable soit par la fusion, soit par la fédération. La fédération est celle qui autorise le plus d'espoirs : elle exalte le principe créateur inhérent à la coopération, alors que la fusion encourage le monopole de la puissance au service d'intérêts politiques particuliers. Et tout monopole de la puissance ne peut que confirmer cette vérité si souvent répétée par l'histoire et que formule le fameux axiome de lord Acton : « Toute puissance corrompt, et la puissance absolue corrompt absolument. » Même une fédération n'est pas immunisée contre un tel danger ; il faut donc prêter la plus grande attention à l'existence des contrepoids mutuels et des facteurs d'équilibre qui sont nécessaires pour corriger les effets naturels de l'unité constitutionnelle.

Une autre conclusion est suggérée par l'étude de la grande stratégie dans le contexte de l'histoire : il est indispensable d'adapter pratiquement la théorie générale de la stratégie à la nature de la politique fondamentale d'une nation. La différence de but politique est essentielle entre un État « conquérant » et un État « conservateur » ; les méthodes stratégiques appropriées à chacun d'eux doivent donc être différenciées.

À la lumière de cette diversité, il est évident que la théorie pure de la stratégie, telle qu'elle est exposée au chapitre XIX, convient mieux à l'État intéressé au premier chef par la conquête. Mais elle doit être modifiée pour servir les véritables desseins des peuples satisfaits de ce qu'ils possèdent, et qui ne désirent que préserver leur sécurité et leur mode d'existence. L'État conquérant, insatisfait de nature, a besoin de la victoire pour atteindre son objet ; il doit donc courir de plus grands risques dans cette affaire. L'État conservateur peut atteindre son objet en dissuadant tout simplement son agresseur de se lancer dans l'aventure conquérante, en le persuadant que « le jeu n'en vaut pas la chandelle ». Sa victoire, au sens plein du terme, est obtenue lorsqu'il a détourné l'autre parti de parier sur la victoire. Et, en cherchant à obtenir davantage, il pourrait ruiner ses propres projets ; il s'épuiserait lui-même au point d'être incapable de résister à d'autres ennemis ou de surmonter les conséquences internes de cette tension excessive. L'auto-épuisement par la guerre a anéanti plus d'États que n'importe quel agresseur étranger.

Examinant les données du problème, on constate que celui qui se pose à un État conservateur consiste à trouver le type de stratégie le mieux accordé à son objet plus limité par nature, et à atteindre cet objet de la manière la plus économe de puissance ; de cette seule façon, son avenir sera assuré comme son présent. À première vue, il semblerait que la pure défensive soit la méthode la plus économique ; mais ceci vaut pour la défense statique, et l'expérience historique nous avertit que se reposer sur une telle méthode n'est pas sans danger. Les effets de l'économie des forces et de la dissuasion se combinent mieux dans la méthode défensive-offensive basée sur la haute mobilité qui contient, en potentiel, la prompte riposte.

L'Empire romain d'Orient offre l'exemple d'une stratégie

« conservatrice » active délibérément conçue comme le principe de la politique de guerre ; et ceci explique la longévité exceptionnelle de cet empire. Un autre exemple, plus empirique que concerté, est fourni par la stratégie basée sur la maîtrise des mers que pratiqua l'Angleterre au cours des guerres du XVIe au XIXe siècle. La valeur de cette stratégie est prouvée par la façon dont la force de l'Angleterre s'accrut au rythme de son expansion, alors que tous les États rivaux s'effondraient tour à tour dans la guerre par auto-épuisement ; ce qu'ils pouvaient imputer à leur désir immodéré d'obtenir la satisfaction immédiate de victoires spectaculaires.

Une longue série de conflits épuisants et dévastateurs, principalement la guerre de Trente Ans, a conduit les hommes d'État du XVIIIe siècle à admettre la nécessité, lorsqu'ils étaient engagés dans une guerre, de modérer à la fois leurs ambitions et leurs passions ; et ceci dans l'intérêt même de leurs desseins. D'un côté, cette attitude tendit à une limitation tacite de la guerre, en évitant les excès préjudiciables aux plans élaborés pour l'après-guerre ; et, de l'autre, ils étaient plus enclins à négocier la paix si et lorsque la victoire devenait plus aléatoire. Leurs ambitions et leurs passions les menaient souvent trop loin, et le retour à la paix trouvait alors leur pays affaibli plutôt que raffermi ; mais ils avaient appris à s'arrêter juste avant que la nation manifeste les premiers signes d'épuisement. Et les traités de paix les plus satisfaisants, même pour le parti le plus fort, furent ceux qu'amena la négociation plutôt que ceux conclus à la suite d'une décision militaire.

L'éducation des hommes d'État sur les limitations naturelles de la guerre se poursuivait progressivement lorsqu'elle fut interrompue par la Révolution française ; celle-ci n'amena au pouvoir que des hommes d'État novices. Le Directoire et son successeur, Napoléon, poursuivirent le rêve d'une paix durable à travers des guerres qui se succédèrent pendant vingt années : poursuite d'un but hors de portée, mais qui entraîna l'épuisement et le désastre final.

La faillite de l'empire napoléonien répéta une leçon qui avait été souvent donnée dans le passé ; mais l'impression en fut atténuée par l'éclat du mythe napoléonien. La leçon fut oubliée une fois de plus, alors même qu'elle se répétait, au cours de la guerre de 1914-18. Même après cette amère expérience, les hommes d'État de la Seconde Guerre mondiale ne se montrèrent pas plus avisés.

Bien que la guerre soit contraire à la raison, puisqu'elle est un moyen de trancher par la force quand la discussion n'a pu donner une solution acceptable par les parties, la conduite de la guerre doit être commandée par la raison si l'on veut qu'elle remplisse son objet. En effet,

1° si le combat est un acte physique, la direction du combat est un processus mental. Meilleure est votre stratégie, plus facilement vous obtiendrez ce que vous visez, et moins le coût de l'opération sera élevé.

2° Inversement, plus vous dépensez vos moyens, plus vous accroissez les risques de voir le fléau de la balance pencher à votre détriment. Et même si vous parvenez à arracher la victoire, moins vous serez fort pour tirer profit de la paix qui lui succédera.

3° Plus vos procédés seront violents, plus vous exaspérerez vos adversaires ; ce qui aura pour résultat normal de durcir leur résistance que vous tentez de maîtriser. Ainsi, plus les deux partis rivalisent dans la même voie, plus il sera sage d'éviter la violence extrême dont les excès tendent à renforcer la cohésion des troupes et du peuple ennemis derrière leurs chefs.

4° Ces raisonnements ont des prolongements. Plus vous paraissez vouloir imposer une paix qui soit la paix de votre choix et ceci par la conquête, plus fort et mieux consolidé sera l'obstacle que vous susciterez ainsi sur votre chemin.

5° En outre, plus vous vous montrez exigeant envers votre adversaire battu, lorsque vous atteignez votre but militaire, plus vous vous préparez de difficultés, plus aussi vous lui fournirez de motifs à une ultime tentative pour remettre en cause la situation acquise par la guerre.

La force est un cercle vicieux – ou plutôt une spirale – à moins que son application ne soit gouvernée par les calculs les plus minutieusement raisonnés. Ainsi, la guerre qui commence par défier la raison en vient à la venger, et ceci dans toutes les phases de la lutte.

L'instinct combatif est nécessaire pour vaincre sur le champ de bataille, encore que, même en cette circonstance, le combattant capable de conserver la tête froide possède l'avantage sur celui qui « voit rouge » ; mais il doit toujours être conduit les « rênes courtes ». L'homme d'État qui cède à cet instinct est perdu ; il n'est pas fait pour assumer le destin de la nation.

La victoire, au vrai sens du terme, implique que l'état de paix, pour le peuple vainqueur, est meilleur après la guerre qu'auparavant. Prise dans ce sens, la victoire n'est possible que si un résultat peut être acquis rapidement, ou si un long effort peut être économiquement proportionné aux ressources nationales. La fin doit être ajustée aux moyens. Si les éléments indispensables à une telle victoire font défaut, l'homme d'État véritablement avisé ne manquera aucune des occasions qui lui seront offertes pour négocier la paix. La paix par consentement mutuel fondée sur la reconnaissance, par chaque parti, de la force de l'autre, est préférable à la paix obtenue par l'épuisement commun et elle a fourni souvent de meilleures bases à une paix durable.

Il est plus sage de courir le risque *de* guerre en cherchant à sauver la paix que de risquer l'épuisement *dans* la guerre en cherchant à la terminer sur une victoire ; cette conclusion va à l'encontre des mœurs, mais elle est confirmée par l'expérience. Persévérer dans la guerre ne se justifie que s'il existe une forte chance de parvenir à une bonne fin, c'est-à-dire si l'on conserve l'espoir d'une paix qui compensera la somme des misères humaines accumulées au cours de la lutte. En vérité, si l'on approfondit l'étude des expériences passées, on aboutit à cette conclusion : les nations seraient souvent parvenues plus près de leur objet en profitant d'une éclaircie dans la lutte pour discuter un accord, qu'en continuant à se battre pour arracher une « victoire ».

L'histoire révèle également que, dans de nombreux cas, une paix bénéfique aurait pu être obtenue si les hommes d'État des nations en guerre avaient montré une meilleure intelligence des données psychologiques lors des « sondages » de paix. Comme dans les disputes domestiques du type classique, chaque parti craint de paraître céder ; si bien que, lorsque l'un d'entre eux montre quelque inclination à la conciliation, celle-ci se formule habituellement dans un langage trop dur ; et l'autre tarde à répondre, en partie par orgueil ou obstination, en partie parce qu'il interprète cette démarche comme un signe de faiblesse alors qu'elle peut témoigner d'un simple retour au bon sens. Ainsi, le moment décisif passe et le conflit continue, pour le plus grand dommage de tous. Rarement un tel entêtement sert un bon dessein lorsque les deux parties sont liées l'une à l'autre et doivent vivre sous le même toit. Et ceci vaut encore plus pour les guerres modernes que pour les conflits domestiques, puisque l'industrialisation des nations a rendu inséparables leur prospérité et leur destin. Et la responsabilité des hommes d'État est de ne jamais perdre de vue les plans de l'après-guerre en poursuivant le « mirage de la victoire ».

Lorsque les deux adversaires sont trop semblables dans leur rivalité même pour que l'un ou l'autre conserve une chance raisonnable de l'emporter rapidement, l'homme d'État sera avisé qui aura retenu quelque chose de la stratégie psychologique. Un des principes élémentaires de la stratégie dit que, si votre adversaire est installé sur une solide position qu'on ne pourrait enlever qu'à un prix très élevé, vous devez lui laisser la libre disposition d'une ligne de retraite, ce qui sera la manière la plus rapide d'abattre sa résistance. Et ce peut être également un principe de politique, tout particulièrement en temps de guerre, que de procurer à votre adversaire une échelle par laquelle il pourra descendre...

La question peut se poser de savoir si de telles conclusions, fondées sur l'histoire des guerres entre États dits civilisés, s'appliquent également aux conditions inhérentes à un renouveau de ce type de guerre qu'est la guerre de prédateurs telle que la pratiquèrent les barbares agresseurs de l'Empire romain, ou à ce type mixte de guerre de religion et de guerre de prédateurs pratiquée par les fanatiques successeurs de Mahomet. Dans ces types de guerres, toute paix négociée ne semble pas posséder même la simple valeur habituelle (il est trop clair, au vu de l'histoire, que les États ont rarement foi les uns dans les autres, sinon dans la mesure et aussi longtemps que leurs promesses coïncident avec leurs intérêts). Mais, moins une nation conserve de considération pour les obligations morales, plus elle tend à respecter la force physique, cette puissance de dissuasion d'une force trop évidente pour être contestée impunément. C'est même un fait d'expérience banale qu'entre individus, les « durs » hésitent à attaquer quiconque est à peu près de leur force ; et ils hésitent beaucoup plus à tenter l'expérience qu'un « doux » attaqué par un individu plus fort que lui.

Il est stupide d'imaginer les types « agressifs », qu'il s'agisse d'individus ou de nations, qu'on puisse modérer, ou, en langage moderne, apaiser puisque la satisfaction donnée à leurs exigences engendre de nouvelles prétentions. Mais on peut au moins les freiner. Leur respect de la force les rend plus sensibles aux effets de dissuasion d'une force formidable dressée face à la leur ; ce qui constitue une riposte adéquate sauf contre le pur fanatisme, c'est-à-dire le fanatisme non mêlé d'appétits matériels.

S'il paraît malaisé de conclure une paix authentique avec les prédateurs, il est plus facile de les inciter à accepter une situation de trêve ; ce qui est beaucoup moins épuisant que d'essayer de les écraser ; car, dans ce cas, et comme il est fréquent pour l'espèce humaine, ils obéissent au courage du désespoir.

L'expérience de l'histoire propose maints exemples de la chute d'États civilisés causée moins par les assauts directs de l'ennemi que par la décadence interne combinée avec l'épuisement consécutif à la guerre. L'incertitude est intolérable ; elle a souvent conduit les nations comme les individus au suicide, parce qu'elles n'étaient pas capables de la supporter. Mais l'incertitude est préférable à l'épuisement que l'on peut connaître en poursuivant le mirage de la victoire En outre, la trêve des hostilités permet de recouvrer et d'accroître ses forces, et la nécessité de demeurer vigilant aide à maintenir la nation sur ses gardes.

Toutefois, les nations pacifiques sont capables de courir des dangers inutiles : une fois dressées contre l'agresseur, elles sont en effet plus enclines à aller aux extrêmes que les nations prédatrices. Pour ces dernières, en effet, la guerre n'est qu'un moyen pour acquérir, et elles sont prêtes à faire marche arrière lorsqu'elles se heurtent à un adversaire trop fort pour être facilement soumis. Mais le combattant qui répugnait à se battre, s'il est mû par l'émotion et non par des calculs intéressés, tend à pousser le combat jusqu'à sa dernière extrémité. C'est pourquoi il cause souvent la ruine de la fin qu'il se proposait, même s'il ne cause pas directement sa propre défaite. Car l'esprit de barbarie ne peut être étouffé que si les hostilités ont cessé ; la guerre le ranime, en versant de l'huile sur le feu.

# TABLE

DEUXIÈME PARTIE

## LA STRATÉGIE
## AU COURS DE LA PREMIÈRE GUERRE MONDIALE



TROISIÈME PARTIE

## LA STRATÉGIE
## AU COURS DE LA SECONDE GUERRE MONDIALE



QUATRIÈME PARTIE

## LES BASES DE LA STRATÉGIE
## ET DE LA GRANDE STRATÉGIE

# collection tempus
## Perrin

### Déjà paru

1. *Histoire des femmes en Occident* (dir. Michelle Perrot, Georges Duby), *L'Antiquité* (dir. Pauline Schmitt Pantel).
2. *Histoire des femmes en Occident* (dir. Michelle Perrot, Georges Duby), *Le Moyen Âge* (dir. Christiane Klapisch-Zuber).
3. *Histoire des femmes en Occident* (dir. Michelle Perrot, Georges Duby), *XVI^e^-XVIII^e^ siècle* (dir. Natalie Zemon Davis, Arlette Farge).
4. *Histoire des femmes en Occident* (dir. Michelle Perrot, Georges Duby), *Le XIX^e^ siècle* (dir. Michelle Perrot, Geneviève Fraisse).
5. *Histoire des femmes en Occident* (dir. Michelle Perrot, Georges Duby), *Le XX^e^ siècle* (dir. Françoise Thébaud).
6. *L'épopée des croisades* – René Grousset.
7. *La bataille d'Alger* – Pierre Pellissier.
8. *Louis XIV* – Jean-Christian Petitfils.
9. *Les soldats de la Grande Armée* – Jean-Claude Damamme.
10. *Histoire de la Milice* – Pierre Giolitto.
11. *La régression démocratique* – Alain-Gérard Slama.
12. *La première croisade* – Jacques Heers.
13. *Histoire de l'armée française* – Philippe Masson.
14. *Histoire de Byzance* – John Julius Norwich.
15. *Les Chevaliers teutoniques* – Henry Bogdan.
16. *Mémoires, Les champs de braises* – Hélie de Saint Marc.
17. *Histoire des cathares* – Michel Roquebert.
18. *Franco* – Bartolomé Bennassar.
19. *Trois tentations dans l'Église* – Alain Besançon.
20. *Le monde d'Homère* – Pierre Vidal-Naquet.
21. *La guerre à l'Est* – August von Kageneck.
22. *Histoire du gaullisme* – Serge Berstein.
23. *Les Cent-Jours* – Dominique de Villepin.
24. *Nouvelle histoire de la France*, tome I – Jacques Marseille.
25. *Nouvelle histoire de la France*, tome II – Jacques Marseille.
26. *Histoire de la Restauration* – Emmanuel de Waresquiel et Benoît Yvert.
27. *La Grande Guerre des Français* – Jean-Baptiste Duroselle.
28. *Histoire de l'Italie* – Catherine Brice.
29. *La civilisation de l'Europe à la Renaissance* – John Hale.
30. *Histoire du Consulat et de l'Empire* – Jacques-Olivier Boudon.
31. *Les Templiers* – Laurent Daillez.

32. *Madame de Pompadour* – Évelyne Lever.
33. *La guerre en Indochine* – Georges Fleury.
34. *De Gaulle et Churchill* – François Kersaudy.
35. *Le passé d'une discorde* – Michel Abitbol.
36. *Louis XV* – François Bluche.
37. *Histoire de Vichy* – Jean-Paul Cointet.
38. *La bataille de Waterloo* – Jean-Claude Damamme.
39. *Pour comprendre la guerre d'Algérie* – Jacques Duquesne.
40. *Louis XI* – Jacques Heers.
41. *La bête du Gévaudan* – Michel Louis.
42. *Histoire de Versailles* – Jean-François Solnon.
43. *Voyager au Moyen Âge* – Jean Verdon.
44. *La Belle Époque* – Michel Winock.
45. *Les manuscrits de la mer Morte* – Michael Wise, Martin Abegg Jr. & Edward Cook.
46. *Histoire de l'éducation,* tome I – Michel Rouche.
47. *Histoire de l'éducation,* tome II – François Lebrun, Marc Venard, Jean Quéniart.
48. *Les derniers jours de Hitler* – Joachim Fest.
49. *Zita impératrice courage* – Jean Sévillia.
50. *Histoire de l'Allemagne* – Henry Bogdan.
51. *Lieutenant de panzers* – August von Kageneck.
52. *Les hommes de Dien Bien Phu* – Roger Bruge.
53. *Histoire des Français venus d'ailleurs* – Vincent Viet.
54. *La France qui tombe* – Nicolas Baverez.
55. *Histoire du climat* – Pascal Acot.
56. *Charles Quint* – Philippe Erlanger.
57. *Le terrorisme intellectuel* – Jean Sévillia.
58. *La place des bonnes* – Anne Martin-Fugier.
59. *Les grands jours de l'Europe* – Jean-Michel Gaillard.
60. *Georges Pompidou* – Eric Roussel.
61. *Les États-Unis d'aujourd'hui* – André Kaspi.
62. *Le masque de fer* – Jean-Christian Petitfils.
63. *Le voyage d'Italie* – Dominique Fernandez.
64. *1789, l'année sans pareille* – Michel Winock.
65. *Les Français du Jour J* – Georges Fleury.
66. *Padre Pio* – Yves Chiron.
67. *Naissance et mort des Empires.*
68. *Vichy 1940-1944* – Jean-Pierre Azéma, Olivier Wieviorka.
69. *L'Arabie Saoudite en guerre* – Antoine Basbous.
70. *Histoire de l'éducation,* tome III – Françoise Mayeur.
71. *Histoire de l'éducation,* tome IV – Antoine Prost.
72. *La bataille de la Marne* – Pierre Miquel.
73. *Les intellectuels en France* – Pascal Ory, Jean-François Sirinelli.
74. *Dictionnaire des pharaons* – Pascal Vernus, Jean Yoyotte.

75. *La Révolution américaine* – Bernard Cottret.
76. *Voyage dans l'Égypte des Pharaons* – Christian Jacq.
77. *Histoire de la Grande-Bretagne* – Roland Marx, Philippe Chassaigne.
78. *Histoire de la Hongrie* – Miklós Molnar.
79. *Chateaubriand* – Ghislain de Diesbach.
80. *La Libération de la France* – André Kaspi.
81. *L'empire des Plantagenêt* – Martin Aurell.
82. *La Révolution française* – Jean-Paul Bertaud.
83. *Les Vikings* – Régis Boyer.
84. *Examen de conscience* – August von Kageneck.
85. *1905, la séparation des Églises et de l'État.*
86. *Les femmes cathares* – Anne Brenon.
87. *L'Espagne musulmane* – André Clot.
88. *Verdi et son temps* – Pierre Milza.
89. *Sartre* – Denis Bertholet.
90. *L'avorton de Dieu* – Alain Decaux.
91. *La guerre des deux France* – Jacques Marseille.
92. *Honoré d'Estienne d'Orves* – Etienne de Montety.
93. *Gilles de Rais* – Jacques Heers.
94. *Laurent le Magnifique* – Jack Lang.
95. *Histoire de Venise* – Alvise Zorzi.
96. *Le malheur du siècle* – Alain Besançon.
97. *Fouquet* – Jean-Christian Petitfils.
98. *Sissi, impératrice d'Autriche* – Jean des Cars.
99. *Histoire des Tchèques et des Slovaques* – Antoine Marès.
100. *Marie Curie* – Laurent Lemire.
101. *Histoire des Espagnols,* tome I – Bartolomé Bennassar.
102. *Pie XII et la Seconde Guerre mondiale* – Pierre Blet.
103. *Histoire de Rome,* tome I – Marcel Le Glay.
104. *Histoire de Rome,* tome II – Marcel Le Glay.
105. *L'État bourguignon 1363-1477* – Bertrand Schnerb.
106. *L'Impératrice Joséphine* – Françoise Wagener.
107. *Histoire des Habsbourg* – Henry Bogdan.
108. *La Première Guerre mondiale* – John Keegan.
109. *Marguerite de Valois* – Eliane Viennot.
110. *La Bible arrachée aux sables* – Werner Keller.
111. *Le grand gaspillage* – Jacques Marseille.
112. *« Si je reviens comme je l'espère » : lettres du front et de l'Arrière, 1914-1918* – Marthe, Joseph, Lucien, Marcel Papillon.
113. *Le communisme* – Marc Lazar.
114. *La guerre et le vin* – Donald et Petie Kladstrup.
115. *Les chrétiens d'Allah* – Lucile et Bartolomé Bennassar.
116. *L'Égypte de Bonaparte* – Jean-Joël Brégeon.
117. *Les empires nomades* – Gérard Chaliand.
118. *La guerre de Trente Ans* – Henry Bogdan.

119. *La bataille de la Somme* – Alain Denizot.
120. *L'Église des premiers siècles* – Maurice Vallery-Radot.
121. *L'épopée cathare,* tome I, *L'invasion* – Michel Roquebert.
122. *L'homme européen* – Jorge Semprún, Dominique de Villepin.
123. *Mozart* – Pierre-Petit.
124. *La guerre de Crimée* – Alain Gouttman.
125. *Jésus et Marie-Madeleine* – Roland Hureaux.
126. *L'épopée cathare,* tome II, *Muret ou la dépossession* – Michel Roquebert.
127. *De la guerre* – Carl von Clausewitz.
128. *La fabrique d'une nation* – Claude Nicolet.
129. *Quand les catholiques étaient hors la loi* – Jean Sévillia.
130. *Dans le bunker de Hitler* – Bernd Freytag von Loringhoven et François d'Alançon.
131. *Marthe Robin* – Jean-Jacques Antier.
132. *Les empires normands d'Orient* – Pierre Aubé.
133. *La guerre d'Espagne* – Bartolomé Bennassar.
134. *Richelieu* – Philippe Erlanger.
135. *Les Mérovingiennes* – Roger-Xavier Lantéri.
136. *De Gaulle et Roosevelt* – François Kersaudy.
137. *Historiquement correct* – Jean Sévillia.
138. *L'actualité expliquée par l'Histoire.*
139. *Tuez-les tous ! La guerre de religion à travers l'histoire* – Elie Barnavi, Anthony Rowley.
140. *Jean Moulin* – Jean-Pierre Azéma.
141. *Nouveau monde, vieille France* – Nicolas Baverez.
142. *L'Islam et la Raison* – Malek Chebel.
143. *La gauche en France* – Michel Winock.
144. *Malraux* – Curtis Cate.
145. *Une vie pour les autres. L'aventure du père Ceyrac* – Jérôme Cordelier.
146. *Albert Speer* – Joachim Fest.
147. *Du bon usage de la guerre civile en France* – Jacques Marseille.
148. *Raymond Aron* – Nicolas Baverez.
149. *Joyeux Noël* – Christian Carion.
150. *Frères de tranchées* – Marc Ferro.
151. *Histoire des croisades et du royaume franc de Jérusalem*, tome I, *1095-1130, L'anarchie musulmane* – René Grousset.
152. *Histoire des croisades et du royaume franc de Jérusalem*, tome II, *1131-1187, L'équilibre* – René Grousset.
153. *Histoire des croisades et du royaume franc de Jérusalem*, tome III, *1188-1291, L'anarchie franque* – René Grousset.
154. *Napoléon* – Luigi Mascilli Migliorini.
155. *Versailles, le chantier de Louis XIV* – Frédéric Tiberghien.
156. *Le siècle de saint Bernard et Abélard* – Jacques Verger, Jean Jolivet.

157. *Juifs et Arabes au XXe siècle* – Michel Abitbol.
158. *Par le sang versé. La Légion étrangère en Indochine* – Paul Bonnecarrère.
159. *Napoléon III* – Pierre Milza.
160. *Staline et son système* – Nicolas Werth.
161. *Que faire ?* – Nicolas Baverez.
162. *Stratégie* – B. H. Liddell Hart.
163. *Les populismes* (dir. Jean-Pierre Rioux).
164. *De Gaulle, 1890-1945,* tome I – Eric Roussel.
165. *De Gaulle, 1946-1970,* tome II – Eric Roussel.
166. *La Vendée et la Révolution* – Jean-Clément Martin.
167. *Aristocrates et grands bourgeois* – Eric Mension-Rigau.
168. *La campagne d'Italie* – Jean-Christophe Notin.
169. *Lawrence d'Arabie* – Jacques Benoist-Méchin.
170. *Les douze Césars* – Régis F. Martin.
171. *L'épopée cathare,* tome III, *Le lys et la croix* – Michel Roquebert.
172. *L'épopée cathare,* tome IV, *Mourir à Montségur* – Michel Roquebert.
173. *Henri III* – Jean-François Solnon.
174. *Histoires des Antilles françaises* – Paul Butel.
175. *Rodolphe et les secrets de Mayerling* – Jean des Cars.
176. *Oradour, 10 juin 1944* – Sarah Farmer.
177. *Volontaires français sous l'uniforme allemand* – Pierre Giolitto.
178. *Chute et mort de Constantinople* – Jacques Heers.
179. *Nouvelle histoire de l'Homme* – Pascal Picq.
180. *L'écriture. Des hiéroglyphes au numérique.*
181. *C'était Versailles* – Alain Decaux.
182. *De Raspoutine à Poutine* – Vladimir Fedorovski.
183. *Histoire de l'esclavage aux Etats-Unis* – Claude Fohlen.
184. *Ces papes qui ont fait l'histoire* – Henri Tincq.
185. *Classes laborieuses, classes dangereuses* – Louis Chevalier.
186. *Les enfants soldats* – Alain Louyot.
187. *Premiers ministres et présidents du Conseil* – Benoît Yvert.

## À PARAÎTRE

*Le massacre de Katyn* – Victor Zaslavsky.
*Enquête sur les apparitions de la Vierge* – Yves Chiron.
*L'épopée cathare,* tome V, *La fin des Amis de Dieu* – Michel Roquebert.
*Histoire de la diplomatie française,* tome I.
*Histoire de la diplomatie française,* tome II.
*Histoire de l'émigration* – Ghislain de Diesbach.

Composition Nord Compo
Villeneuve-d'Ascq

*Impression réalisée sur Presse Offset par*

CPI
Brodard & Taupin

La Flèche (Sarthe), le 06-11-2007
pour le compte des Éditions Perrin
11, rue de Grenelle
Paris 7e
N° d'édition : 2221 – N° d'impression : 44419
Dépôt légal : février 2007
*Imprimé en France*